新编高等院校财经管理类课程规划教材

证券投资学

主　编　张　力　李晓冬　张伟伟
副主编　董　岩　梁秋实　李冠霖　张鼎立

中国商业出版社

图书在版编目(CIP)数据

证券投资学/张力,李晓冬,张伟伟主编.—北京:
中国商业出版社,2016.9
ISBN 978-7-5044-8217-4

Ⅰ.①证… Ⅱ.①张…②李…③张… Ⅲ.①证券投资-高等学校-教材 Ⅳ.①F830.91

中国版本图书馆 CIP 数据核字(2013)第 193675 号

责任编辑:孙启泰

中国商业出版社出版发行
010-63180647 www.c-cbook.com
(100053 北京广安门内报国寺 1 号)
新华书店总店北京发行所经销
北京航天伟业印刷有限公司印刷

* * * * *

787×1092 毫米 开本:1/16 印张:18 字数:320 千字
2016 年 9 月第 1 版 2016 年 9 月第 2 次印刷

定价:39.80 元

* * * *

(如有印装质量问题可更换)

前言

20多年来中国资本市场经历了跨越式发展，取得了令世人瞩目的成就。作为一个新兴证券市场，在快速推进过程中，以惊人的速度走完了西方发达国家几百年的发展路程，完成了从无到有、从小到大的能量积累，不能不说是值得国人自豪的伟大创举。总体上说，我国资本市场已经具备了相当的规模，截止到2014年12月底沪深两市上市公司数达2500多家，两市总市值约367164亿元，尤其在2014年12月5日，突破日成交量1万亿元大关，达到10740亿元的惊人总量，刷新世界股市单日成交额之最。2014年11月17日“沪港通”正式上线，是中国开放资本市场迈向双向开放的重要一步，也是人民币国际化进程中的一个重要里程碑。可见，资本市场已充分显现出在国民经济发展中的地位和作用。今天的资本市场再也不是当初那个处在尝试阶段可有可无，甚至被人要“推倒重来”的市场了。尽管我国的资本市场在发展中还存在一些不尽如人意之处，但其贡献远远大于失误。

资本市场的发展造就了证券行业的兴起，使之成为金融业中与银行业、保险业并驾齐驱的新兴行业。大批有志青年纷纷投身到证券公司、基金公司等领域发挥他们的聪明才智，为资本市场的发展贡献着他们的力量。高校是培养优秀人才的地方，理应成为培养证券业人才的摇篮。作为多年从事证券课程教学的高校教师，希望自己的学子们能在未来资本市场发展的进程中做出骄人的业绩，更希望未来能产生世界级的投资大师。为了适应证券业对人才的需求，我和我那些年轻的、富有投资和教学经验的朋友们，总结多年实践教学经验，编写了这本教材。本教材的适用范围是经济金融专业本科基础课程、非金融专业的通识课程、高职高专经济金融专业的专业课程，以及证券投资者了解证券市场的基础性读物。编写过程中，我们坚持理论与实践并重、注重教材的实用性原则，在注重基础理论的基础上，更加侧重本门课程的实践操作部分，引用了大量案例以便加深对理论知识的理解和掌握。

全书共分10章，第一章导论部分介绍了证券投资学科的相关知识，以便使学生了解本学科的特点；第二章主要介绍了股票、债券、证券投资基金以及金融衍生工具；第三章介绍了证券市场，包括证券的发行和交易市场；第四章介绍了证券投资基本分析；第五章介绍了证券投资技术分析的主要理论与方法；第六章介绍了技术指标分析；第七章介绍了股票投资要掌握的盘面解读与研判；第八章介绍了证券投资操作策略与方法；第九章介绍了投资组合与资产定价理论；第十章介绍了证券市场的行为学分析。本书由张力、李晓冬、张伟伟主编，具体编写分工如下：第一章导论由张伟伟博士编写；第二章、第三章由董岩博士完成；第四章由梁秋实博士完成；第五章、第八章由张力副教授编写；第六章由张鼎立完成；第七章由李冠霖分析师完成，第九章、第十章由李晓冬博士完成。本书由张力和李晓冬负责总纂和定稿工作。

本书写作过程中还得到了吉林华侨外国语学院经济贸易学院各位同事的支持，在此一并表示感谢。由于时间紧张，加之作者水平有限，本书难免存在不足之处，希望读者不吝赐教。

编者

2016年9月

◆目　录

◆第一章
导 论

【内容提要】

本章通过介绍投资的基本概念和分类，引出证券投资的基本含义和特征。证券投资是一种特殊的投资活动，与一般意义上的投资相比，具有高收益性、高风险性、期限性和变现性等特点。证券投资不同于投机，证券投资的基本原则是风险管理。最后总结了证券投资学研究的对象、内容和方法。

【学习目标】

1. 掌握投资和证券投资的含义和特征。
2. 了解证券投资和投机的区别。
3. 了解西方国家和中国证券市场的发展历程。
4. 掌握证券投资学研究的对象、内容和方法。

【关键词】

证券投资　　投机　　研究对象　　研究内容

第一节　投资概述

一、投资的含义和分类

纵观人类经济行为中的诸多投资现象，从中观察到一种在本质上相同的经济行为，那就是人们在时间跨度上根据自身的偏好来安排过去、现在和将来的消费结构，并使得在这种消费结构安排下的当期和预期效用最大化。所以，投资在本质上是一种对当期消费的延迟行为。

投资指的是用某种有价值的资产，其中包括资金、人力、知识产权等投入到某个企业、项目或经济活动，以获取经济回报的商业行为或过程。简单说投资是将本求利的过程。投资可分为实物投资、资本投资和证券投资。前者是以货币投入企业，通过生产经营活动取得一定利润。后者是以货币购买企业发行的股票和公司债券，间接参与企业的利润分配。

实物投资是指投资者将资金用于建造购置固定资产和流动资产，直接用于生产经营，并以此获得未来收益的投资行为。实物投资与证券投资的根本区别在于，前者是社会积累的直接实现者，即通过实物投资最终完成和实现社会的积累，而后者只是一种间接的过程，投资者以最终获得金融资产为目的，至于这些资金怎样转化成实物形态则与证券投资者没有关系。

金融投资，也叫证券投资，是指投资者以获得未来收益为目的，预先垫付一定的资金并获得金融资产。投资者用自己的货币购买股票、公司债券或国债券等有价证券，然后凭有价证券获取收益，由有价证券的发行者去进行实物投资。由于投资者主要在金融市场上购买有价证券，又是以金融的方式进行的，所以称为金融投资。个人在银行储蓄的行为严格讲也是一种金融投资，其获得的存款凭证也是一种有价证券。实物投资与金融投资对宏观经济的各个范畴，例如国民收入、储蓄、分配等的影响是不同的。

证券投资主体指向证券市场投入资金以获得预期收益的自然人和法人。它和其他投资主体一样，需要有可供投资的资金，能够自主地进行投资决策，可以享受证券的收益权，并相应地承担投资的风险。证券投资是指间接投资，即投资主体用其积累起来的货币购买股票、公司债券、公债等有价证券，借以获得收益的经济行为。证券投资属于非实物投资，投资者付出资金，购入的是有价证券，而不是机器、设备、黄金珠宝等实物。证券投资的收益一般包括股息、红利收益、资本收益、债息收益和投机收益。

证券投资是一种特殊的投资活动，与一般意义上的投资相比，具有高收益性、高风险性、期限性和变现性等特点。风险与收益是投资的两大重要特征。投资收益往往与投资风险联系在一起。一般情况下，风险和收益之间总体上呈现正相关关系。也就是说，高风险投资一般会给投资者提供较高的潜在回报。因此证券投资的基本原则就是风险管理。

二、证券投资与投机

投机起源于古代，早期的投机以赚取地区差价为主要方式，不同区域对不同种类产品生产与需求的差别性，为投机者赚取买卖差价创造了条件。进入商品社会后，投机范围日趋广泛，它已伸展到生产、流通、金融等众多领域。

投机的含义就是把握时机赚取利润。在证券投资学中，投机的基本含义则是:在信息不充分的条件下做出投资决策，试图在证券市场的价格涨落中获利。而这种价格波动带来的获利时机同样赋予所有的社会公众，并未偏向某种特定的人，但事实上只有少数人把握住了这种机会。少数投机者之所以能够成功，不只是他们熟悉市场的习性，具有丰富的经验，准确的预见力和判断力，更主要的是具有承担风险的勇气。承担较大的风险，赚取高额利润就是投机者根本的信条。而对于大多数人来说，并不愿意承担更大的风险，他们往往偏重于通过资金、劳动力等生产要素的投入以图赚取正常利润的投资行为。

证券投资与投机的区别主要表现为对预测收益的估计不同。普通投资者进行证券投资时，较为重视基础价值分析，以此作为投资决策的依据;证券投机者不排斥这些方法，但更重视技术、图像和心理分析。普通投资者除关心证券价格涨落而带来的收益外，还关注股息、红利等日常收益;而证券投机者只关注证券价格涨落带来的利润，而对股息、红利等日常收益不屑一顾。其次是所承担的风险程度不同。投资的收益与风险是成正比的。普通投资者对投资的安全性较为关注，主要购买那些股息和红利乃至价格相对稳定的证券，因而所承担的风险较小;投机者主要购买那些收益高而且极不稳定的证券，因而其所承担的风险较大。投机者既可能获得巨大的收益，也可能遭受巨大的损失。

证券投资与投机并没有本质上的区别，只是在程度上有差别。因此要把投资与投机完全区分开来是很困难的。投资是不成功的投机，投机是成功的投资。

三、证券投资的本质

证券投资的本质是什么？这个仁者、智者各抒己见的问题有不同版本的答案。澳大利亚的马克—泰尔在其著作《巴菲特与索罗斯的投资习惯》中是这样来表述的："一个投资者所做的每一项决策都来源于他对市场运行机制的看法；也就是说，来源于他的投资哲学"；更进一步的，他还对投资哲学所涉及到的问题做了一定的罗列，包括投资的本质：市场如何运转，价格为什么变动；价值理论：包括如何评估价值以及盈利或者亏损的原因；好投资的本质等等。也有阐述投资本质是风险控制的，亦有从投资结果推导投资本质是使投入资本来寻找进行概率不能事先确定的升值机会的，还有描述投资本质是用你的生命去换取一种回报的。如果需要综合呈现，投资的本质是秉持一种哲学思想，坚持一种系统性策略的分析、操作方法，在开放市场中获得做正确事的激励后完成从理念到现实完整生命体验的一种循环。只是投资现实的统计结果为：70% ~80% 投资者可能中途退席不能完整体验这个循环。

从割裂、静止的方向看投资，只要把握了价格的运行轨迹，投资必然一帆风顺，于是围绕价格因素演绎出了许多分析、预测性的研究与实践。遗憾的是这些研究与实践均不能在全局以及时间检验中保持常青。从预测性分析、实战个体的、局部的、微观的角度看是合理的，也有其存在的必然土壤；但从金融投资系统的、全局的、发展可持续的角度看是不合理的。

早在 1900 年 3 月 29 日，一位叫路易—巴歇里耶的数学研究者在进行数学博士论文答辩时，其论文题目就已非同寻常：《巴黎证券交易的变化研究》。在金融思想史上，正是这篇投机理论的论文，第一次从科学而不是经验的角度提出通过概率论原理，来建立股市行情变化的模型。在传统金融研究中，人们对市场作一些预测来确定操作，巴氏则将对金融市场的观念从可预测性转向了多变性，从预测的角度转到了非预测的角度，这可称之为结构性角度。这是金融投资思路的一次进化。如果从只关注价格未来方向预测性投资潮流中抬起头来，以结构性角度——即从金融资产风险的量化方面，来对一不定向的或概率分配式的市场进行研究归纳，进而形成投资的系列化、系统化决策流程，很可能是目前所能找到的最接近市场真实的合理角度。这需要参与投资的决策者内在的决策系统从预测价格这个局部、微观的范畴进化过度到研究人、思想、市场内核与本质等全局、整体性优势上。

金融投资有一个外延化的特征，就是博弈；要在博弈中脱颖而出，全局性的策略布局是必然的选择。由此可以自然寻觅到走向系统性获胜的物化工具——交易系统。交易系统的核心一定为对策，绝不是预测。以对策为核心的交易系统本身也在进化与发展中，可以量化的对策是源于数据统计特征以及管理军事化特征上，非量化的系统对策源自核心研发人员的哲学思想构成及人生心智体验。

沃伦·巴菲特指出与成功投资有直接关系的是投资者的性情。套用他的话来说就是：如果拥有优秀的投资性情，普通智商的投资者也能比高智商的人获得更好的投资业绩。谦卑、忍耐、冷静、毅力和知足，这样的性格因素似乎是一个成功投资者的基本要素。克服个人性格上的投资缺点，和抑制与生俱来的生理反应是一项艰巨的任务。但如果希望在市场中实现长期的成功，投资者必须要改善自己的性情。

拓展阅读:

巴菲特的经验之谈:成功投资者的基本特征

一、低于市场价设定限价买入订单

约翰·邓普顿最喜欢以远低于目前市场价格的水平设定希望买入股票的限价买入订单，这样就能够避免在股票急剧下跌时过早做出买入决定。大多数投资者在股票价格经历一个急剧下跌时，总是提前扣动扳机。

二、在市场崩溃时期持有股票

巴菲特最近一次接受 CNBC 采访时，透露自己有三次遭受持股市值跌幅超过50%的情况。但巴菲特说，幸运的是，他拥有坚韧的毅力持有自己的股票，并且在市场动荡期间，他还会购买更多的股票。利用市场下跌的机会，在价格具有充分安全边际的前提下，为自己的投资组合增加更多的优质股票，从本质上讲，损失是暂时的，未来的收益将是更丰厚的。对于价值投资者来讲，在市场下跌中不卖出，但对于大多数投资者来说，在情形变糟糕的时候就会卖出股票。如果投资者卖出股票的时期较早，并且长期持有现金等待，这的确可能不会给投资者带来损害。但问题在于，现实中，大多数投资者往往是情绪变得很糟糕的时候选择卖出。换句话说，他们在卖出时，市场一般已经下跌了很多。当市场最终到达底部，并开始向上回涨的时候，依靠“市场定时器”的投资者一般极不愿意再建立他们的多头头寸，直到市场指数大幅上升后，一般到一个高于之前卖出的点位。依靠押注市场走势的投资者往往喜怒无常，这总是会破坏他们长期持股的回报率。

三、不能因为冲动买卖股票

有经验的投资者，买卖股票的次数很少，一般需要更长的时间研究才做出投资决定。大多数人在消费的时候，一般进行了详细的研究后才做出任何重大购买决定。然而，当涉及到买卖股票时，投资者往往不希望被“无聊”的细节打扰，根据一时的喜好买卖股票。卡拉曼说，如果投资者发现他们在研究股票上花费的时间没有比其他爱好多，那么他最好只进行指数基金的投资。

四、寻找一个能放松身心的手段

比尔·格罗斯练习瑜伽，雷·戴利奥则做冥想练习。这两个例子只是想说明成功的资金管理者如何利用一个能放松身心的手段减少他们的压力，这有利于他们维持正确的投资性情，有利于他们投资取得成功。就普通投资者而言，可以选择自己喜欢的方式，这不仅能帮助投资者放松，也能刺激自己坚韧的心理过程。

大多数投资者认为，他们最终的成功是由于知识的力量。但在现实中，投资成功更多的是因为投资者的性情，或者更具体地说，是一个人避免致命投资缺陷的能力。大多数投资缺陷是由于浮躁的情绪导致的结果。限制冲动投资行为，比了解市场复杂性或者公司商业模式更重要。从长远来看，市场幸存者是天生有适当性情的人，或者学会了控制自己情绪冲动的人。

对于投资者最为关心的“股神”投资之道，巴菲特在接受采访时表示，我选择的合作理念是非常简单的:第一个是我和伯克希尔－哈撒韦公司董事局副主席查理·芒格先生对这个行业要非常了解、能够看得懂的;第二个是选择的这个行业的优势是长期的、可持续的;第三个是这个企业的管理层是我们信得过和敬重的;此外，这个企业的股价是合理的、公允的。

费雪认为，卓越的投资者的一个基本要素是能够不盲从当时的金融圈主流意见，也不会只为了反其道而行便排斥当时盛行的看法。相反，投资人应拥有更多知识，应用更好的判断力，彻底评估特定的情境，并有勇气，在判断自己是对的时候坚持。

第二节　证券投资学研究的对象、内容和方法

一、证券投资学研究的对象

证券投资学的研究对象是证券市场运行的规律以及遵循其规律进行科学的管理和决策。具体地讲，就是证券投资者如何正确地选择证券投资工具；如何规范地参与证券市场运作；如何科学地进行证券投资决策分析；如何成功地使用证券投资策略与技巧；国家如何对证券投资活动进行规范管理等等。从学科性质上讲，证券投资学具有下列特点：

(一)证券投资是综合学科

证券投资是综合学科性质，主要反映在它以众多学科为基础和它涉及范围的广泛性。证券投资作为金融资产投资，它是整个国民经济运行的重要组成部分。股市是国民经济的“晴雨表”，因此，资本、利润、利息等概念是证券投资学研究问题所经常使用的基本范畴。证券市场是金融市场的一项重要组成部分。证券投资学研究的一个重要内容是证券市场运行，证券投资者的投资操作，所以必然涉及到货币供应、市场利率及其变化对证券市场价格以及证券投资者收益的影响。证券投资者进行投资决定购买哪个企业的股票或债券，总要进行调查了解，掌握其经营状况和财务状况，从而做出分析、判断。作这些基础分析必须掌握一定的会计学知识。证券投资学研究问题时，除了进行一些定性分析外，还需要大量地定量分析，证券投资、市场分析、价值分析、技术分析、组合分析等内容都应采用统计、数学模型进行。因此，掌握经济学、金融学、会计学、统计学、数学等方法对证券投资是非常重要的。因此，证券投资学是一门综合性方法论科学。

(二)证券投资是一门应用性科学

证券投资学虽然也研究一些经济理论问题，但从学科内容的主要组成部分来看，它属于应用性较强的一门科学。证券投资学侧重于对经济事实、现象及经验进行分析和归纳，它所研究的主要内容是证券投资者所需要掌握的具体方法和技巧，即如何选择证券投资工具；如何在证券市场上买卖证券；如何分析各种证券投资价值；如何对发行公司进行财务分析；如何使用各种技术方法分析证券市场的发展变化；如何科学地进行证券投资组合等，这些都是操作性很强的具体方法和基本技能。从这些内容可以看出，证券投资学是一门培养应用型专门人才的科学。

(三)证券投资是一门以特殊方式研究经济关系的科学

证券投资属于金融投资范畴，进行金融投资必须以各种有价证券的存在和流通为条件，因而证券投资学所研究的运动规律是建立在金融活动基础之上的。金融资产是虚拟资产，金融资产的运动就是一种虚拟资本的运动，其运动有着自己一定的独立性。社会上金融资产量的大小取决于证券发行量的大小和证券行市，而社会实际资产数量的大小取决于社会物质财富的生产能力和价格。由于金融资产的运动是以现实资产运动为根据的，由此也就决定了实

际生产过程中所反映的一些生产关系也必然反映在证券投资活动当中。即使从证券投资小范围来看，证券发行所产生的债权关系、债务关系、所有权关系、利益分配关系，证券交易过程中所形成的委托关系、购销关系、信用关系等也都包含着较为复杂的社会经济关系。因此证券投资学研究证券投资的运行离不开研究现实社会形态中的种种社会关系。

二、证券投资研究的内容和方法

(一)证券投资的研究内容

证券投资的研究内容是由其研究对象所决定的，它包括：

1. 证券投资的基本概念和范畴

证券投资过程中涉及许多重要的概念和范畴，如证券(股票、债券等)、证券投资、证券投资风险、证券投资收益等。明确这些概念和范畴，是研究证券投资的前提。

2. 证券投资的要素

证券投资活动离不开一定的条件或行为要素，证券投资者、证券投资工具、证券投资中介等是证券投资的实施要素。它们在证券投资过程中分别起着不同但又不可或缺的作用。研究这些要素，对于准确、全面、深入地说明和理解证券投资运动过程有着十分重要的作用。

3. 从事证券投资活动的空间

证券投资活动是在证券市场上进行的，而证券市场本身是一个相当庞杂的体系，它由许多分支组成，证券市场的不同部分具有不同的活动内容，并分别满足不同的证券投资需要。只有充分了解证券市场的组成框架、基本结构和运行机理，才能进入这一市场并有效地从事证券投资活动。

4. 证券投资的规则和程序

证券投资是按照一定的规则包括法规进行的。作为一种交易行为，它有特定的程序和步骤，制度规定是相当严密的。了解这些规则和程序，是从事证券投资的重要前提。

5. 证券投资的原则和内在要求

证券投资是一种高收益与高风险并存的经济行为。因此安全、高效地进行证券投资，必须把握一些重要的原则和客观内在要求。按证券投资的客观要求行事，有助于避免证券投资中的盲目性，理性地入市操作，从而增加投资成功的可能性。

6. 证券投资的分析方法

这是证券投资学最重要的内容之一。证券投资分析方法大致上可分为基本分析与技术分析两大类，而这两类分析方法又分别包含了大量内容，只有努力掌握这些分析方法，投资者才有可能正确地选择投资对象，把握市场趋势。

7. 证券投资的操作方法

证券投资的操作方法是指实际买卖证券时，在进行投资分析的基础上，根据市场状况和投资者自身情况、投资目的等选择的具体操作模式、策略与手法。它与证券投资分析有着相当密切的关系，它是在投资分析的基础上确定的，是对投资分析结果具体操作的反映。投资者个人的投资目的、条件乃至修养与气质也会在某种程度上决定其操作方法。

8. 证券投资中的风险与收益

风险与收益总是伴随着整个证券投资过程。实际上，实现风险最小化和收益最大化，正是证券投资者追求的目标。因此，研究证券投资中的风险与收益，自然成为证券投资学的核心问题之一。什么是证券投资风险和收益？它们的构成情况如何？怎样对证券投资中的风险与收益进行度量？如何实现收益最大化与风险最小化？如何优化基于规避风险目的的投资组合等等，证券投资学均需做出相应的回答。

(二)证券投资学的研究方法

证券投资是一门理论和应用并重的学科，要实现其研究目的并使这门学科不断发展，就必须坚持以下方法和要求：

1. 规范与实证分析并重，定性与定量分析结合的研究方法

证券投资学要解决繁杂的理论命题并得出科学的结论，不仅要大量地运用逻辑思维，进行各种理论抽象和规范分析，还必须高度地关注证券投资的实践，进行广泛的实证分析。证券投资中涉及大量的技术问题，分析、决策过程中不仅要考虑可能的制约因素，还必须尽可能弄清这些因素对证券投资的影响程度，而这些因素本身所具有的量化状态又可能决定证券投资收益与风险程度的差别。因此，证券投资学的各种结论的得出，都必须建立在定性分析与定量分析结合运用的基础之上。

2. 强调结论、观点的特定性及适用背景

证券投资强调结论、观点的特定性及适用背景，而不刻意追求其普遍适用性或唯一性，证券投资实践中的情况十分复杂，变数很多，市场走势往往还要受到投机及其他某些人为因素的影响。因此，证券投资学中所给出的结论与观点也只能针对大多数情况或某些情况，有一定的适用范围。

3. 强调动态的全方位分析

证券投资学作为一门指导证券投资实践的学科，不仅要求完善其理论体系，更重要的是要告诉人们如何根据现象的现状和动态，判断事物发展的趋势，提高投资的成功率。

不管是证券投资或者投机，都非常有必要搞清楚其研究对象，通过对证券市场投资理论的研究和实践的分析，笔者总结出证券投资学的研究对象，它是一门研究证券市场运行规律以及遵循其规律进行科学的管理和决策的综合性方法论科学。而如何正确地选择证券投资工具，规范地参与证券市场运作，科学地进行证券投资决策分析，成功地使用证券投资策略与技巧等等，对证券投资者具有十分重要的意义。

【要点小结】

本章主要介绍了证券投资的内涵、特征，论述了证券投资学的研究对象、方法和主要内容。

1. 证券投资是一种特殊的投资活动，与一般意义上的投资相比，具有高收益性、高风险性、期限性和变现性等特点。

2. 证券投资不同于投机，证券投资的基本原则是风险管理。

3. 证券市场的产生和发展是与市场经济的发展相伴生的，并且证券投资工具和证券市场创新仍在继续。

4. 证券投资学的研究对象是证券投资及证券市场运行的规律。证券投资的研究内容是由其研究对象所决定的，包括证券投资的基本概念和范畴、证券投资的要素、原则、分析方法等。

【思考与练习】

一、名词解释

证券投资　　实物投资　　投机

二、简答题

1. 证券投资的含义与特征是什么?

2. 证券投资与投机有什么区别?

3. 证券投资的本质是什么?

4. 证券投资学的研究内容有哪些?

◆第二章 证券投资工具

【内容提要】

证券投资工具泛指在投资中各类财产所有权或债权凭证的通称，用来证明证券持有人有权取得相应权益的凭证。股票、债券、基金证券、票据、提单、保险单、存款单等都是证券。凡根据一国政府有关法规发行的证券都具有法律效力，具有收益性、风险性、时间性。

【学习目标】

1. 了解证券的概念、分类和特征，掌握股票、债券及证券投资基金的特征和类型。
2. 熟练掌握证券投资基金与股票、债券之间的区别。
3. 掌握金融衍生工具概念、基本特征、分类和功能。

【关键词】

股票 债券 证券投资基金 金融衍生产品

第一节 股票

一、股票的定义

股票是股份公司在筹集资本时向出资人公开或私下发行的、用以证明出资人的股本身份和权利，并根据持有人所持有的股份数享有权益和承担义务的凭证。股票是一种有价证券，代表着其持有人（股东）对股份公司的所有权，每一股同类型股票所代表的公司所有权是相等的，即“同股同权”。股票可以公开上市，也可以不上市。在股票市场上，股票也是投资和投机的对象。

二、股票的特征

（一）不可偿还性

股票是一种无偿还期限的有价证券，投资者认购了股票后，就不能再要求退股，只能到二级市场卖给第三者。股票的转让只是意味着公司股东的改变，并不减少公司的资本。从期限上看，只要公司存在，它所发行的股票就存在，股票的期限等于公司存续的期限。

（二）参与性

股东有权出席股东大会，选举公司董事会，参与公司重大决策。股票持有者的投资意志和享有的经济利益，通常是通过出席股东大会来行使股东权。股东参与公司决策的权利大小，取决于其所持有的股份的多少。从实践中看，只要股东持有的股票数量达到左右决策结果所需的实际多数时，就能掌握公司的决策控制权。

（三）收益性

股东凭其持有的股票，有权从公司领取股息或红利，获取投资的收益。股息或红利的大小，主要取决于公司的盈利水平和公司的盈利分配政策。股票的收益性，还表现在股票投资者可以获得价差收入或实现资产保值增值。通过低价买入和高价卖出股票，投资者可以赚取价差利润。

以美国可口可乐公司股票为例。如果在 1983 年底投资 1 000 美元买入该公司股票，到 1994 年 7 月便能以 11 554 美元的市场价格卖出，赚取 10 倍多的利润。在通货膨胀时，股票价格会随着公司原有资产重置价格上升而上涨，从而避免了资产贬值，股票通常被视为在高通货膨胀期间可优先选择的投资对象。

（四）流通性

股票的流通性是指股票在不同投资者之间的可交易性。流通性通常以可流通的股票数量、股票成交量以及股价对交易量的敏感程度来衡量。可流通股数越多，成交量越大，价格对成交量越不敏感（价格不会随着成交量一同变化），股票的流通性就越好，反之就越差。

股票的流通，使投资者可以在市场上卖出所持有的股票，取得现金。通过股票的流通和股价的变动，可以看出人们对于相关行业和上市公司的发展前景和盈利潜力的判断。那些在流通市场上吸引大量投资者、股价不断上涨的行业和公司，可以通过增发股票，不断吸收大量资本进入生产经营活动，收到了优化资源配置的效果。

（五）风险性

股票在交易市场上作为交易对象，同商品一样，有自己的市场行情和市场价格。由于股票价格要受到诸如公司经营状况、供求关系、银行利率、大众心理等多种因素的影响，其波动有很大的不确定性。正是这种不确定性，有可能使股票投资者遭受损失。价格波动的不确定性越大，投资风险也越大。因此，股票是一种高风险的金融产品。

例如，称雄于世界计算机产业的国际商用机器公司（IBM），当其业绩不凡时，每股价格曾高达 170 美元，但在其地位遭到挑战，出现经营失策而招致亏损时，股价又下跌到 40 美元。如果不合时机地在高价位买进该股，就会导致严重损失。

（六）永久性

股票所载有的权利的有效性是始终不变的，因为它是一种无限期的法律凭证。股票的有效期与股份公司的存续期间相联系，两者是并存的关系。

三、股票的类型

股票的品种很多，分类方法亦有差异。常见的股票种类有以下几种：

（一）普通股票和优先股票

按股东享有权利的不同，股票可以分为普通股股票和优先股股票。

1. 普通股股票

普通股股票是指每一股份对公司财产都拥有平等权益，即对股东享有的平等权利不加以特别限制，并能随股份有限公司利润的大小而分取相应股息的股票。

（1）普通股股票特征

①普通股股票是股份有限公司发行的最普通、最重要也是发行量最大的股票种类。股份有限公司最初发行的大都是普通股股票，通过这类股票所筹集的资金通常是股份有限公司股本的基础。普通股股票的发行状况与公司的设立和发展密切相关。

②是公司发行的标准股票，其有效性与股份有限公司的存续期间相一致。

③是风险最大的股票。普通股股票的股息和红利收益不确定，是随公司经营状况和盈利水平波动，而且必须是在偿付了公司债务利息及优先股股东的股息之后才能分得。此外，受经济、社会、政治、文化及投资者心理等各种主客观因素的影响，股票市场的交易价格也会经常大幅度波动。

（2）普通股股东享有的权利

①公司经营决策的参与权；

②公司盈余和剩余资产分配权；

③优先认股权。

2. 优先股股票

优先股股票是指由股份有限公司发行的在分配公司收益和剩余资产方面比普通股股票具有优先权的股票。优先股股票是相对于普通股股票而言的。

优先股股票是特别股股票的一种。特别股股票是股份有限公司为特定的目的而发行的股票，它所包含的股东权利要大于或者小于普通股股票。因此，凡权利内容不同于普通股股票的，均可统称为特别股股票。特别股股票当中，最具有代表性的是优先股股票。

（1）优先股的特征

①约定股息率

优先股股票在发行时即已约定了固定的股息率，且股息率不受公司经营状况和盈利水平的影响。按照公司章程的规定，优先股股东可以先于普通股股东向公司领取股息，所以，优先股股票的风险要小于普通股股票。不过，由于股息率固定，即使公司经营状况良好，优先股股东也不能分享公司利润增长的利益。

②优先分派股息和清偿剩余资产

当公司利润不够支付全体股东的股息和红利时，优先股股东可以先于普通股股东分取股息；当公司因解散、破产等进行清算时，优先股股东又可先于普通股股东分取公司的剩余资产。

③表决权受到一定限制

优先股股东一般不享有公司经营参与权，即优先股股票不包含表决权，优先股股东无权过问公司的经营管理。然而，在涉及到优先股股票所保障的股东权益时，如公司连续若干年不支付或无力支付优先股股票的股息，或者公司要将一般优先股股票改为可转换优先股股票时，优先股股东也享有相应的表决权。

④股票可由公司赎回

优先股股东不能要求退股，但却可以依照优先股股票上所附的赎回条款，由公司予以赎回。大多数优先股股票都附有赎回条款。发行可赎回优先股股票的公司赎回股票时，要在优先股价格的基础上适当地加价，使优先股股票的赎回价格高于发行价格，从而使优先股股东从中得到一定的利益。

(2)发行优先股的意义

①设立和发行优先股股票，对于股票发行公司来说，其意义在于便于公司增发新股票，也有利于公司在需要时将优先股股票转换成普通股股票或公司债券，以减少公司的股息负担。而且由于优先股股东一般没有表决权，又可以避免公司经营决策权的分散。

②对投资者来说，优先股股票的意义在于投资收益有保障，而且投资的收益率要高于公司债券及其他债券的收益率。

(二)记名股票和无记名股票

按是否记载股东姓名，股票可以分为记名股票和无记名股票。

1. 记名股票

记名股票是指在股票票面和股份公司的股东名册上记载股东姓名的股票。很多国家的公司法都对记名股票的有关事项作出了具体规定。一般来说，如果股票是归某人单独所有，则应记载持有人的姓名;如果股票是归国家授权的投资机构或者法人所有，则应记载国家授权的投资机构或者法人的名称;如果股票持有者因故改换姓名或者名称，就应到公司办理变更股东姓名或者名称的手续。我国公司法规定，公司发行的股票可以为记名股票，也可以为无记名股票。股份有限公司向发起人、法人发行的股票，应当为记名股票，并应当记载该发起人、法人的名称或者姓名，不得另立户名或者以代表人姓名记名。公司发行记名股票的，应当置备股东名册，记载下列事项:股东的姓名或者名称及住所、各股东所持股份数、各股东所持股票的编号、各股东取得股份的日期。

2. 无记名股票

无记名股票是指在股票票面和股份公司股东名册上均不记载股东姓名的股票。无记名股票也称不记名股票，与记名股票的差别不是在股东权利等方面，而是在股票的记载方式上。无记名股票发行时一般留有存根联，它在形式上分为两部分:一部分是股票的主体，记载了有关公司的事项，如公司名称、股票所代表的股数等;另一部分是股息，用于进行股息结算和行使增资权利。我国《公司法》规定，发行无记名股票的，公司应当记载其股票数量、编号及发行日期。

(三) 有面额股票和无面额股票

按是否在股票票面上标明金额，股票可以分为有面额股票和无面额股票。

1. 有面额股票

有面额股票是指在股票票面上记载一定金额的股票。这一记载的金额也被称为票面金额、票面价值或股票面值。股票票面金额的计算方法是用资本总额除以股份数求得，但实际上很多国家是通过法规予以直接规定，而且一般是限定了这类股票的最低票面金额。另外，同次发行的有面额股票的每股票面金额是相等的，票面金额一般以国家主币为单位。大多数国家的股票都是有面额股票。我国《公司法》规定，股份有限公司的资本划分为股份，每一股的金额相等。

2. 无面额股票

无面额股票也被称为比例股票或份额股票，是指在股票票面上不记载股票面额，只注明它在公司总股本中所占比例的股票。无面额股票的价值随股份公司每股净资产和预期每股收益的增减而相应增减。公司净资产和预期收益增加，每股价值上升；反之，公司净资产和预期收益减少，每股价值下降。无面额股票淡化了票面价值的概念，与有面额股票的差别仅在表现形式上，即无面额股票代表着股东对公司资本总额的投资比例。20 世纪早期，美国纽约州最先通过法律，允许发行无面额股票，以后美国其他州和其他一些国家也相继仿效，但目前世界上很多国家（包括中国）的公司法规定不允许发行这种股票。

四、我国目前股票构成状况

（一）国有股

国有股是指有权代表国家投资的部门或机构以国有资产向公司投资形成的股份，包括公司现有国有资产折算成的股份。在我国企业的股份制改造中，原来一些全民所有制企业改组为股份公司，从性质上讲，这些全民所有制企业的资产属于国家所有，因此在改组为股份公司时，就折成国家股。另外，国家对新组建的股份公司进行投资，构成了国家股。国家股由国务院授权的部门或机构持有，或根据国务院决定，由地方人民政府授权的部门或机构持有。国家股从资金来源上看，主要有三个方面：

第一，现有国有企业改组为股份公司时所拥有的净资产；

第二，现阶段有权代表国家投资的政府部门向新组建的股份公司的投资；

第三，经授权代表国家投资的投资公司、资产经营公司、经济实体性总公司等机构向新组建股份公司的投资。如以国有资产折价入股的，须按国务院及国有资产管理部门的有关规定办理资产评估、确认、验证等手续。

（二）法人股

法人股是指企业法人或具有法人资格的事业单位和社会团体以其依法可支配的资产投入公司形成的股份。法人持股所形成的也是所有权关系，是法人经营自身财产的一种投资行为。法人股股票以法人记名。

如果是具有法人资格的国有企业、事业单位及其他单位以其依法占用的法人资产向独立于自己的股份公司出资形成或依法定程序取得的股份，则被称为“国有法人股”。国有法人股属于国有股权。作为发起人的企业法人或具有法人资格的事业单位和社会团体在认购股份时，可以用货币出资，也可以用其他形式的资产，如实物、工业产权、非专利技术、土地使用权等作价出资。但对其他形式资产必须进行评估作价，核实财产，不得高估或者低估作价。

（三）社会公众股

社会公众股是指社会公众依法以其拥有的财产投入公司时形成的可上市流通的股份。在社会募集方式下，股份公司发行的股份，除了由发起人认购一部分外，其余部分应该向社会公众公开发行。我国《证券法》规定，公司申请股票上市的条件之一是：向社会公开发行的股份达到公司股份总数的25% 以上；公司股本总额超过人民币 4 亿元的，向社会公开发行股份的比例为 10% 以上。

(四)外资股

外资股是指股份公司向外国和我国香港、澳门、台湾地区投资者发行的股票。这是我国股份公司吸收外资的一种方式。外资股按上市地域可以分为境内上市外资股和境外上市外资股。

1. 境内上市外资股

境内上市外资股原来是指股份有限公司向境外投资者募集并在我国境内上市的股份，投资者限于：外国的自然人、法人和其他组织；我国香港、澳门、台湾地区的自然人、法人和其他组织；定居在国外的中国公民等。这类股票被称为“B 股”。B 股采取记名股票形式，以人民币标明股票面值，以外币认购、买卖，在境内证券交易所上市交易。但从 2001 年 2 月对境内居民个人开放 B 股市场后，境内投资者逐渐成为 B 股市场的重要投资主体，B 股的外资股性质发生了变化。境内居民个人可以用现汇存款和外币现钞存款以及从境外汇入的外汇资金从事 B 股交易，但不允许使用外币现钞。境内居民个人与非居民之间不得进行 B 股协议转让。境内居民个人所购 B 股不得向境外转托管。经有关部门批准，境内上市外资股或者其派生形式，如认股权凭证和境外存股凭证，可以在境外流通转让。公司向境内上市外资股股东支付股利及其他款项，以人民币计价和宣布，以外币支付。

2. 境外上市外资股

境外上市外资股是指股份有限公司向境外投资者募集并在境外上市的股份。它也采取记名股票形式，以人民币标明面值，以外币认购，在境外上市时，可以采取境外存股凭证形式或者股票的其他派生形式。在境外上市的外资股除了应符合我国的有关法规外，还须符合上市所在地国家或者地区证券交易所制定的上市条件。依法持有境外上市外资股、其姓名或者名称登记在公司股东名册上的境外投资人，为公司的境外上市外资股股东。公司向境外上市外资股股东支付股利及其他款项，以人民币计价和宣布，以外币支付。

境外上市外资股主要由 H 股、N 股、S 股等构成。H 股是指注册地在我国内地、上市地在我国香港的外资股。香港的英文是 HONG KONG，取其首字母，在香港上市的外资股被称为“H”股。依此类推，纽约的第一个英文字母是 N，新加坡的第一个英文字母是 S，伦敦的第一个英文字母是 L，因此，在纽约、新加坡、伦敦上市的外资股分别被称为“N 股”、“S 股”、“L 股”。

五、股票的价格和价值

股票本身没有价值，但它可以当做商品出卖，并且有一定的价格。股票价格(Stock Price)又叫股票行市，是指股票在证券市场上买卖的价格。股票价格分为理论价格与市场价格。股票的理论价格不等于股票的市场价格，两者甚至有相当大的差距。但是，股票的理论价格为预测股票市场价格的变动趋势提供了重要的依据，也是股票市场价格形成的一个基础性因素。

(一)股票的价格

1. 股票的市场价格

股票的市场价格即股票在股票市场上买卖的价格。股票市场可分为发行市场和流通市场，因而，股票的市场价格也就有发行价格和流通价格的区分。股票的发行价格就是发行公司与证券承销商议定的价格。股票发行价格的确定有三种情况：

(1)股票的发行价格就是股票的票面价值。

(2)股票的发行价格以股票在流通市场上的价格为基准来确定。

(3)股票的发行价格在股票面值与市场流通价格之间，通常是对原有股东有偿配股时采用这种价格。国际市场上确定股票发行价格的参考公式是：

股票发行价格＝市盈率还原值×40%＋股息还原率×20%＋每股净值×20%＋预计当年股息与一年期存款利率还原值×20%

这个公式全面地考虑了影响股票发行价格的若干因素，如利率、股息、流通市场的股票价格等，值得借鉴。

股票在流通市场上的价格，才是完全意义上的股票的市场价格，一般称为股票市价或股票行市。股票市价表现为开盘价、收盘价、最高价、最低价等形式。其中收盘价最重要，是分析股市行情时采用的基本数据。

2. 股票的理论价格

股票代表的是持有者的股东权。这种股东权的直接经济利益，表现为股息、红利收入。股票的理论价格，就是为获得这种股息、红利收入的请求权而付出的代价，是股息资本化的表现。

静态地看，股息收入与利息收入具有同样的意义。投资者是把资金投资于股票还是存于银行，这首先取决于哪一种投资的收益率高。按照等量资本获得等量收入的理论，如果股息率高于利息率，人们对股票的需求就会增加，股票价格就会上涨，从而股息率就会下降，一直降到股息率与市场利率大体一致为止。按照这种分析，可以得出股票的理论价格公式为：

股票理论价格＝股息红利收益/市场利率

计算股票的理论价格需要考虑的因素包括:预期股息和必要收益率。

(二)股票价值

从本质上讲，股票仅仅是一种凭证，其作用是用来证明持有人的财产权利，而不像普通商品一样包含有使用价值，所以股票自身并没有价值，也不可能有价格。但当持有股票后，股东不但可参加股东大会，对股份公司的经营决策施加影响，且还能享受分红和派息的权利，获得相应的经济利益，所以股票又是一种虚拟资本，它可以作为一种特殊的商品进入市场流通转让。而股票的价值，就是用货币的形式来衡量股票作为获利手段的价值。所谓获利手段，即凭借着股票，持有人可取得的经济利益。利益愈大，股票的价值就愈高。

在股票的价值中，有面值、净值、清算价值、市场价值和内在价值等五种。

1. 股票的面值

股票的面值，是股份公司在所发行的股票上标明的票面金额，它以股为单位，其作用是用来表明每一张股票所包含的资本数额。股票的面值一般都印在股票的正面且基本都是整数，如百元、拾元、壹元等。在我国上海和深圳证券交易所流通的股票，其面值都统一定为壹元，即每股一元。股票票面价值的最初目的，是在于保证股票持有者在退股之时能够收回票面所标明的资产。随着股票的发展，购买股票后将不能再退股，所以股票面值现在的作用一是表明股票的认购者在股份公司投资中所占的比例，作为确认股东权利的根据。如某上市公司的总股本为一千万元，持有一股股票就表示在该股份公司所占的股份为千万分之一。第二个作用就是在首次发行股票时，将股票的面值作为发行定价的一个依据。

一般来说，股票的发行价都将会高于面值。当股票进入二级市场流通后，股票的价格就与股票的面值相分离了，彼此之间并没有什么直接的联系，股民爱将它炒多高，它就会有多高，如前些年上海股市有些股票的价格曾达到80多元，但其面值也就仅为一元。

2. 股票的净值

股票的净值，又称为账面价值，也称为每股净资产，指的是用会计的方法计算出来的每股股票所包含的资产净值。其计算方法是将公司的注册资本加上各种公积金、累积盈余，也就是通常所说的股东权益，将净资产再除以总股本就是每股的净值。股票的账面价值是股份公司剔除了一切债务后的实际家产，是股份公司的净资产。

由于账面价值是财会计算结果，其数字准确程度较高，可信度较强，所以它是股票投资者评估和分析上市公司经营实力的重要依据之一。股份公司的帐面价值高，则股东实际所拥有的财产就多;反之，股票的帐面价值低，股东拥有的财产就少。股票的账面价值虽然只是一个会计概念，但它对于投资者进行投资分析具有较大的参考作用，也是产生股票价格的直接根据，因为股票价格愈贴近每股净资产，股票的价格就愈接近于股票的帐面价值。

在股票市场中，股民除了要关注股份公司的经营状况和盈利水平外，还需特别注意股票的净资产含量。净资产含量愈高，公司自己所拥有的本钱就越大，抗拒各种风险的能力也就越强。

3. 股票的清算价值

股票的清算价值，是指股份公司破产或倒闭后进行清算之时每股股票所代表的实际价值。从理论上讲，股票的每股清算价值应当与股票的账面价值相一致，但企业在破产清算时，其财产价值是以实际的销售价格来计算的，而在进行财产处置时，其售价都低于实际价值。所以股票的清算值就与股票的净值不相一致，一般都要小于净值。股票的清算价值只是在股份公司因破产或因其他原因丧失法人资格而进行清算时才被作为确定股票价格的根据，在股票发行和流通过程中没有什么意义。

4. 股票的市场价值

股票的市场价值，又称为股票的市值，是指股票在交易过程中交易双方达成的成交价。股票的市值直接反映着股票市场行情，是股民买卖股票的依据。由于受众多因素的影响，股票的市场价值处于经常性的变化之中。股票的市场价值是与股票价格紧密相联的，股票价格是股票市场价值的集中表现，前者随后者的变化发生相应的波动。在股票市场中，股民是根据股票的市场价值(股票行市)的高低变化来分析判断和确定股票价格的，所以通常所说的股票价格也就是股票的市场价值。

5. 股票的内在价值

股票的内在价值，是在某一时刻股票的真正价值，它也是股票的投资价值。计算股票的内在价值需用折现法。由于上市公司的寿命期、每股税后利润及社会平均投资收益率等都是未知数，所以股票的内在价值较难计算，在实际应用中，一般都是取预测值。

第二节 债券

一、债券的定义和特征

(一)债券的定义

债券是政府、金融机构、工商企业等直接向社会借债筹措资金时，向投资者发行，承诺按一定利率支付利息并按约定条件偿还本金的债权债务凭证。债券的本质是债的证明书。债券购买者与发行者之间是一种债权债务关系，债券发行人即债务人，投资者(债券持有人)即债权人。债券是一种有价证券。由于债券的利息通常是事先确定的，所以债券是固定利息证券(定息证券)的一种。在金融市场发达的国家和地区，债券可以上市流通。在中国，比较典型的政府债券是国库券。人们对债券不恰当的投机行为，例如无货沽空，可导致金融市场的动荡。

(二)债券的特征

债券作为一种债权债务凭证，与其他有价证券一样，也是一种虚拟资本，而非真实资本，它是经济运行中实际运用的真实资本的证书。

债券作为一种重要的融资手段和金融工具具有如下特征：

1. 偿还性

债券一般都规定有偿还期限，发行人必须按约定条件偿还本金并支付利息。

2. 流通性

债券一般都可以在流通市场上自由转让。

3. 安全性

与股票相比，债券通常规定有固定的利率。与企业绩效没有直接联系，收益比较稳定，风险较小。此外，在企业破产时，债券持有者享有优先于股票持有者对企业剩余资产的索取权。

4. 收益性

债券的收益性主要表现在两个方面，一是投资债券可以给投资者定期或不定期地带来利息收入;二是投资者可以利用债券价格的变动，买卖债券赚取差额。

二、债券的基本要素

债券尽管种类多种多样，但是在内容上都要包含一些基本的要素。这些要素是指发行的债券上必须载明的基本债券内容，这是明确债权人和债务人权利与义务的主要约定，具体包括：

(一)票面价值

债券的面值是指债券的票面价值，是发行人对债券持有人在债券到期后应偿还的本金数额，也是企业向债券持有人按期支付利息的计算依据。债券的面值与债券实际的发行价格并不一定是一致的，发行价格大于面值称为溢价发行，小于面值称为折价发行。

(二)偿还期

债券偿还期是指企业债券上载明的偿还债券本金的期限，即债券发行日至到期日之间的时间间隔。公司要结合自身资金周转状况及外部资本市场的各种影响因素来确定公司债券的偿还期。

(三)付息期

债券的付息期是指企业发行债券后的利息支付的时间。它可以是到期一次支付，或1年、半年或者3个月支付一次。在考虑货币时间价值和通货膨胀因素的情况下，付息期对债券投资者的实际收益有很大影响。到期一次付息的债券，其利息通常是按单利计算的；而年内分期付息的债券，其利息是按复利计算的。

(四)票面利率

债券的票面利率是指债券利息与债券面值的比率，是发行人承诺以后一定时期支付给债券持有人报酬的计算标准。债券票面利率的确定主要受到银行利率、发行者的资信状况、偿还期限和利息计算方法以及当时资金市场上资金供求情况等因素的影响。

(五)发行人名称

发行人名称指明债券的债务主体，为债权人到期追回本金和利息提供依据。

上述要素是债券票面的基本要素，但在发行时并不一定全部在票面印制出来，例如，在很多情况下，债券发行者是以公告或条例形式向社会公布债券的期限和利率。

三、债券的分类

(一)按发行主体划分

1. 政府债券

政府债券是政府为筹集资金而发行的债券。主要包括国债、地方政府债券等，其中最主要的是国债。国债因其信誉好、利率优、风险小而又被称为“金边债券”。除了政府部门直接发行的债券外，有些国家把政府担保的债券也划归为政府债券体系，称为政府保证债券。这种债券由一些与政府有直接关系的公司或金融机构发行，并由政府提供担保。

中国历史上发行的国债主要品种有国库券和国家债券，其中国库券自1981年后基本上每年都发行。主要对企业、个人等；国家债券曾经发行包括国家重点建设债券、国家建设债券、财政债券、特种债券、保值债券、基本建设债券，这些债券大多对银行、非银行金融机构、企业、基金等定向发行，部分也对个人投资者发行。向个人发行的国库券利率基本上根据银行利率制定，一般比银行同期存款利率高1~2个百分点。在通货膨胀率较高时，国库券也采用保值办法。

2. 金融债券

金融债券是由银行和非银行金融机构发行的债券。在我国目前金融债券主要由国家开发银行、进出口银行等政策性银行发行。金融机构一般有雄厚的资金实力，信用度较高，因此金融债券往往有良好的信誉。

3. 公司债券

在国外，没有企业债和公司债的划分，统称为公司债。在我国，企业债券是按照《企业债券管理条例》规定发行与交易、由国家发展与改革委员会监督管理的债券，在实际中，其发债主体为中央政府部门所属机构、国有独资企业或国有控股企业，因此，它在很大程度上体现了政府信用。公司债券管理机构为中国证券监督管理委员会，发债主体为按照《中华人民共和国公司法》设立的公司法人，在实践中，其发行主体为上市公司，其信用保障是发债公司的资产质量、经营状况、盈利水平和持续赢利能力等。公司债券在证券登记结算公司统一登记托管，可申请在证券交易所上市交易，其信用风险一般高于企业债券。2008 年 4 月 15 日起施行的《银行间债券市场非金融企业债务融资工具管理办法》进一步促进了企业债券在银行间债券市场的发行，企业债券和公司债券成为我国商业银行越来越重要的投资对象。

（二）按财产担保划分

1. 抵押债券

抵押债券是以企业财产作为担保的债券，按抵押品的不同又可以分为一般抵押债券、不动产抵押债券、动产抵押债券和证券信托抵押债券。以不动产如房屋等作为担保品，称为不动产抵押债券；以动产如适销商品等作为提供品的，称为动产抵押债券；以有价证券如股票及其他债券作为担保品的，称为证券信托债券。一旦债券发行人违约，信托人就可将担保品变卖处置，以保证债权人的优先求偿权。

2. 信用债券

信用债券是不以任何公司财产作为担保，完全凭信用发行的债券。政府债券属于此类债券。这种债券由于其发行人的绝对信用而具有坚实的可靠性。除此之外，一些公司也可发行这种债券，即信用公司债。与抵押债券相比，信用债券的持有人承担的风险较大，因而往往要求较高的利率。为了保护投资人的利益，发行这种债券的公司往往受到种种限制、只有那些信誉卓著的大公司才有资格发行。除此以外在债券契约中都要加入保护性条款，如不能将资产抵押其他债权人、不能兼并其他企业、未经债权人同意不能出售资产、不能发行其他长期债券等。

（三）按债券形态分类

1. 实物债券（无记名债券）

实物债券是一种具有标准格式实物券面的债券。它与无实物票卷相对应，简单地说就是发给你的债券是纸质的而非电脑里的数字。在其券面上，一般印制了债券面额、债券利率、债券期限、债券发行人全称、还本付息方式等各种债券票面要素。其不记名，不挂失，可上市流通。实物债券是一般意义上的债券，很多国家通过法律或者法规对实物债券的格式予以明确规定。实物债券由于其发行成本较高，将会被逐步取消。

2. 凭证式债券

凭证式国债是指国家采取不印刷实物券，而用填制“国库券收款凭证”的方式发行的国债。我国从 1994 年开始发行凭证式国债。凭证式国债具有类似储蓄、又优于储蓄的特点，通常被称为“储蓄式国债”，是以储蓄为目的的个人投资者理想的投资方式。从购买之日起计息，可记名、可挂失，但不能上市流通。与储蓄类似，但利息比储蓄高。

3. 记账式债券

记账式债券指没有实物形态的票券，以电脑记账方式记录债权，通过证券交易所的交易系统发行和交易。我国近年来通过沪、深交易所的交易系统发行和交易的记账式国债就是这方面的实例。如果投资者进行记账式债券的买卖，就必须在证券交易所设立账户。所以，记账式国债又称无纸化国债。

记账式国债购买后可以随时在证券市场上转让，流动性较强，就像买卖股票一样，当然，中途转让除可获得应得的利息外（市场定价已经考虑到），还可以获得一定的价差收益（不排除损失的可能），这种国债有付息债券与零息债券两种。付息债券按票面发行，每年付息一次或多次，零息债券折价发行，到期按票面金额兑付。中间不再计息。

由于记账式国债发行和交易均无纸化，所以交易效率高，成本低，是未来债券发展的趋势。

记账式国债与凭证式国债的区别：

(1)在发行方式上，记账式国债通过电脑记帐、无纸化发行，而凭证式国债是通过纸质记账凭证发行。

(2)在流通转让方面，记账式国债可自由买卖，流通转让也较方便、快捷。凭证式国债只能提前兑取，不可流通转让，提前兑取还要支付手续费。

(3)在还本付息方面，记账式国债每年付息，可当日通过电脑系统自动到账，凭证式国债是到期后一次性支付利息，客户需到银行办理。

(4)在收益性上，记账式国债要略好于凭证式国债，通常记账式国债的票面利率要略高于相同期限的凭证式国债。

(四)按是否可转换划分

1. 可转换债券

可转换债券是指在特定时期内可以按某一固定的比例转换成普通股的债券，它具有债务与权益双重属性，属于一种混合性筹资方式。由于可转换债券赋予债券持有人将来成为公司股东的权利，因此其利率通常低于不可转换债券。若将来转换成功，在转换前发行企业达到了低成本筹资的目的，转换后又可节省股票的发行成本。根据《公司法》的规定，发行可转换债券应由国务院证券管理部门批准，发行公司应同时具备发行公司债券和发行股票的条件。

目前在深、沪证券交易所上市的可转换债券是指能够转换成股票的企业债券，兼有股票和普通债券双重特征。一个重要特征就是有转股价格。在约定的期限后，投资者可以随时将所持的可转券按股价转换成股票。可转换债券的利率是年均利息对票面金额的比率，一般要比普通企业债券的利率低，通常发行时以票面价发行。转换价格是转换发行的股票每一股所要求的公司债券票面金额。

2. 不可转换债券

不可转换债券是指不能转换为普通股的债券，又称为普通债券。由于其没有赋予债券持有人将来成为公司股东的权利，所以其利率一般高于可转换债券。

(五)按付息方式划分

1. 零息债券

零息债券也叫贴现债券，是指债券券面上不附有息票，在票面上不规定利率，发行时按规定的折扣率，以低于债券面值的价格发行，到期按面值支付本息的债券。从利息支付方式来看，贴现国债以低于面额的价格发行，可以看作是利息预付，因而又可称为利息预付债券、贴水债券，是期限比较短的折现债券。

2. 定息债券

固定利率债券是将利率印在票面上并按其向债券持有人支付利息的债券。该利率不随市场利率的变化而调整，因而固定利率债券可以较好地抵制通货紧缩风险。

3. 浮息债券

浮动利率债券的息票率是随市场利率变动而调整的利率。因为浮动利率债券的利率同当前市场利率挂钩，而当前市场利率又考虑到了通货膨胀率的影响，所以浮动利率债券可以较好地抵制通货膨胀风险。其利率通常根据市场基准利率加上一定的利差来确定。浮动利率债券往往是中长期债券。

（六）按是否能够提前偿还划分

按是否能够提前偿还，债券可以分为可赎回债券和不可赎回债券。

1. 可提前赎回债券

可赎回债券是指在债券到期前，发行人可以以事先约定的赎回价格收回的债券。公司发行可赎回债券主要是考虑到公司未来的投资机会和回避利率风险等问题，以增加公司资本结构调整的灵活性。发行可赎回债券最关键的问题是赎回期限和赎回价格的制定。

2. 不可提前赎回债券

不可赎回债券是指不能在债券到期前收回的债券。

（七）按偿还方式不同划分

1. 一次到期债券

一次到期债券是发行公司于债券到期日一次偿还全部债券本金的债券。

2. 分期到期债券

分期到期债券可以减轻发行公司集中还本的财务负担。

（八）按计息方式分类

1. 单利债券

单利债券指在计息时，不论期限长短，仅按本金计息，所生利息不再加入本金计算下期利息的债券。

2. 复利债券

复利债券与单利债券相对应，指计算利息时，按一定期限将所生利息加入本金再计算利息，逐期滚算的债券。

3. 累进利率债券

累进利率债券指年利率以利率逐年累进方法计息的债券。累进利率债券的利率随着时间的推移，后期利率比前期利率更高，呈累进状态。

（九）按债券是否记名分类

按债券上是否记有持券人的姓名或名称，分为记名债券和无记名债券。这种分类类似于记名股票与无记名股票的划分。

在公司债券上记载持券人姓名或名称的为记名公司债券；反之为无记名公司债券。两种债券在转让上的差别也与记名股票、无记名股票相似。

（十）按是否参加公司盈余分配分类

按是否参加公司盈余分配，分为参加公司债券和不参加公司债券。

债权人除享有到期向公司请求还本付息的权利外，还有权按规定参加公司盈余分配的债券，为参加公司债券；反之为不参加公司债券。

（十一）按能否上市分类

按能否上市，分为上市债券和非上市债券。

可在证券交易所挂牌交易的债券为上市债券；反之为非上市债券。上市债券信用度高，价值高，且变现速度快，故而容易吸引投资者，但上市条件严格，并要承担上市费用。

根据深、沪证券交易所关于上市企业债券的规定，企业债券发行的主体可以是股份公司，也可以是有限责任公司。

四、我国债券市场状况

（一）国债

我国债券发行是改革开放后从国债发行开始的，1981 年为平衡财政预算，财政部开始发行国库券，发行对象是企业、政府机关、团体、部队、事业单位和个人。当时发行的国债一直只有无记名国库券一种。1994 年我国面向个人发行的债种从单一型逐步转向多样型。随着 2000 年国家发行的最后一期实物券的全面到期，无记名国债宣告退出国债发行市场的舞台。1997 年亚洲金融危机爆发后，我国出现有效需求不足和通货紧缩的现象，在这种特殊背景下，为扩大内需，我国政府连续 7 年实施积极的财政政策，增发国债。这一时期的国债主要采取凭证式国债形式。2006 年财政部研究推出新的储蓄债券品种——储蓄国债（电子式）。到目前为止，我国的国债主要品种有记账式国债、凭证式国债、储蓄国债。其他类型国债有国家重点建设债券、国家建设债券、财政债券、特种债券、保值债券、基本建设债券等。

（二）地方债

2009 年，为应对国际金融危机，增强地方安排配套资金和扩大政府投资的能力，国务院决定，在规模控制的前提下允许地方政府发行债券。以省、自治区、直辖市和计划单列市政府为发行和偿还主体，由财政部代理发行并代办还本付息和支付发行费的可流通记账式债券。地方政府债券冠以发债地方政府名称。由省级政府在国务院核准的额度内，提请同级人民代表大会或同级人民代表大会常务委员会审查批准发行一定数量。2009 年为 2000 亿元，2010 年为 2000 亿元，2011 年地方财政赤字为 2000 亿元，继续发行 2000 亿元地方政府债券。地方政府发行的债券为记账式固定利率附息债券，期限分为 3 年、5 年和 7 年。

地方政府债券一般用于交通、通讯、住宅、教育、医院和污水处理系统等地方性公共设施的建设。

2013 年起，地方政府债券使用上重点是保障性安居工程、公路交通基础设施、生态资源能源和社会事业项目。同中央政府发行的国债一样，地方政府债券一般也是以当地政府的税收能力作为还本付息的担保。

（三）金融债

1982 年。我国开始在国际资本市场发行债券，当年中国国际信托投资公司在东京发行了 100 亿日元的武士债券。此后，财政部、银行与信托投资公司、有关企业等相继进入国际债券市场，在日本、美国、新加坡、英国、德国、瑞士等国发行外国债券和欧洲债券。为推动金融资产多样化，筹集社会资金，国家决定于 1985 年由中国工商银行、中国农业银行发行金融债券，开办特种贷款。这是我国经济体制改革以后国内发行金融债券的开端。在此之后，中国工商银行和中国农业银行又多次发行金融债券，中国银行、中国建设银行也陆续发行了金融债券。1988 年，部分非银行金融机构开始发行金融债券。1993 年，中国投资银行被批准在境内发行外币金融债券，这是我国首次发行境内外币金融债券。1994 年，我国政策性银行成立后，发行主体从商业银行转向政策性银行，当年仅国家开发银行就 7 次发行了金融债券，总金额达

758亿元。1997－1998年，经中国人民银行批准，部分金融机构发行了特种金融债券，所筹集资金专门用于偿还不规范证券回购交易所形成的债务。政策性金融债券、商业银行债券和证券公司债券和债务，证券公司债券包括普通债券、短期融资债券和次级债务。

（四）企业债

1984年，我国开始出现企业债券，当时企业债券的发行并无全国统一的法规，主要是一些企业自发地向社会和企业内部集资。至1986年年底，我国累计发行企业债券约100亿元。1987－1992年是我国企业债券发行的第一个高潮期。1987年3月，国务院颁布了《企业债券管理暂行条例》，并开始编制企业债券发行计划。这一阶段企业债券的发展表现为：一是规模迅速扩张，仅1992年1年企业债券的发行规模就达350亿元；二是品种多样，在此期间发行的企业债券有国家投资债券、国家投资公司债券、中央企业债券、地方企业债券、地方投资公司债券、住宅建设债券和内部债券等7个品种。

90年代后期企业债券的发行侧重安排了一批国家建设项目。如铁路、电力、石化、石油、三峡工程等。进入21世纪，我国企业债券的发行规模逐年扩大。2010年，我国发行企业债券，包括企业债券、短期融资券、中期票据、中小企业集合票据、可转换债券、可分离债券和公司债券，共16812亿元，其中，短期融资券6742亿元、中期票据4924亿元、公司债券603亿元。2011年共发行企业债券（包括企业债券、短期融资券、超短期融资券、中期票据、中小企业集合票据，非公开债务融资工具及公司债券）23103亿元，其中短期融资券8032亿元，中期票据7270亿元，公司债券1253亿元。

五、债券收益率的计算

人们投资债券时，最关心的就是债券收益有多少。为了精确衡量债券收益，一般使用债券收益率这个指标。债券收益率是债券收益与其投入本金的比率，通常用年率表示。债券收益不同于债券利息。债券利息仅指债券票面利率与债券面值的乘积。但由于人们在债券持有期内，还可以在债券市场进行买卖，赚取价差，因此，债券收益除利息收入外，还包括买卖盈亏差价。

决定债券收益率的主要因素，有债券的票面利率、期限、面值和购买价格。最基本的债券收益率计算公式为：

债券收益率＝（到期本息和－发行价格）／（发行价格×偿还期限）×100%

由于债券持有人可能在债券偿还期内转让债券，因此，债券的收益率还可以分为债券出售者的收益率、债券购买者的收益率和债券侍有期间的收益率。各自的计算公式如下：

债券出售者的收益率＝（卖出价格－发行价格＋持有期间的利息）／（发行价格×持有年限）×100%

债券购买者的收益率＝（到期本息和－买入价格）／（买入价格×剩余期限）×100%

债券持有期间的收益率＝（卖出价格－买入价格＋持有期间的利息）／（买入价格×持有年限）×100%

如某人于1995年1月1日以102元的价格购买了一张面值为100元、利率为10%、每年1月1日支付一次利息的1991年发行5年期国库券，并持有到1996年1月1日到期，则：

债券购买者的收益率＝（100＋100×10%－102）／（102×1）×100%＝7.8%

债券出售者收益率＝（102－100＋100×10%×4）／（100×4）×100%＝10.5%

如某人于1993年1月1日以120元的价格购买厂面值为100元、利率为10%、每年1月1日支付一次利息的1992年发行的10年期国库券，并持有1998年1月1日以140元的价格卖出，则

债券持有期间的收益率 $= (140-120+1001\times10\%\times5)/(120\times5)\times100\% = 11.7\%$

以上计算公式没有考虑把获得的利息进行再投资的因素。把所获利息的再投资收益计入债券收益，据此计算出来的收益率，即为复利收益率。

第三节 证券投资基金

一、证券投资基金的含义

证券投资基金是指一种利益共享、风险共担的集合证券方式。即通过发行基金证券，集中投资者的资金，交由专家管理，以资产的保值增值等为根本目的，从事股票、债券等金融工具投资，投资者按投资比例分享其收益并承担风险的一种制度。视各国的具体情况不同，证券投资基金的投资对象可以是资本市场上的上市股票和债券、货币市场上的短期票据和银行同业拆借，也可以是金融期货、黄金、期权交易、不动产等，有时还包括虽未上市但具有发展潜力的公司债券和股权。

二、证券投资基金的特点

作为一种现代化的投资工具，主要具有以下三个特征：

(一)集合投资

基金是这样一种投资方式:它将零散的资金巧妙地汇集起来，交给专业机构投资于各种金融工具，以谋取资产的增值。基金对投资的最低限额要求不高，投资者可以根据自己的经济能力决定购买数量，有些基金甚至不限制投资额大小，完全按份额计算收益的分配，因此，基金可以最广泛地吸收社会闲散资金，集腋成裘，汇成规模巨大的投资资金。在参与证券投资时，资本越雄厚，优势越明显，而且可能享有大额投资在降低成本上的相对优势，从而获得规模效益的好处。

(二)分散风险

以科学的投资组合降低风险、提高收益是基金的另一大特点。在投资活动中，风险和收益总是并存的，因此，“不能将所有的鸡蛋都放在一个篮子里”，这是证券投资的箴言。但是，要实现投资资产的多样化，需要一定的资金实力，对小额投资者而言，由于资金有限，很难做到这一点，而基金则可以帮助中小投资者解决这个困难。基金可以凭借其雄厚的资金，在法律规定的投资范围内进行科学的组合，分散投资于多种证券，借助于资金庞大和投资者众多的公有制使每个投资者面临的投资风险变小，另一方面又利用不同的投资对象之间的互补性，达到分散投资风险的目的。

(三)专业理财

基金实行专家管理制度，这些专业管理人员都经过专门训练，具有丰富的证券投资和其它项目投资经验。他们善于利用基金与金融市场的密切联系，运用先进的技术手段分析各种

信息资料，能对金融市场上各种品种的价格变动趋势作出比较正确的预测，最大限度地避免投资决策的失误，提高投资成功率。对于那些没有时间，或者对市场不太熟悉，没有能力专门研究投资决策的中小投资者来说，投资于基金，实际上就可以获得专家们在市场信息、投资经验、金融知识和操作技术等方面所拥有的优势，从而尽可能地避免盲目投资带来的失败。

三、证券投资基金的分类

（一）公司型与契约型

1. 契约型基金

契约型基金又称为单位信托基金，是指把投资者、管理人、托管人三者作为基金的当事人，通过签订基金契约的形式，发行受益凭证而设立的一种基金。契约型基金起源于英国，后在香港、新加坡、印度尼西亚等国家和地区十分流行。

契约型基金是基于契约原理而组织起来的代理投资行为，没有基金章程，也没有董事会，而是通过基金契约来规范三方当事人的行为。基金管理人负责基金的管理操作。基金托管人作为基金资产的名义持有人，负责基金资产的保管和处置，对基金管理人的运作实行监督。

2. 公司型基金

公司型基金是按照公司法以公司形态组成的，该基金公司以发行股份的方式募集资金，一般投资者则为认购基金而购买该公司的股份，也就成为该公司的股东，凭其持有的股份依法享有投资收益。这种基金要设立董事会，重大事项由董事会讨论决定。

公司型基金的特点是：基金公司的设立程序类似于一般股份公司，基金公司本身依法注册为法人，但不同于一般股份公司的是，它是委托专业的财务顾问或管理公司来经营与管理；基金公司的组织结构也与一般股份公司类似，设有董事会和持有人大会，基金资产由公司所有，投资者则是这家公司的股东，承担风险并通过股东大会行使权利。

（二）封闭型与开放型

1. 封闭式基金

封闭式基金是指基金的发起人在设立基金时，限定了基金单位的发行总额，筹集到这个总额后，基金即宣告成立，并进行封闭，在一定时期内不再接受新的投资。又称为固定型投资基金。基金单位的流通采取在证券交易所上市的办法，投资者日后买卖基金单位都必须通过证券经纪商在二级市场上进行竞价交易。

封闭式基金的期限是指基金的存续期，即基金从成立起到终止之间的时间。决定基金期限长短的因素主要有两个：一是基金本身投资期限的长短，一般如果基金目的是进行中长期投资（如创业基金）的，其存续期就可长一些，反之，如果基金目的是进行短期投资（如货币市场基金），其存续期可短一些。二是宏观经济形势，一般经济稳定增长，基金存续期可长一些，若经济波浪起伏，则应相对地短一些。当然，在现实中，存续期还应考虑基金发起人和众多投资者的要求来确定。基金期限届满即为基金终止，管理人应组织清算小组对基金资金进行清产核资，并将清产核资后的基金净资产按照投资者的出资比例进行公正合理的分配。

如果基金在运行过程中，因为某些特殊的情况，使得基金的运作无法进行，报经主管部门批准，可以提前终止。提前终止的一般情况有：

（1）国家法律和政策的改变使得该基金的继续存在为非法或者不适宜；

(2)管理人因故退任或被撤换，无新的管理人承继的；

(3)托管人因故退任或被撤换，无新的托管人承继的；

(4)基金持有人大会上通过提前终止基金的决议。

2. 开放式基金

开放式基金是指基金管理公司在设立基金时，发行基金单位的总份额不固定，可视投资者的需求追加发行。投资者也可根据市场状况和各自的投资决策，或者要求发行机构按现期净资产值扣除手续费后赎回股份或受益凭证，或者再买入股份或受益凭证，增持基金单位份额。为了应付投资者中途抽回资金，实现变现的要求，开放式基金一般都从所筹资金中拨出一定比例，以现金形式保持这部分资产。这虽然会影响基金的盈利水平，但作为开放式基金来说，这是必需的。

封闭式基金与开放式基金的主要区别如下：

表 2－1　　封闭式基金与开放式基金的区别

	开放式基金	封闭式基金
基金规模和存续期限	根据投资人申购和赎回而增减	存续期内规模不变
交易关系	申购和赎回始终在基金投资者和基金管理者之间进行	交易在基金投资者之间进行
交易价格	根据基金单位资产净值加减一定费用确定	由市场供求关系确定
交易费用	投资者需要缴纳的费用均包含在基金价格之中	需要支付一定比例的交易税和手续费
投资策略	为应对赎回，需要保留较多现金，一般投资变现能力强的资产	流动性要求低于开放式基金，可进行长期投资
基金管理人约束	受到流动性限制，约束较强	约束较弱

(三)债券基金、股票基金、货币市场基金等

按基金的投资标的划分，证券投资基金可分为债券基金、股票基金、货币市场基金等。

1. 债券基金

债券基金是一种以债券为主要投资对象的证券投资基金。由于债券的年利率固定，因而这类基金的风险较低，适合于稳健型投资者。债券基金的收益会受市场利率的影响，当市场利率下调时，其收益会上升;反之，若市场利率上调，其收益将下降。除此以外，如果基金投资于境外市场，汇率也会影响基金的收益，管理人在购买国际债券时，往往还需要在外汇市场上进行套期保值。在我国，根据《证券投资基金运作管理办法》的规定，80% 以上的基金资产投资于债券的，为债券基金。

2. 股票基金

股票基金是指以上市股票为主要投资对象的证券投资基金。基金管理人拟定投资组合，将资金投放到一个或几个国家甚至全球的股票市场，以达到分散投资、降低风险的目的。股票基金是最重要的基金品种，它的优点是资本的成长潜力较大，投资者不仅可以获得资本利得，还可以通过它将较少的资金投资于各类股票，从而实现在降低风险的同时保持较高收益

的投资目标。股票基金还可以细分为多种类型，其中较有代表性的是按投资目标不同，分为价值型股票基金、成长型股票基金和平衡型股票基金。价值型基金主要投资于收益稳定、价值被低估、安全性较高的股票；成长型基金主要投资于收益增长速度快、未来发展潜力大的股票；同时投资于价值型股票和成长型股票的基金是平衡型基金。在我国，根据《证券投资基金运作管理办法》的规定，60% 以上的基金资产投资于股票的，为股票基金。

3. 货币市场基金

货币市场基金是以货币市场工具为投资对象的一种基金，其投资对象期限较短，一般在 1 年以内，包括银行短期存款、国库券、公司短期债券、银行承兑票据及商业票据等货币市场工具。根据《证券投资基金运作管理办法的规定》，仅投资于货币市场工具的，为货币市场基金。货币市场基金的优点是资本安全性高，购买限额低，流动性强，收益较高，管理费用低，有些还不收取赎回费用。因此，货币市场基金通常被认为是低风险的投资工具。

4. 衍生证券投资基金

衍生证券投资基金是一种以衍生证券为投资对象的基金，包括期货基金、期权基金、认股权证基金等。这种基金风险大，因为衍生证券一般是高风险的投资品种。

5. 混合型基金

基金募集完毕后，依投资目标不同，将基金资产在股票和债券之间进行配比，统称混合型基金。偏股基金对股票的配置比例较高，一般为 50% －70%，债券的配置比例为 20% －40% 。债券型基金对债券的配置比例较高，对股票的配置比例相对较低。股债平衡型基金对股票和债券的配置较为均衡，约为 40% －60% 左右。灵活配置型基金对股票和债券的配置比例会依市场状况进行调节。

（四）主动型基金和被动型基金

按基金的投资理念划分，证券投资基金可分为主动型基金和被动型基金。

1. 主动型基金

主动型基金是指力图取得超越基准组合表现的基金。

2. 被动型基金

被动型基金一般选取特定指数作为跟踪对象，因此通常又被称为“指数基金”。指数基金是 20 世纪 70 年代以来出现的新的基金品种。由于其投资组合模仿某一股价指数或债券指数，收益随着即期的价格指数上下波动，因此当价格指数上升时，基金收益增加；反之，收益减少，基金因始终保持即期的市场平均收益水平，因而收益不会太高，也不会太低。

指数基金的优势是：(1) 费用低廉。指数基金的管理费较低，尤其交易费用较低。(2) 风险较小。由于指数基金的投资非常分散，可以完全消除投资组合的非系统风险，而且可以避免由于基金持股集中带来的流动性风险。(3) 在以机构投资者为主的市场中，指数基金可获得市场平均收益率，可以为股票投资者提供比较稳定的投资回报。(4) 指数基金可以作为避险套利的工具。对于投资者尤其是机构投资者来说，指数基金是他们避险套利的重要工具。由于指数基金收益率的稳定性、投资的分散性以及高流动性，特别适合于社保基金等数额较大、风险承受能力较低的资金投资。

（五）公募基金和私募基金

按基金的募集方式划分，证券投资基金可分为公募基金和私募基金。公募基金是可以面向社会公众公开发售的基金。公募基金可以向社会公众公开发售基金份额和宣传推广，基金募集对象不固定；基金份额的投资金额要求较低，适合中小投资者参与；基金必须遵守有关的法律法规，接受监管机构的监管并定期公开相关信息。

私募基金是向特定的投资者发售的基金。私募基金不能进行公开发售和宣传推广，只能采取非公开方式发行；基金份额的投资金额较高，风险较大，监管机构对投资者的资格和人数会加以限制；基金的投资范围较广，在基金运作和信息披露方面所受的限制和约束较少。

（六）特殊类型的基金

1. 交易所交易基金 ETF

ETF 是英文“Exchange Traded Funds”的简称，常被译为“交易所交易基金”，上海证券交易所则将其定名为“交易型开放式指数基金”。ETF 是一种在交易所上市交易的、基金份额可变的一种基金运作方式。ETF 结合了封闭式基金与开放式基金的运作特点，一方面可以像封闭式基金一样在交易所二级市场进行买卖，另一方面又可以像开放式基金一样申购、赎回。不同的是，它的申购是用一篮子股票换取 ETF 份额，赎回时也是换回一篮子股票而不是现金。这种交易方式使该类基金存在一级、二级市场之间的套利机制，可有效防止类似封闭式基金的大幅折价现象。

ETF 是以某一选定的指数所包含的成分证券为投资对象，依据构成指数的证券种类和比例，采用完全复制或抽样复制的方法进行被动投资的指数型基金。根据 ETF 跟踪的指数不同，可分为股票型 ETF、债券型 ETF 等，并且还可以进一步细分。ETF 最大的特点是实物申购、赎回机制，即它的申购是用一篮子股票换取 ETF 份额，赎回时是以基金份额换回一篮子股票而不是现金。ETF 有“最小申购、赎回份额”的规定，通常最小申购、赎回单位是 50 万份或 100 万份，申购、赎回必须以最小申购、赎回单位的整数倍进行，一般只有机构投资者才有实力参与一级市场的实物申购与赎回交易。ETF 实行一级市场和二级市场并存的交易制度。在一级市场，机构投资者可以在交易时间内以 ETF 指定的一篮子股票申购 ETF 份额或以 ETF 份额赎回一篮子股票。在二级市场，ETF 与普通股票一样在证券交易所挂牌交易，基金买入申报数最为 100 份或其整数倍，不足 100 份的基金可以卖出，机构投资者和中小投资者都可以按市场价格进行 ETF 份额交易。

2. 上市开放式基金 LOF

上市开放式基金（Listed Open－ended Funds，LOF）是一种既可以同时在场外市场进行基金份额申购、赎回，又可以在交易所进行基金份额交易和基金份额申购或赎回，并通过份额转托管机制将场外市场与场内市场有机地联系在一起的一种开放式基金。

尽管同样是交易所交易的开放式基金，但就产品特性看，深圳证券交易所推出的 LOF 在世界范围内具有首创性。与 ETF 相区别，LOF 不一定采用指数基金模式，也可以是主动管理型基金；同时，申购和赎回均以现金进行，对申购和赎回没有规模上的限制，可以在交易所申购、赎回，也可以在代销网点进行。LOF 所具有的可以在场内外申购、赎回，以及场内外转托管的制度安排，使 LOF 不会出现封闭式基金大幅度折价交易的现象。2004 年 10 月 14 日，南方基金管理公司募集设立了南方积极配置证券投资基金（LOF），并于 2004 年 12 月 20 日在深圳证券交易所上市交易。

3. 保本基金

保本基金是指通过采用投资组合保险技术，保证投资者在投资到期时至少能够获得投资本金或一定回报的证券投资基金。保本基金的投资目标是在锁定下跌风险的同时力争有机会获得潜在的高回报。

按照中国证监会于2010年发布的《关于保本基金的指导意见》，保本基金是指通过一定的保本投资策略进行运作，同时引入保本保障机制，以保证基金份额持有人在保本周期到期时，可以获得投资本金保证的基金。保本保障机制包括:（1）由基金管理人对基金份额持有人的投资本金承担保本清偿义务，同时基金管理人与符合条件的担保人签订保证合同，由担保人和基金管理人对投资人承担连带责任。（2）基金管理人与符合条件的保本义务人签订风险买断合同，约定由基金管理人向保本义务人支付费用，保本义务人在保本基金到期出现亏损时，负责向基金份额持有人偿付相应损失。保本义务人在向基金份额持有人偿付损失后，放弃向基金管理人追偿的权利。(3)经中国证监会认可的其他保本保障机制。

投资保本基金并不等于将资金作为存款存放在银行或存款类金融机构，保本基金在极端情况下仍然存在本金损失的风险。保本基金可以投资于股票、债券、货币市场工具、权证、股指期货及中国证监会允许投资的其他金融工具。

4. QDII 基金

QDII 是 Qualified Domestic Institutional Investors（合格境内机构投资者）的首字缩写。QDII 基金是指在一国境内设立，经该国有关部门批准从事境外证券市场的股票、债券等有价证券投资的基金。它为国内投资者参与国际市场投资提供了便利。2007 年我国推出了首批 QDII 基金。

5. 分级基金

分级基金又被称为“结构型基金”、“可分离交易基金”，是指在一只基金内部通过结构化的设计或安排，将普通基金份额拆分为具有不同预期收益与风险的两类（级）或多类（级）份额并可分离上市交易的一种基金产品。分级基金通常分为低风险收益端（优先份额）和高风险收益端（进取份额）两类份额。

四、我国目前的基金状况

证券投资基金在我国发展的时间还比较短，但发展速度惊人。1997 年 11 月，国务院颁布《证券投资基金管理暂行办法》;1998 年 3 月，两只封闭式基金——基金金泰、基金开元设立，分别由国泰基金管理公司和南方基金管理公司管理;2004 年 6 月 1 日，我国《证券投资基金法》正式实施，以法律形式确认了证券投资基金在资本市场及社会主义市场经济中的地位和作用，成为中国证券投资基金发展史上的一个重要里程碑。证券投资基金从此进入崭新的发展阶段，基金数量和规模迅速增长，市场地位日趋重要，呈现出下列特点：

1. 基金规模快速增长，开放式基金后来居上，逐渐成为基金设立的主要形式。1998 年 - 2001 年 9 月是我国封闭式基金发展阶段，在此期间，我国证券市场只有封闭式基金。2000 年 10 月 8 日，中国证监会发布了《开放式证券投资基金试点办法》;2001 年 9 月，我国第一只开放式基金诞生。此后，我国基金市场进入开放式基金发展阶段，开放式基金成为基金设立的主要形式。而封闭式基金由于一直处于高折价交易状态，2002 年 8 月后的 5 年内没有发行新的封闭式基金，封闭式基金的发展陷入停滞状态。自 2006 年开始，随着我国早期发售的封闭式基金到期日的逐步临近，陆续有到期封闭式基金转为开放式基金。

截至 2011 年年底，我国共有证券投资基金 914 只，净值总额合计约为 2. 19 万亿元。在

914 只基金中，有 57 只封闭式基金，基金净值总额约 0.09 万亿元；有 857 只开放式基金，基金净值总额合计约 2.10 万亿元。

2. 基金产品差异化日益明显，基金的投资风格也趋于多样化。我国的基金产品除股票型基金外，债券基金、货币市场基金、保本基金、指数基金等纷纷问世。近年来，基金品种不断丰富，如出现了结构化基金、ETF 联接基金等。

在投资风格方面，除传统的成长型基金、混合型基金外，还有收益型基金、价值型基金等。

3. 中国基金业发展迅速，对外开放的步伐加快。近年来，我国基金业发展迅速，基金管理公司家数不断增加，管理基金规模不断扩大。截至 2011 年年末，我国已有基金管理公司 69 家，其中中外合资基金管理公司 39 家。2007 年我国出现了第 1 家管理基金规模超过千亿元的基金公司。在基金管理公司数量不断增加的同时，其业务范围也有所扩大。2007 年 11 月，中国证监会基金部发布《基金管理公司特定客户资产管理业务试点办法》，允许符合条件的基金管理公司开展为特定客户管理资产的业务。此外，2006 年中国基金业开始了国际化航程，获得 QDII 资格的国内基金管理公司可以通过募集基金投资国际市场，即设立 QDII 基金。2008 年起，部分基金管理公司获准到香港设立分公司，从事资产管理业。

拓展阅读：

美国投资基金介绍

投资基金起源于英国，盛行于美国。1924 年 3 月 21 日在波士顿设立的“马萨诸塞州投资信托基金”(Massachusetts Investment Trust, MIT)，是世界上第一只公司型开放式基金，也是美国第一个相关书籍现代意义的共同基金。在此后几年中，投资基金经历了第一个辉煌时期。到 20 年代末期，所有封闭式基金总资产达 28 亿美元。1929 年的股市崩溃，沉重打击了新兴的美国基金业。危机过后，美国政府为保护投资者利益，制定了《证券法》(1933 年)、《证券交易法》(1934 年)、《投资公司法》和《投资顾问法》(1940 年)。其中，《投资公司法》详细规范了投资基金组成及管理的法律要件，通过完整的法律保护，为投资基金的快速发展，奠定了良好基础。

二战后，美国经济强劲增长，投资者信心恢复迅速。时至今日，投资基金得到了包括银行信托部、保险公司、养老基金等诸多机构投资者的青睐。美国已成为世界上基金业最发达的国家，基金资产在规模上已超过银行资产。在英语中，共同基金 mutual fund 的 mutual 意为 joint(联合)，而 fund 有 holding(控制)之意，即把许多人的钱集中起来进行专业化投资的运作。

共同基金是一种利益共享、风险共担的集合投资方式，即通过发行基金单位，集中投资者的资金，从事股票、债券、外汇、货币等投资，以获得投资收益和资本增值。

对冲基金(hedge fund)，也称避险基金或套利基金，是指由金融期货(financial futures)和金融期权(financial option)等金融衍生工具(financial derivatives)与金融组织结合后以高风险投机为手段并以盈利为目的的金融基金。它是投资基金的一种形式，属于免责市场(exempt market)产品。意为“风险对冲过的基金”，对冲基金名为基金，实际与互惠基金安全、收益、增值的投资理念有本质区别。

对冲基金的分类。以交易手段区分，主要可分为低风险对冲基金、高风险对冲基金和疯狂对冲基金。

(1)低风险对冲基金

主要是在美国和国外的股市投资，一般很少以高于本身资本两倍的借贷款进行投机交易。交易方式以长买短卖为主，也就是说购买可能会上升的股票，借用和出售可能会下跌的股票；待市场出现好转后，再买回这些股票。

(2)高风险对冲基金

经常以高于资本2.5倍的借贷款进行投机交易，而且既在全球股票市场上进行长买短卖，也在全球债券、货币和商品期货等市场上进行大规模的投机交易，比较典型的例子就是由索罗斯经营的量子基金。

(3)疯狂对冲基金

以高于本身资本十倍甚至几十倍的借贷款在国际金融市场上进行炒作。这种对冲基金最典型的例子是美国长期资本管理基金，该公司曾以40多亿美元的资产向银行贷款100多亿美元，其买进卖出的各种证券和股票市面价值一度高达1.25万亿美元，结果导致了1998年9月美国对冲基金事件的爆发。

五、证券投资基金的收益及其分配

(一)证券投资基金收益来源

证券投资基金收益是指基金管理人管理和运用基金所募集的资金从事股票、债券等金融工具投资所取得的收入。与一般工商企业相比较，证券投资基金作为一种特殊的会计主体，其收益的范围以及确认标准问题历来存在争议，但由于收益范围的界定又在相当程度上关系到收益的分配方案，影响各方经济利益，所以必须要加以明确。目前，世界各国和地区大致有以下三种有代表性的收益范围：①大口径方式，这种方式以日本为代表，认为证券投资基金收益应包括现金股利、股票股利、债券利息、其他利息和已实现资本利得(或损失)。②中口径方式，这种方式以美国为代表，认为证券投资基金收益应包括现金股利、债券利息、其他利息和已实现资本利得(或损失)，不包括股票股利和未实现的资本利得(或损失)。③小口径方式，这种方式以我国台湾地区为代表，认为证券投资基金的收益只包括现金股利、债券利息和其他利息，不包括股票股利和资本利得(无论资本利得是否已经实现)。

我国《证券投资基金法》规定基金收入来源主要包括利息收入、投资收益以及其他收入。利息收入包括债券利息收入、资产支持证券利息收入、存款利息收入、买入返售金融资产收入等。投资收益包括股票投资收益、债券投资收益、资产支持证券投资收益、基金投资收益、衍生工具投资、股利收益等。基金的收益分配应当以期末可供分配利润为基准计算。期末可供分配利润指期末资产负债表中未分配利润与未分配利润中已实现收益的孰低值。如果期末未分配利润的未实现部分为正数，则期末可供分配的金额为期末未分配利润的已实现部分；如果期末未分配利润的未实现部分为负数，则期末可供分配利润的金额为期末未分配利润(已实现部分扣减未实现部分)。

(二)证券投资基金收益分配方式和比例

证券投资基金相对于固定收益证券，价格波动性更大，投资者承担的风险也相对更高。同时，在基金收益分配中投资者的话语权不高。因此，为了保护基金投资者的利益，世界各国都强制规定了证券投资基金收益充分分配制度。例如，美国的法律规定，基金必须将利息收入和股息收入的95%以上分配给投资者，一般是每季度发放一次,基金的资本利得部分可以分配给投资者，也可以留在基金内继续投资。收益分配以现金形式分配，但投资者可以选择自动再投资。在日本，基金的收益原则上每年分配一次，所有的股利和利息应全部分配。对于资本利得，在弥补上期亏损后，剩余部分的10%应分配给投资者。累计未分配的资本利得在基金运作期满后，再一并分配。我国台湾地区要求基金的分配一般应当一年一次，并在会计年度结束后3个月之内进行。利息和股利全部分配，已经实现的资本利得也可以分配。分配采用现金方式的，投资者可以将分配的收益再投资。

我国《证券投资基金法》规定，封闭式基金的收益分配必须采取现金方式，每年不得少于一次，年度收益分配的比例不得低于基金年度净收益的90%。开放式基金按规定需在基金合同中约定每年基金收益的最多次数和基金收益分配的最低比例，分配应当采用现金方式，但投资者可以事先选择将所获分配的现金利润，按照基金合同有关基金份额申购的约定转为基金份额。基金份额持有人事先未做出选择的，基金管理人应当支付现金。同时，基金当年收益应先弥补上年亏损后，才可进行分配，如果基金投资当年亏损，则不应进行收益分配。

和美国等国家和地区对证券投资基金收益分配的规定相比，我国对基金收益分配规定的弹性空间更小，主要表现在：

1. 分配方式上，我国要求以现金方式进行分配。而在美国和日本，投资者有更大的选择权，既可以选择现金分配，也可以选择将分配的收益再投资。

2. 分配比例上，我国证券投资基金净收益的实际分配比例大大高于美国和日本。我国要求证券投资基金分配的收益不低于基金当年净收益的90%。而在美国和日本，只是要求将收益中的利息收入的绝大部分分配给投资者，资本利得部分参与分配的比例很低（如日本的10%），或者是可以不参加分配。

六、证券投资基金的各方当事人

（一）基金发起人

基金发起人是以基金的设立与组建为目的，并采取必要的措施和步骤来达到设立和组建基金目的的法人。

担任发起人的机构是是按照国家有关规定设立的证券公司、信托投资公司及基金管理公司，发起人的数目要求在两个以上。

1. 基金发起人资格的要求

（1）主要发起人是按照国家有关规定设立的证券公司、信托投资公司及基金管理公司；

（2）基金发起人必须拥有雄厚的资本实力，每个发起人的实收资本不少于3亿元人民币；

（3）基金的主要发起人有3年以上从事证券投资的经验及连续盈利的记录。

基金发起人有健全的组织机构和管理制度，财务状况良好，经营行为规范。

2. 基金发起人的义务

（1）必须公告招股说明书；

（2）在基金设立时基金发起人必须认购并在基金存续期间持有符合规定比例的基金单位（目前我国规定为1%）；

（3）遵守基金契约；

(4)承担基金亏损或者终止时的有限责任;

(5)基金发起人不得从事任何有损基金及其他基金持有人利益的活动;

(6)当基金不能成立时应及时退还所募集资金本息和按比例承担费用;

(7)法律、法规规定的其他义务。

(二)基金份额持有人

是基金单位的出资者，又称受益人，他们是基金资产的最终拥有人，享有基金资产的一切权益，并对此资产负有限责任。

1. 基金持有人的权利

(1)出席或者委派代表出席基金持有人大会;

(2)取得基金收益;

(3)监督基金经营情况，获取基金业务及财务状况的资料;

(4)转让基金单位;

(5)取得基金清算时的剩余资产;

(6)本基金契约规定的其他权利。

每份基金单位具有同等的合法权益。

2. 基金持有人的义务

(1)遵守基金契约;

(2)交纳基金认购款项及规定的费用;

(3)承担基金亏损或者终止的有限责任;

(4)不从事任何有损基金及其他基金持有人利益的活动。

(三)基金管理人

基金管理人，是指凭借专门的知识和机构，运用所管理基金的资产，根据法律、法规及基金章程或基金契约的规定，按照科学的投资组合原理进行投资决策，谋求所管理基金资产不断增值，并使基金持有人获取尽可能多收益的机构。

1. 基金管理人的基本职责

(1)按照基金契约的规定运用基金资产投资并管理基金资产;

(2)及时、足额向基金持有人支付基金收益;

(3)保存基金的会计账册、记录15年以上;

(4)编制基金财务报告，及时公告，并向中国证监会报告;

(5)计算并公告基金资产净值及每一基金单位资产净值;

(6)基金契约规定的其他职责。

2. 基金管理公司的资格

(1)主要发起人为按照国家有关规定设立的证券公司、信托投资公司;

(2)主要发起人经营状况良好，最近3年连续盈利;

(3)主要股东实收资本不少于3亿元;

(4)拟设立的基金管理公司的注册资本金不低于1亿元;

(5)有明确可行的基金管理计划;

(6)有合格的基金管理人才;

(7)中国证监会规定的其他条件。

3. 基金管理人的退任

(1)基金管理人解散、依法被撤销、破产或者由接管人接管其资产的;

(2)基金托管人有充分理由认为更换基金管理人符合基金持有人利益的;

(3)代表50%以上基金单位的基金持有人要求基金管理人退任的;

(4)中国证监会有充分理由认为基金管理人不能继续履行基金管理职责的。

4. 基金管理公司的主要业务

(1)证券投资业务;

(2)受托资产管理业务(客户委托的初始资产不得低于5000万元人民币);

(3)投资咨询服务;

(4)社保基金管理及企业年金管理业务;

(5)QDII业务。

(四)基金托管人

基金托管人是投资者权益的代表,是基金资产的名义持有人或管理机构。

基金托管人在基金运作中的作用,可以防止基金财产挪作他用,有利于保障基金资产的安全;对基金管理人的投资运作进行监督,可以促使基金管理人按照有关法律法规和基金合同的要求运作基金财产,有利于保护基金持有人的权益。

基金托管人对基金资产所进行的会计复核和净值计算,有利于防范、减少基金会计核算中的差错,保证基金份额净值和会计核算的真实性和准确性。

1. 基金托管人的资格

(1)设有专门的基金托管部;

(2)实收资本不少于80亿元;

(3)有足够的熟悉托管业务的专职人员;

(4)具备安全保管基金全部资产的条件;

(5)具备安全、高效的清算、交割能力。

2. 基金托管人的职责

(1)安全保管基金的全部资产;

(2)执行基金管理人的投资指令,并负责办理基金名下的资金往来;

(3)监督基金管理人的投资运作,发现基金管理人的投资指令违法、违规的,不予执行并向中国证监会报告;

(4)复核、审查基金管理人计算的基金资产净值及基金价格;

(5)保存基金的会计账册、记录15年以上;

(6)出具基金业绩报告,提供基金托管情况,并向中国证监会和中国人民银行报告;

(7)基金契约、托管协议规定的其他职责。

3. 基金托管人的退任

(1)基金托管人解散、依法被撤销、破产或者由接管人接管其资产的;

(2)基金管理人有充分理由认为更换基金托管人符合基金持有人利益的;

(3)代表50%以上基金单位的基金持有人要求基金托管人退任的;

(4)中国人民银行有充分理由认为基金托管人不能继续履行基金托管职责的。

基金托管业务流程:基金托管人对基金管理人投资运作的监督,监督方式包括电话提示、书面警示、书面报告、定期报告。

对基金投融资比例监督的内容包括：基金合同约定的基金投资资产配置比例，融资限制，股票申购限制，法规允许的基金投资比例调整期限。

在投资基金的四个方面当事人当中，投资人的利益始终是第一位的，是投资基金当事人运作的轴心；各方当事人运转的目标就在于努力使得基金投资人的利益最大化。基金管理人则处于基金日常经营活动的中心，基金管理人不仅发起设立基金，而且负责基金投资的重大决策。基金管理人和基金托管人都是基金信托资产的受托人，前者负责基金资产的日常投资决策及其管理，后者专司基金资产账户及其他职能。基金管理人和基金保管人分别作为基金资产不同方面的受托人，这叫做“二人分担一职”；二者之间是一种相互监督和分工协作的关系，有点类似于会计和出纳的关系。

第四节 金融衍生工具

一、金融衍生工具产生的背景

衍生金融资产产生于20世纪70年代。自出现以来，发展迅速。衍生金融资产的产生和迅速发展主要有以下原因：

70年代高通货膨胀率以及普遍实行的浮动汇率制度，使规避通货膨胀风险、利率风险和汇率风险成为金融交易的一项重要需求。衍生工具能有效地转移投资者某些不愿承担的风险给愿意承担者。

各国政府逐渐放松金融管制以及通讯技术、信息处理技术的进步等有利条件促进衍生工具飞速发展。先进技术的出现，使实施套期保值、套利和其他风险管理策略的成本费用得以大大降低，从而也使衍生工具供给量大大增加。

金融业竞争日益加剧促使金融机构不断进行金融创新，推出新的金融衍生工具。

70年代以来期权定价模型等衍生工具估价模型和技术取得突破并有了长足的进展，这有利于投资者更为准确地对衍生资产进行估价、风险管理，有利于衍生工具的发行和使用，从而促进衍生资产的正常发展。

二、金融衍生工具的概念

金融衍生工具，又称“金融衍生产品”，是与基础金融产品相对应的一个概念，指建立在基础产品或基础变量之上，其价格随基础金融产品的价格（或数值）变动的派生金融产品。这里所说的基础产品是一个相对的概念，不仅包括现货金融产品（如债券、股票、银行定期存款单等等），也包括金融衍生工具。作为金融衍生工具基础的变量则包括利率、汇率、各类价格指数甚至天气（温度）指数等。

三、金融衍生工具的特征及功能

（一）金融衍生工具的特征

1.跨期性

金融衍生工具是交易双方通过对利率、汇率、股价等因素变动趋势的预测，约定在未来时间按照一定条件进行交易或选择是否交易的合约。无论是哪一种金融衍生工具，都会影响交易者在未来一段时间内或未来某时点上的现金流，跨期交易的特点十分突出。这就要求交易双方对利率、汇率、股价等价格因素的未来变动趋势作出判断，而判断的准确与否直接决定了交易者的交易盈亏。

2.杠杆性

金融衍生工具交易一般只需要支付少量保证金或权利金就可以签订远期大额合约或互换不同的金融工具。例如，若期货交易保证金为合约金额的5%，则期货交易者可以控制20倍于所交易金额的合约资产，实现以小博大的效果。在收益可能成倍放大的同时，交易者所承担的风险与损失也会成倍放大，基础工具价格的轻微变动也许就会带来交易者的大盈大亏。金融衍生工具的杠杆性效应一定程度上决定了它的高投机性和高风险性。

3.联动性

这是指金融衍生工具的价值与基础产品或基础变量紧密联系、规则变动。通常，金融衍生工具与基础变量相联系的支付特征由衍生工具合约规定，其联动关系既可以是简单的线性关系，也可以表达为非线性函数或者分段函数。

4.不确定性或高风险性

金融衍生工具的交易后果取决于交易者对基础工具（变量）未来价格（数值）的预测和判断的准确程度。基础工具价格的变幻莫测决定了金融衍生工具交易盈亏的不稳定性，这是金融衍生工具高风险性的重要诱因。基础金融工具价格不确定性仅仅是金融衍生工具风险性的一个方面，国际证监会组织在1994年7月公布的一份报告（ISOCOPD35）中认为金融衍生工具还伴随着以下几种风险：

（1）交易中对方违约，没有履行承诺造成损失的信用风险；

（2）因资产或指数价格不利变动可能带来损失的市场风险；

（3）因市场缺乏交易对手而导致投资者不能平仓或变现所带来的流动性风险；

（4）因交易对手无法按时付款或交割可能带来的结算风险；

（5）因交易或管理人员的人为错误或系统故障、控制失灵而造成的操作风险；

（6）因合约不符合所在国法律，无法履行或合约条款遗漏及模糊导致的法律风险。

（二）金融衍生工具的功能

金融衍生工具之所以能获得如此迅速的发展，一方面得益于客观经济环境的促进，另一方面也是由其自身所具有的特有功能决定的。总体而言，金融衍生工具主要具有如下一些功能：

1. 风险规避功能

正如前面提到的，市场中的风险是客观存在的，也是无法消除的，投资者只能通过选择不同的交易来转移或分散风险，而无法从根本上消除风险。金融衍生工具的出现为投资者提供了新的风险管理手段。通过期货、期权等衍生品交易，投资者可以在不影响资产流动性和赢利性要求的前提下，更为合理地分散风险、回避风险，从而将风险转移到那些希望通过承担高风险来获取高收益的投资者手中。

2. 价格发现功能

在场内交易的金融衍生品市场上，通常都会聚有大量交易者，他们在进行信息收集和价格动向分析的基础上，采用公开竞价的方式达成买卖协议。由于各种类型的交易者都来到市场上参与交易，市场参与者为数众多，因此市场上的协议价格能够充分反映出交易者对市场价格的预期，也能最大限度地贴近价格的未来走势，所以金融衍生品市场也因此具有了另一项重要功能——价格发现功能。

随着互联网技术的广泛应用和电子交易的兴起，金融衍生品市场上的价格一旦确定，就能够以最快的速度传到世界各地，使全球的交易者能够凭借价格信号来安排生产经营活动，这又反过来进一步促进了金融衍生品市场上价格发现功能的充分发挥。

3. 投资与筹资管理手段

金融衍生工具的出现，可以使企业的筹资变得更加容易。因为它不仅可以使筹资者根据自身需要选择适合自己的金融工具，同时还能有效降低筹资成本，使企业以较低的风险筹集到所需资金。例如，企业可以利用货币互换和利率互换等业务，充分发挥各自的相对比较优势，大大节约筹资成本，降低筹资风险。此外，由于金融衍生工具交易成本通常较低，而且不计入资产负债表，因此其可以为企业适时调整资产投资组合提供极大的便利。

4. 促进金融原生品市场的发展

由于金融衍生工具能够满足各类投资者的不同需求，并且为投资者提供了更为机动灵活、成本更低的投资方式，因此金融衍生工具的发展大大增强了金融市场的流动性，使更多的投资者能更为安全地参与到原生品市场的交易中，从而对金融原生品市场的完善和发展也起到了不容忽视的重要作用。

四、金融衍生工具基本分类

金融衍生工具可以从不同的角度进行分类，但按照交易方式和特点进行分类是金融衍生工具最基本和普遍的分类方式，大多数对衍生工具的研究也是以此为基础展开的。

（一）金融远期

所谓金融远期是指规定合约双方同意在指定的未来日期按约定的价格买卖约定数量的相关资产或金融工具的合约，目前主要有远期外汇合同、远期利率协议等。金融远期合约通常在两个金融机构之间或金融机构与其客户之间签署，其交易一般也不在规范的交易所内进行，所以，金融远期合约的交易一般规模较小、较为灵活、交易双方易于按各自的愿望对合约条件进行磋商。在远期合约的有效期内，合约的价值随相关资产市场价格或相关金融价值的波动而变化，合约的交割期越长，其投机性越强，风险也就越大。

（二）金融期货

所谓金融期货是指规定交易双方在未来某一期间按约定价格交割特定商品或金融工具的标准化合约，目前主要有利率期货、外汇期货、债券期货、股票价格指数期货等。金融期货合约与金融远期合约十分相似，它也是交易双方按约定价格在未来某一期间完成特定资产交易行为的一种方式。但金融期货合约的交易是在有组织的交易所内完成的，合约的内容，如相关资产的种类、数量、价格、交割时间、交割地点等，都是标准化的。金融期货的收益决定与金融远期合约一致。

（三）金融期权

所谓金融期权是指规定期权的买方有权在约定的时间或约定的时期内，按照约定价格买进或卖出一定数量的某种相关资产或金融工具的权利，也可以根据需要放弃行使这一权利的合约，目前主要有外汇期权、外汇期货期权、利率期权、利率期货期权、债券期权、股票期权、股票价格指数期权等。为了取得这样一种权利，期权合约的买方必须向卖方支付一定数额的费用，即期权费。期权分看涨期权和看跌期权两个基本类型。看涨期权的买方有权在某一确定的时间以确定的价格购买相关资产；看跌期权的买方则有权在某一确定时间以确定的价格出售相关资产。

(四)金融互换

金融互换也译作"金融掉期"，是指交易双方约定在合约有效期内，以事先确定的名义本金额为依据，按约定的支付率(利率、股票指数收益率等)相互交换支付的合约，目前主要有外汇互换、利率互换、货币互换、债券互换、抵押贷款互换等。互换合约实质上可以分解为一系列远期合约组合。

五、我国证券市场目前的金融衍生品种

自从2001年11月加入WTO以来，中国的经济主体越来越多地参与到国际上已相当成熟完善的金融市场，包括金融衍生产品市场之中。但回顾我国金融衍生工具市场的发展过程，却是一段短暂而且充满曲折坎坷的道路。在我国曾经出现的金融衍生工有外汇期货、国债期货、股票指数期货、可转换债券、认股权证、人民币远期结售汇等等，其中有部分品种早已被强令关闭。可是，随着我国走向世界的步伐逐渐加快，那些适应现在市场的衍生产品必会重返我国金融交易市场，并且新的产品会顺应经济发展要求而被更多地开发，发挥出应有的作用。

(一)外汇期货

在20世纪80年代末90年代初，我国对金融衍生工具持充分接受和适当放开的态度，自1984年起，国内企业、机构就可以通过经纪公司在境外进行外汇期货交易。为满足国内银行、企业套期保值和调剂外汇头寸的需要，1992年6月，上海外汇调剂中心建立了我国第一个外汇期货市场，境内外汇期货交易也得以开展。此后不久，深圳外汇经纪中心也被批准办理外汇期货业务。但后来境内外的外汇期货都出现了问题，使得国家加大了整顿外汇市场的力度，1993年到1995年间多次下令关闭非法外汇期货经纪公司，国内的外汇期货市场也在1996年被关闭。

(二)国债期货

国债期货是一种利率期货，也是我国曾经发展规模最大的金融期货。其在我国最早出现在1992年12月，上海证券交易所推出第一张国债期货合同；1993年，国债期货交易的范围有较大的扩展，市场向个人和更多的券商开放，北京商品交易所也开展了国债期货交易。但由于时机不成熟，继上交所1994年9月出现"314合约违规风波"后，1995年2月又出现了"327合约违规风波"，最终在1995年5月国债期货交易被彻底关闭。

(三)可转换债券

可转换债券是伴随我国股票市场的发展而发展的，从本质上有点类似于股票期权(即经营者股票期权)，它是股份公司发行债券或优先股时，规定其具有转换特性，持有者在债券有效期内可以选择按规定获得应有的债券利息，或者按规定将之转换成发行机构的普通股票。自1993年首次在我国出现以来通过了十多年的实践和探索，我国可转换债券作为金融衍生工具对市场的意义已得到各方认同，并将继续不断完善发展。

(四)认股权证

认股权证是一种以约定的价格和时间(或在权证协议里列明的一系列期间内分别以相应价格)购买或出售标的资产的期权。在1992年到1996年期间，我国先后推出了多只权证，如沪市的大飞乐配股权证、宝安93、福州东百等认股权证;深市的桂柳工、厦海发、闽闽东、湘中意等认股权证。但由于被大肆炒作，其价格暴涨暴跌出现严重的投机现象，国家监管局最终于1996年6月底终止了认股权证的交易。随着股权分置改革的推进，认股权证的发行又被提上了日程。因为其具有期权看涨或看跌的特性，认股权证已经成为了保护流通股股东利益的有效方法，同时也增加了为非流通股东对价支付的灵活性。至2006年9月为止在沪深上市的认股权证已经有27只(10只认购权证，17只认沽权证)。截至2012年，仅仅在上交所上市的认股权证已经达到了39只之多。

(五)股票指数期货

1993年3月，股票指数期货出现在我国海南证券交易中心，期货标的为深圳综合指数和深圳A股指数，并按国际惯例建立了保证金等各项制度。但由于当时股票市场规模过小，随后不久即发生了深圳平安保险公司福田证券部大户联手操作，打压股指的投机行为，给深圳股市带来了较大的负面影响，最后于同年9月底全部平仓，被停止了交易。但是，2007年4月15日《期货交易管理条例》的正式施行，从首次出现又被迫关闭以来也酝酿了14年的股指期货的"回归"，无疑成为了国内不论是机构还是个人都津津乐道的话题。如果说，当初的败北是因为当时股票市场不成熟的背景条件所造成的话，那么在我国股市经历了风风雨雨17年后各方面条件已基本具备的今天，股指期货的推出将不仅能从技术上为投资者提供回避风险的手段，而且还会使机构之间的博弈策略变得更有效率，带动市场衍生品越来越向纵深方向发展并对进一步完善中国的资本市场也有很大帮助。

拓展阅读：

我国股权分置的原因和弊端

一、股权分置定义

股权分置也称为股权分裂，是指上市公司的一部分股份上市流通，另一部分股份暂时不上市流通。前者主要称为流通股，主要成分为社会公众股;后者为非流通股，大多为国有股和法人股。

二、股权分置的原因

我国证券市场股权分置的现状造成了流通股股东与非流通股股东利益目标的差异。非流通股股东缺乏促进上市公司业绩增长的动力，表现出过多的短期行为，盲目要求配股、增发等再融资，甚至控制上市公司行为，侵犯上市公司和全体股东的利益。这一问题已影响到我国证券市场的健康发展。在当前情况下，要加快资本市场改革的步伐，解决好保护投资者利益、强化上市公司治理等核心问题，为彻底解决股权分置问题创造条件。

股权分置是由诸多历史原因造成的，是在我国由计划经济体制向市场经济体制转轨的过程中形成的特殊问题。20世纪80年代到90年代，解决股权分置问题并不意味着全流通，我国对国有企业进行股份制改造是以建立、最大限度地降低试点对市场带来的冲击，有利于稳定现代企业制度。在证券市场筹集资金同时又不失去国有经济的基础上，再溢价增发一些股票,原有股票则变成非流通股。从国外成熟市场的情况来看，控股股东控股权，采取了增量发行股票的方式，即在原有的存量,国有企业资产基于掌握公司控制权的考虑，在出售股份时也是相当慎重的。但是我国流通股和非流通股产生不同股不同权，从而造成恶性圈钱、市盈率过高、股票市场定位模糊，不能有效与国际接轨。

三、股权分置的弊端

(一)股权分置不利于公司治理和公司正常运营

上市公司运营的目的是谋取全体股东利益的最大化。在我国的上市公司中，非流通股股东一般处于控股或实际控制人地位，与流通股股东的利益目标相背离，以致造成了上市公司治理和运营的严重扭曲，主要表现在以下两个方面:一是在公司的经营发展方面，非流通股股东缺乏促进上市公司业绩增长的动力，表现出过多的短期行为。二是非流通股股东对上市公司的控制，是其与流通股股东利益目标相背离的原因。

(二)对证券市场的健康发展产生了不利的影响

从某种意义上说，国家政策对其产生影响是正常的，国家对证券市场实行监管和指导也是完全必要的。但是，如果国家政策对证券市场的影响超过了一定限度，就会打乱证券市场的运行规律，产生不良的后果。在我国的证券市场中，非流通股占有绝对优势，市场对国家政策的反应异常敏感，最明显的例子莫过于对国有股减持政策的反应了。

(三)股权分置助长股价操纵行为

在股权分置中，上市公司内两类股东的价值利益取向不一致，流通股东希望股价上涨，大股东却发现股价涨跌与自己没有任何利益关系，大股东可以不管股价变化肆无忌惮地利用和制造内部信息配合主力庄家炒作股票，上市公司在股价低位出利空消息配合庄家打压吸筹、在股价高位出利好配合庄家派发出货。

四、股权分置改革完成后中国资本市场的变化

(一)有效支持了实体经济又好又快发展

2010 年我国资本市场 A 股融资 10275.2 亿元,是 2002 年的 13.2 倍。9 年来,证监会核准上市公司资产重组 345 起,交易金额 13228.21 亿元。通过市场融资和资源配置等功能的发挥，资本市场加速了社会资源向优势企业集中，有力促进了上市公司做大做强和产业结构调整，为国民经济平稳较快发展提供了重要动力。

(二)显著增强了金融系统的整体抗风险能力

近年来，我国主要商业银行和保险公司基本都实现了改制上市，大幅充实了资本金，资产质量和公司治理大幅改善。包括股票筹资、公司债筹资在内的直接融资与当年银行贷款增加额的比重大幅提高，在一定程度上降低了企业的负债率。金融业整体素质显著提升，为我国有效应对本轮国际金融危机提供了有力的支撑。

(三)推动建立和完善了我国资产的估值定价体系

随着股权分置改革的顺利完成，一些大盘蓝筹公司海内外同时上市或回归 A 股，我国公司估值体系与国际标准趋于一致，股票市值、市盈率等指标逐步成为资产定价、股权转让、企业绩效考核的重要参考，国有存量资产也有了国际通行的比较价格，实现了价格发现和价值重估。一些重要基础产品的期货价格已开始成为贸易谈判的定价基准，定价权在向中国逐步转移，对于保证大宗商品价格和原材料市场稳定发挥了积极作用。

【要点小结】

了解股票的定义、特征、股票的类型以及股票的价格和价值；了解债券的定义和特征、债券的基本要素、债券的分类以及债券收益率计算；了解证券投资基金含义、特点、分类和证券投资基金的各方当事人；了解金融衍生工具产生的背景、金融衍生工具的概念、金融衍生工具的特征及功能，以及金融衍生工具基本分类和我国证券市场目前的金融衍生品种。

【思考与练习】

一、名词解释

风险　股票　普通股　优先股　债券　基金　证券投资基金　契约型基金　公司型基金　封闭型基金　开放型基金　基金管理人　基金托管人　金融衍生工具　期货　期权

二、简答题

1. 普通股股东和优先股股东的权利区别有哪些？
2. 证券投资基金与股票、债券有哪些异同？
3. 金融衍生工具可分为哪些种类？

◆第三章
证券市场及其运行

【内容提要】

在发达的市场经济中，证券市场是完整的市场体系的重要组成部分，对整个经济的运行具有重要影响。证券的发行市场与流通市场构成证券市场的基本结构，证券市场的中介机构有力地推动了证券市场的发展，同时加强证券市场的监管也是保障证券市场健康运行必行之路。

【学习目标】

1. 了解证券市场的定义、结构与基本功能。
2. 熟悉证券市场的主要参与者和股票价格指数。
3. 理解证券监管制度。

【关键词】

证券市场形成与发展　　证券市场结构　　证券中介机构　　证券市场监管

第一节　证券市场产生与发展

一、西方国家证券市场发展历程

(一)证券市场的形成阶段(17 世纪初—18 世纪末)

回顾资本主义经济社会发展的历史，证券市场的最初萌芽可以追溯到 16 世纪初资本主义原始积累时期的西欧。当时法国的里昂、比利时的安特卫普已经有了证券交易活动，最早进入证券市场交易的是国家债券。17 世纪初，随着资本主义经济的发展，出现了所有权与经营权相分离的生产经营方式，即股份公司形成和发展起来。股份公司的形成使股票、债券开始发行，从而使股票、公司债券等进入了有价证券交易的行列。1602 年，在荷兰的阿姆斯特丹成立了世界上第一家股票交易所。1773 年，英国的第一家证券交易所在“乔纳森咖啡馆”成立，1802 年获得英国政府的正式批准。这家证券交易所即为伦敦证券交易所的前身。该交易所的交易品种最初是政府债券，此后公司债券和矿山、运河股票进入交易所交易。1790 年，美国第一家证券交易所—费城证券交易所宣布成立，从事政府债券等有价证券的交易活动。1792 年 5 月 17 日，24 名经纪人在华尔街的一棵梧桐树下聚会，商订了一项名为“梧桐树协定”的协议，约定每日在梧桐树下聚会，从事证券交易，并订出了交易佣金的最低标准及其它交易条款。1817 年，这些经纪人共同组成了“纽约证券交易会”，1863 年改名为“纽约证券交易所”，这便是著名的纽约证券交易所的前身。在 18 世纪资本主义产业革命的影响下，包括铁路、运输、矿山、银行等行业中股份公司成为普遍的企业组织形式，其股票以及各类债券都在证券市场上流通，这一切，标志着证券市场已基本形成。

这一时期证券市场的特点是：信用工具很单一，主要是股票、债券两种形式；证券市场规模小，主要采用手工操作；证券市场行情变动较大，投机、欺诈、操纵行为十分普遍；证券市场立法很不完善，证券市场也较为分散。

（二）证券市场的发展阶段（19 世纪初—20 世纪 20 年代）

从 18 世纪 70 年代开始的工业革命，到 19 世纪中叶已在各主要的资本主义国家相继完成，工业革命推动了机器制造业的迅速发展，并使股份公司在机器制造业中普遍建立起来。如英国的产业革命在 19 世纪 30 年代末 40 年代初完成。机器大工业取代了传统的工场手工业，机器制造业在工业体系中逐渐取得了优势地位。从 19 世纪 70 年代到 80 年代，股份公司有了极大的发展。1862 年英国有 165 家股份公司，80 年代中期，登记的股份公司达 1.5 万多家，发生在英国的这一过程，无一例外地发生于一切资本主义国家。美国、法国、德国等欧美资本主义国家在产业革命后，股份公司迅速成为企业的主要组织形式。股份公司的建立和发展，使有价证券发行量不断扩大。据统计，世界有价证券发行额 1871 - 1880 年为 761 亿法朗，1881 - 1890 年为 645 亿法朗，1891 - 1990 年为 1004 亿法朗，1911 - 1920 年为 3000 亿法朗，1921 - 1930 年为 6000 亿法朗。与此同时，有价证券的结构也发生了变化，在有价证券中占有主要地位的已不是政府公债，而是公司股票和企业债券。据统计，1900 - 1913 年发行的有价证券中，政府公债占有价证券发行总额的 40%，公司债券和各类股票则占 60%。

综观这一时期的证券市场，其主要特点是：第一，股份公司逐渐成为经济社会中的主要企业组织形式；第二，有价证券发行量不断扩大，已初具规模；第三，一些国家开始加强证券管理，引导证券市场规范化运行，如英国在 1862 年颁布了股份公司条例，德国 1892 年通过的有限责任公司法，法国 1867 年的公司法，1894 年日本制定的证券交易法等；第四，证券交易市场得到了发展，如日本东京证券交易市场形成于 1878 年，苏黎世证券交易所创建于 1877 年，1891 年香港成立了股票经纪协会，1914 年易名为香港证券交易所，等等。

（三）证券市场的完善阶段（20 世纪 30 年代以来）

1929 - 1933 年的经济危机是资本主义世界最严重深刻和破坏性最大的一次经济危机。这次危机严重地影响了证券市场，当时世界主要证券市场股价一泻千里，市场崩溃，投资者损失惨重。到 1932 年 7 月 8 日，道琼斯工业股票价格平均数只有 41 点，仅为 1929 年最高水平的 11%。大危机使各国政府清醒地认识到必须加强对证券市场的管理，于是世界各国政府纷纷制订证券市场法规和设立管理机构，使证券交易市场趋向法制化。如美国 1933 - 1940 年期间先后制订了证券交易法、证券法、信托条款法、投资顾问法、投资银行法等。其他国家也都通过加强立法对证券市场的证券发行和证券交易实行全面控制和管理。

第二次世界大战结束后，随着资本主义各国经济的恢复和发展以及各国经济的增长，证券市场也迅速恢复和发展。70 年代以后，证券市场出现了高度繁荣的局面，证券市场的规模不断扩大，证券交易也日益活跃。这一时期证券市场的运行机制发生了深刻的变化，出现了一些明显的新特点。

1. 金融证券化

证券在整个金融市场上所占的比例急剧上升，地位越来越突出。尤其在美国，随着新的金融工具的纷纷出现，证券投资活动广泛而卓有成效地进行；在日本，60 年代企业的资金主要依靠银行贷款，证券筹资占筹资总额的比重不到 20%，而到 1978 年，发行证券筹资所占比例已上升到 44%。同时，居民储蓄结构也出现了证券化倾向。由于保值和增加收益的需要，人们将储蓄从银行存款转向证券投资。

2. 证券市场多样化

这主要表现为：各种有价证券的发行种类、数量及其范围不断扩大；交易方式日趋多样化，除了证券现货交易外，还出现了期货交易、期权交易、股票价格指数期货交易、信用交易等多种交易方式。

3. 证券投资法人化

第二次世界大战后，证券投资有所变化。除了社会公众个人认购证券外，法人进行证券投资的比重日益上升。尤其是 20 世纪 70 年代后随着养老基金、保险基金、投资基金的大规模入市，证券投资者法人化、机构化速度进一步加快。法人投资者从过去主要是金融机构扩大到各个行业。据估计，法人投资在世界各国的证券市场占 50% 左右。

4. 证券市场法制化

第二次世界大战后，西方国家更加重视证券市场的法制化管理，不断制订和修订证券法律、法规，不断推进证券市场的规范化运行。同时，还通过各种技术监督和管理活动，严格证券市场法规的执行，证券市场行情趋于稳定，证券市场的投机、操纵、欺诈行为逐渐减少。

5. 证券市场网络化

计算机系统从 20 世纪 50 年代下半期开始应用于证券市场。1970 年初，伦敦证券交易所采用市场价格显示装置。1972 年 2 月，美国建成“全国证券商协会自动报价系统”。1978 年，纽约证券交易所创设“市场间交易系统”，利用电子通信网络，把波士顿、纽约、费城、辛辛那提等交易所连接沟通，使各交易所每种股票的价格和成交量在荧屏上显示，经纪人和投资者可在任何一个证券市场上直接进行证券买卖。至今，世界上各主要证券市场基本上已实现了电脑化，从而大大提高了证券市场的运行效率。在以计算机为基础的网络技术的推动下，证券市场的网络化迅速发展，这主要体现在网上交易的突飞猛进上。与传统交易方式相比，网上交易的优势是：第一，突破了时空限制，投资者可以随时随地交易；第二，直观方便，网上不但可以浏览实时交易行情和查阅历史资料（公告、年报、经营信息等），而且还可以进行在线咨询；第三，成本低，无论是证券公司还是投资者，其成本都可以大大降低。毫无疑问，证券市场的网络化将是证券市场最基本的发展趋势之一。

6. 证券市场国际化

现代证券交易越来越趋向于全球性交易。电脑系统装置被运用于证券业务中，世界上主要证券市场的经纪人可以通过设在本国的电子计算机系统与国外的业务机构进行昼夜不断的 24 小时业务活动联系，世界上各主要的证券交易所都成为国际性证券交易所，它们不仅在本国大量上市外国公司的证券，而且在国外设立分支机构，从事国际性的股票委托交易。1990年在伦敦证券交易所上市的外国公司达500家，纽约证券交易所有110家，东京证券交易所有80多家。越来越多的公司到本国以外的证券市场上发行股票、债券。据有关资料，1975年美国220家销售额在10亿美元以上的大公司中，有80家在国外的证券交易所挂牌出售股票。证券投资国际化和全球一体化已成为证券市场发展的一个主要趋势。

7. 金融创新不断深化

在第二次世界大战之前，证券品种一般仅有股票、公司债券和政府公债券，而在二战后，西方发达国家的证券融资技术日新月异，证券品种不断创新。浮动利率债券、可转换债券、认股权证、分期债券、复合证券等新的证券品种陆续涌现，特别是在20世纪的后20年，金融创新获得了极大的发展，金融期货与期权交易等衍生品种的迅速发展使证券市场进入了一个全新的阶段。融资技术和证券种类的创新，增强了证券市场的活力和对投资者的吸引力，加速了证券市场的发展。证券品种和证券交易方式的创新是证券市场生命力的源泉。实际上，从20世纪70年代开始，金融创新就形成了加速发展的态势并成为金融企业在激烈的竞争中求得生存和发展的关键因素。在世界经济一体化的推动下，随着证券市场物质技术基础的更新和投资需求多元化的进一步发展，21世纪会形成新的证券创新浪潮。

二、我国证券市场的形成和发展

我国的证券市场有着很久的发展历史，但是我国证券市场有着独特的特点，即旧中国的证券市场与新中国的证券市场之间没有直接的继承和延续关系，其市场发展情况也有着很大差异。因此，研究我国的证券市场必须对旧中国和新中国的情况分别予以论述。

(一)旧中国的证券市场

旧中国的证券市场有着悠久的历史，其间几经波折，几起几落，大致可分以下几个阶段。

1. 萌芽阶段(唐代—清代)

我国在没有证券市场和现代银行业以前，有钱庄和票号，这是封建时代证券和证券市场的萌芽形式。

据史料记载，早在一千多年前的唐代，就出现了兼营银、银业的邸店、质库等；到了宋代，已有了专营银、钱、钞行交易的钱馆、钱铺。明代中叶以后，由于政治上相对安定，商品生产有了较快的发展，特别是江浙一带，出现市镇勃兴、商业繁荣、金融业兴盛的景象，产生了证券市场的早期形态——钱业市场，其操作制度严格，业务内容繁多。从清代开始，随着帝国主义的入侵，大量银元从国外涌进，各地开始使用银元、银两、制钱和铜元等多种货币，于是以银元、银两兑换制钱、铜元成为当时钱庄的主要业务之一。后来，由于各种外国纸币的侵入，市场流通货币进一步增加，货币兑换和买卖业务更加繁忙。这种原始的证券活动开始没有固定的场所，后来随着交易额的扩大，交易场所逐渐固定，逐渐形成有形的交易市场。到清代中叶，这种钱业市场在江浙两省各地普遍发展起来。其中上海、杭州、宁波和苏州等地发展很快，逐渐成为全国早期钱业市场的中心。这些市场同当地民族工商业有着极为密切的关系，生命力很强，它们不仅是我国证券市场的最初形态，而且是旧中国金融市场的重要组成部分。

2. 形成阶段(清末—1920年)

旧中国证券市场的形成，同世界上许多国家一样，是以股份企业的成立和政府发行公债为基础的。

鸦片战争以后，中国迅速沦为半殖民地半封建社会。列强与中国签订了一系列不平等条约，取得了许多特权。在这些特权的保护下，外国列强不仅向中国输出商品，而且逐渐增加了对中国的殖民地投资，外商在中国开辟商埠，建立了大量的企业，这些企业大多采用股份公司的形式，并把外国股份集资的方法带入中国，大量发行股票。同时，来华投资的外国人，为了筹集现代大工业所需的巨额资本，迫切要求华商的“合作”，于是，在外商企业中的华商附股活动成为一个显著的现象，从轮船、保险、银行以及纺纱、煤气、电灯各个行业都离不开中国人的附股。据统计，19 世纪华商附股的外国企业资本累计在 4000 万银两以上。19 世纪 70 年代以后，清政府洋务派兴办了一些官办、官商合办的民用工业，如 1872 年李鸿章、盛宣怀筹办轮船招商总局，后来的中兴煤矿公司、汉冶萍煤铁厂矿公司、大生纱厂等，都采用了募股集资的方法。随着这些股份制企业的出现，从而在中国出现了股票这种新的投资工具。

我国最早发行的债券始于 1894 年，为了应付甲午战争费用，清政府发行了“息债商款”债券，此后，政府公债大量发行。北洋军阀统治时期，袁世凯为巩固权势，加以连年混战、军阀割据，耗资巨大，政府又多次发行了公债。据统计，北洋政府统治的 16 年内，发行各种公债达 5.2 亿元。

随着股票、债券发行的增加，证券交易市场也发展起来。1869 年上海已有买卖外国公司股票的外国商号，当时称为“捐客总会”。1891 年外商在上海成立了上海股份公所，1905 年，该公所定名为“上海众业公所”，这是外商经营的，也是旧中国最早的一家证券交易所。该交易所的主要交易对象是外国企业股票、公司债券、外国在上海的行政机构发行的债券、中国政府的金币公债以及南洋一带的橡皮股票等。中国自己的证券交易始于辛亥革命前后。1895 年至 1913 年是中国资本主义初步发展时期，民族工商业肇兴，股票发行增多，流通渐广。1913 年，上海一些钱商、茶商等兼营证券买卖的大商号成立了“上海股票商业公会”。1914 年，北洋政府颁布《证券交易所法》，证券交易开始走上正轨。1918 年，经北洋政府批准，成立了“北平证券交易所”，这是全国第一家由中国人创办的证券交易所。1920 年，经北洋政府批准，“上海股票商业公会”正式改组为“上海华商证券交易所”；1921 年，北洋政府又批准成立了“天津证券物品交易所”。这些证券交易所成立后，业务兴隆，盈利丰厚，使投资于证券交易所者蜂拥而至，仅上海市在 1921 年的半年多时间内，证券交易所就增加到 140 - 150 家。

但是，由于这些交易所经营的对象除少数国内债券外，多数经营本交易所的股票，而且又是套用银钱业的临时拆借放款，以期货买卖为主，大量进行股票买空卖空。到 1921 年秋，由于银根紧缩，许多交易所难以维持，纷纷倒闭，从而发生了历史上有名的“信交风潮”。到了 1922 年，全国仅剩下十几家证券交易所，使证券交易从此转入萧条和衰落。

3.“复苏”与短暂“繁荣”阶段（1937—1949 年）

抗日战争爆发后，随着国民党军队的节节败退，公债交易骤降，公债交易市场日渐萧条。而相反地，股票市场在沉寂了十几年以后，出现了“复苏”的现象。当时，由于日伪当局禁止一切公债、外股、金银、外汇和棉花、棉纱等物资的集中交易和暗中交易，于是，大量游资集中到华股上，使华股交易逐渐兴盛起来，专门经营股票交易的公司猛增，仅上海一地的股票公司、证券贸易行就由十几家猛增到 1940 年的 70 多家，天津的证券交易行最多时达到 100 多家，日伪当局曾查禁股票交易，但未能奏效，从而改为疏导利用。1943 年 9 月，下令上海华商证券交易所复业，专做华股买卖，上市公司先后增至 199 种，自证券交易所复业后，股票投机频繁，股市动荡不安，股价剧烈波动。

抗战胜利后，国民党政府对证券交易先是明令禁止，1945 年 8 月上海华商证券交易所被停业解散，但是，黑市交易并未停止。于是，国民党政府转而筹划建立官方证券市场。1946 年 5 月，国民党政府决定设立上海证券交易所，资本额定为 10 亿元，由原上海华商证券交易所股东认购 6/10 的股份，其余由中国、交通、农民三银行及中央信托局、中央邮政储金汇业局认购。当年 9 月，该交易所正式开业，分股票、债券两个市场。1948 年 2 月，挽津证券交易所开业，该交易所的股本为 10 亿元，交易一度十分兴旺，场外交易也十分活跃。

1948 年，国民党政府宣布实行币制改革，通令全国各交易所暂行停业，使短暂“繁荣”的股市走向衰亡。

（二）新中国的证券市场

解放初期，通货膨胀，物价上涨，黑市猖獗，投机盛行，为了稳定市场，打击黑市，人民政府决定，在天津、北京等城市成立在人民政府管理下的证券交易所。但是，随着国家财政好转，币值开始稳定，交易量下降，不久，随着“三反”、“五反”运动的开展，证券投机活动受到控制，证券交易所业务逐渐萧条。建国初期的证券市场，不仅时间短暂，而且更重要的是，它是旧中国的证券交易活动在建国初期被消灭前的一种过渡形式。到 1952 年，人民政府宣布所有的证券交易所关闭停业；1958 年国家停止向外借款；1959 年终止了国内政府债券的发行。此后的 20 多年中，我国不再存在证券市场。

党的十一届三中全会以后，随着我国经济体制改革的深入和商品经济的发展，人民收入水平不断提高，社会闲散资金日益增多，而由于经济建设所需资金的不断扩大，资金不足问题十分突出，在这种经济背景下，各方面要求建立长期资金市场，恢复和发展证券市场的呼声越来越高，我国的证券市场也便在改革中应运而生。

1. 第一阶段：中国资本市场的萌生（1978—1992 年）

从 1978 年 12 月中国共产党十一届三中全会召开起，经济建设成为国家的基本任务，改革开放成为中国的基本国策。随着经济体制改革的推进，企业对资金的需求日益多样化，中国资本市场开始萌生。

20 世纪 80 年代初，城市一些小型国有和集体企业开始进行了多种多样的股份制尝试，最初的股票开始出现。这一时期股票一般按面值发行，大部分实行保本保息保分红、到期偿还，具有一定债券的特性；发行对象多为内部职工和地方公众；发行方式多为自办发行，没有承销商。

1981 年 7 月我国重新开始发行国债。1982 年和 1984 年，最初的企业债和金融债开始出现。

随着证券发行的增多和投资者队伍的逐步扩大，证券流通的需求日益强烈，股票和债券的柜台交易陆续在全国各地出现，二级市场初步形成。1990 年国家允许在有条件的大城市建立证券交易所，上海证券交易所、深圳证券交易所于 1990 年 12 月先后营业。

伴随着一、二级市场的初步形成，证券经营机构的雏形开始出现。1987 年 9 月，中国第一家专业证券公司——深圳特区证券公司成立。1988 年，为适应国库券转让在全国范围内的推广，中国人民银行下拨资金，在各省组建了 33 家证券公司，同时，财政系统也成立了一批证券公司。

1990 年 10 月，郑州粮食批发市场开业并引入期货交易机制，成为中国期货交易的开端。1992 年 10 月，深圳有色金属交易所推出了中国第一个标准化期货合约——特级铝期货标准合同，实现了由远期合同向期货交易过渡。

总体上看，股份制改革起步初期，股票发行缺乏全国统一的法律法规，也缺乏统一的监管，股票发行市场也出现了混乱。同时，对资本市场的发展在认识上也产生了一定的分歧。

1992 年 1 – 2 月邓小平同志在南方视察时指出："证券、股市，这些东西究竟好不好，有没有危险，是不是资本主义独有的东西，社会主义能不能用，允许看，但要坚决地试。看对了，搞一两年，对了，放开；错了，纠正；关了就是了。关，也可以快关，也可以慢关，也可以留一点尾巴。怕什么，坚持这种态度就不要紧，就不会犯大错误。"邓小平同志南方视察讲话后，中国确立经济体制改革的目标是"建立社会主义市场经济体制"，股份制成为国有企业改革的方向，更多的国有企业实行股份制改造并开始在资本市场发行上市。1993 年，股票发行试点正式由上海、深圳推广至全国，打开了资本市场进一步发展的空间。

在这个阶段，源于中国经济转轨过程中企业的内生需求，中国资本市场开始萌生。在发展初期，市场处于一种自我演进、缺乏规范和监管的状态，并且以区域性试点为主。深圳"8.10 事件"的爆发，是这种发展模式弊端的体现，标志着资本市场的发展迫切需要规范的管理和集中统一的监管。

2. 第二阶段：全国性资本市场的形成和初步发展（1993—1998 年）

1992 年 10 月，国务院证券管理委员会和中国证券监督管理委员会（以下简称"国务院证券委"和"中国证监会"）成立，标志着中国资本市场开始逐步纳入全国统一监管框架，区域性试点推向全国，全国性市场由此开始发展。1997 年 11 月中国金融体系进一步确定了银行业、证券业、保险业分业经营、分业管理的原则。1998 年 4 月，国务院证券委撤销，中国证监会成为全国证券期货市场的监管部门，建立了集中统一的证券期货市场监管体制。

中国证监会成立后，推动了《股票发行与交易管理暂行条例》、《公开发行股票公司信息披露实施细则》、《禁止证券欺诈行为暂行办法》、《关于严禁操纵证券市场行为的通知》等一系列证券期货市场法规和规章的建设，资本市场法规体系初步形成，使资本市场的发展走上规范化轨道，为相关制度的进一步完善奠定了基础。

在市场创建初期，国家采取了额度指标管理的股票发行审批制度，即将额度指标下达至省级政府或行业主管部门，由其在指标限度内推荐企业，再由中国证监会审批企业发行股票。在交易方式上，上海和深圳证券交易所都建立了无纸化电子交易平台。

随着市场的发展，上市公司数量、总市值和流通市值、股票发行筹资额、投资者开户数、交易量等都进入一个较快发展的阶段。沪、深交易所交易品种逐步增加，由单纯的股票陆续增加了国债、权证、企业债、可转债、封闭式基金等。

伴随着全国性市场的形成和扩大，证券中介机构也随之增加。到 1998 年底，全国有证券公司 90 家，证券营业部 2412 家。从 1991 年开始，出现了一批投资于证券、期货、房地产等市场的基金（统称为"老基金"）。1997 年 11 月，《证券投资基金管理暂行办法》颁布，规范证券投资基金的发展。同时，对外开放进一步扩大，推出了人民币特种股票（B 股），境内企业逐渐开始在香港、纽约、伦敦和新加坡等海外市场上市；期货市场也得到初步发展。

在这个阶段，统一监管体系的初步确立，使得中国资本市场从早期的区域性市场迅速走向全国性统一市场。随后，在监管部门的推动下，一系列相关的法律法规和规章制度出台，资本市场得到了较为快速的发展，同时，各种体制和机制缺陷带来的问题也在逐步积累，迫切需要进一步规范发展。

3. 第三阶段：资本市场的进一步规范和发展（1999—2012年）

《证券法》于1998年12月颁布并于1999年7月实施，是中国第一部规范证券发行与交易行为的法律，并由此确认了资本市场的法律地位。2005年11月，修订后的《证券法》颁布。《证券法》的实施及随后的修订，标志着资本市场走向更高程度的规范发展，也对资本市场的法规体系建设产生了深远的影响。

在这个阶段，中国围绕完善社会主义市场经济体制和全面建设小康社会进行持续改革。随着经济体制改革的深入，国有和非国有股份公司不断进入资本市场，2001年12月，中国加入世界贸易组织，中国经济走向全面开放，金融改革不断深化，资本市场的深度和广度日益扩大。

自1998年建立了集中统一监管体制后，为适应市场发展的需要，证券期货监管体制不断完善，实施了“属地监管、职责明确、责任到人、相互配合”的辖区监管责任制，并初步建立了与地方政府协作的综合监管体系。与此同时，执法体系逐步完善。中国证监会在各证监局设立了稽查分支机构，2002年增设了专司操纵市场和内幕交易查处的机构。2007年，适应市场发展的需要，证券执法体制又进行了重大改革，建立了集中统一指挥的稽查体制。中国证监会不断加强稽查执法基础性工作，严格依法履行监管职责，集中力量查办了“琼民源”、“银广夏”、“中科创业”、“德隆”、“科龙”、“南方证券”、“闽发证券”等一批大案要案，坚决打击各类违法违规行为，切实保护广大投资者的合法权益，维护“公平、公正、公开”的市场秩序。

为了积极推进资本市场改革开放和稳定发展，国务院于2004年1月发布了《关于推进资本市场改革开放和稳定发展的若干意见》（以下称《若干意见》），此后，中国资本市场进行了一系列的改革，完善各项基础性制度，主要包括实施股权分置改革、提高上市公司质量、对证券公司综合治理、大力发展机构投资者、改革发行制度等。经过这些改革，投资者信心得到恢复，资本市场出现转折性变化。这时期，为充分发挥资本市场的功能，市场各方对多层次市场体系和产品结构的多样化进行了积极的探索。中小板市场和创业板市场的推出和代办股份转让系统的出现，是中国在建设多层次资本市场体系方面迈出的重要一步。可转换公司债券、银行信贷资产证券化产品、住房抵押贷款证券化产品、企业资产证券化产品、银行不良资产证券化产品、企业或证券公司发行的集合收益计划产品以及权证等新品种出现，丰富了资本市场交易品种。

2001年12月中国加入世界贸易组织，中国资本市场对外开放步伐明显加快。到2006年底，中国已经全部履行了加入世界贸易组织时有关证券市场对外开放的承诺。对外开放推进了中国资本市场的市场化、国际化进程，促进了市场的成熟和发展壮大。这一时期，合资证券期货经营机构大量设立；合格境外机构投资者（QFII）与合格境内机构投资者（QDII）机制相继建立；大型国有企业集团重组境外上市继续推进；外商投资股份公司开始在境内发行上市，外资也被允许对上市公司进行战略投资；证券监管国际合作进一步扩大。

第二节　证券市场的功能与分类

一、证券市场的含义

证券市场是有价证券发行与流通以及与此相适应的组织与管理方式的总称。证券市场是资本市场的基础和主体，它包括证券发行市场和证券流通市场，在现代发达的市场经济中，证券市场是完整的市场体系的重要组成部分。

二、证券市场的功能

(一)筹资与投资的功能

证券市场为资金需求者筹集资金提供了场所，同时也为资金供给者提供了投资对象。有价证券在证券市场上，既是筹资的工具也是投资的工具。

(二)资本定价的功能

即为资本决定价格。证券是资本存在的形式，所以，证券的价格实际上是证券所代表的资本的价格。证券交易价格是在证券市场上通过证券需求者和证券供给者的竞争所反映的证券供给状况最终决定的，所以，证券市场有利于证券价格的统一和定价的合理性。

(三)资本配置的功能

即通过证券价格，引导资本的流动而实现资本合理配置的功能。证券市场引导资本流向其能产生高报酬率的企业或行业，从而使资本产生尽可能高的效率，进而实现资本的合理配置。

(四)证券市场是一国中央银行宏观调控的场所

从宏观经济角度看，证券市场不仅可以有效地筹集资金，而且还有资金“蓄水池”的作用和功能，这种“蓄水池”是可调控的，而不是自发的。

三、证券市场的分类

(一)按市场功能分类

按证券进入市场的顺序而形成的结构关系，可分为发行市场和交易市场。证券发行市场又称为“一级市场”或“初级市场”，是发行人以筹集资金为目的，按照一定的法律规定和发行程序，向投资者出售新证券所形成的市场。证券交易市场又称为“二级市场”或“次级市场”，是已发行证券通过买卖交易实现流通转让的市场。

发行市场和流通市场相互依存、相互制约，是一个不可分割的整体。发行市场是流通市场的基础和前提。流通市场是证券得以持续扩大发行的必要条件。此外，流通市场的交易价格制约和影响着证券的发行价格，是证券发行时需要考虑的重要因素。

(二)按多层次资本市场分类

体现为区域分布、覆盖公司类型、上市交易制度以及监管要求的多样性。根据所服务和覆盖的上市公司类型，分为全球市场、全国市场、区域市场；根据上市公司规模、监管要求等差异，分为主板市场、二板市场(创业板或高新企业板)等。

(三)按品种结构分类

依有价证券的品种而分类。可分为股票市场、债券市场、基金市场、衍生品市场。

(四)按交易场所结构分类

按交易活动是否在固定场所进行分类可分为有形市场和无形市场。有形市场称为“场内市场”，指有固定场所的证券交易所市场。有形市场的诞生是证券市场走向集中化的重要标志之一。把无形市场称为“场外市场”，指没有固定场所的证券交易所市场。目前，场内市场与场外市场之间的截然划分已经不复存在，出现了多层次的证券市场结构。

(五)按纵向结构关系分类

这是一种按证券进入市场的顺序而形成的结构关系。按这种顺序关系划分，证券市场的构成可分为发行市场和交易市场。

证券发行市场又称“一级市场”或“初级市场”，是发行人以筹集资金为目的，按照一定的法律规定和发行程序，向投资者出售证券所形成的市场。证券发行市场作为一个抽象的市场，其买卖成交活动并不局限于一个固定的场所。证券发行市场体现了证券由发行主体流向投资者的市场关系。发行者之间的竞争和投资者之间的竞争，是证券发行市场赖以形成的契机。在证券发行市场上，不仅存在着由发行主体向投资者的证券流，而且存在着由投资者向发行主体的货币资本流。因此，证券发行市场不仅是发行主体筹措资金的市场，也是给投资者提供投资机会的市场。证券交易市场是已发行的证券通过买卖交易实现流通转让的场所。

相对于发行市场而言，证券交易市场又称为“二级市场”或“次级市场”。证券经过发行市场的承销后，即进入流通市场，它体现了新老投资者之间投资退出和投资进入的市场关系。因此，证券流通市场具有两个方面的职能:其一是为证券持有者提供需要现金时按市场价格将证券出卖变现的场所;其二是为新的投资者提供投资机会。证券交易市场又可以分为有形的交易所市场和无形的场外市场。

证券发行市场与交易市场紧密联系，互相依存，互相作用。发行市场是交易市场的存在基础，发行市场的发行条件及发行方式影响着交易市场的价格及流动性。而交易市场又能促进发行市场的发展，为发行市场所发行的证券提供了变现的场所，同时交易市场的证券价格及流动性又直接影响发行市场新证券的发行规模和发行条件。

(六)按横向结构关系分类

这是依有价证券的品种而形成的结构关系。这种结构关系的构成主要有股票市场、债券市场、基金市场以及衍生证券市场等子市场，并且各个子市场之间是相互联系的。

股票市场是股票发行和买卖交易的场所。股票市场的发行人为股份有限公司。股份公司在股票市场上筹集的资金是长期稳定、属于公司自有的资本。股票市场交易的对象是股票，股票的市场价格除了与股份公司的经营状况和盈利水平有关外，还受到其他诸如政治、社会、经济等多方面因素的综合影响。因此，股票价格经常处于波动之中。

债券市场是债券发行和买卖交易的场所。债券的发行人有中央政府、地方政府、政府机构、金融机构、公司和企业。债券市场交易的对象是债券。债券因有固定的票面利率和期限，其市场价格相对股票价格而言比较稳定。

基金市场是基金证券发行和流通的市场。封闭式基金在证券交易所挂牌交易，开放式基金是通过投资者向基金管理公司申购和赎回实现流通的。

衍生证券市场是以基础证券的存在和发展为前提的。其交易品种主要有金融期货与期权、可转换证券、存托凭证、认股权证等。

四、证券市场的参与者

(一)证券发行人

证券发行人是指为筹措资金而发行债券、股票等的政府及其机构、金融机构、公司或企业。

(二)证券投资人

证券投资人是指通过证券而进行投资的各类机构法人和自然人，他们是证券市场的资金供给者。机构投资者是各类法人机构，包括企业、金融机构、公益基金和其他投资机构等。其特点是:资金量大，可通过有效的资产组合以分散投资风险，收集和分析信息的能力强，对市场的影响力大等。个人投资者是指从事证券投资的社会自然人，他们是证券市场最广泛的投资者。

(三)证券市场中介机构

证券市场中介机构是指为证券发行与交易提供服务的各类机构。中介机构是连接证券投资人与筹资人的桥梁，是证券市场运行的组织系统，主要包括证券公司和其他证券服务机构。

(四)自律性组织

证券业协会是证券业的自律性组织，是社会团体法人。证券业协会采取会员制的组织形式，最高权利机构为由全体会员组成的会员大会。凡依法设立并批准可以从事证券业务的经营机构和中介服务的金融机构，承认协会章程，遵守协会的各项规则，均可以申请加入协会，成为协会会员。证券业协会履行的职责包括：

(1)协助证监会监督管理机构教育和组织会员执行证券法律、行政法规；

(2)依法维护会员的合法权益，向证券监督管理机构反映会员的建议和要求；

(3)收集整理证券信息，为会员提供服务；

(4)制定会员应遵守的规则，组织会员单位从业人员的业务培训，开展会员间的业务交流；

(5)对会员之间、会员与客户之间发生的纠纷进行调节；

(6)组织会员就证券业的发展、运作及有关内容进行研究；

(7)监督、检查会员行为，对违反法律、行政法规或者协会章程的，按照规定给予纪律处分；

(8)国务院证券监督管理机构赋予的其他职责。

(五)证券监管机构

1. 中国证券监督管理委员会

中国证券监督管理委员会简称证监会，为国务院直属正部级事业单位，依照法律、法规和国务院授权，统一监督管理全国证券期货市场，维护证券期货市场秩序，保障其合法运行。

中国证监会成立于1992年10月。证监会设在北京，现设主席1名，副主席4名，纪委书记1名(副部级)，主席助理3名;会机关内设18个职能部门，1个稽查总队，3个中心;目前，中国证监会设有发行监管部、市场监管部、上市公司监管部、机构监管部、基金监管部、期货监管部、法律部、稽查局、会计部、国际合作部等职能部门。

2. 中国证券监督管理委员会派出机构

中国证监会在省、自治区、直辖市和计划单列市设立36个证券监管局，以及上海、深圳证券监管专员办事处，作为中国证券监督管理委员会的派出机构。其主要职责是：根据中国证券监督管理委员会的授权，对辖区内的上市公司，证券、期货经营机构，证券、期货投资咨询机构和从事证券业务的律师事务所、会计师事务所、资产评估机构等中介机构的证券、期货业务活动进行监督管理；查处监管辖区范围内的违法、违规案件。

第三节　证券市场的结构

一、证券发行市场

（一）证券发行市场的含义及作用

证券发行市场是由证券发行人向投资者出售证券的市场。证券发行市场通常无固定的场所，是一个无形的市场。

证券发行市场的基本功能包括：为资金需求者提供筹集资金的渠道；为资金供应者提供资金和获利的机会，实现储蓄和投资转化；形成资金流动的收益导向机制，促进资源配置的不断优化。

（二）证券发行的分类

1. 按发行对象划分，分为公募发行和私募发行。

公募发行指证券发行者委托金融中介机构作为承销商，面向社会广泛的不特定的投资者公开出售有价证券。私募发行是指证券发行者直接向少数特定的投资者发售证券的发行方式。私募发行的对象包括：机构投资者与发行者有密切业务往来关系的公司和个人投资者（主要是内部职工）。

2. 按发行过程划分，分为直接发行与间接发行。

直接发行是指发行人不通过证券承销机构而自己发行证券的一种方式，间接发行亦称承销发行，是指发行人不直接参与证券的发行方式。

3. 按所发行证券的种类划类，分为股票发行、债券发行和基金单位发行。

（1）股票发行

股票发行是指符合条件的发行人以筹资或实施股利分配为目的，按照法定的程序，向投资者或原股东发行股份或无偿提供股份的行为。

从《公司法》、《证券法》的规定来看，股份的发行可分为设立发行、改组发行及新股发行等若干种不同的发行。

①设立发行是指为使公司成立以募集到法定资本数额为目的的股份发行。由于公司设立的方式有发起设立和募集设立之分，因此在不同情况下股份的发行也有较大的差别。

②新股发行是指在公司成立后，以增加公司资本或公司资本募足为目的的发行。新股发行又分为：

非增资发行与增资发行

非增资发行是指公司基于授权资本制以及公司章程所定资本总额的限制，于公司成立以后为募足资本而发行股份，由于这种股分发行并未增加公司资本，因此属于非增资发行。增资发行是指公司以增加资本为目的而发行股份。

公开发行与不公开发行

公开发行是指向社会公众发行股份；不公开发行，也称为定向发行，是指以特定主体为认购对象而发行股份。公开发行的程序比非公开发行的程序更为严格。

通常的发行与特别的发行

通常的发行即以增资为目的所进行的新股发行；特别的发行不是以增资为目的，而是为了分配盈余、将公积金转为资本或将可转换公司债变为股份所进行的新股发行。改组发行是指原有企业改组设立股份有限公司而发行股票的行为。

(2)债券发行

债券发行是发行人以借贷资金为目的，依照法律规定的程序向投资人要约发行代表一定债权和兑付条件的债券的法律行为，债券发行是证券发行的重要形式之一。是以债券形式筹措资金的行为过程。通过这一过程，发行者以最终债务人的身份将债券转移到它的最初投资者手中。

(3)基金单位发行

基金单位发行是指基金管理公司以筹集受托资金，进行投资管理为目的，按法定条件和程序向社会公众公开出售基金单位的行为。

(三)证券发行制度

我国证券市场上市交易的金融工具包括股票、债券、证券投资基金、权证等。根据《证券法》、《公司法》等有关法律法规的规定，公开发行股票、可转换公司债券、公司债券和国务院依法认定的其他证券，必须依法报经中国证监会核准。

1. 证券发行的核准制

在我国，证券发行核准制是指证券发行人提出发行申请，保荐机构(主承销商)向中国证监会推荐，中国证监会进行合规性初审后，提交发行审核委员会审核，最终经中国证监会核准后发行。核准制不仅强调公司信息披露，同时还要求必须符合一定的实质性条件，如企业盈利能力、公司治理水平等。核准制的核心是监管部门进行合规性审核，强化中介机构的责任，加大市场参与各方的行为约束，减少新股发行中的行政干预。

2. 证券发行上市保荐制度

证券发行上市保荐制度是指有保荐机构及其保荐代表人负责发行人证券发行上市的推荐和辅导，经尽职调查核实公司发行文件资料的真实、准确和完整性，协助发行人建立严格的信息披露制度。主要包括以下内容：

发行人申请首次公开发行股票并上市、上市公司发行新股、可转换公司债券或公开发行法律、行政法规实行保荐制度的其他证券的，应当聘请具有保荐资格的机构担任保荐机构。中国证监会或证券交易所只接受由保荐机构推荐的发行或上市申请文件。

保荐机构及保荐代表人应当尽职调查，对发行人申请文件、信息披露资料进行审慎核查，向中国证监会、证券交易所出具保荐意见，并对相关文件的真实性、准确性和完整性负连带责任。

保荐机构及其保荐代表人对其所推荐的公司上市后的一段期间负有持续督导义务，并对公司在督导期间的不规范行为承担责任。

保荐机构要建立完备的内部管理制度。中国证监会对保荐机构实行持续监管。

3. 发行审核委员会制度

发行审核委员会制度是证券发行核准制的重要组成部分。《证券法》规定国务院证券监督管理机构设发行审核委员会(下简称发审委)。发审委审核发行人股票发行申请和可转换公司债券等中国证监会认可的其他证券的发行申请。发审委的主要职责是:根据有关法律、行政法规和中国证监会的规定，审核股票发行申请是否符合相关条件;审核保荐机构、会计师事务所、律师事务所、资产评估机构等证券服务机构及相关人员为股票发行所出具的有关材料及意见书;审核中国证监会有关职能部门出具的初审报告;对股票发行申请进行独立表决，依法对发行申请提出审核意见，中国证监会依照法定条件和法定程序作出予以核准或者不予以核准股票发行申请的决定，并出具相关文件,发审委制度的建立和完善是不断提高发行审核专业化程度和透明度、增加社会监督和提高发行效率的重要举措。

(四)证券发行的方式

证券发行方式有公募发行与私募发行，直接发行和间接发行两种方式。

1. 按发行对象划分，分为公募发行和私募发行。

公募发行指证券发行者委托金融中介机构作为承销商，面向社会广泛的不特点的投资者公开出售有价证券。私募发行是指证券发行者直接向少数特定的投资者发售证券的发行方式。私募发行的对象包括:机构投资者与发行者有密切业务往来关系的公司和个人投资者(主要是内部职工)。

2. 按发行过程划分，分为直接发行与间接发行。

直接发行是指发行人不通过证券承销机构而自己发行证券的一种方式。间接发行亦称承销发行，是指发行人不直接参与证券发行的方式。

(五)证券发行的条件

1. 股票发行条件

(1)初次发行条件

初次发行包括以募集方式新建股份有限公司时公开发行股票和原有企业改组为股份有限公司首次公开发行股票两种情况。初次发行应当向中国证监会递交募股申请，经批准后方可发行。

以募集方式新建股份有限公司，发行人申请公开发行股票时，应当符合下列条件:

其生产经营符合国家产业政策;其发行的普通股限于一种，同股同权;发起人认购的股本数额不少于公司拟发行股本总额的 35 %，其认购部分不少于人民币 3000 万元(国家另有规定的除外);公司股本总额不少于人民币 5000 万元;向社会公众发行的部分不少于公司拟发行股本总额的 25%，拟发行股本超过 4 亿元的，可酌情降低向社会公众发行部分的比例，但最低不得少于公司拟发行股本总额的 15%;发起人在近 3 年内没有重大违法行为。

原有企业改组设立的股份有限公司初次发行股票，除应符合上述条件外，还应具备下列条件:

发行前一年末，净资产在总资产中所占比例不低于 30%，无形资产在净资产中所占比例不高于 20%，但国家另有规定的除外;近 3 年连续盈利等。

(2)增资发行条件

公司公开发行新股，应当符合下列条件：

具备健全且运行良好的组织机构；具有持续盈利能力，财务状况良好；最近三年财务会计文件无虚假记载，无其他重大违法行为；经国务院批准的国务院证券监督管理机构规定的其他条件。

上市公司非公开发行新股，应当符合经国务院批准的国务院证券监督管理机构规定的条件，并报国务院证券监督管理机构核准。

(3)配股条件

配股发行是增资发行的一种，是指上市公司在获得有关部门的批准后，向其现有股东提出配股建议，使现有股东可按其所持有股份的比例认购配售股份的行为。它是上市公司发行新股的一种方式。在融资的意义上，配股集资具有实施时间短、操作较简单、成本较低等优点，同时配股还是上市公司改善资本结构的一种手段。

上市公司必须与控股股东在人员、资产、财务上分开，保证上市公司的人员独立、资产完整和财务独立；公司章程符合《公司法》的规定，并已根据《上市公司章程指引》进行了修订；配股募集资金的用途符合国家产业政策的规定；前一次发行的股份已经募足，募集资金使用效果良好，本次配股距前次发行间隔一个完整的会计年度(1 月 1 日 ~12 月 31 日)以上；公司上市超过 3 个完整会计年度的，最近 3 个完整会计年度的净资产收益率平均在 10% 以上；上市不满 3 个完整会计年度的，按上市后所经历的完整会计年度平均计算；属于农业、能源、原材料、基础设施、高科技等国家重点支持行业的公司，净资产收益率可以略低，但不得低于 9%；上述指标计算期间内任何一年的净资产收益率均不得低于 6%；公司在最近 3 年内财务会计文件无虚假记载或重大遗漏；本次配股募集资金后，公司预测的净资产收益率应达到或超过同期银行存款利率水平；配售的股票限于普通股，配售的对象为股权登记日登记在册的公司全体股东；公司一次配股发行股份总数，不得超过该公司前一次发行并募足股份后其股份总数的 30%，公司将本次配股募集资金用于国家重点建设项目、技改项目的，可不受 30% 比例的限制。

上市公司有下列情形之一的，其配股申请不予核准：

第一，不按有关法律、法规的规定履行信息披露义务。

第二，近 3 年有重大违法、违规行为。

第三，擅自改变《招股说明书》或《配股说明书》所列资金用途而未作纠正，或者未经股东大会认可。

第四，股东大会的通知、召开方式、表决方式和决议内容不符合《公司法》及有关规定。

第五，申报材料存在虚假陈述。

第六，公司拟订的配股价格低于该公司配股前每股净资产。

第七，以公司资产为本公司的股东或个人债务提供担保。

第八，公司资金、资产被控股股东占用，或有重大关联交易，明显损害公司利益。

申请配股的上市公司因存在上述第二、第三、第五项规定的情形而未获中国证监会核准的，不得在一年内再次提出配股申请。

2. 债券发行条件

公开发行公司债券，应当符合下列条件：

股份有限公司的净资产不低于人民币三千万元，有限责任公司的净资产不低于人民币六千万元；累计债券余额不超过公司净资产的百分之四十；最近三年平均可分配利润足以支付公司债券一年的利息；筹集的资金投向符合国家产业政策；债券的利率不超过国务院限定的利率水平；国务院规定的其他条件。

有下列情形之一的，不得再次公开发行公司债券：

前一次公开发行的公司债券尚未募足；对已公开发行的公司债券或者其他债务有违约或者延迟支付本息的事实，仍处于继续状态；违反《证券法》规定，改变公开发行公司债券所募资金的用途。

(六)证券发行价格的确定

1. 债券的发行价格

债券的发行价格是债券发行者发行债券时所确定的债券发售价格。债券的发行价格一般有三种：平价发行也称面额发行，债券的票面金额即为发行价；折价发行，也叫贴水发行，即债券发行价低于债券的面值；溢价发行，也叫升水发行，即债券发行价高于债券票面金额。

2. 股票的发行价格

股票的发行价格是指股份公司发行股票时所确定的股票发售价格。股票的发行价格一般有四种：平价发行，即面额发行，是指股份公司在发行股票时，直接以票面金额作为发行价格出售；折价发行，即发行价格低于股票面额；溢价发行，即发行价高于股票面额；时价发行，即以当时股票的市价确定的发行价。

3. 发行价格的确定方法

股票的发行价格主要按市盈率法、净资产倍率法、竞价确定法分不同情况加以确定。债券的发行价格主要按贴现法加以确定。

拓展阅读：

中国股票发行制度改革历程

我国证券市场股票发行大致经历了以下几个阶段，1990 至 2000 年，我国股票发行带有一定的行政审批性质，2001 年 3 月 17 日开始，正式实施核准制，2004 年 2 月起实施保荐制。

1999 年 7 月证券法颁布，明确要求股票发行制度实施核准制。

1999 年 9 月证监会发布《中国证券监督管理委员会股票发行审核委员会条例》，证监会设立股票发行审核委员会。

2001 年 2 月证监会发布《公开发行证券公司信息披露的内容与格式准则——招股说明书》及《股票上市公告书》的公开征求意见稿。3 月中旬开始，股票发行核准制正式推行。

2001 年 5 月证监会发布《中国证监会股票发行审核委员会关于上市公司新股发行审核工作的指导意见》，发审委委员认为上市公司不符合要求，可以对其发行申请投反对票；发审委委员认为公司信息披露不合规、不充分或申请材料不完整，导致发审委委员无法作出判断，可以对其发行申请投弃权票或提议暂缓表决。

2002 年 1 月 24 日证监会发布《关于 2002 年受理公开发行证券申请材料的通知》，指出根据《关于股票发行上市辅导政策有关问题的通知》1997 年计划指标企业申请公开发行股票的，应聘请具有主承销商资格的证券公司进行辅导，辅导期为一年。

2003 年 7 月，证监会向国内 10 余家大型券商发放了《公开发行和上市证券保荐管理暂行办法》征求业内意见稿。

2004 年 1 月 4 日，中国证监会就实施《证券发行上市保荐制度暂行办法》有关事项发出通知，明确规定首批保荐代表人资格。

2004 年 2 月 1 日起《证券发行上市保荐制度暂行办法》正式施行。

2005 年 10 月 27 日，修订后的证券法顺利通过，进一步完善证券发行监管体制，强化市场对证券发行行为的约束。

2006 年实行 IPO 询价制和网上定价方式。其基本特征是建立一个面向机构投资者的询价机制，同时也形成了一个向机构投资者倾斜的发行模式，并且是以资金量的大小为配售新股的最主要原则。现行发行制度发挥了许多积极的作用，为工商银行等一批大蓝筹顺利登陆 A 股市场保驾护航。但是也存在着重大缺陷：其一，询价往往会流于形式，新股发行定价难以反映股票真实价值。其二，有违公平原则，由于机构仍然占据了网下申购的优势，存在过度向机构投资者倾斜的弊端。其三，将大量资金吸引到认购新股的行列之中。其四，最重要的是，现行发行制度还产生同一公司境内外发行价不同、上市流通股比例太低、新增限售股源源不断等问题。

2009 年 5 月 22 日第一轮新股发行改革，主要内容包括完善询价和申购的报价约束机制，形成进一步市场化的价格形成机制。优化网上发行机制，将网下网上申购参与对象分开。对网上单个申购账户设定上限。加强新股认购风险提示，提示所有参与人明晰市场风险。

2010 年 8 月 20 日第二轮新股发行改革。主要内容包括进一步完善报价申购和配售约束机制。扩大询价对象范围，充实网下机构投资者。增强定价信息透明度。发行人及其主承销商须披露参与询价的机构的具体报价情况。完善回拨机制和中止发行机制。发行人及其主承销商应当根据发行规模和市场情况，合理设计承销流程，有效管理承销风险。

2012 年 4 月 1 日第三轮新股发行改革。主要内容包括完善规则，明确责任，强化信息披露的真实性、准确性、充分性和完整性。适当调整询价范围和配售比例，进一步完善定价约束机制。加强对发行定价的监管，促使发行人及参与各方充分尽责。增加新上市公司流通股数量，有效缓解股票供应不足。继续完善对炒新行为的监管措施，维护新股交易正常秩序。严格执行法律法规和相关政策，加大对不当行为的处罚力度。

我国的证券市场是在改革开放和市场经济建设中逐步成长起来的。1990 年我国证券市场建立初期，由于法规不够健全，市场各方参与者不够成熟，要求上市的企业过多且质量参差不齐，各行业、各地区发展又不平衡，急需加以宏观调控和严格审查，因而对股票发行申请采用了审批制。

实施这一制度，对于当时协调证券市场的供求关系，为国有企业改制上市、筹集资金和调整国民经济结构，起到了积极的作用。但其缺陷也逐步暴露出来。主要是：用行政办法无法实现社会资源优化配置，不适应社会主义市场经济要求；政府部门和监管机构对发行事项高度集中管理，减少了发行人和承销商的自主权，制约了中介机构的发育；一些中介机构违反有关法律法规，帮助企业虚假“包装”，骗取发行上市资格，影响了市场的公正；发行额度计划管理方式，容易使股票发行审批中出现“寻租”现象。在市场自律机制不完善的情况下，证券市场也积累了一定的风险。

由于审批制明显阻碍了资本市场规范发展，因此自2001年3月开始，我国正式实行核准制，取消了由行政方法分配指标的做法，改为按市场原则由主承销商推荐、发行审核委员会独立表决、证监会核准的办法。实行核准制既是对国际经验的借鉴，也是规范发展我国资本市场的需要。

我国核准制的最初实现形式是通道制，即由证券监管机构向各综合类券商下达可推荐拟公开发行股票的企业家数。尽管通道制改变了过去行政机制遴选和推荐发行人的做法，使得主承销商在一定程度上承担起股票发行风险，并且获得了遴选和推荐股票发行的权力，但通道制下股票发行"名额有限"的特点未变，其缺陷也是明显的。

第一，通道制本身并不能真正解决有限的上市资源与庞大的上市需求之间的矛盾，无法根本改变中国资本市场深层次结构性失衡的问题。

第二，通道制带有平均主义的色彩，导致投行业务中的优胜劣汰机制难以在较大范围内发生作用，不利于业务的有效整合和向深度、广度发展。

第三，通道制对主承销商的风险约束仍然较弱，不能有效地敦促主承销商勤勉尽责。

因此，通道制只能是我国股票发行制度从审批制向核准制转变初期的过渡性措施和阶段性产物，它依然带有计划干预的影子。

为了在现有框架内最大程度地发挥核准制的作用，提高我国上市公司整体质量，增强中介机构对于发行人的筛选把关和外部督导责任，促使中介机构能够把质量好、规范运作的公司推荐给证券市场，我国证券监管部门正在引入保荐代表人制度，变"关口式监管"为"管道式监管"。

与成熟市场相比，我国的核准制显然还有待改进。一是我国的核准制中，所依据的指标体系还不稳定、不系统，相关要求偏多，这些要求既体现在法律法规中，也散见于一些行政性文件，而成熟市场上的相关条件往往纳入稳定的法律条款中；二是在发行定价方面，与成熟市场的完全市场化还有较大差距。

二、证券流通市场

（一）证券上市制度

证券上市制度是指有关证券上市的标准和程序、上市证券的暂停与终止等一系列规则的总称。证券上市制度的内容包括：

1. 上市申请

证券发行者如想证券上市必须向证券交易所递交上市申请书。

2. 上市审查标准

证券交易所从维持公正的价格，确保证券的流通性及保护投资者的角度出发，制定了证券上市审查基准。其一是规模基准，表示规模的指标，或用股票、债券的发行额，或用公司的资本额。其二是经营基础基准，上市公司必须具备一定的成立年限和一定数额的纯资产额、纯利润额等，它是反映经营效益性和稳定性的指标，以提高证券投资的安全性。其三是证券持有分布基准，其目的在于赋予证券以足够的流通性，以避免大股东或债权人影响证券价格。

3. 上市公司管理

证券上市后，为保证上市证券的流通性，价格稳定性、证券投资收益性及降低投资风险，需要对上市公司进行必要的监督管理。

4. 停止上市基准

为维护交易所的信誉和保证上市证券的安全性，证券交易所制定了停止上市基准，凡发生基准规定的情况的公司，其证券暂停上市，转为“整顿阶段”，一定时间后如暂停原因未能消除，公司的上市资格将被取消。

(二)证券交易市场的构成

在国外一些发达国家，证券交易市场有场内交易市场和场外交易市场两种形式。

1. 场内交易市场

场内交易市场指由证券交易所组织的集中交易市场，有固定的交易场所和交易活动时间，在多数国家它还是全国唯一的证券交易场所，因此是全国最重要、最集中的证券交易市场。证券交易所接受和办理符合有关法令规定的证券上市买卖，投资者则通过证券商在证券交易所进行证券买卖。

证券交易所不仅是买卖双方公开交易的场所，而且为投资者提供多种服务，交易所随时向投资者提供关于在交易所挂牌上市的证券交易情况，如成交价格和数量等；提供发行证券企业公布的财务情况，供投资者参考。交易所制定各种规则，对参加交易的经纪人和自营商进行严格管理，对证券交易活动进行监督，防止操纵市场、内幕交易、欺诈客户等违法犯罪行为的发生。交易所还要不断完善各种制度和设施，以保证正常交易活动持续、高效地进行。

2. 场外交易市场

场外交易市场又称柜台交易或店头交易市场，指在交易所外由证券买卖双方当面议价成交的市场，它没有固定的场所，其交易主要利用电话进行，交易的证券以不在交易所上市的证券为主，在某些情况下也对在证券交易所上市的证券进行场外交易。场外交易市场中的证券商兼具证券自营商和代理商的双重身份。作为自营商，他可以把自己持有的证券卖给顾客或者买进顾客的证券，赚取买卖价差；作为代理商，又可以客户代理人的身份向别的自营商买进卖出证券。近年来，国外一些场外交易市场发生很大变化，它们大量采用先进的电子化交易技术，使市场覆盖面更加广阔，市场效率有很大提高。这方面，以美国的纳斯达克市场为典型代表。我国的新三板市场、中关村股票交易市场、天津股权交易市场、上海张江股权交易市场、武汉东湖股权交易市场都属于场外市场。

(三)证券交易程序

证券交易程序是在证券交易市场买进或者卖出证券的具体步骤。在不同的证券交易市场以及不同的证券商参加的证券交易关系中，证券交易程序不尽相同，但由证券经纪商参加的证券交易所交易程序最具有代表性，主要分开户、委托、成交、交割和过户等步骤：

1. 开立证券账户和开立资金账户

投资者欲进行证券交易，首先要开设证券账户和资金账户。证券账户用来记载投资者所持有的证券种类、数量和相应的变动情况，资金账户则用来记载和反应投资者买卖证券的货币收付和结存数额。上交所实行全面指定交易制度，深交所实行托管券商制度。

开立证券账户和资金账户后，投资者买卖证券所涉及的证券、资金变化就会从相应的账户中得到反映。例如，某投资者买入甲股票 1000 股，包括股票价格和交易税费的总额用为 10000 元，则投资者的证券账户上就会增加甲股票 1000 股，资金账户上就会减少 10000 元。

2. 交易委托

在证券交易市场，投资者买卖证券是不能直接进入交易所办理的，而必须通过证券交易所的会员来进行，换而言之，投资者需要通过经纪商的代理才能在证券交易所买卖证券。在这种情况下，投资者向经纪商下达买进或卖出证券的指令，称为“委托”。开户后，投资者就可以在证券营业部办理证券委托买卖。

委托指令有多种形式，可按照不同的依据来分类。从各国(地区)情况看，一般根据委托订单的数量，有整数委托和零数委托；根据买卖证券的方向，有买进委托和卖出委托；按委托价格限制，有市价委托和限价委托(我国目前采用)；根据委托时效限制，有当日委托、当周委托、无期限委托、开市委托和收市委托等。

证券经纪商接到投资者的委托指令后，首先要对投资者身份的真实性和合法性进行审查。审查合格后，经纪商要将投资者委托指令的内容传送到证券交易所进行撮合。这一过程称为“委托的执行”，也称为“申报”或“报盘”。

证券交易所在证券交易中接受报价的方式主要有口头报价、书面报价和电脑报价三种 。采用口头报价方式时，证券公司的场内交易员接到交易指令后，在证券交易所规定的交易台前或者指定的区域，用口头方式喊出自己的买价或者卖价，同时辅以手势，直至成交。而在书面报价情况下，交易员将证券买卖要求以书面形式向证券交易所申报，然后按规定的竞价交易原则撮合成交。电脑报价则是指证券公司通过计算机交易系统进行证券买卖申报，其做法是:证券公司将买卖指令输入计算机终端，并通过计算机系统传给证券交易所的交易系统，交易系统接收后即进行配对处理。若买卖双方有合适的价格和数量，交易系统便自动撮合成交。目前，我国通过证券交易所进行的证券交易均采用电脑报价方式。

在委托未成交之前，委托人有权变更和撤消委托，冻结的资金或证券及时解冻。而一旦竞价成交，买卖即到成交，成交部分不得撤单。

3. 竞价成交

竞价成交按照一定的竞争规则进行，其核心内容是价格优先、时间优先原则。价格优先原则是在买进证券时，较高的买进价格申报优先于较低的买进价格申报；卖出证券时，较低的买出价格申报优先于较高的卖出价格申报。时间优先原则要求当存在若干相同价格申报时，应当由最早提出该价格申报的一方成交。即同价位申报，按照申报时序决定优先顺序。

我国证券交易所有两种竞价方式，即在每日开盘前采用集合竞价方式，在开盘后的交易时间里采用连续竞价方式。

股权登记，证券存管、清算交割交收清算是为了减少证券和价款的交割数量，有证券登记结算机构对每一营业日成交的证券与价款分别予以轧低，计算证券和资金的应收或应付净额的处理过程。通过对同一证券经纪上的同一种证券的买与卖进行冲抵清算，确定应当交割的证券数量和价款数额，以便于按照“净额交收”的原则办理证券和价款的交割。

例行日交割是主要形式。A 股、基金、债券采用 T+1 交割，B 股采用 T+3 交割。

三、证券价格指数

有价证券价格指数是指反映证券价格变动平均水平的数值，是当代市场经济国家普遍编制的主要价格指数之一。可分为股票价格指数和债券价格指数，其中普遍编制的是股票价格指数。本节主要介绍股票价格指数。

股票价格指数简称股价指数，是对股票市场上的股票价格进行评均计算和动态对比后得出的数值，可以反映股票总体价格水平。由证券交易所或金融服务机构编制的表明股票总体价格水平的综合指数。股价平均数和股价指数是衡量股平市场总体价格水平及其变动趋势的尺度，也是反映一个国家或地区政治、经济发展状态的灵敏信号。计算股票指数，要考虑三个因素：一是抽样，即在众多股票中抽取少数具有代表性的成份股；二是加权，按单价或总值加权平均；三是计算程序。

（一）股票价格平均数

股票价格平均数是用来衡量所有样本股经过调整后的价格水平平均值。通常分为简单算术平均数、加权股价平均数和修正股价平均数三种。

1. 简单算术平均数

该方法是把列入计算范围的股票各抽取一股，将它们的收市价平均加总在一起，然后除以总股数，得出算术平均数。计算公式：

$$\text{平均股价}=\frac{\text{样本股票的当天收盘价}}{\text{股票样本}}$$

简单算术平均法的优点是计算简便，但缺点有两个，一是发生样本股送配股、拆股和更换时会使股价平均数失去真实性、连续性和时间数列上的可比性；二是在计算时没有考虑权重，也就是忽略了发行价或成交量不同的股票对股票市场不同的影响。简单算术平均数的这两点不足，可以通过加权股价平均数和修正股价平均数来弥补。

2. 加权股价平均数

加权股价平均数是根据各种样本股票的相对重要性进行加权平均计算的股价平均数，其权数可以是成交股数、股票总市值、股票发行量等。该方法是将列入计算范围的各种股票的建议价格乘以各自的权重后相加，再除以总权重得出加权平均数。

（1）以样本股成交量为权重的加权股价平均数计算公式为：

$$\text{加权平均股价}=\frac{\text{样本股票成交总额}}{\text{同期样本成交总股数}}$$

其中，样本股票成交总额＝每股价格×成交股数

计算结果为平均成交价。

（2）以样本股发行量为权重的加权股价平均数计算公式为：

$$\text{加权平均股价}=\frac{\text{样本股市价}}{\text{同期样本股发行总量}}$$

其中，样本股市价总额＝每股价格×发行股

计算结果为平均市场价格。加权平均股价指数能更真实地反映市场整体走势。因此，世界上大多数国家的股价指数是采用加权平均法计算的，如美国标准·普尔指数、巴黎证券交易所指数等。

（3）修正股价平均数

修正股价平均数是在简单算术平均数基础上，当发生增资、配股或股份拆分时，通过变动除数，使股价平均数不受影响。

计算公式为：

$$\text{修正股价平均数}=\frac{\text{拆股后的总价格}}{\text{新除数}}$$

其中：

$$新除数=\frac{拆股后的总价格}{拆股前的股价平均数}$$

目前世界上影响最大、历史最为悠久的道·琼斯股价平均数就是采用修正平均股价的方法来克服单纯平均法的不足。每当股票分割、送股或配股数超过原股份的10%时，就对除数作相应调整。

（二）股票价格指数的编制

股票指数是反映不同时点上股价变动情况的相对指标。通常是将报告期的股票价格与定的基期价格相比，并将两者的比值乘以基期的指数值，即为该报告期的股票指数。股票指数的计算方法有三种：一是相对法，二是综合法，三是加权法。

1. 股票价格指数的编制步骤

股价指数的编制分为四步：

（1）选择样本股

选择一定数量有代表性的上市公司股票作为编制股价指数的样本股。样本股可以是全部上市股票，也可以是其中有代表性的一部分。样本股的选择主要考虑两条标准：一是样本股的市价总值要占在交易所上市的全部股票市价总值的大部分；二是样本股票价格变动趋势必须能反映股票市场价格变动的总趋势。

（2）选定某基期，并以一定方法计算基期平均股价或市值

通常选择某一有代表性或股价相对稳定的日期为基期，并按选定的某一种方法计算这一天的样本股平均价格或总值。

（3）计算计算期平均股价或市值，并作必要的修正

收集样本股在计算期的价格，并按选定的方法计算平均价格或市值。有代表性的价格是样本股收盘平均价。

（4）指数化

如果计算股价指数，就需要将计算期的平均股价或市值转化为指数值，即将基期平均股价或市值定为某一常数（通常为100、1000或10），并据此计算计算期股价的指数值。

2. 股票价格指数的编制方法

股票价格指数的编制方法有两种，即简单算术平均法和加权股价指数法。

（1）简单算术股价指数

简单算术股价指数有相对法和综合法之分。

①相对法是先计算各样本股的个别指数，再加总求算术平均数。

计算公式为：

股票指数＝n个样本股票指数之和/n

英国的《经济学家》普通股票指数就使用这种计算法。

②综合法

综合法是先将样本股票的基期和报告期价格分别加总，然后相比求出股票指数。即：

股票指数＝报告期股价之和/基期股价之和

从平均法和综合法计算股票指数来看，两者都未考虑到由各种采样股票的发行量和交易量的不相同，而对整个股市股价的影响不一样等因素，因此，计算出来的指数亦不够准确。

为使股票指数计算精确，则需要加入权数，这个权数可以是交易量，亦可以是发行量。

③加权法

加权股票指数是根据各期样本股票的相对重要性予以加权，其权数可以是成交股数、股票发行量等。按时间划分，权数可以是基期权数，也可以是报告期权数。以基期成交股数（或发行量）为权数的指数称为拉斯拜尔指数；以报告期成交股数（或发行量）为权数的指数称为派许指数。

拉斯拜尔指数偏重基期成交股数（或发行量），而派许指数则偏重报告期的成交股数（或发行量）。目前世界上大多数股票指数都是派许指数。目前新股上市后的第11个交易日才计入指数，这是新规定。

（三）我国主要股票价格指数

1. 上证指数

上证股票指数包括上证综合指数和上证180指数（成份股指数）。

（1）上证综合指数

上证指数是上海证券交易所在吸取美国、日本、香港、台湾等国家和地区股价指数编制的同时，对静安股价指数作了充分分析，经过比较，采用市场价总额加权计算法，依据当时在交易所上市的所有股票为样本，以正式开业日1990年12月19日为基期，以股票发行量为权数进行编制的。计算公式为：

本日股价指数＝本日市价总值/基期市价总值×100

具体计算方法是：以当时基期和计算日8种股票的收盘价分别乘以发行股数，相加以后再求得基期和计算日的市价总值，再相除后即得股价指数。在遇到不同情况时，上述计算公式需作调整。

①股票增资扩股时，公式变为：

本日股价指数＝本日市价总值/新基期市价总值×100

新基期市价总值＝修正前基期日市价总值×（修正前市价总值＋市价总值变动额）/修正前市价总值

1993年5月3日起发布上海证券交易所分类股价指数（此前为上证综合股价指数）。分类股价指数编制的基期日从原定的1990年12月19日改为1993年4月30日，并以这天上证综合收盘价指数1358.78作为计算基准。分类股价指数的计算公式为：

当日分类股价指数＝前日收盘分类指数×（当日收盘分类市价总额/前日或经调整前日分类市价总值）

②新股上市或送配股时，公式调整为：

新股上市分类次日股价指数＝前日收盘分类指数×［当日收盘分类市价总额/（前日分类市价总额＋前日收盘分类新股市价总额）］

（2）上证成分股指数

上证成分股指数就是上证180指数，是上海证券交易所对原上证30指数进行调整和更名产生的指数。共有180只股票，选择样本的标准是遵行规模（总市值、流通市值），流动性（成交金额、换手率）和行业三项指标，即选取规模较大、流动性较好且具有行业代表性的股票作为样本，建立一个反映上海证券市场的概貌的运行状况、能够作为投资评价尺度及金融衍生产品基础的基准指数。上证成分股指数依据样本稳定性和动态跟踪的原则，每年调整一次成分股，每次调整比例一般不超过10%，特殊情况下也可能对样本股进行临时调整。

2. 深证指数

(1)深圳综合股票指数

由深圳证券交易所编制的股票指数，1991年4月3日为基期。深圳证券交易所股价指数属于发行量加权指数，又称市价总值股价指数，采用综合法编制。1995年2月之前，计算股价指数的公式为：

指数＝现时采样股总市值/基期采样股总市值

为了方便工作，后来指数采用"每日连锁办法"计算，公式为：

今日即时指数＝上一营业日收市指数×(今日现时总市值/上一个营业日收市总市值)

1995年2月20日起，为了弥补原有深圳股价指数的不足，深交所以新证券挂牌方式从行情中实时发布成分股指数。成分股指数为派氏加权价格指数，即以计算日成分股实际可流通A股和B股作为权数进行加权计算。公式为：

日成份股指数＝即日成份股可流通总市值/基期成份股可流通总市值

成份股可流通总市值＝成份股可流通A股总市值＋成分股可流通B股总市值

(2)深证成分股指数

深证成分股指数由深圳证券交易所，通过对所有在深圳证券交易所上市的公司进行考察，按一定标准选出40家有代表性的上市公司作为成分股，以成分股的可流通股数为权数，采用加权平均法编制而成。深证成分股指数包括深圳成份股指数、成份A股指数和成份B股指数等几种形式。成份股指数以1994年7月20日为基期，基期指数为1000点。

3. 沪深300指数

沪深300股指是首次编制的综合反映中国证券市场的全面运行状况的股票指数，为指数化投资和金融衍生产品的创新发展提供了重要基础。其基期选择为2004年12月31日，基日基点确定为1000点。股票样本总数共300只，分别在沪、深两市选择。样本股选择的基本标准是规摸大、流动性好和运行平稳的优良股票，另附加一些诸如上市时间、运行状态、波动特征等具体方面的要求标准。

(四)世界主要的股票价格指数

1. 道·琼斯股票价格指数

道·琼斯股票价格指数是道·琼斯公司的创始人查理斯·道于1884年6月3日开始编制并发表在《每日通讯》上，当时有股票11种，后于1938年定为65种股票至今。该指数以1928年10月1日为基期，基期值设为1000点。道·琼斯股票指数共分四组：

(1)工业股票价格指数

由30种有代表性的大工业公司股票组成，如埃克森石油公司、通用汽车公司和美国钢铁公司等的股票。

(2)运输业股票价格指数

由20种运输业有代表性的大公司股票组成，如泛美航空公司、环球航空公司及航海、铁路等公司的股票。

(3)公用事业股票价格指数

由15种有代表性的公用事业大公司的股票组成，如美国电力公司、煤气公司等的股票。

(4)综合股票价格指数

是由上述三组中的 65 种股票综合起来算出的综合股票价格指数。

道·琼斯股票价格指数最初采用算术平均法计算，现改为(新的股票价格总数/旧的股票价格平均数)，然后再用这个单位数除新的股票价格指数，最后即为股票价格平均数。

2. 标准 – 普尔股票价格综合指数

标准 – 普尔股票价格综合指数是由美国最大的一家证券研究机构斯坦达德 – 普尔公司于 1923 年开始编制的股票价格指数，包括股票 500 种，每小时计算和发表一次。标准 – 普尔股票价格指数以 1941 – 1943 年为基期，基期定为 10，采用基期加权平均法计算，即

股票价格指数 = {∑(每种股票价格 × 已发行数量)/基期的市价总值(三年的平均数)} × 10

3. 伦敦金融时报的股票价格指数

伦敦证券交易所公布的金融时报股票价格指数，是英国金融界著名报纸《金融时报》编制的。包括三个股票指数：

(1)30 种股票的指数

(2)100 种股票的指数

(3)500 种股票的指数

通常采用的金融时报股票价格指数是指第一组的 30 种有代表性的工业和商业股票的指数。

伦敦金融时报股票价格指数以 1935 年为基期，基期指数定为 100。在交易所营业时，每小时计算一次，下午 5 时再计算一次收盘指数。

4. 日本经济信息道式股票指数

日本东京证券交易所从 1950 年开始模仿道·琼斯股票指数的加权平均法编制自己的股票价格指数。1975 年 5 月日本经济信息社正式向道·琼斯公司买进商标，并将其编制的股票价格指数定名为“日本道式平均股票价格”。包括在东京证券交易所上市的 225 种有代表性的股票。

日本东京证券交易所另一个股票价格指数是“东京证券交易所股票价格指数”，1969 年开始编制，包括 250 种较活跃的上市股票，采用加权平均法，以 1968 年 1 月 4 日为基期，基期指数定为 100。

5. 中国香港恒生股票指数

恒生股票指数是香港恒生银行 1969 年 11 月 24 日开始发表的。这个指数以选定的 33 种股票为计算对象，包括四个行业，即金融业 4 种股票，公用事业 6 种股票，房地产 9 种股票，其他工业及运输业 14 种股票。

恒生股票价格指数的计算方法是按每日收盘价格先算出当天的 33 种股票的市价总值，再与基期的股票市价总值相比，乘以 100 就是当天的股票价格指数。计算公式为：

恒生股票价格指数 = 计算日的股票市价总值/基期股票总值 × 100

恒生服票价格指数以 1964 年 7 月 31 日为基期，基期定为 100，通过同基期比较，可算出各期的股票指数。

第四节 证券中介机构

一、证券公司

(一)证券公司定义

是指依照《公司法》和《证券法》的规定设立的并经国务院证券监督管理机构审查批准而成立的专门经营证券业务，具有独立法人地位的有限责任公司或者股份有限公司。

从证券经营的功能划分，可分为:证券经纪商，即证券经纪公司。代理买卖证券的证券机构，接受投资人委托、代为买卖证券，并收取一定手续费即佣金，如东吴证券苏州营业部，江海证券经纪公司。证券自营商即综合型证券公司，除了证券经纪公司的权限外，还可以自行买卖证券的证券机构，它们资金雄厚，可直接进入交易所为自己买卖股票。如国泰君安证券。证券承销商，以包销或代销形式帮助发行人发售证券的机构。实际上，许多证券公司是兼营这3种业务的。按照各国现行的做法，证券交易所的会员公司均可在交易市场进行自营买卖，但专门以自营买卖为主的证券公司为数极少。

另外，一些经过认证的创新型证券公司，还具有创设权证的权限，如中信证券。证券登记公司是证券集中登记过户的服务机构。它是证券交易不可缺少的部分，并兼有行政管理性质。它须经主管机关审核批准方可设立。

(二)证券公司的功能

1. 媒介资金供需

证券公司是沟通互不相识的资金盈余者和资金短缺者的桥梁，它一方面使资金盈余者能够充分利用多余资金来获取收益，另一方面又帮助资金短缺者获得所需资金以求发展。证券公司以不同的方式和侧重点起着重要的资金媒介作用，在国民经济中，不可或缺。

2. 构造证券市场

证券市场是一国金融市场的基本组成部分之一。任何一个经济相对发达的国家中，无一例外均拥有比较发达的证券市场体系。概括起来，证券市场由证券发行者、证券投资者、管理组织者和证券公司四个主体构成，其中，证券公司起了穿针引线、联系不同主体、构建证券市场的重要作用。

3. 优化资源

实现有限资源的有效配置，是一国经济发展的关键。在这一方面，证券公司亦起了重要作用。

(1)证券公司通过其资金媒介作用，使能获取较高收益的企业通过发行股票和债券等方式来获得资金，同时为资金盈余者提供了获取更高收益的渠道，从而使国家整体的经济效益和福利得到提高，促进了资源的合理配置。

(2)证券公司便利了政府债券的发行，使政府可以获得足够的资金用于提供公共产品，加强基础建设，从而为经济的长远发展奠定基础。同时，政府还可以通过买卖政府债券等方式，调节货币供应量，借以保障经济的稳定发展。

(3)证券公司帮助企业发行股票和债券，不仅使企业获得了发展和壮大所需的资金，并且将企业的经营管理置于广大股东和债权人的监督之下，有益于建立科学的激励机制与约束机制，以及产权明晰的企业制度，从而促进了经济效益的提高，推动了企业的发展。

(4)证券公司的兼并和收购业务促进了经营管理不善的企业被兼并或收购，经营状况良好的企业得以迅速发展壮大，实现规模经济，从而促进了产业结构的调整和生产的社会化。

(5)许多尚处于新生阶段、经营风险很大的朝阳产业的企业难以从商业银行获取贷款，往往只能通过证券公司发行股票或债券以筹集资金求得发展。因此从这个意义上说，证券公司促进了产业的升级换代和经济结构的进步。

4. 促进产业集中

在企业并购过程中，证券公司发挥了重要作用。因为企业兼并与收购是一个技术性很强的工作，选择合适的并购对象、合适的并购时间、合适的并购价格及进行针对并购的合理的财务安排等都需要大量的资料、专业的人才和先进的技术，这是一般企业所难以胜任的。尤其在二战之后，大量的兼并与收购活动是通过证券二级市场进行的，其手续更加繁琐、要求更加严格、操作更为困难，没有证券公司作为顾问和代理人，兼并收购已几乎不可能进行。因而，从这一意义上来说，证券公司促进了企业实力的增加，社会资本的集中和生产的社会化，成为企业并购和产业集中过程中不可替代的重要力量。

(三)证券公司的类型

根据1998年12月颁发的《中华人民共和国证券法》，我国对证券实行分类管理。将证券公司分为综合类证券公司和经纪类证券公司，由国务院证券监督机构按照其分类颁发业务许可证。综合类证券公司可以经营证券经纪业务，自营承销业务和经国务院证券监督管理机构核定的其他证券业务；经纪类证券公司只能从事单一的经纪业务。

(四)证券公司的主要业务

依我国公司法的规定，证券公司从它成立的时候起就按照现代企业制度来规范管理，以使证券公司能够成为具有一定规模的，产权清晰、风险自负、权责分明、管理科学的现代企业，担负起证券公司在证券发行与交易中的责任。它具有证券交易所的会员资格，可以承销发行、自营买卖或自营兼代理买卖证券。普通投资人的证券投资都要通过证券商来进行。证券公司的主要业务包括承销、经纪、自营、投资咨询、资产管理和其他业务。

1. 承销业务

承销是指具有证券承销业务资格的证券公司，借助其在证券市场上的良好信誉和营业网点，在规定的发行有效期限内帮助发行人发行股票的行为，并因此收取一定比例的承销费用。在证券发行过程中，券商充当承销商角色，对券商来说，证券承销业务是券商的重要业务并构成券商传统业务收入的主要组成部分。我国的证券公司在证券市场的发展中也取得了不错的成绩，如果承销商能在承销手段以及发行方式上有所创新，能给证券公司争取较多的承销业务。目前的承销方式主要有两种：包销和代销。

包销是指证券公司按议定价格直接从发行者手中购进将要发行的全部证券，然后再出售给投资者的行为。

代销是指承销商只作为发行公司的证券销售代理人，按照规定的发行条件尽力推销证券。

2. 经纪业务

是指通过收取佣金作为报酬，促成买卖双方交易行为而进行的证券中介业务。证券经纪业务是随着集中交易制度的实行而产生和发展起来的。由于在证券交易所内交易的证券种类繁多，数额巨大，而交易厅内席位有限，一般投资者不能直接进入证券交易所进行交易，固此只能通过特许的证券经纪商作中介来促成文易的完成。

目前世界各国都是根据本国证券交易制度特点，来对证券经纪业务做出限定和分类。如纽约证券交易所将经纪业务分为五类，专门有五种经纪人未办理：

①佣金经纪人，专门代理客户买卖证券收取佣金；

②二无经纪人，接受佣金经纪人的委托买卖证券；

③专业经纪人，专门买卖交易所某一柜台的一种或几种证券；

④零股经纪人，专门办理一股至九十九股之间的证券交易；

⑤债券经纪人，在债券交易厅中代理客户买卖债券从中收取佣金。

伦敦证券交易所将经纪业务分为两类，由两种经纪人来完成：

①证券经纪商，纯粹代理客户买卖证券，从中收取佣金，本身不买卖证券；

②证券买卖商，即要为自己买卖证券以获取利润，有时也代理客户买卖证券收取佣金，证券买卖商必须严格区分自营买卖与代理买卖，且须向客户说明。

我国证券经纪业务有其自身的特点，这是由我国独特的交易制度所决定的。目前从上海、深圳两个证券交易所实际运作情况看，我国证券经纪业务可分为两大类。第一类是 A 股、基金及债券代理买卖业务，所有证券经营机构依法设立的证券营业部都可经营此项业务。第二类是 B 股代理买卖业务，由 B 股特许证券商来代理。B 股特许证券商又分为境内 B 股特许证券商和境外特许证券商。境内 B 股特许证券商代理 B 股买卖业务，可在其已开通交易的 A 股席位上进行；境外特许证券商可通过其拥有的 B 股特别席位完成代理买卖业务，也可以委托境内 B 股特许证券商完成代理买卖业务。

国际上对从事证券经纪业务资格的管理有两种做法。一是美国的登记制度，只要申请者符合法定条件，并申请登记注册。都可以被批准从事证券经纪业务。二是以日本为代表的特许制度，即对申请从事证券经纪业务者，除考察是否符合规定的条件、还要经过主管机关的特许批准。我国实行的是特许制度。

我国证券经营机构从事证券经纪业务，都是通过下设的证券营业部来实施的。

3. 自营业务

即指证券经营机构用自己可以自主支配的资金或证券，通过证券市场从事以盈利为目的的买卖证券的经营行为。

证券经营机构从事以证券资产为对象的买卖范围包括：上市证券的自营买卖；柜台自营买卖；承销业务中的自营买卖；非上市证券的自营买卖。

4. 投资咨询

证券经营机构利用其专业优势和经验优势为投资者提供投资咨询服务，同时在提供咨询服务时也推销了自己的证券产品。

5. 资产管理和其他业务

资产管理业务也是新兴的证券业务，是证券经营机构的业务拓展，相比其他的原始业务，资产管理业务将越来越受到大的投资者的欢迎。

二、证券交易所

证券交易所是依据国家有关法律，经政府证券主管机关批准设立的集中进行证券交易的有形场所。在我国有四个:上海证券交易所,深圳证券交易所，香港交易所，台湾证券交易所。

上海证券交易所成立于1990年11月26日，同年12月19日开业，为不以营利为目的的法人，归属中国证监会直接管理。秉承“法制、监管、自律、规范”的八字方针，上海证券交易所致力于创造透明、开放、安全、高效的市场环境，切实保护投资者权益，其主要职能包括:提供证券交易的场所和设施;制定证券交易所的业务规则;接受上市申请，安排证券上市;组织、监督证券交易;对会员、上市公司进行监管;管理和公布市场信息。

(一)证券交易所的设立

证券交易所的设立和解散，由国务院决定。申请设立证券交易所，首先由中国证监会进行审核，再报国务院进行批准。设立证券交易所必须制定章程。证券交易所章程的制定和修改，必须经国务院证券监督管理机构批准。证券交易所必须在其名称中标明证券交易所字样。其他任何单位或者个人不得使用证券交易所或者近似的名称。

(二)证券交易所职责

1. 证券交易所应当为组织公平的集中交易提供保障，公布证券交易即时行情，并按交易日制作证券市场行情表，予以公布。未经证券交易所许可，任何单位和个人不得发布证券交易即时行情。

2. 证券交易所有权依照法律、行政法规，以及国务院证券监督管理机构的规定，办理股票、公司债券的暂停上市、恢复上市或者终止上市的事务。

3. 因突发性事件而影响证券交易的正常进行时，证券交易所可以采取技术性停牌的措施;因不可抗力的突发性事件或者为维护证券交易的正常秩序，证券交易所可以决定临时停市。证券交易所采取技术性停牌或者决定临时停市，必须及时报告国务院证券监督管理机构。

4. 证券交易所对证券交易实行实时监控，并按照国务院证券监督管理机构的要求，对异常交易的情况提出报告。证券交易所应当对上市公司及相关信息披露义务人披露信息进行监督，督促其依法及时、准确地披露信息。证券交易所根据需要，可以对出现重大异常交易情况的证券账户限制交易，并报国务院证券监督管理机构备案。

5. 证券交易所应当从其收取的交易费用和会员费、席位费中提取一定比例的金额设立风险基金。风险基金由证券交易所理事会管理。证券交易所应当将收存的风险基金存入开户银行专门账户，不得擅自使用。

6. 证券交易所依照证券法律、行政法规制定上市规则、交易规则、会员管理规则和其他有关规则，并报国务院证券监督管理机构批准。

三、证券服务性机构

证券服务机构是指依法设立的，从事证券服务业务的法人机构。证券服务业务包括:证券投资咨询;证券发行及交易的咨询、策划、财务顾问、法律顾问及其他配套服务;证券资信评估服务;证券集中保管;证券清算交割服务;证券登记过户服务;证券融资;经证券管理部门认定的其他业务。

第五节 证券市场监管

一、证券市场监管的意义与原则

(一)监管意义

证券监管是指以保护投资者合法权益为宗旨，以矫正和改善证券市场的内在问题(市场失灵)为目的，政府及其监管部门通过法律、经济、行政等手段对参与证券市场各类活动的各类主体的行为所进行的引导、干预和管制。这里强调的是，任何对投资者合法权益的侵害行为如股价操纵、证券欺诈、内幕交易等均应毫无争议地成为监管对象，并对其进行事前的有效预警和事后的严厉惩处，切实杜绝各类机构或个人以其拥有之信息优势和资金优势对中小投资者的剥夺与伤害。

(二)监管原则

1. 依法监管。

2. 保护投资者利益原则。严厉打击损害中小投资者利益的行为，全力维护市场的三公，是各国证券监管的首要任务。

3. 三公原则:公开、公平、公正。

4. 监管与自律相结合。

国际证监会证券监管三个目标:一是保护投资者;二是保证证券市场的公平、效率和透明;三是降低系统性风险。其中保护投资者合法权益是证券监管的首要目标。

二、证券市场监管的目标和手段

(一)监管目标

1. 克服各种证券市场缺陷(证券市场失灵)，保护市场参与者合法利益(尤其投资者利益)，维护证券市场的公平、透明与效率，促进证券市场机制的运行和证券市场功能的发挥。这是证券监管的现实目标。

2. 保证证券市场的稳定、健全和高效率，促进整个国民经济的稳定和发展。这是证券监管的最终目标。

广义的证券市场失灵问题是证券监管的必要条件，它要求政府及其证券监管部门限制并克服一切垄断、操纵、欺诈、内幕交易等违法行为，规范证券发行、交易行为并保证其公平、顺利地进行，从而保护作为证券市场根基的投资者的合法权益;通过政府监管来力求实现一个健康、稳定、有序、高效率的证券市场。恰如施蒂格勒所说:这一管制旨在使经济生活变得更加真实，防止或惩罚欺诈行为。不容忽视的是，强调证券监管的作用并非否定证券市场机制对于资源配置的决定性意义。证券市场无疑是一种市场机制，自由竞争的市场机制是左右证券市场能否实现其经济功能的基本力量，证券监管的目标必须定位于解决市场失灵问题，从而促进并保障市场机制更好地发挥作用，而不是替代市场机制。这一目标的现实反映，就是期待中的证券市场功能和经济作用的顺利发挥与体现。

无论是在那些计划特征和行政干预明显的发展中国家证券市场，还是在那些自由竞争色彩更为浓郁的发达国家证券市场;也无论是否把有关"证券监管促进经济发展"明确而有意识地写进法律和纳入经济规划——通过证券监管来最终维护国民经济的稳定和发展是任何政府监管者追求的根本目标。在IOSCO的公开网页中亦列明:证券监管应当促进资本形成和经济增长。在政府的视野里,证券市场永远是整个社会经济一个复杂的有机组成部分,证券市场的规范与发展始终从属于整个国民经济的稳定与增长的需要。证券市场不仅与一国的金融体系(包括货币市场、信贷市场等其他金融市场)和实体经济密切联系,而且与经济发展、社会稳定甚至政治形势等休戚相关,任何政府的证券监管者都必须也必然会从社会经济整体而不是仅仅从证券市场本身的局部来制定和执行监管的制度、法规和政策。即使在西方国家,以此目标为基准的政府干预亦屡见不鲜。Greenspan面对股市跌宕所发表的各类言论(如对降息的暗示)并不比中国证监会主席说得少;而当1998年金融风暴袭至香港时,特区政府当局入市迎战国际炒家的干预行为进一步表明了金融市场中政府行为的特殊性和监管最终目标的现实意义。

需要强调说明的是,证券监管的一个不容忽视的核心目标是,切实保护投资者,尤其是中小投资者的利益。因为只有投资者这一市场基石的长期存在和积极参与,证券市场机制与功能才能得以发挥,证券市场也才能高效率地健康发展,证券市场也才可能促进国民经济的稳定与发展。

(二)监管手段

1. 法律手段

即国家通过立法和执法,以法律规范形式将证券市场运行中的各种行为纳入法制轨道,证券发行与交易过程中的各参与主体按法律要求规范其行为。运用法律手段管理证券市场,主要是通过立法和执法抑制和消除欺诈、垄断、操纵、内幕交易和恶性投机现象等,维护证券市场的良好运行秩序。涉及证券市场管理的法律、法规范围很广,大致可分两类。一类是证券监管的直接法规,除证券管理法、证券交易法等基本法律外,还包括各国在上市审查、会计准则、证券投资信托、证券金融事业、证券保管和代理买卖、证券清算与交割、证券贴现、证券交易所管理、证券税收、证券管理机构、证券自律组织、外国人投资证券等方面的专门法规,几乎遍及证券市场的所有领域。另一类是涉及证券管理,与证券市场密切相关的其他法律,如公司法、银行法、票据法、破产法、财政法、反托拉斯法等。这样,形成一个以证券基本法为核心,专门证券管理法规或规则相补充,其他相关法律相配套的证券法律体系。

2. 经济手段

指政府以管理和调控证券市场(而不是其他经济目标)为主要目的,采用间接调控方式影响证券市场运行和参与主体的行为。在证券监管实践中,常见的有以下两种经济调控手段:

(1)金融信贷手段

运用金融货币政策对证券市场的影响颇为显著。在股市低迷之际放松银根、降低贴现率和存款准备金率,可增加市场货币供应量从而刺激股市回升;反之则可抑制股市暴涨。运用"平准基金"开展证券市场上的公开操作可直接调节证券供求与价格。金融货币手段可以有效地平抑股市的非理性波动和过度投机,有助于实现稳定证券市场的预期管理目标。

(2)税收政策

由于以证券所得税和证券交易税(即印花税)为主的证券市场税收直接计入交易成本,税率和税收结构的调整直接造成交易成本的增减,从而可产生抑制或刺激市场的效应并为监管者所利用。

(3)行政手段

指政府监管部门采用计划、政策、制度、办法等对证券市场进行直接的行政干预和管理。与经济手段相比较，运用行政手段对证券市场的监管具有强制性和直接性的特点。例如，在证券发行方面采取上市审批制度，行政控制上市种类和市场规模；对证券交易所、证券经营机构、证券咨询机构、证券清算和存管机构等实行严格的市场准入和许可证制度；交易过程中的紧急闭市等。

行政手段存在于任何国家证券市场的监管历史之中。区别是在市场发育早期使用行政方式管理多些，至成熟阶段则行政方式用得少些。早期证券市场受社会经济诸方面条件制约，往往是法律手段不健全而经济手段低效率，造成监管不足的局面，故需行政手段的积极补充。然而，证券市场毕竟是市场经济高度发达的伴生物，其充分的市场经济特性必然要求伴随市场的成熟与完善，逐步减少行政干预，因为过多的不恰当的行政干预容易形成监管过度，扭曲市场机制。

三、证券市场监管机构

(一)监管机构含义

证券监管机构是指依法设置的对证券发行与交易实施监督管理的机构。如中国证券监督管理委员会。

在我国，证券监管机构是指中国证券监督管理委员会(下文简称“中国证监会”)及其派出机构。中国证监会是国务院直属的证券监督管理机构，按照国务院授权和依照相关法律法规对证券市场进行集中、统一监管。它的主要职责是：依法制定有关证券市场监督管理的规章、规则，负责监督有关法律法规的执行，负责保护投资者的合法权益，对全国的证券发行、证券交易、中介机构的行为等依法实施全面监管，维持公平而有序的证券市场。

(二)证券管理机构的职责

《证券法》第 167 条将证券监管机构的职责作出列举性规定，但该条款并非证券监管机构职责的全部。结合《证券法》第 7、8 和 167 条规定，证券监管机构在对证券市场实施监督管理中，履行以下职责：

1. 规章规则制定权

证券监管机构有权制定和发布监督管理证券市场的规章和规则。根据这一规定，国务院证券监管机构与仅“根据证券委的授权，拟订有关证券市场管理的规则”的证监会明显不同。《证券法》第 172 条第 1 款进一步规定，证券监管机构应当公开其依法制定的规章、规则和管理制度。

2. 派出机构设立权

根据《证券法》第 7 条第 2 款规定，证券监管机构可以设立派出机构，按照授权履行证券管理职责。根据目前实践，证监会已改变以往按照行政区域标准设立派出机构的传统做法，转而按照经济区域标准设立派出机构。

3. 审批权或核准权

我国《证券法》对股票发行采取核准制，对债券发行采取审批制。鉴于证券监管机构依法集中统一管理全国证券市场，证券监管机构对股票和债券发行，分别享有核准权和审批权。

4. 证券行为之监督管理权

证券监管机构依法对证券发行、交易、登记、托管和结算等行为进行监督管理。证券发行、交易、登记、托管和结算的概念及相关问题，见本书相关内容。

5. 证券行为人之监督管理权

根据《证券法》，证券监管机构依法对证券发行人、上市公司、证券交易所、证券公司、证券登记结算机构、证券投资基金管理机构、证券投资咨询机构、证券资信评估机构以及从事证券业务的律师事务所、会计师事务所、资产评估机构的证券业务活动，进行监督管理。

《证券法》在规定证券监管机构的监督管理权时，有两点特殊之处：

(1)首次提及“证券投资基金管理机构”，但《证券法》未将证券投资基金明确列为调整对象；

(2)没有将证券投资者纳入证券行为人的范围，但《证券法》在若干条款中已将证券投资者列入《证券法》调整之列。

6. 证券从业人员之监督管理权

证券监管机构可以依法制定证券从业人员的资格标准和行为准则，并依法实施监督。

7. 信息公开之监督管理权

即依法监督检查证券发行和交易的信息公开情况。有关监管的具体实施，参见本书其他章节相关内容。

8. 自律机构之监督管理权

《证券法》第8条规定，“在国家对证券发行、交易活动实行集中统一监督管理的前提下，依法设立证券业协会，实行自律性管理”。为了保证自律性管理合乎现行法律与法规，证券监管机构应依法对证券业协会的活动进行指导和监督。

9. 违法违规行为之查处权

证券监管机构依据调查结果，可以对证券违法行为作出处罚决定，且该处罚决定应当公开。

10. 法律、行政法规规定的其他职权

四、证券市场监管的对象及内容

证券监管的对象涵盖参与证券市场运行的所有主体，既包括证券经纪商和自营商等证券金融中介机构，也包括工商企业和个人。对于证券监管对象的设定可以从不同角度加以阐述：

(一)证券市场监管对象

以证券市场参与主体之性质区分，依此角度，证券监管对象就是参与证券市场活动的各法人和自然人主体。一般包括：

1. 工商企业

指进入证券市场筹集资金的资本需求者，也包括在证券交易市场参与交易的企业法人。

2. 基金

既包括被作为交易对象的上市基金，也包括作为重要市场力量的投资基金(仅从不同角度看待)。

3. 个人

大致包含两类。主要指证券市场上的投资者即资金供给者；另一类指各种证券从业人员。

4. 金融中介机构

主要指涉及证券发行与交易等各类证券业务的金融机构。它既可以是专业的证券经纪商、承销商、自营商，也可以是银证合一体制下的商业银行和其他金融机构。

5. 证券交易所或其他集中交易场所

证券交易所是提供证券集中交易的场所，并承担自律管理职能的特殊主体。它既包括传统的有形市场，也包括以电子交易系统为运作方式的无形市场。

6. 证券市场的其他中介机构

包括证券登记、托管、清算机构以及证券咨询机构、会计师事务所、律师事务所、资产评估机构等。

如果以各证券市场主体之地位与角色区分为标准，证券监管对象大致可分为四类：

(1) 上市对象（即筹资者），包括以股票、债券、基金等证券形式挂牌上市的各类市场主体；

(2) 交易对象（即投资者），包括所有参与证券买卖的市场主体；

(3) 中介对象，包括媒介证券发行与交易等各类活动，提供各类中介服务的上述金融机构、咨询机构、市场服务机构等；

(4) 自我管理对象，主要指证券集中交易场所。

（二）证券市场的监管内容

一种较为权威的国际通行划分方式是法博齐（Fabozzi）和莫迪利亚尼（Modigliani）所指出的，从证券监管活动覆盖面出发，认为政府应采取四种形式对证券市场进行监管：

1. 信息披露监管

即要求证券发行人对现实或潜在购买者提供有关交易证券的公开财务信息。

2. 证券活动监管

包括对证券交易者和证券市场交易的有关规定（典型如对内幕交易的监管）。

3. 对金融机构监管

4. 对外国参与者监管

其内容主要是限制外国公司在国内市场上的作用以及其对金融机构所有权的控制。

【要点小结】

通过本章学习，学生应该理解证券市场的含义、证券市场的功能、证券市场的分类和证券市场的参与者；了解证券市场的产生发展过程；掌握证券市场的结构，包括证券发行市场的含义及作用、证券发行的分类、证券发行制度、证券发行的方式、证券发行的条件以及证券发行价格的确定；掌握证券流通市场相关知识，包括证券上市制度、证券交易市场的构成以及证券交易程序；了解证券中介机构功能；了解证券市场监管意义与原则，以及证券市场监管的目标和手段和证券市场监管机构监管的对象及内容。

【思考与练习】

一、名词解释

证券市场　一级市场　二级市场　私募发行　公募发行　股票价格指数　上证综合指数　沪深300指数　道·琼斯股价指数　《金融时报》股价指数　日经股价指数　恒生股价指数　监管模式　监管手段

二、简答题

1. 试述证券市场的结构和功能。
2. 试述首次发行股票和增发新股应具备的条件。
3. 债券发行的条件包括哪些主要内容？

◆第四章 证券投资基本分析

【内容提要】

在证券市场进行投资时，要充分做好市场分析之后才能进行投资。而这种市场分析就是本章要介绍的基本分析。基本分析要求投资者对国家的宏观层面、公司所属行业的中观层面和公司管理和财务的微观层面进行分析，以揭示所投资股票的真实价值，预测证券市场未来的走势，减少投资风险。

【学习目标】

1. 了解证券投资基本分析的内容和方法；
2. 掌握宏观经济形势的基本变量，宏观经济运行及宏观经济政策对证券市场的影响；
3. 掌握产业周期性在证券市场的表现；
4. 重点是掌握公司财务分析和公司价值分析的内容和方法。

【关键词】

宏观经济　　行业周期性　　公司财务分析　　公司价值分析

证券投资基本分析主要是通过对决定股票投资价值及价格的基本要素进行的分析，以评价股票的投资价值，判断股票的合理价位及其变动趋势，提出相应的投资建议的一种分析方法。

一、基本分析的特点及适用范围

（一）基本分析是对股市波动成因进行的分析

基本分析是对股市波动的理由和原因的分析，因此就必须对各种因素进行研究，分析它们对股市有何种方向的影响。投资者可以借助基本面分析来解决买卖“什么”的问题，以纠正技术分析可能提供的失真信息。由于技术分析注重的是短线量化分析，很可能会出现“只见树木，不见森林”的现象。

（二）基本分析是定性分析

在基本分析过程中，涉及的虽主要是经济指标中有关的数量方面指标，但这些指标对股市的影响程度却难以量化，只能把它们对股市的影响方向加以定性。基本面分析不能解决入市时机的问题，只有在对股市及个股走势有了基本的判断之后，再结合技术分析，才有可能找出合适的入市时机。因此，基本分析属于战略层次的分析。

（三）基本分析是长线投资分析

基本分析是长线投资分析工具，而非短线投资分析工具，因为基本面分析侧重于大势的判断，分析时所考察的因素也多是宏观和中观因素，它们对股市的影响较深远，由此分析得出的结论自然具有一定的前瞻性，对长线投资具有一定的指导意义，依此作出的投资志在博取长期回报以及分享整体经济增长带来的成果，而非短线投机收益。

综上所述，基本分析的优点在于它能较准确地把握股市走向，给投资者从事长线投资提供决策依据，而其缺点是分析时间效应长，对具体的入市时间较难作出准确的判断，要想解决此问题，还要靠技术分析的辅助。因此，基本面分析只适用于大势的研判，而不适用于具体入市时机的决断。

二、基本分析的优缺点

基本分析的优点在于在正常情况下，分析重点放在行情大势上，不被日常的波动迷惑，结论明确，可靠性较高，指导性较强。

基本分析的缺陷主要体现在搜集数据的能力有限，不可能完全掌握市场的供需关系。基本面数据和供求态势的结论是相对确定的，但是行情价格却是动态变化的，如何把握价格在顶部和底部运行时所处的不同阶段以及对应的基本面状况，对于没有受过专业训练的缺乏交易经验的人来说是一道难题。另外在交易中还会出现一些突发因素，超出已知的基本面之外的，有些是无法预测和量化的。

第一节　宏观经济分析

宏观经济分析是证券投资分析的第一步，也是一种最基本和最重要的分析。通过各种经济指标、经济政策来分析一个国家宏观经济因素对证券价格未来走势的影响，从而为正确判断市场的变化提供可靠的依据。

一、宏观经济分析的意义

（一）掌握证券市场的总体方向和长期趋势

证券市场是一国经济体系中重要的组成部分，证券投资与国民经济整体运行、结构变化息息相关，因此宏观经济的走向决定了证券市场的长期趋势和总体趋势。只有密切地关注宏观经济指标的变化，才能把握证券市场的运行方向，及时的掌握投资机会，做出正确的投资决策。

（二）对证券市场的平均投资价值进行判断

证券市场的投资价值是指整个市场的平均投资价值，与国民经济整体素质及其结构息息相关。宏观市场是整个社会个体经济的总和，上市企业的投资价值一定会在宏观经济总体运行情况和增长速度中反映出来。因此，对宏观经济的分析是判断证券市场投资价值的关键。

（三）把握证券市场受宏观经济政策的影响力度和方向

宏观经济政策是指政府有意识有计划地运用一定的政策工具，调节控制宏观经济运行而出台的政策。政府通过采用财政政策和货币政策来调控经济运行，这些政策势必会影响国民经济增长速度和企业经济效益，从而对证券市场产生影响。因此，想要了解证券市场的运行趋势和投资价值变化，必须要全面深入地分析宏观经济政策的影响力度和方向。

（四）了解经济转型期背景下的中国宏观经济对股市的影响

中国宏观经济对股市的影响不同于成熟的市场经济国家。中国证券市场目前还属于新兴市场，同时具有一定的特殊性，比如国有成分较大、行政干预较多、投机性过强等问题。由此导致证券市场对宏观经济的反映存在不确定性，简单地把西方市场的做法用于我国证券市场，容易出现偏差。

二、宏观经济分析的方法

宏观经济运行会对证券市场产生深刻的影响，因此投资者迫切希望对目前的宏观经济状况做出准确的判断。目前主要的宏观经济分析的方法包括经济指标分析、计量经济模型和概率预测法。

（一）经济指标分析

经济指标是反映社会经济活动的一系列数据和比例关系，通常将经济指标分成三类。

1. 先行指标

先行指标又称作预兆性指标，是指预示未来月份经济状况和可能出现的变化，并为投资者提供预示性信息的市场指标。通过实践总结，先行指标对国民经济变化进行预测，得出结论的时间比实际出现的时间提前半年。这些指标主要包括货币供应量、股票价格指数、消费者信心指数等。

2. 同步指标

它是分析现实经济运行态势的重要指标，同步指标的变动时间与一般经济情况基本一致，可以显示现阶段国民经济发展的总趋势。这些指标主要包括实际国民生产总值、失业率等。但需要注意的是，这些指标反映的是国民经济正在发生的状况，并不具有预示将来变动的功能。

3. 滞后指标

滞后指标又称作跟随性指标，此类指标的变化一般滞后于总体国民经济的变化，只有经济活动变强或变弱后，这些指标才会发生变化，一般滞后半年。这些指标主要包括银行短期商业贷款利率、生产成本、消费者物价指数等。

在三类经济指标中，先行指标用来预测经济发展趋势，而同步指标和滞后指标用来验证经济发展趋势。例如先行指标在上升的情况下，若同步指标也在上升，说明经济正处于繁荣阶段。

（二）计量经济模型法

计量经济模型是表示各经济变量之间数量关系的方程式。大多数相关经济变量之间可以通过建立计量经济模型并进行计算，从而揭示经济活动中各个因素之间的定量关系。计量经济模型主要有经济变量、参数和随机误差三大要素。

经济变量是反映经济活动变化情况的变量，分为内生变量和外生变量两种。内生变量是由经济模型内部的其它经济变量所决定的经济变量，是模型中的因变量，其结果通过模型方程可以计算解得;外生变量是由经济模型外部的其它因素所决定的经济变量，是模型中的自变量，是模型方程中的已知数。参数是模型方程中的常数或常系数，用来表示经济变量之间相对稳定的比例关系。随机误差是在经济资料统计过程中一系列有关因素微小的随机产生的具有相互抵偿性的误差。随机误差大小和方向都不固定，也无法测量或校正，最终正负误差可以相互抵偿，误差将逐渐趋向于零。

用计量经济模型进行经济预测的一般过程主要分为如下几步：

第一，确定模型所包含的经济变量和确定模型的数学形式；

第二，进行相关经济样本数据的收集和处理；

第三，采用计量经济学的方法进行样本参数估计并对模型进行经济意义检验；

第四，利用检验过的经济模型进行预测。

采用计量经济模型不仅可以分析和预测经济运行情况，而且可以预测出具体水平。因此在宏观经济分析和预测中，主要采用宏观计量经济模型。

(三)概率预测

概率是数学概率论中的一个基本概念，是对随机事件发生的可能性的度量。由于宏观经济运行并不能像计量经济模型所描述的一样稳定，通常会在一个区间内按某种概率随机发生，因此，通过对经济活动的过去和现状进行总结，掌握其一般规律，进而预测宏观经济的未来。

概率预测的方法一般运用得比较多也比较成功的是对宏观经济的短期预测，其实质是通过广泛地收集经济领域内过去和现在阶段的资料，根据所掌握的资料并加以处理，推测出下一阶段的宏观经济运行情况。该方法一般对实际国民生产总值及其增长率、失业率、通货膨胀率、个人收入、个人消费、利息率等经济指标的下一阶段水平或变动率进行预测。

三、评价宏观经济形势的基本指标

(一)国内生产总值

国内生产总值是指一个经济社会在一定时期内运用生产要素所生产的全部最终产品的市场价值。国内生产总值有三种表现形态，分别是价值形态、收入形态和产品形态。从价值形态来看，是一个经济社会的常住居民在一定时期内生产的全部最终产品(包括货物和劳务)的价值和同一时期中间产品价值的差额;从收入形态看，是一个经济社会的所有居民在一定时期内创造并分配给所有经济活动参与者的初次分配收入的总和;从产品形态看，是一个经济社会的常住居民在一定时期内最终使用的产品价值和净出口价值的总和。

对应于这三种表现形态，在实际核算中，国内生产总值有三种计算方法，即生产法、收入法和支出法。常用的方法为支出法，其公式为：$GDP = C + I + G + (X - M)$，其中，C 代表消费;I 代表投资;G 代表政府支出;X 代表出口;M 代表进口;$(X - M)$代表净出口。

国内生产总值的增长速度一般用经济增长率来衡量，它是反映一定时期经济发展水平变化程度的动态指标，也是反映一个国家经济是否具有活力的基本指标。对于西方发达国家来说，其经济发展总水平已经达到相当的高度，经济发展速度的提高就比较困难；对经济尚处于较低水平的发展中国家而言，由于发展潜力大，其经济发展速度可能达到高速甚至超高速增长。例如金砖国家目前的经济增长率远远高于西方发达国家，是推动全球经济发展的主要动力来源。但是，同时投资者警惕由此可能带来的诸如总需求膨胀、通货膨胀、泡沫经济等问题，以避免造成宏观经济的过热态势。

(二)失业率

失业率是指劳动力人口中失业人数所占的百分比，劳动力是指年龄在16岁以上具有劳动能力的人的全体。根据“奥肯定律”可知，失业率上升与下降将直接影响实际GDP的增长率。失业率增加是经济疲软的信号，可导致央行放松对货币的管制，刺激经济增长；相反失业率下降，将形成通货膨胀，使央行收紧银根，减少货币投放量。美国劳工部于每个月的第一个星期五公布，市场上投资者对其非常关注。同时，过高的失业率也会影响居民的情绪和家庭生活，进而引发一系列的社会问题。

(三)通货膨胀率

通货膨胀是指一个经济社会中大多数商品和劳务的价格在一段时间内持续普遍上涨的现象。通常从物价总水平变化来衡量通货膨胀，常用的经济指标包括GDP折算指数、消费者价格指数、生产者价格指数等。在衡量通货膨胀时，消费者价格指数使用的最多且最普遍。对于通货膨胀的成因，从需求和供给的角度分析主要包括以下三种：需求拉动通货膨胀、成本推动通货膨胀和结构性通货膨胀。通货膨胀一旦发生，会对整个社会的总产量、就业和收入再分配等方面产生极其复杂的影响，如加重债务人负担，抑制社会消费，增加银行不良资产，甚至形成经济衰退的恶性循环。

(四)国际收支

国际收支是指一个国家在一定时期内从国外收进的全部货币资金和向国外支付的全部货币资金的对比关系。国际收支包括经常项目和资本项目。经常项目主要记录一国的商品和服务进出口以及收入转移等交易活动所产生的外汇收支，包括货物收支、服务收支、单方面转移等。资本项目记录本国同国外的资本流动情况，反映一国利用外资和偿还本金的能力。国际收支中最主要的部分是进出口总量及其增长量，这个指标用来衡量一国经济开放程度，同时进出口的数量和结构会对国内总供求产生直接影响。若一国国际收支持续不平衡时，无论是顺差还是逆差，都会给该国的经济带来危害，政府必须采取适当政策进行调节，以使本国的国内经济和国际经济得到健康的发展。

(五)投资规模

它是指一定时期在国民经济各部门再生产中投入资金的数量。一定时期的投资规模是经济稳定增长的一个决定因素，主要包括：政府投资、企业投资和外商投资三个方面。投资规模过小无法为经济的进一步发展奠定物质和技术基础；投资规模过大导致经济过热，经济增长发生大的波动，给整个经济和社会发展带来严重损失。因此，稳定适度的投资规模是促进整个社会经济稳定增长的重要保障。随着我国改革开放的不断深入，投资主体呈现出多元化的趋势，主要从实物生产要素的投入转变为主要向技术进步投入，从低水平重复建设转变到产业结构高级化。

（六）利率

利率又称利息率，是指货币资本的价格，即在借贷期内所偿付的利息额与所贷资金额的比率。利率的波动反映出市场资金供求的变动情况。在经济繁荣增长时，利率随着货币市场上资金供不应求而上升；在经济萧条低迷时，利率随着货币市场上资金供大于求而降低。利率通过不同渠道影响着一国居民的储蓄、投资和消费行为，会直接通过投资来影响经济。如果利率提高，企业投资成本会增加，从而减少投资；相反如果利率下降，企业投资成本会降低，从而增加投资。利率高低还会影响投资者在其金融资产上的资金分配，一般来说，利率与证券价格成反比例变化关系。如果利率上升，投资者会增加银行存款，减少对证券的投资，导致证券的价格下跌；如果利率下降，投资者会减少银行存款，增加对证券的投资，促使证券的价格上涨。

（七）汇率

汇率是指两个国家货币的兑换比率。货币的价值在于其购买力，因此不同货币之间的兑换率取决于其购买力之比。汇率的变动对一国经济的变动有多方面影响，但最直接的是进出口贸易和资本的国际流动。在直接标价法下，进出口方面，当汇率上升时，本币贬值，增加本国产品在外国销售的价格优势，使本国的出口增加进口减少。相反，当汇率下降时，本币升值，外国商品在本国销售时价格会降低，使本国的进口增加出口减少。总体来说，汇率提高会扩大国内总需求；汇率降低会减少国内总需求；资本流动方面，当汇率上升时，本币贬值，资本流出本国，使本国证券市场需求减少，证券价格下跌。相反，当汇率下降时，本币升值，资本流入本国，使本国证券市场需求增加，证券价格上涨。

（八）财政收支

财政收支包括财政收入和财政支出。财政收入是指政府为履行其职能、实施公共政策和提供公共物品与服务需要而筹集的一切资金的总和。主要包括各项税收、专项收入和其他收入，其中税收是政府收入中最主要部分；财政支出通常是指国家为实现其各种职能，由财政部门按照预算计划，将国家集中的财政资金向有关部门和方面进行支付的活动。主要包括购买性支出和转移性支出两个部分。政府通过运用财政政策工具，调整国家收支水平，来影响社会的消费需求和投资需求，进而影响一国经济的总体运行情况。为了更好地发挥财政政策应当和货币政策相互结合使用。

四、宏观经济运行与证券市场

宏观经济因素是影响证券市场长期走势的唯一因素，主要通过经济的周期性运行和国内生产总值变动来影响。对证券市场的主要影响表现在以下几个方面：首先，宏观经济环境是影响公司生存、发展的最基本因素，直接影响企业经济效益。其次，居民收入水平提高将会拉动消费需要，从而增加企业的经济效益，同时也会促进证券市场的投资需求。再次，宏观经济影响证券市场走势，也就是影响投资者的信心。最后，随着国家经济政策的变化，企业或投资者的资金成本会随之变化，从而影响证券市场走向。

（一）经济周期变动对证券市场的影响

经济周期也称商业周期，它是指经济运行中周期性出现的经济扩张与经济紧缩交替更迭的一种现象。是国民总产出、总收入和总就业的波动，一般分为繁荣、衰退、萧条和复苏四个阶段。从证券市场价格变化的情况来看，证券价格的变动与经济周期的变动在大体上相一致。即经济繁荣时，证券市场的价格上涨；经济萧条时，证券市场的价格下降。

在经济萧条阶段，经济在谷底运行，上市企业经营困难，利润大幅度下降，导致证券价格在底部徘徊。由于公司业绩迟迟得不到改善，投资者信心遭到打击，随着投资者不断的撤离，悲观情绪弥漫在整个证券市场。但此时部分判断经济形势即将好转的投资者会开始在底部慢慢的吸纳，证券的价格会缓缓地回升。

当经济逐渐走出萧条，慢慢开始复苏时，随着上市企业经营状况的好转，其业绩也会有所上升，投资者信心逐渐恢复。当绝大多数的投资者认同萧条已经过去，经济正在不断地复苏这一观点时，证券市场开始重新活跃起来，进入市场的资金不断地增加，推动证券价格势如破竹般上升。

随着整个社会经济不断的好转，上市企业无论是从生产规模还是从经济效益来看，都在不断地提升，居民的收入也不断的增加，整个社会呈现出一派欣欣向荣的景象。同时，随着投资回报的不断增加，引爆了投资者的热情，大量资金涌入证券市场，推动证券价格的大幅上扬，此时证券市场投机氛围变得越发浓重，投机者借机不断创出证券价格的新高。此时部分富有远见的投资者认为经济发展已经到达顶峰，高速发展的阶段即将过去，从而悄悄地抛出手中持有的证券，证券价格的上扬已经到了强弩之末。

由于在繁荣阶段上市企业的投资规模过大，出现了内在不经济的情况。经济过热造成人员工资和银行利率的上升；而产品大量增加导致社会总供给大于总需求，增加了产品销售的困难。其结果是上市公司运营成本大幅提高，而收益增加缓慢，业绩开始出现停滞甚至是下滑。此时越来越多的投资者意识到经济衰退已经来临，争相抛售手中持有的证券，形成下降趋势，证券价格不断下泄。

证券价格的变动和经济周期的变动大体上一致，但证券价格的变动趋势要快于经济周期的变动趋势。证券价格的变动和经济周期的变动特点相关联得越充分，说明该证券市场越成熟，对宏观经济的预警作用越强。投资者通常所说的“证券市场是经济的晴雨表”，就是指证券价格是宏观经济的先行指标。

（二）国内生产总值变动对证券市场的影响

GDP 变动是一国经济情况的根本反映，GDP 的持续上升表明国民经济良性发展，人们有理由对未来经济产生好的预期；相反，如果 GDP 处于不稳定的状态，暂时的高产出水平并不表明一个好的经济形势，有可能是孕育一个较深的经济衰退。因此，必须将 GDP 与经济形势结合起来进行考察，不能简单地以为 GDP 增长，证券市场就将伴之以上升的走势，实际上有时恰恰相反。关键是看 GDP 的变动是否将导致各种经济因素的恶化，下面对几种基本情况进行介绍。

1. 持续、稳定、高速的 GDP 增长

这种情况下，社会总需求与总供给共同增长，经济结构逐步合理趋于平衡，经济增长来源于需求刺激并使得资源得以充分利用，表明经济发展的势头良好，这时证券市场将呈现上升走势。其原因如下：第一，伴随总体经济成长，上市公司利润持续上升，股息和红利不断增长，企业经营环境改善，投资风险相对减小，从而公司的股票和债券得到全面升值，促使价格上扬。第二，投资者认为未来的经济形势是持续增长的，投资积极性提高，增加了对证券的需求，促使证券价格上涨。第三，随着国内生产总值的持续增长，国民总收入和个人可支

配收入都不断得到提高，收入增加也促使证券投资需求的增加，从而使证券价格上涨。

2. 高通货膨胀下的 GDP 增长

当经济处于经济泡沫下的高速增长时，总需求大大超过总供给，通货膨胀率增长速度较快，这是经济形势恶化的征兆。如不采取适当的调控措施，必将导致"滞胀"现象的发生。此时宏观经济的矛盾会突现出来，企业经营面临困境，居民实际收入降低，因此高需求拉动下的经济繁荣必将导致证券市场下跌。

3. 宏观调控下的 GDP 减速增长

当 GDP 呈失衡的高速增长时，政府可能采用宏观调控措施以维持经济的稳定增长，这样必然减缓 GDP 的增长速度。如果调控目标得以顺利实现，GDP 仍以适当的速度增长，而未导致 GDP 的负增长或低增长，说明宏观调控措施十分有效，经济矛盾逐步得以缓解，为进一步增长创造了有利条件，这时证券市场亦将反映这种好的形势而呈平稳渐升的态势。

4. 转折性的 GDP 变动

若 GDP 一定时间内均呈负增长趋势，当负增长速度逐渐减缓并呈现向正增长转变时，表明恶化的宏观经济环境逐步得到改善，证券市场走势也会由下跌转为上升。若 GDP 从低速增长转向高速增长时，表明经济结构及时得到调整，制约经济发展的因素得以改善，新一轮经济高速增长已经来临，证券市场也将呈快速上涨之势。

在上述的分析中，每一点都可从相反的方向入手得到相反的后果。同时还必须强调指出的是，证券市场一般提前对 GDP 的变动作出反应，也就是说它是反映预期的 GDP 变动，而 GDP 的实际变动被公布时，证券市场只反映实际变动与预期变动的差别，因而在证券投资中进行 GDP 变动分析时必须着眼于未来，这是最基本的原则。

五、宏观经济政策与证券市场

宏观经济因素对证券市场影响的另一条通道是宏观经济政策。宏观经济政策主要包括财政政策和货币政策。根据不同的经济运行情况，国家可以采取扩张性的或紧缩性的财政政策和货币政策来促进经济稳定增长、实现充分就业、保持物价稳定和国际收支平衡。采用不同政策的搭配对证券市场价格变动也有着不同的影响。

(一)财政政策对证券市场的影响

财政政策是指政府变动财政收入和支出，通过影响总需求的办法来影响就业和国民收入的系列政策。财政政策的主要政策工具包括:政府购买、政府转移支付、税收和国债等。政府购买是指政府用于物品和劳务的支出，它包括国防支出、公务员工资和政府兴建基础设施等。政府通过政府购买的增加和减少来影响总需求，进而影响经济的波动;政府转移支付是指社会福利保险、贫困救济和补助等方面的支出。政府转移支付可以通过影响居民的个人可支配收入来影响居民的消费水平，进而影响国民收入;税收是指国家为了实现其职能按照法律预先规定的标准，强制地、无偿地取得财政收入的一种手段。一般情况下，税收的增减及其变动方向对经济活动会直接产生很大的影响;公债是指政府对公众的债务，或公众对政府的债务，也能够调节社会的总需求水平。

财政政策分为扩张性财政政策和紧缩性财政政策。总体上，扩张性财政政策会刺激经济发展，增加社会总需求，使上市公司业绩上升，居民可支配收入增加，证券市场会呈现上涨态势;紧缩性财政政策会抑制经济过热，减少社会总需求，导致上市公司业绩下滑，居民可支配收入减少，证券市场会呈现下降趋势。在扩张性财政政策下，政府所采取的政策手段包括扩大财政购买、降低税率、提高政府的转移支付水平。而此时对证券市场的影响主要体现在如下几个方面：

1. 加大政府购买，扩大财政赤字规模

加大政府购买，扩大财政赤字规模对证券市场的影响是：政府直接投资扩大社会的总需求，刺激上市公司积极进行扩大再生产，带动社会就业水平的提高。随着经济不断的繁荣，上市公司盈利能力增强，使证券市场的价格上升；同时，随着居民可支配收入的不断增加，会将持有的货币投入证券市场，促使证券市场价格上升。

2. 降低税率、减少税收

对证券市场的影响是：降低税率可以减少上市公司的运营成本负担，增加企业净利润总额，促进企业扩大再生产，推动社会总供给增加，促使证券市场的价格上升。

3. 增加政府转移支付水平

对证券市场的影响是：通过增加社会福利，拉动社会的总需求提高，促进社会经济的总体繁荣，间接推动上市公司的利润增长，促使证券市场的价格上升。

反之，如果采取紧缩的财政政策手段时，对证券市场产生的影响与扩张性时采取的手段正相反，所以，产生的影响也是反方向的。

财政政策的特点是反应速度比较慢，但是后期对经济产生的作用和影响是时间长、力度大。所以对证券市场产生的影响尽管是间接的，但影响却是深远的。

拓展阅读：

我国证券交易印花税的征收历史

证券交易印花税1990年首先在深圳开征，当时主要是为了稳定初创的股市及适度调节炒股收益，由卖出股票者按成交金额的6‰交纳。同年11月，深圳市对股票买方也开征6‰的印花税，内地双边征收印花税的历史开始。

1991年10月，深市将印花税率从6‰调整到3‰，牛市行情启动，后上证指数从180点升至1992年5月的1429点，升幅达694%。

1992年6月12日，国家税务总局和原国家体改委联合发文明确按3‰的税率缴纳印花税，指数在盘整一个月后掉头向下，一路从1100多点跌到300多点，跌幅超过70%。深市盘整4个月后，从2517点下调到1538点。2002年11月23日到2003年2月22日，深市从1538点回升的3422点，升幅超过220%。

1996年初至1997年5月，印花税依然为3‰，深市呈现大牛市行情，指数上涨660%多。

1997年5月12日，证券交易印花税率由3‰提高到5‰，沪指半年内下跌近500点，跌幅达到30%多。

1998年6月，证券交易印花税率从5‰下调至4‰，股指不升反降，两个月内震荡走低400点。

1999年6月1日为了活跃B股市场，国家税务总局再次将B股交易税率降低为3‰，上证B指一个月内从38点拉升至62.5点，涨幅高达50%多。

2001 年 11 月 16 日印花税率再度调低至 2‰，股市又产生一波 100 多点的下行波段行情。

2005 年 1 月 23 日，财政部又将证券交易印花税税率由 2‰下调整为 1‰，股市轻微拉升后随即呈震荡下行趋势。2001 年 4 月至 2005 年末，股市基本表现为熊市。

2007 年 5 月 30 由 1‰调整为 3‰。当日上证指数报收 4053.09 点，深市报收 12627.15 点。此后经过近两个月的震荡调整后重新步入升势，到 10 月份上证综指冲高到 6124.04 点，深成指则最高为 19600.03 点。

2008 年 4 月 24 日，从 3‰到 1‰。当日收盘上证指数上涨 9.29%，以后一路暴跌到 2651 点。

——转自人民网经济频道

(二)货币政策对证券市场的影响

中央银行负责控制经济中的货币供给，并通过控制货币供给来调节利率进而影响整个经济社会的总产量。主要运用法定存款准备金率、再贴现率和公开市场业务三种政策工具控制货币供给量。法定存款准备金率是指各国一般都以法律形式规定商业银行必须保留最低数额的准备金。从理论上讲，调整法定存款准备金率是中央银行调整货币供给最简单的办法，但是作用十分凶猛，中央银行一般情况下不会轻易使用；再贴现是指商业银行把商业票据出售给中央银行或者用自己持有的政府债券作担保向中央银行借款的业务。中央银行通过变动给商业银行及其他存款机构的贷款利率来调节货币供应量，但是该政策不是一个具有主动性的政策；公开市场业务是指中央银行在金融市场上公开买卖政府债券以控制货币供给和利率的政策行为。公开市场业务是中央银行控制货币供给最主要的手段，其操作灵活，便于及时改变货币供给。

货币政策分为宽松性货币政策和紧缩性货币政策。当国家为了防止经济衰退、刺激经济发展而实行宽松性货币政策时，中央银行就会通过降低调整法定存款准备金率、降低中央银行再贴现率或在公开市场上买入国债的方式来增加货币供应量，扩大社会的有效需求。当经济持续高涨、通货膨胀压力较重时，国家往往采用适当紧缩的货币政策，此时，中央银行就可以通过提高法定存款准备金率、通过中央银行再贴现率或在公开市场上卖出国债以减少货币供应量，紧缩信用，实现社会总需求和总供给大体平衡。如果采取的是宽松的货币政策下，对证券市场的影响表现在如下几个方面：

1. 下调存款准备金率

中央银行下调存款准备金率将使市场上可用于投资的资金增加，可借贷货币增多则借贷的利率会下降，影响到市场利率下降，最后证券价格会上涨。从另外一个角度上看，市场上流动资金增加，投资的活跃度增加，市场活跃度增加，影响证券市场的繁荣，对证券市场投资需求将增加，使证券价格上涨。

2. 下调再贴现率

中央银行下调再贴现率，一般会促使证券价格上升。降低再贴现率，意味着中央银行放松银根，使商业银行得到的中央银行贷款增加，市场资金充裕，证券市场投资需求将增加，使证券价格上涨。

3. 在公开市场上大量购买有价证券

中央银行大量购进有价证券，从而使市场上货币供给量增加。推动利率下调，筹集资金成本降低，从而企业和个人的投资和消费热情高涨，促使企业扩大生产规模，盈利能力增强，从而推动证券价格上涨。

相反,如果实行的是紧缩性的货币政策,对证券市场产生的影响是反方向的。

无论是财政政策还是货币政策都有自身的局限性,而且它们调整的侧重点有所不同。财政政策通过变动政府收支,对于消费调整更有效果;而货币政策通过变动利率,对于投资的调整更有力度。因此,政府和中央银行会根据当前的具体情况和不同目标,选择不同的政策组合,以促进经济的稳定增长。

拓展阅读:

2011 年货币政策和财政政策仍是影响股市的基本因素

明年的货币政策由适度宽松转向稳健,其本质是货币环境偏向紧缩。偏紧的帽子扣在头上,就决定股市难以形成由资金推动的行情。不过,货币环境偏紧的力度会因通胀形势而变,进而影响股市。这种状况今年已然出现,明年仍会继续上演。

明年有看头的是财政政策对股市的影响。与前两年一样,明年还叫"积极的财政政策",然而两种"积极"却有所不同:2009 年和 2010 年的"积极"着力在刺激投资、保增长的目标上;2011 年的"积极"则在社会保障与民生、经济转型与结构调整方面发挥重要作用。

在经济结构转型中,消费将受益于经济增长所引发的消费升级和收入分配格局改善引发的消费扩展。扩大消费是扩大内需的战略重点。市场流通体系的健全与完善,发展新兴消费业态,拓展新兴服务消费,积极促进消费结构升级,倡导节约低碳消费等,都会为上市企业提供发展机会。

战略新兴产业会受益于积极的财政政策。这既包括在传统制造业中要优化结构、改善品种质量,更包含要培育发展战略性新兴产业。新一代信息技术、节能环保、新能源、生物、高端装备制造、新材料、新能源汽车等会得到优先发展与支持。在这些领域也让许多企业大有可为。

积极的财政政策还会重点支持能源产业和综合运输体系建设、信息化建设以及海洋经济的发展。水电、核电、智能电网、高速铁路、三网融合、物联网、软件、海洋资源开发利用等领域,将会成为积极财政政策扶持的领域。

还要注意的是服务业,积极的财政政策会推动服务业在我国经济结构中比重的增长。积极的财政政策会从调整税费和土地、水、电等要素价格方面,为服务业的发展营造有利的政策环境。生产性服务业、生活性服务业会获得良好的发展机会。

区域振兴同样受到积极财政政策的支持。在许多领域,都会看到巨大的区域发展机会。这种机会是由于区域发展不平衡,以及在财政政策支持下改变这种不平衡所引起的。区域振兴集聚效应会拉动许多行业区域需求的高速增长,凸显区域市场投资价值。

可以这样说,2011 年稳健的货币政策为投资者铺好了画纸,我们可以借助积极的财政政策这支笔,画出绚丽多彩的图画。

——转自《中国证券报》

第二节　行业分析

行业分析是对上市公司所属行业状况和发展水平的分析，属于证券投资的中观分析，也是基本分析的重要环节。由于不同行业的发展速度不一样，受经济周期影响也不尽相同，因此投资者要通过分析影响行业发展的各种因素，确定各行业的投资风险和投资价值，预测行业的发展趋势，为选择有利的证券投资对象提供可靠的依据。

一、行业分析的定义

行业是指从事国民经济中生产或提供相同或类似产品或服务划分的企业群体类别，如纺织行业、汽车行业、能源行业、金融行业等。在整体经济形势较好的情况下，由于各个企业群体提供的产品或服务之间存在差异性，只能说大部分行业的形势较好，并不是每个行业都好。反之，在整体经济形势较差的情况下，并不能反映所有行业都差。因此要选择合适的行业进行投资，就有必要对行业进行分类和分析研究。根据影响行业发展的多种因素，行业分类也存在多重标准。

(一)根据行业的市场结构分类

行业通常与市场结构相对应。根据行业的竞争与垄断的程度，可以把行业划分为：完全竞争、垄断竞争、寡头垄断和完全垄断四个市场结构类型。

1. 完全竞争

是指竞争充分而不受任何阻碍和干扰的一种市场结构。完全竞争市场的成立必须具备如下特征：市场上有众多相对较小的经济主体；市场上的产品都是同质或无差别的；生产要素具有完全自由流动性；市场信息通畅。从上述特征可以看出，完全竞争市场的根本特点是企业的产品无差异，生产者无法控制市场价格。现实经济生活中，这类市场非常罕见，只有农产品市场较为接近。

2. 垄断竞争

是指一个市场中有许多厂商生产和销售有一定差别的同种产品。垄断竞争市场的市场结构具备如下特征：厂商数目众多；商品同质但存在差异；对于自己所经营产品的价格有一定的影响力；进出壁垒较小。其中对价格的控制是垄断竞争市场和完全竞争市场最主要的区别。在现实经济生活中，纺织、食品、零售等这些与居民生活息息相关的行业是典型的垄断竞争行业。

3. 寡头垄断

是指某种产品的绝大部分为少数几家大企业生产和销售的市场组织。在寡头垄断市场中，只有少数几家大企业占据市场，市场集中度高，每个厂商的产量在全行业的总产量中占的份额都比较大，进出壁垒较高。一般来说，资本密集型、技术密集型行业，如钢铁、汽车、石油等重工业属于这种类型。

4. 完全垄断

是指市场中只有一个卖方，有数个买方的市场组织，分为政府完全垄断和私人完全垄断两种类型。垄断行业的本质是对市场的控制。垄断市场完全处于一家企业所控制中，产品被独占，产品又缺乏合适的替代品，所以垄断企业对自己产品的价格有很强的控制力，能够获得最大利润。这类行业主要是如邮政、电力等公共事业和资本、技术高度密集型的行业。

(二)根据行业所采用技术的先进程度分类

行业可以分成新兴行业和传统行业。新兴行业是指随着新的科研成果和新兴技术的发明和应用而出现的新的行业，其产品科技含量较高，如光伏制造业、节能环保业。传统行业是指以传统技术进行生产和服务的行业，在工业化过程中起支柱与基础作用，其产品科技含量较低，如钢铁行业、采掘行业。但若传统行业加上高新技术之后则可以进一步发展，而且是未来的明星行业。由于技术不断地更新和发展，两个行业之间的区分是相对的。目前，两者之间的区分是以第三次产业技术革命为标志的，以微电子技术、基因工程技术、海洋工程技术、太空技术等新技术为基础的行业为新兴行业，而以机械、电力等为技术基础的行业称为传统行业。

(三)根据行业未来发展前景分类

行业可以分成朝阳行业和夕阳行业。朝阳行业是指通过技术的突破创新带动企业发展的行业。该行业市场前景广阔，代表未来发展的趋势，一定条件下可演变为主导行业甚至支柱行业，如新能源行业、新材料行业。夕阳产业是指产品销售总量在持续时间内下降，或增长出现有规则地减速的行业，其基本特征是需求增长减速或停滞，产业收益率下降，如钢铁行业、纺织行业。但夕阳行业也可以通过行业延伸战略、行业创新战略、绿色战略等经营管理手段完成夕阳与朝阳之间的转化，有机会再度创造辉煌，例如化工行业在西方发达国家已是夕阳行业，但在我国却被认为是朝阳行业；又如钢铁行业，在发展中国家得到了复兴。一般情况下，朝阳行业多为新兴行业，夕阳行业多为传统行业。

(四)根据我国上市公司行业分类

中国证监会在2001年4月4日公布了《上市公司行业分类指引》。该《指引》以上市公司营业收入为分类标准，所采用财务数据为经会计师事务所审计的合并报表数据。当公司的某类业务的营业收入比重大于等于50%时，则将其划入该业务相对应的类别；当公司没有一类业务收入的比重大于或等于50%时，如果某类业务的营业收入比重比其它业务税入比重均高出30%，则将该公司放入该业务的类别；否则，将其划为综合类。

按上述原则共将上市公司共分成13个门类，分别是：(1)农、林、牧、渔业；(2)采掘业；(3)制造业；(4)电力、煤气及水的生产和供应业；(5)建筑业；(6)交通运输、仓储业；(7)信息技术业；(8)批发和零售贸易；(9)金融、保险业；(10)房地产业；(11)社会服务业；(12)传播与文化产业；(13)综合类。

二、经济周期与行业分析

在各行业发生变动时，通常会出现明显的和可测的增长或衰退现象。这样的变动和宏观经济周期变动存在一定的关系，根据相互关系的密切程度不同，可以将行业划分成以下三种情况。

(一)增长型行业

增长型行业的运行形态与经济活动总水平的周期及其振幅关联不大。这类行业收入的增加速度并未与宏观经济周期性变动同步，它们主要依靠技术进步、推出新产品、提供更优质的服务及创新经营管理方法，使其呈现出高增长态势。在经济高涨时，这类行业的发展速度通常高于社会发展速度；而在经济衰退期，其影响较小甚至能保持一定的增长势头。在最近几年之内，如生物技术、物联网、4D 技术等新生不久的行业就是典型的成长型行业。同时，增长型行业能够创造大量的社会需求，这种需求在未来可能会不断存在并增长。

（二）周期型行业

周期型行业的运行形态与经济活动总水平的周期紧密相关。当经济处于上升阶段时，这些行业会紧随其扩张；当经济处于下降阶段时，这些行业会相应低迷。其原因是，经济繁荣时会增加对这些行业的产品的购买，而经济衰退时就会将其产品的购买延迟到下一个增长期。例如，传统的建筑材料、房地产、工程机械等需求弹性较高的行业就属于典型的周期型行业。

（三）防守型行业

防守型行业所提供的产品需求相对稳定，是不受经济周期性变化所影响的行业。也就是说，无论在经济周期的上升阶段或下降阶段，由于稳定的需求和价格，行业的销售收入和利润均呈缓慢增长态势或变化不大。一些提供生活必需品或必要公共服务的行业，如食品业和公共事业等便属于防御型行业。投资该类行业一般属于保守的收入型投资，而非资本得利投资。

三、行业生命周期分析

行业与世间万物一样，都要经历由诞生到成长最后走向衰亡的一个发展演变过程，这个过程就被称作行业的生命周期。一般来说，行业的生命周期分为初创期、成长期、成熟期和衰退期四个阶段。在不同阶段，行业呈现出不同的特征。

（一）初创期

初创期又称为幼稚期，是一个行业的起步阶段，具有明显的幼稚性。这个新的行业往往是随着新技术的出现或人们消费观念的转变所产生的。由于新行业刚刚创立不久，前期的创业投资和产品研发费用较高，但产品质量较低且不太稳定。同时，在新产品推出之后，消费者对其接受和认可还需要一个过程，因此市场规模较小，销售收入较低。因此，在行业初创期阶段，大部分企业盈利微薄，若投资大于销售额，甚至出现亏损的情况。

此外，较高的产品成本和较低销售收入使处于初创期的企业面临着很大的投资风险，同时由于行业信用度较差，企业还可能因财务困难而引发破产，使投资者血本无归。因此，初创期企业更适合投机者做短线投资或风险投资机构做长线投资。在初创期的后半段，随着生产技术不断的进步和完善、生产成本的降低和市场认可度和需求量的提高，新行业逐步由高风险、低收益的初创期进入高风险、高收益的成长期。

（二）成长期

成长期是一个行业的黄金发展时期，行业利润增加迅猛。在这个阶段，新产品得到市场的充分认可，需求量大幅增加，价格稳步提高，逐渐显露出高收益的特征。随着利润的增长，进入该行业的企业数量不断增加，投资规模和市场规模也不断扩大。为了迎合消费者而取得市场占有率，原有企业会改进产品的质量和性能，通过扩大产量、提高市场占有率来增加收入；而新入企业则会把重点放在新产品开发和推广上，通过竞争优势战胜对手来维持企业的生存。因此，产品逐步从单一、低质和高价向多样、优质和低价方向发展，并出现新旧企业之间和新旧产品之间竞争的局面。面对激烈竞争的市场，只有那些资本与技术力量雄厚、经营管理方法得当的企业才能成为主导的企业，而其他企业在竞争过程中逐步被兼并或被迫退出市场，因此，处于成长期的行业虽然利润增长很快，但因为行业内各企业间所面临的竞争压力也非常大，破产率和合并率相当高。

在成长期的后半段，由于市场竞争优胜劣汰的客观规律作用，行业中企业的数量会在大幅度下降之后而开始逐渐稳定。由于消费者对产品需求基本达到饱和，产品在市场上销售增加率减慢，迅速赚取利润的机会减少，整个行业开始进入成熟期。

(三)成熟期

成熟期是行业发展的巅峰时期，也是一个相对较长的时期。经过成长期的激烈竞争，生存下来的少数几个资本雄厚、技术先进的大企业几乎垄断了整个行业的市场，每个企业都占有一定的市场份额，获取的利润比较稳定。同时，各企业间彼此实力相当，市场的份额不会出现较大程度的改变，成熟期也是行业发展的稳定阶段。同时，在这阶段企业间的竞争已经从降低产品销售价格的手段转向非价格竞争，如提高产品性能、加大市场宣传、加强售后服务等。行业的利润也由于几家企业的寡头垄断达到了较高的水平，风险随着市场占有率的稳定、新企业加入动机的减弱而减小。

在成熟期的后半段，行业发展速度会降低到一个适当的水平，并逐渐滞后于国民经济的发展速度，若遇到宏观经济的衰退期，企业还会遭到较大的损失，这种状态持续一段时间之后，该行业便进入了衰退期。但是通过技术创新、行业政策扶持、国际技术转移等原因，企业也可能在成熟期后期迎来一个新的增长。

(四)衰退期

衰退期是行业生命周期的最后阶段，是行业经济新陈代谢的表现，也是客观的必然。在经历了一个较长的稳定期之后，由于新产品的不断涌现，原产品的竞争力不断减弱，市场需求量开始逐步减少，致使产品的销售量也随之下滑。因此，一些企业开始将资金从原行业转移到其他有利可图的行业中。随着原行业中的企业开始减少，市场规模不断萎缩，利润下降。当企业资金周转不灵、正常利润无法维持时，整个行业便逐渐解体。但在很多情况下，大量行业存在衰而不亡的情况，甚至会长期存在于人类社会中。例如传统的纺织业和钢铁业一直在衰退，但这两个行业却不会消亡。

四、影响行业兴衰的主要因素

行业兴衰的实质是行业在整个经济体系中所处位置的变迁，也就是从“初创期——成长期——成熟期——衰退期”的变化过程。一个行业的兴衰会受到技术进步、政府政策、行业组织创新、社会习惯改变、经济全球化等因素的影响而发生变化。比如将于 2013 年全国两会前后对外发布的《全国促进城镇化健康发展规划》，涉及全国 20 多个城市群、180 多个地级以上城市和 1 万多个城镇的建设。这个政策的提出会使相关很多行业的生命周期在原有的轨迹上带来一定的变化。

(一)技术进步

技术进步主要是指生产工艺、中间投入品以及制造技能等方面的革新和改进。技术进步对行业的影响是很大的，新技术的使用会创造新行业的同时，也会加速淘汰旧行业。但技术进步不局限于新行业，旧行业也可以通过技术创新进行产品升级换代和产品细化，或通过技术转移对其他相对落后国家进行投资获得增长机会。

在当前阶段，技术进步有如下几个特征：

1. 以信息通信技术为核心的高新技术成为行业竞争力决定性因素之一

当前，以网络技术、计算机和通信技术为代表的信息行业最近几年高速发展，已取代传统行业成为发达国家的主导行业。

2. 信息技术的扩散和应用带动相关行业的技术革新

加速传统行业的改造。在汽车、机械制造等传统行业的领域中，信息技术被广泛应用，大大降低了研发成本、缩短了研发周期，使该类行业重新焕发活力。

3. 技术进步速度加快，周期逐渐缩短，产品更新换代频繁

通过摩尔定律就可以很好地解释信息技术进步的速度。所谓摩尔定律就是指当价格不变时，约每隔18个月计算机性能将提升一倍。换言之，每一美元所能买到的电脑性能，将每隔18个月翻两倍以上。

（二）政府政策

政府主要通过产业政策来对各行业进行管理和调控行业的发展。产业政策是指政府为了实现一定的经济和社会目标而对行业的形成和发展进行干预的各种政策，其核心是产业结构政策和产业组织政策。

产业结构政策是指一国政府依据本国在一定时期内行业结构的现状，遵循行业结构演进的一般规律，规划行业结构逐渐演进的目标，并分阶段地确定重点发展的战略行业，实现资源的重点配置，引导国家经济向新的广度和深度发展的政策。它是一个政策系统，主要包括主导行业选择政策、战略行业扶植政策、衰退行业撤让政策、幼小行业保护政策和行业的可持续发展政策五个主要类型。

产业组织政策是指政府为实现以市场结构合理、竞争适度为条件而对某一行业或企业采取的鼓励或限制性的政策措施。主要包括市场秩序政策、行业合理化政策、行业保护政策三个方面。例如效仿日本产业政策实践的韩国经济，从20世纪60年代开始起步，经过30多年的超常规发展，创造了所谓的“汉江奇迹”，并拥有三星、现代、大宇等一批人们耳熟能详的国际性大企业集团。

（三）行业组织创新

行业组织是指同一行业内企业间的组织或者市场关系，包括市场结构、市场行为、市场绩效三方面内容。产业组织创新是使行业组织重新获得竞争优势的过程，也是行业及行业内企业的自组织过程。例如，行业化经营产生聚合的规模效益；产融结合使产业结构的调整得以迅速有效的进行；服务体系建设和大规模数字化经营意在调整企业和消费者、企业之间的关系等等。

一些以价格竞争策略，技术壁垒较低的行业均缺乏组织创新，其平均利润较低，缺乏持续增长的潜力；而一些组织创新活跃的行业，随着新技术、新产品和新型组织关系的不断涌现，往往能够获得超额利润。例如，淘宝网充分利用互联网经济“边际成本趋向于零”的显著特点，通过“免费”模式，吸引了近5亿的注册用户数，打造了大型的电子商务平台，在此平台上有超过100万家的商家入驻。截至2012年11月30日，淘宝加天猫的年交易额突破1万亿元，全年的销售额预计占我国全年社会消费品零售总额207167亿元的5%以上，成为我国电子商务发展的重要里程碑。淘宝在成功打造大型商务平台的同时，也获取了良好的收益，

2012 年仅广告收入就高达 172.2 亿元。

（四）社会习惯改变

随着人们生活水平的不断提高，消费心理、消费水平和消费习惯都会发生变化，从而引起某些商品的需求发生变化并影响相关行业的发展。例如，在物质生活丰富之后，消费者更重视健康和精神上的满足，绿色农业、健身、旅游成为了新的消费热点；快节奏的城市生活使消费者更偏好于快捷便利的交通工具和通信工具等。这些变化会影响一些行业的生产成本和收益，导致一个不再适应社会需求的行业衰退而又会激发一个新行业的产生和发展。同时，需求变化是行业发展的重要导向，并在很大程度上影响行业的兴衰。现阶段居民消费总体上朝着绿色、环保和健康等方向发展，与居民消费偏好一致的行业，比如金融、旅游、教育、文化、节能环保等行业发展前景较好。

（五）经济全球化

经济全球化通过对外贸易、资本流动、技术转移和提供服务，相互依存、相互联系而形成的全球范围的有机经济整体，主要表现在：国际分工的格局正在向世界性分工转变；各国之间金融联系越发紧密；全球性投资活动逐渐开始形成；跨国公司的作用进一步加强，出现了无国界经济。中国加入世界贸易组织 10 年间，对外贸易关系有着显著变化，已经形成全方位和多元化进出口市场；在贸易额方面，我国与西方发达国家的贸易持续稳定增长，同时与新兴市场和发展中国家贸易也在快速增长；在区域经济合作方面，我国实施了自由贸易区战略，大力推进自由贸易区建设。一些本身具有竞争力的行业在这样的情况下取得了长足的发展和进步；但很多行业由于生产效率低下、管理混乱、缺乏竞争力，也受到了来自国外企业不同程度的冲击。

五、行业投资的选择

在行业初创期，投资者对产业发展前景看好时，证券价格有可能大幅上涨，但在公司业绩处于亏损状态时，高价格不可长期维持，大涨后会大跌；在成长期，对于产业内竞争实力强的企业，由于利润快速增长，证券价格会呈现快速上涨趋势，并由于有业绩为基础，证券价格的上涨趋势具有长期性质，但在长期上涨的趋势中会因投资者预期的调整而出现中短期波动。对于产业内竞争实力弱的企业，证券价格上涨缓慢甚至会暴跌。在成熟期，证券价格一般呈现稳步攀升之势，大涨和大跌的可能性不大。在衰退期证券价格一般维持低位。也可能会因买壳、借壳或资产重组等而出现飙升行情。

由于行业生命周期各阶段所面临的风险和收益的情况不同，因此在行业周期的不同阶段各行业在证券市场上的表现也会有较大的差异。一般来说，投资者投资的目的是期望以最小的投资风险获得最大的投资回报。所以说在投资决策中，应选择增长型的行业和在行业生命周期中处于成长期和稳定期的行业，这就要求投资者了解目前行业所处的生命周期及行业特征。

增长型行业的特点是增长速度快于整个国民经济的增长率，大部分投资者对产业发展前景看好时，证券价格有可能大幅上涨，但在公司业绩处于亏损状态时，高价格不会长期维持，大涨后会出现大跌。投资者虽然享受快速增长带来的较高的投资回报，但同时投资风险也较大。另外，投资者也不应排斥增长速度与国民经济同步的行业，这些行业发展比较稳定，投资回报虽不及增长型行业，但投资风险相应也小。例如，节能环保行业正以较快的速度增长，但其面临的相应的竞争风险也在不断增长，投资者须通过收益与风险的对比分析来决定是否投资。

在对处于生命周期不同阶段的行业选择上，投资者应选择处于成长期和成熟期的行业，这些行业有较大的发展潜力，市场基础稳定，利润逐年增加，股息红利也会相应提高，有望得到丰厚而稳定的收益。而投资者应避免选择初创期和衰退期的行业，这些行业的发展前景难以预料，投资风险太大。例如，新能源行业正处于成长阶段，竞争风险相对较小，收益也相应较大，而纺织行业已进入衰退期，该行业的投资收益就会呈现较少的状态。

一般情况下，判断行业周期采用以下两种方法来衡量：一是将行业的增长情况与国民经济的增长速度进行比较，从中找出增长型行业；二是利用行业历年的销售业绩、赢利能力等资料分析过去的增长情况，并预测行业未来的发展趋势。

（一）行业增长分析

分析某行业是否属于增长型行业，可用该行业历年的统计资料与国内生产总值相对比来判断。

1. 取得该行业历年销售额或营业收入的可靠数据并计算出年变动率，与国内生产总值增长率进行比较，确定该行业是否属于周期性行业。如果国内生产总值连续几年逐年上升，说明国内经济正处于繁荣阶段；反之，则说明国内经济正处于衰退阶段。同时测算同一时期该行业的销售额是否与国内生产总值呈同向变化，如果国民经济繁荣时期该行业的销售额逐年同步增长，或国民经济衰退时期该行业的销售额也逐年同步下降，则该行业属于周期性行业。

2. 比较该行业销售额的年增长率与国内生产总值年增长率。若该行业大多数年份的增长率均大于国内生产总值年增长率，则属于增长型行业；反之，该行业的年增长率与国内生产总值年增长率持平甚至偏低，则说明这一行业与国民经济同步增长或增长过缓，属于防守性行业。

3. 计算各年份该行业销售额在国民生产总值中所占的比重。若这一比重逐年增加，说明这一行业增长比国民经济水平快；反之，则较慢。通过以上分析，只要样本年数足够多，基本上可以发现并判断增长型行业。

（二）行业未来增长率的预测

在分析了行业过去的情况之后，投资者还需了解和分析行业未来的增长变化，从而对其未来的发展趋势作出预测。目前常使用的方法有两种：一种是绘出行业历年销售额与国民生产总值的关系曲线即行业增长的趋势线，根据国民生产总值的计划指标或预计值可以预测行业的未来销售额。另一种方法是利用该行业在过去的年增长率计算历史的平均增长率和标准差，预测未来增长率。

（三）行业投资决策

通过上面进行的行业分析，投资者可以选择处于成长期和稳定期、竞争实力较强、有较大发展潜力的增长型行业作为投资对象。同时，即期的价格收益比在某种程度上也可以作为投资时考虑的因素。例如，某行业显示出的未来增长潜力很大，但是该行业证券的价格相对较高，则不能充分表明这些证券是可以购买的。而一些有着适度收入的行业的证券，如果其价格较低，并且估计其未来收入的变动很小，则这些证券是值得购买的。

因此，投资者在进行投资决策之前，只有通过对欲投资企业所属行业的考察，才能判断市场是否高估或低估了其证券及该行业的潜力和发展能力，进而确定该证券的价格是否合理。在许多时候，市场中投资者和投机者之间的相互作用和影响，足以驱使证券的价格过高或过低，以致偏离真实价值。投资者必须明白，大多数市场运动的变化都源于投资者对某一企业或行业真实价值的感觉，而并非产生于影响某行业未来收入基本因素的变化。

对个别投资者来说，商业性投资公司或证券公司公布的行业分析或调查资料及具有投资观点和建议的补充资料是极有价值的。因为个别投资者往往无法对必要的大量资料作出准确的计算，而这些投资机构的专业分析人员专长于各行业，能够提供以行业和经济分析为基础的报告，这些信息是十分有益的。首先，它包含了对某一行业未来的展望，并描述了其规模和经济重要性，从而概括出了一个行业经营模式、现期困难及发展的可能性和它们对行业在未来若干年中业绩的影响。其次，这些调查报告也讨论了行业的作为与属性、活动的广度和获利程度及其未来最有可能的增长潜力。所以，投资者在投资时应充分利用这些调查报告的投资导向作用。

另外，一般情况下股票的价格与其真实价值不会有太大的偏差，但投资者要确定某一行业证券的投资价值，必须辨别现实价格与其真实价值的差异及其所反映的未来收入的机会和投机需求程度有多大。当然，投资者还应考虑其他因素，例如加入世贸组织后我国某些行业竞争力的变化、消费者的偏好和收入分配的变化等。只有广泛收集信息、系统地评估该行业，投资者才能进行正确的行业分析，从而最终作出明智的行业投资决策。

拓展阅读：

美林投资时钟理论

根据美国30余年的数据实证表明，当经济周期在不同阶段变换时，债券、股票、大宗商品和现金依次有超过大市的表现。美林投资时钟模型是进行战略资产配置一种有效方法。它是一种将资产轮动及行业策略与宏观经济周期联系起来的直观方法。投资钟模型还提供了一种非常有用且简便的行业板块投资策略，该模型并不特别关注估值这个通常被认为最重要的因素，却能得到惊人一致的结论。

美林投资时钟将经济周期分为衰退、复苏、过热与滞胀四个阶段。在每个阶段，相应的资产类和行业的表现倾向于超过大市，而位于对立位置的资产类及行业的收益会低过大市。经典的繁荣－萧条周期从左下角开始，沿顺时针方向循环；债券、股票、大宗商品和现金组合的表现依次超过大市。投资钟的分析框架有助于投资者识别经济中的重要拐点，从周期的变换中获利。

Ⅰ.在衰退阶段，经济增长停滞。超额的生产能力和下跌的大宗商品价格驱使通胀率更低。企业盈利微弱并且实际收益率下降。中央银行削减短期利率以刺激经济回复到可持续增长路径，进而导致收益率曲线急剧下行。债券是最佳选择。

Ⅱ.在复苏阶段，舒缓的政策起了作用，GDP增长率加速，并处于潜能之上。然而，通胀率继续下降，因为空置的生产能力还未耗尽，周期性的生产能力扩充也变得强劲。企业盈利大幅上升、债券的收益率仍处于低位，但中央银行仍保持宽松政策。这个阶段是股权投资者的“黄金时期”。股票是最佳选择。

Ⅲ.在过热阶段，企业生产能力增长减慢，开始面临产能约束，通胀抬头。中央银行加息以求将经济拉回到可持续的增长路径上来，此时的 GDP 增长率仍坚定地处于潜能之上。收益率曲线上行并变得平缓，债券的表现非常糟糕。股票的投资回报率取决于强劲的利润增长与估值评级不断下降的权衡比较。大宗商品是最佳选择。

Ⅳ.在滞胀阶段，GDP 的增长率降到潜能之下，但通胀却继续上升，通常这种情况部分原因归于石油危机。产量下滑，企业为了保持盈利而提高产品价格，导致工资－价格螺旋上涨。只有失业率的大幅上升才能打破僵局。只有等通胀过了顶峰，中央银行才能有所作为，这就限制了债券市场的回暖步伐。企业的盈利恶化，股票表现非常糟糕。现金是最佳选择。

以下列出每个阶段的收益率排序：

Ⅰ. 衰退：债券 > 现金 > 大宗商品；股票 > 大宗商品

Ⅱ. 复苏：股票 > 债券 > 现金 > 大宗商品

Ⅲ. 过热：大宗商品 > 股票 > 现金/债券

Ⅳ. 滞胀：大宗商品 > 现金/债券 > 股票

投资钟对立位置的资产类和行业板块可以用来做配对交易。例如，如果在过热阶段，我们应该做多大宗商品和工业股，位于对立面的是衰退阶段，所以我们应该同时做空债券和金融股。投资钟还可以帮助我们制定行业战略：

Ⅰ.周期性：当经济增长加快（北），股票和大宗商品表现好。周期性行业，如：高科技股或钢铁股表现超过大市。当经济增长放缓（南），债券、现金及防守性投资组合表现超过大市。

Ⅱ.久期：当通胀率下降（西），折现率下降，金融资产表现好。投资者购买久期长的成长型股票。当通胀率上升（东），实体资产，如：大宗商品和现金表现好。估值波动小而且久期短的价值型股票表现超出大市。

Ⅲ.利率敏感：银行和可选消费股属于利率敏感型，在一个周期中最早有反应。在中央银行放松银根，增长开始复苏时的衰退和复苏阶段，它们的表现最好。

Ⅳ.与标的资产相关：一些行业的表现与标的资产的价格走势相关联。保险类股票和投资银行类股票往往对债券或股权价格敏感，在衰退或复苏阶段中表现得好。矿业股对金属价格敏感，在过热阶段中表现得好。石油与天然气股对石油价格敏感，在滞胀阶段中表现超过大市。

第三节　公司分析

公司是指一般以赢利为目的，依据法律设立的从事商业经营活动为目的而成立的企业法人。根据现行中国公司法，其主要形式为有限责任公司和股份有限公司，我国的上市公司是指其股票在证券交易所上市交易的股份有限公司。证券分析中公司分析的对象主要就是上市公司。

在实际投资活动中，无论是进行宏观经济分析还是中观行业分析，投资的最终选择必须落实到微观层面的具体上市公司。那么对公司进行分析就变得非常重要和关键。

一、公司盈利能力和成长性分析

(一)公司盈利预测

对公司进行盈利预测，是判断公司估值水平及投资价值的重要基础。盈利预测通常是建立在对公司深入了解和判断之上的，通过对公司基本情况进行分析，从而对公司的预测做出假设。对盈利预测的假设主要包括销售收入预测、生产成本预测、管理和销售费用预测、财务费用预测等，其中销售收入预测的准确性是公司盈利预测中最关键的因素。

(二)公司经营战略分析

公司经营战略是企业面对激烈变化、严峻挑战的环境，为求得长期生存和不断发展而进行的总体性谋划。它是企业战略思想的集中体现，是企业经营范围的科学规定，同时又是制定规划的基础。更具体地说，经营战略是在符合和保证实现企业使命的条件下，在充分利用环境中存在的各种机会和创造新机会的基础上，确定企业同环境的关系，规定企业从事的事业范围、成长方向和竞争对策，合理地调整企业结构和分配企业的全部资源。从其制定要求看，经营战略就是用机会和威胁评价现在和未来的环境，用优势和劣势评价企业现状，进而选择和确定企业的总体、长远目标，制定和抉择实现目标的行动方案。

(三)公司规模变动特征及扩张潜力分析

公司规模变动特征及扩张潜力一般与其所在行业发展阶段、市场结构、经营策略密切相关，它从微观方面具体考虑公司的成长性。可以从以下几个方面进行分析：

第一，公司规模的扩张是由供给推动还是由市场需求拉动，是通过公司的产品创造市场需求还是生产产品去满足市场需求，是依靠技术进步还是依靠其他生产要素等，以此找出企业发展的内在规律。

第二，纵向比较公司的销售、利润、资产规模等数据，把握公司的发展趋势，是加速发展、稳步扩张还是停滞不前。

第三，将公司销售、利润、资产规模等数据及其增长率与行业平均水平及主要竞争对手的数据进行比较，了解其行业的地位变化。

第四，分析预测公司主要产品的市场前景及公司未来的市场份额。对公司的投资项目进行分析，并预测其销售和利润水平。

第五，分析公司的财务状况以及公司的投资和筹资能力。

二、公司财务分析

财务分析是以会计核算和报表资料及其他相关资料为依据，采用一系列专门的分析技术和方法，对企业等经济组织过去和现在有关筹资活动、投资活动、经营活动、分配活动的盈利能力、营运能力、偿债能力和增长能力状况等进行分析与评价的经济管理活动。它为企业的投资者、债权人、经营者及其他关心企业的组织或个人了解企业过去、评价企业现状、预测企业未来做出正确决策提供准确的信息或依据。主要通过财务报表分析和财务比率分析两种手段进行分析。

(一)财务报表分类

财务报表是会计主体对外提供的反映会计主体财务状况和经营的会计报表，包括资产负债表、损益表、现金流量表。财务报表是财务报告的主要部分，是以会计准则为规范编制的，向所有者、债权人、政府及其他有关各方及社会公众等外部使用者披露的会计报表。

1. 资产负债表

资产负债表是根据资产、负债、所有者权益之间的勾稽关系，按照一定的分类标准和顺序，把企业一定日期的资产、负债和所有者权益各项目予以适当排列。它反映的是资产、负债、所有者权益的总体规模和结构。资产负债表的编制原理是“资产 = 负债 + 所有者权益”的会计恒等式。它既是一张平衡报表，反映资产总计与负债及所有者权益总计相等；又是一张静态报表，反映企业在某一时点的财务状况，如月末或年末。通过在资产负债表上设立“年初数”和“期末数”栏，也能反映出企业财务状况的变动情况。

资产是反映企业资产的构成及其状况，分析企业在某一日期所拥有的经济资源及其分布情况。资产代表企业的经济资源，是企业经营的基础，资产总量的高低一定程度上可以说明企业的经营规模和盈利基础大小。企业的结构即资产的分布。企业的资产结构反映其生产经营过程的特点，有利于投资者进一步分析企业生产经营的稳定性。

负债反映企业某一日期的负债总额及其结构，分析企业目前与未来需要支付的债务数额。负债总额表示企业承担的债务的多少，负债和所有者权益的比重反映了企业的财务安全程度。负债结构反映了企业偿还负债的紧迫性和偿债压力的大小，通过资产负债表可以了解企业负债的基本信息。

所有者权益可以反映企业所有者权益的情况，了解企业现有投资者在企业投资总额中所占的份额。实收资本和留存收益是所有者权益的重要内容，反映了企业投资者对企业的初始投入和资本累计的多少，也反映了企业的资本结构和财务实力，有助于投资者分析和预测企业生产经营安全程度和抗风险的能力。

2. 损益表

损益表是反映企业一定会计期间的盈利状况的会计报表。它全面揭示了企业在某一特定时期实现的各种收入、发生的各种费用、成本或支出的变化状况，以及企业实现的利润或发生的亏损情况。从反映企业经营资金运动的角度看，它是一种反映企业经营资金动态表现的报表，主要提供有关企业经营成果方面的信息，属于动态会计报表。

投资者通过损益表可以反映企业如下情况：可以反映企业一定会计期间的收入实现情况；可以反映一定会计期间的费用耗费情况；可以反映企业生产经营活动中的成果；可以提供进行财务分析的基本资料；可以表现企业资金周转情况以及企业的盈利能力和水平，便于判断企业未来的发展趋势，做出经济决策。

3. 现金流量表

现金流量表是反映一定时期内企业经营活动、投资活动和筹资活动对其现金及现金等价物所产生影响的财务报表。该报表显示资产负债表及利润表如何影响现金，以及根据公司的经营和投融资角度做出分析。作为一个分析的工具，现金流量表的主要作用是决定公司短期生存能力，特别是缴付账单的能力。

现金流量表所揭示的现金流量信息可以从现金角度对企业偿债能力和支付能力做出更可靠、更稳健的评价。企业的净利润是以权责发生制为基础计算出来的，而现金流量表中的现金流量是以收付实现制为基础的。通过对现金流量和净利润的比较分析，可以对收益的质量做出评价。投资活动是企业将一部分财力投入某一对象，以谋取更多收益；筹资活动是企业根据财力的需求，进行直接或间接融资。企业的投资和筹资活动和企业的经营活动密切相关，对现金流量中所揭示的投资活动和筹资活动所产生的现金流入和现金流出信息，可以结合经营活动所产生的现金流量信息和企业净收益进行具体分析，从而对企业的投资活动和筹资活动做出评价。

(二)基于资产负债表的财务比率分析

财务比率可以评价某项投资在各年之间收益的变化，也可以在某一时点比较某一行业的不同企业。财务比率分析可以消除规模的影响，用来比较不同企业的收益与风险，从而帮助投资者和债权人做出理智的决策。比率分析涉及到企业的各个方面，比率指标也比较多，大致可以分为以下几个大类:偿债能力比率分析、资本结构比率分析、公司运营能力分析、公司盈利能力分析、投资收益分析等。

1. 偿债能力比率分析

偿债能力是指企业偿还到期债务的能力。能否及时偿还到期债务，是反映企业财务状况好坏的重要标志。通过对偿债能力的分析，可以考察企业持续经营的能力和风险，有助于对企业未来收益进行预测。主要包括如下几个指标:流动比率、速动比率、现金比率、利息支付倍数、应收账款周转率和周转天数等。

(1)流动比率

流动比率是企业流动资产与流动负债的比率，其计算公式为:

流动比率 = 流动资产/流动负债

流动比率是衡量公司短期偿债能力的一个重要财务指标。流动比率越高，说明企业资产的变现能力越强，短期偿债能力亦越强;反之则越弱。一般认为流动比率应在 2:1 左右比较合适。流动比率过低，会影响公司正常经营活动中资金周转;而流过比率过高，说明公司资金利用率低下，没有充分利用目前的借款能力。

流动比率较高，一般认为是偿债保证程度较强，但并不一定有足够的现金或银行存款偿债。因为流动资产除了货币资金以外，还有存货、应收账款、待摊费用等项目，有可能出现流动比率较高，但真正用来偿债的现金和存款却严重短缺的现象，所以分析流动比率时，还需进一步分析流动资产的构成项目。

(2)速动比率

速动比率是从流动资产中扣除存货部分与流动负债的比率，其计算公式为:

速动比率 = (流动资产 - 存货)/流动负债

其中流动资产减去存货的部分称作速动资产，其计算公式又为:

速动比率 = 速动资产/流动负债

用速动比率来衡量公司短期偿债能力比流动比率更加令人可信，是因为速动比率扣除了在流动资产中变现速度最慢的存货。

一般情况下，速动比率维持在 1:1 较为合理，它表明企业的流动负债都有易于变现的流动资产来抵偿，短期偿债能力有可靠的保证。速动比率过低，企业的短期偿债风险较大;而速动比率过高，企业在速动资产上占用资金过多，会增加企业投资的机会成本。

(3)现金比率

现金比率是指企业现金与流动负债的比率，其计算公式为:

现金比率 = (现金 + 现金等价物)/流动负债

现金比率反映企业的即刻变现能力，这里所说的现金，是指现金及现金等价物。现金比率可显示企业立即偿还到期债务的能力。一般情况下，现金比率20%以上为好。这一比率过高，就意味着企业流动负债未能得到合理运用，而现金类资产获利能力低，会导致企业机会成本增加。

(4)利息支付倍数

利息支付倍数是指企业经营业务收益与利息费用的比率。其计算公式为：

利息支付倍数＝税息前利润/利息费用

利息支付倍数是用来衡量偿付借款利息的能力，一般认为利息偿付倍数为3较为合理，它表明企业有充足的能力偿付利息；若过小的话，企业将无力偿还债务。

(5)应收账款周转率和周转天数

应收账款周转率是反映公司应收账款周转速度的比率，它说明一定期间内公司应收账款转为现金的平均次数，也就是应收账款的流动速度。用时间表示的应收账款周转速度为应收账款周转天数，它表示公司从获得应收账款的权利到收回款项、变成现金所需要的时间。其计算公式为：

应收账款周转率＝销售收入/平均应收账款

应收账款周转天数＝360/应收账款周转天数

公司的应收账款在流动资产中具有举足轻重的地位。公司的应收账款如能及时收回，公司的资金使用效率便能大幅提高；否则，公司的营运资金会过多地停滞在应收账款上，影响正常的资金周转。

2. 资本结构比率分析

资本结构是指企业各种资本的价值构成及其比例。反映的是企业债务与股权的比例关系，它在很大程度上决定着企业的偿债和再融资能力，决定着企业未来的盈利能力，是企业财务状况的一项重要指标。合理的融资结构可以降低融资成本，能够发挥财务杠杆的调节作用，使企业获得更大的自有资金收益率。主要包括如下几个指标：资产负债率、股东权益比率、长期负债率、股东权益与固定资产比率等。

(1)资产负债率

资产负债率是指公司负债总额同资产总额的比率。其计算公式为：

资产负债率＝负债总额/资产总额

资产负债率反映公司总资产中有多少是通过负债筹集的，该指标是评价公司负债水平的综合指标，同时也是一项衡量公司利用债权人资金进行经营活动能力的指标，也反映债权人发放贷款的安全程度。一般认为，资产负债率的适宜水平是40%到60%，公司的资产负债率越低越好，公司的偿债能力有保证，借款的安全系数就高。反之，公司的偿债能力越差。

(2)股东权益比率

股东权益比率是指股东权益总额与资产总额的比率。其计算公式为：

股东权益比率＝股东权益总额/资产总额

股东权益比率反映企业资产中有多少为所有者投入的，股东权益比率应当适中。如果权益比率过小，表明企业过度负债，容易削弱公司抵御外部冲击的能力；而权益比率过大，意味着企业没有积极地利用财务杠杆作用来扩大经营规模。同时，股东权益比率与资产负债率之和等于1，这两个比率从不同的侧面来反映企业长期财务状况，股东权益比率越大，资产负债比率就越小，企业财务风险就越小，偿还长期债务的能力就越强，反之亦然。

(3)长期负债率

长期负债率是指公司的长期负债与资产总额的比率。其计算公式为：

长期负债率 = 长期负债/资产总额

长期负债率是反应企业长期偿债能力的指标之一。该指标反映了企业在清算时可用于偿还非流动负债的资产保证，该指标越低，企业的长期偿债能力越强，债权人的安全性也就越高;反之，企业的长期偿债能力越弱，在经济不景气时会给公司带来额外风险。

(4)股东权益与固定资产比率

股东权益与固定资产比率是指股东权益除以固定资产总额的比率，用公式表示为：

股东权益与固定资产比率 = 股东权益总额/固定资产总额

股东权益与固定资产比率是衡量公司财务结构稳定性的一个指标，这个比率反映了购买固定资产所需要的资金有多大比例是来自于所有者资本的。该比率越大，说明资本结构越稳定，可以保证公司持续稳定的经营;反之则说明公司资本结构不够合理，财务上存在较大风险。

3. 公司营运能力分析

企业营运能力分析就是要通过对反映企业资产营运效率与效益的指标进行计算与分析，评价企业的营运能力，为企业提高经济效益指明方向。主要包括如下几个指标:存货周转率、固定资产周转率、总资产周转率、主营业务收入增长率等。

(1)存货周转率

存货周转率 = 销货成本/平均存货

存货周转天数 = 360/存货周转率

存货周转率是企业营运能力分析的重要指标之一，用于反映存货的周转速度，即存货的流动性及存货资金占用量是否合理，促使企业在保证生产经营连续性的同时，提高资金的使用效率，增强企业的短期偿债能力。一般来说，该比率越高，说明存货周转越快，公司的销售能力越强，存货转换为现金或应收账款的速度越快。反之该比率越低，说明由于销路不畅造成存货积压，大量资金被占用，影响公司进一步发展。

(2)固定资产周转率

固定资产周转率是指公司的营业收入与平均固定资产净值的比率，其计算公式为：

固定资产周转率 = 营业收入/平均固定资产净值

固定资产周转率是反映企业固定资产周转情况，从而衡量固定资产利用效率的一项指标。该比率越高，表明固定资产利用效率高，利用固定资产效果好;如果该比率偏低，则说明企业对固定资产的利用率较低，可能会影响企业的获利能力。

(3)总资产周转率

总资产周转率是指企业的销售收入与平均资产总额的比率。其计算公式为：

总资产周转率 = 销售收入/平均资产总额

总资产周转率综合反映了企业整体资产的营运能力和使用效率。一般来说，资产的周转次数越多，表明其周转速度越快，营运能力也就越强。在此基础上，应进一步从各个构成要素进行分析，以便查明总资产周转率升降的原因。企业可以通过薄利多销的办法，加速资产的周转，带来利润绝对额的增加。存货周转率分析的目的是从不同的角度和环节上找出存货管理中的问题，使存货管理在保证生产经营连续性的同时，尽可能少占用经营资金，提高资金的使用效率，增强企业短期偿债能力，促进企业管理水平的提高。总资产周转率是综合评价企业全部资产的经营质量和利用效率的重要指标。周转率越大，说明总资产周转越快，反映出销售能力越强。企业可以通过薄利多销的办法，加速资产的周转，带来利润绝对额的增加。

(4)主营业务收入增长率

主营业务收入增长率是指本期主营业务收入与上期主营业务收入之差与上期主营业务收入的比值。用公式表示为：

主营业务收入增长率＝本期主营业务收入－上期主要业务收入/上期主营业务收入

主营业务收入增长率可以用来衡量公司的产品生命周期，判断公司发展所处的阶段。一般来说，如果主营业务收入增长率较高，说明公司会保持较好的增长势头，产品有继续盈利的空间；反之，该比率较低的话，说明公司保持市场份额已经很困难，主营业务利润开始滑坡，产生预警信号。

4.公司盈利能力分析

公司盈利能力是指企业获取利润的能力。利润是企业内外有关各方都关心的中心问题、利润是投资者取得投资收益、债权人收取本息的资金来源，是经营者经营业绩和管理效能的集中表现，也是职工集体福利设施不断完善的重要保障。因此，企业盈利能力分析十分重要。主要包括如下几个指标：销售毛利率、销售净利率、资产收益率、股东权益收益率、主营业务利润率等。

(1)销售毛利率

销售毛利率是毛利与销售收入的比率，也被称为毛利率，其中毛利是销售收入与销售的差。其计算公式为：

销售毛利率＝销售收入－销售成本/销售收入

销售毛利率主要反映了成本控制和产品定价有关的问题。该指标表示每一元销售收入扣除销售成本后，有多少钱可以用于各项期间费用和形成盈利。同时也是销售净利率的最初基础，没有足够的毛利率便不能形成盈利。销售毛利率越高，说明企业销售成本在销售收入净额中所占的比重越小，在期间费用和其他业务利润一定的情况下，营业利润就越高。

(2)销售净利率

销售净利率是指净利润与销售收入的百分比。其计算公式为：

销售净利率＝净利润/销售收入

该指标反映用以衡量企业在一定时期的销售收入获取的能力，即每一元销售收入带来的净利润的多少，表示销售收入的收益水平。一般情况下，该指标越大，说明公司通过扩大销售所获取利润的能力越强，公司财务状况越好。同时通过分析销售净利率的升降变动，也可以促使企业在扩大销售的同时，注意改进经营管理，提高盈利水平。

(3)资产收益率

资产收益率是指公司净利润与平均资产总额的比率，其计算公式为：

资产收益率＝净利润/平均资产总额

资产收益率是用来衡量每单位资产创造多少净利润的指标，也是应用最为广泛的衡量公司盈利能力的指标之一。该指标越高，表明企业资产利用效果越好，说明企业在增加收入和节约资金使用等方面取得了良好的效果，否则相反。

(4)股东权益收益率

股东权益收益率是指净利润与平均股东权益的比率，其计算公式为：

股东权益收益率 = 净利润/平均资产总额

股东权益收益率是反映股东权益的收益水平，用以衡量公司运用自有资本的效率的指标，也是衡量上市公司盈利能力的重要指标。该指标越高，说明投资带来的收益越高，反之亦然。

（5）主营业务利润率

主营业务利润率是指公司主营业务利润与主营业务收入的比率。其计算公式为：

主营业务利润率 = 主营业务利润/主营业务收入

主营业务利润率表明企业每单位主营业务收入能带来多少主营业务利润，反映了企业主营业务的获利能力，是评价企业经营效益的主要指标。该指标越高，说明公司市场营销策略得当，主营业务市场竞争力强，发展潜力较大，获得利润较高。

5. **投资收益分析**

投资收益主要包括如下几个指标：普通股每股净收益、股息发放率、市盈率、投资收益率、每股净资产等指标。

（1）普通股每股净收益

普通股每股净收益是指本年盈余与普通股流通股数的比率。其计算公式为：

普通股每股净收益 =（净利润 – 优先股股利）/发行在外的普通股平均股数

普通股每股净收益反映普通股的获利水平，是发放普通股股息和普通股股票升值的基础，也是评估一家企业经营业绩和比较不同企业运行状况的重要依据。该指标值越高，说明该公司获利能力越强，从而平均到每股可获得的利润越多，股东的投资收益越好，反之则越差。

（2）股息发放率

股息发放率是普通股每股股利与每股净收益的比率。其计算公式为：

股息发放率 = 每股股利/每股净收益

该指标反映公司的股息分配政策和股息支付能力。就普通股投资者来讲，这一指标比每股净收益更直接体现当前利益。股息发放率高低要依据各公司对资金需要量的具体状况而定，若公司资金量比较充裕，且没有较好的投资项目，则可能倾向于发放股息；若公司有较好的投资项目，则可能会少发股息，将未发放资金用于投资。

（3）市盈率

市盈率是指股票的价格与每股收益的比率。其计算公式为：

市盈率 = 每股市价/每股利润

市盈率反映股票投资者对每一元的利润所愿支付的代价，通常被投资者用来估量某股票的投资价值，或者用该指标在不同公司的股票之间进行比较。通常市盈率越低越好，市盈率越低，表示公司股票的投资价值越高；反之，则投资价值越低。然而，也有一种观点，市盈率越高，意味着公司未来成长的潜力越大，也即投资者对该股票的评价越高，但是这种股票具有较高的投资风险；反之，投资者对该股票评价越低。

（4）投资收益率

投资收益率是指投资收益与投资成本的比率。其计算公式为：

投资收益率 = 投资收益/投资成本

投资收益率反映投资的收益能力，它既能揭示公司的销售利润水平，又能反映资产的使用效果。投资收益率越高，公司的投资收益能力越强。

(5)每股净资产

每股净资产是指净资产与总发行在外的普通股平均股数的比率。其计算公式为：

每股净资产 = 净资产/发行在外的普通股平均股数

每股净资产反映每股股票所拥有的资产现值，通常每股净资产越高越好。每股净资产越高，股东拥有的资产现值越多则公司发展潜力与其股票的投资价值越大，投资者所承担的投资风险越小；相反每股净资产越少，股东拥有的资产现值越少。

(三)杜邦财务分析方法

杜邦财务分析方法是利用几种主要的财务比率之间的关系来综合分析企业的财务状况。其实质上是一种将财务指标进行分解的方法，基本思想是从评价企业绩效最具代表性的指标净资产收益率出发，逐级分解为多项财务比率乘积，这样有助于深入分析比较企业经营业绩。其计算公式如下：

净资产收益率 = (净收益/所有者权益) × 100%

= (净收益/总资产) × (总资产/所有者权益) × 100%

= 资产收益率 × 权益乘数

= (净收益/销售收入) × (销售收入/总资产) × 权益乘数

其中，净收益/销售收入被称为销售利润率，销售收入/总资产被称为总资产周转率，总资产/股东权益被称为权益乘数。所以净资产收益率也可以表示为销售利润率、资产周转率和权益乘数三个比率的乘积，即：

净资产收益率 = 销售利润率 × 资产周转率 × 权益乘数

净资产收益率是整个分析系统的起点和核心，该指标的高低反映了投资者的净资产获利能力的大小。由公式可知，净资产收益率是由销售报酬率，总资产周转率和权益乘数三个因素决定的。权益系数表明了企业的负债程度，该指标越大，企业的负债程度越高，它是由负债总额和资产总额决定的；销售利润率是企业销售额和销售成本两个方面决定的，要提高销售利润率，必须增加销售收入，降低销售成本；总资产周转率反映企业资产实现销售收入的综合能力。分析时，必须综合销售收入分析企业资产结构是否合理，即流动资产和长期资产的结构比率关系。同时还要分析流动资产周转率、存货周转率、应收账款周转率等有关资产使用效率指标，找出总资产周转率高低变化的确切原因。通过如下例子(表 4－1)说明杜邦财务分析法的应用。

表 4－1　某企业 2010－2011 年的基本财务数据　单位：万元

年度	净利润	净资产	营业收入	总资产	负债总额	成本费用
2010	22903	221439	322456	577490	356051	299552
2011	10976	249610	259296	646352	396742	248320

表 4－2　某企业 2010 年至 2011 年财务比率

年度	净资产收益率	资产负债率	权益乘数	总资产净利率	营业利润率	产周转率
2010	10.34%	61.65%	2.61	3.96%	7.10%	0.56
2011	4.40%	61.38%	2.59	1.70%	4.23%	0.40

1. 对净资产收益率的分析

净资产收益率指标是衡量企业利用现有资产获取利润的能力。该企业的净资产收益率在2010年至2011年间出现了较大幅度的下降，分别从2010年的10.34%下降至2011年的4.40%。

企业的投资者可以根据净资产收益率判断是否对该企业进行投资或是否继续持有该公司的股份，考察企业经营者的经营业绩，预测企业股利分配政策。净资产收益率指标对企业的管理者也至关重要，企业的管理者为改善财务状况和进行财务决策，需要运用该指标进行财务分析，将其逐级逐层进行分解，以找到问题产生的主要原因。

2. 分解分析过程

(1)净资产收益率 = 总资产净利率 × 权益乘数

2010年　10.34% = 3.96% × 2.61

2011年　4.40% = 1.70% × 2.59

经过分解表明:净资产收益率的改变，由2010年度的10.34%下降至2011年度的4.40%，下降了57.45%，其主要原因是资产利用效率低下、成本费用上升以及资本结构的变动(权益乘数下降)。

(2)总资产净利率 = 营业利润率 × 总资产周转率

2010年　3.96% = 7.10% × 0.56

2011年　1.70% = 4.23% × 0.40

通过分解可以看出:总资产净利率从2010年的3.96%下降至2011年的1.70%，下降了57.07%。2011年总资产净利率下降是由于营业利润率和总资产周转率均有大幅下降造成的。其中:营业利润率下降了40.42%，究其原因，或者是营业收入大幅下降，或者是成本费用大幅上升;总资产周转期从2010年的643天提高到2011年的900天，资产的周转速度大大放缓，资产利用效率大大降低。

(3)营业利润率 = 净利润 ÷ 营业收入

2010年　7.10% = 22903 ÷ 322456

2011年　4.23% = 10976 ÷ 259296

该企业2010年度营业收入和净利润比2011年度都有不同程度的下降。其中:净利润下降了52.08%，营业收入下降了19.59%，但净利润下降幅度比营业收入的下降幅度要大，成本费用从2010年的299552万元下降至2011年的248320万元，下降幅度为17.10%，与营业收入的下降幅度不同步，这说明2011年的成本费用从绝对值来说，虽然比2010年有了一定数额的下降，但从相对比例来说，2011年的成本费用比2010年要有一定比例的上升。

(4)总资产周转率 = 营业收入 ÷ 总资产

2010年　0.56 = 322456 ÷ 577490

2011年　0.40 = 259296 ÷ 646352

通过分解可以看出，总资产周转率2011年度比2010年度周转速度要慢，主要原因是营业收入大幅下降和总资产的大幅上涨造成的，反映了该企业资产营运能力较差，资产利用效率低下。该企业2011年度资产总额比2010年度高出68862万元，其中流动资产部分高出44653(410129 - 365476)万元，非流动资产高出24209(236223 - 212014)万元，流动资产部分中存货高出65430万元;非流动资产部分中固定资产高出14625万元，在建工程高出8227万元。由此可见，占用资产，特别是占用流动资产部分中的存货过多，企业生产的产品形成严重的库存积压，是导致该企业净资产收益率大幅下降的主要原因。因此该企业在今后的生产经营中必须将重点放在提高资产运营效率上，积极扩大产品的对外销售，提高市场占有率。

杜邦分析方法有助于企业管理层和投资者更加清晰地看到一张明晰的考察企业资产管理效率和股东投资回报是否最大化的路线图。但是从企业绩效评价的角度来看，杜邦分析法只包括财务方面的信息，不能全面反映企业的实力，有很大的局限性，在实际运用中需要加以注意，必须结合企业的其他信息加以分析。主要表现在：(1) 对短期财务结果过分重视，有可能助长公司管理层的短期行为，忽略企业长期的价值创造；(2) 财务指标不能反映顾客、供应商、企业员工、技术创新等因素对企业经营业绩的影响；(3) 在目前的市场环境中，企业的无形知识资产对提高企业长期竞争力至关重要，杜邦分析法却不能解决无形资产的估值问题。

(四) 基于损益表的会计操纵分析

根据新会计制度，上市公司的管理者在选择会计政策时有较大的自由度。企业可以利用这一自由度更好地向投资者反映企业的经营状况，也可以掩盖经营上的问题，误导投资者。从财务构成上来看，利润主要来自主营业务收入与销售成本、期间费用的差额、其他业务收入与其他业务支出的差额、投资收益等科目。上市公司通过以上科目对各项收入和支出进行对利润的操控。

1. 与销售额增加相关的应收账款的大幅增加

出现这一原因是由于上市公司放宽了对赊款销售的控制，以扩大当期的收益。由于公司为了扩大市场占有率、提高存货周转率，或完成上级企业考核指标或高层管理者分红等原因来粉饰损益表。不论何种原因，公司在下个会计期间都可能出现因客户违约而带来的应收账款冲销或下期销售收入下滑的问题。上市公司根据《股份有限公司会计制度》在年末向外销售商品，同时私下协议下一年以销售退回的方式回收，从而增加本年的主营业务利润。但对于有很强短期利益要求的公司不失为一个可行策略。

2. 公司的报表利润与由经营所产生的现金流量之间的比例变化

上市公司经营活动所产生的现金流是公司生存和发展的根源。在原会计政策的情况下，损益表利润与经营所产生的现金流之间有一种相对固定的比例关系。高层管理者可以通过对费用分摊计提方式的变化来影响报表利润，但无法影响经营所产生的现金流量。

3. 因处置长期资产而产生的巨大利润

当上市公司的经营业绩较差的时候，常常采用出售固定资产来提高业绩。比如土地、其他公司的股权来增加当期收益，这种收益是一次性收入，没有持续性。但是对静态市盈率的影响很大，容易误导投资者。主要有以下几种方法：

(1) 进行债务重整，将应收账款转为长期股权投资。大量的应收账款存在使其应收账款周转率偏低，经营效率低下；同时，应收账款越大，按现行会计准则提取的坏账准备就越多，本期的费用也会增高。将应收账款转为长期股权投资虽然投资效率表现的比较低，但比作为坏账冲销减少利润有利很多。

(2) 向关联公司出售长期股权投资。上市公司常用此种方法将其持有的长期投资以较高的价值出售给不纳入合并报表的关联企业，以增加其投资收益。

(3) 改变长期股权投资计价方法。上市公司持有长期亏损的长期投资，若在市场上出售会直接使本期投资收益变差，所以公司可以根据会计制度规定，以不再具有重大影响为由将这部分投资的计价方法由权益法改为成本核算法，化解亏损的长期投资对损益表的不利影响。

4. 中期报表与年度报表的相差巨大

上市公司的经营是一个持续过程，一个会计年度中企业的获利能力变化不会太大。但有些公司中报收益和年报收益相差巨大，经营业绩出现大幅度波动。虽然有些行业存在销售旺季和淡季的差别，但由于中报不要求必须经过审计，不排除上市公司和庄家联手操纵中报收益，拉抬或打压股价。这种现象投资者必须注意。

5. 关联交易带来的利润增加

关联交易是指一方控制、共同控制另一方或对另一方施加重大影响，以及两方或两方以上受同一方控制、共同控制或重大影响的，构成关联方。而控制是指有权决定一个企业的财务和经营政策，并能据以从该企业的经营活动中获取利益。有关联的企业主要包括：母子公司之间、同一母公司下的各个子公司之间；不存在投资关系，但存在控制和被控制关系的企业之间；合营企业；联营企业等。有些关联方交易在事实上存在不平等，关联企业在利己动机的诱导下，往往滥用对公司的控制权，使关联方交易违背了等价有偿的商业条款，导致不公平、不公正的关联方交易的发生，进而损害了公司及其他利益相关者的合法权益，值得投资者注意。具体包括以下几个主要手段：

(1) 转让研究开发成果。按会计制度规定，上市公司尽管会将开发成果的部分活动计入费用，但其可以通过关联交易对其花费很少的研究活动收取大量金融来增加本年收入。

(2) 以费用分摊方式转移期间费用。如母公司所承担的保险费、运输费、广告费等，均可由其关联方进行承担以减少本会计年度的期间费用，增加本年度利润。

(3) 向关联方出租资产与土地使用权来增加收益。由于会计制度对租金收入的合理性规定较少，所以上市公司通常出租长期资产从关联方转移收入，以取得确定的大额收入。

(4) 向关联方借款融资，降低财务费用。因为向关联方借款的利息支出可以灵活确定，所以上市公司经常通过向关联方借款减少对银行贷款利息的负担，降低财务费用，增加主营业务利润。

6. 利用会计政策、会计估计的选择与变更进行利润调整

(1) 会计制度中新增了短期投资跌价准备、存货跌价准备、长期投资减值准备三个跌价准备科目，这就为利润较好的上市公司提供了将利润在不同会计年度之间转移的可能。若某一年度利润指标较好，在不影响公司必要收益的前提下，可以通过提取跌价准备，提高公司未来会计年的利润的稳定性。

(2) 对折旧要素的估计变更。固定资产折旧会计入到“产成品”和“管理费用”两个会计科目，其中管理费用会直接影响到主营业务利润。上市公司可以通过变更对固定资产残值的估计、对固定资产使用年限的估计、变更折旧方法来调整此会计周期的折旧费用。

(3) 变更销售成本的计价方法。由于销售成本的大小直接被不同的计价方法所影响，进而影响主营业务利润。因此对于产品销量很大的上市公司而言，变更销售成本的计价方法对主营业务利润的影响是很明显的。此法也是上市公司调整本会计年度利润的常用方法之一。

7. 利用其它应收账款科目回避费用的提取

公司对于应收账款，按会计制度规定，应在年末按规定提取坏账准备。公司通过与欠款单位协商年底收回应收账款，同时对其进行短期融资将此笔欠款转给对方。这样应收账款周转率指标会明显好转，同时应提坏账准备减少，期间费用就会相应减少。这种账务划转方式并没有影响其资金运行，又降低了损益表中的费用。

8. 利用推迟费用确认入账的时间降低本期费用

(1)将应计入本期的费用挂在“待处理财产损益”科目。会计制度规定，对“待处理财产净损失”的处理结果都计入损益表抵减当期利润，所以公司为了确保当期利润，通常尽可能地推迟确认该损失的时间。

(2)将费用挂在“待摊费用”科目。待摊费用在会计准则中表是资产负债表中的一项资产，要在一定时间内转化为损益表中的费用。而且待摊费用发生时间是上市公司可以控制的，上市公司将实际发生的费用推迟计入损益表的费用，可以使上市公司公布的当期利润比实际情况更好。

9. 利用其他非常性收入增加利润总额

(1)争取地方政府的补贴收入。在损益表中有一项“补贴收入”，用来核算公司取得的各种补贴。对于利润不达标的企业，地方政府为了本地经济发展考虑，只需要出具一个准予补贴的文件，不必马上支付补贴金额，上市公司便可增加利润总额。

(2)利用营业外收入增加利润总额。营业外收入是指与企业生产经营活动没有直接关系的各种收入。营业外收入主要包括:非流动资产处置利得、非货币性资产交换利得、债务重组利得、政府补助、盘盈利得、捐赠利得等。它是利润总额的一个组成部分，上市公司通常通过从关联企业得到营业外收入，实现增加利润总额。

综上所述，上市公司操纵利润总是通过一定方法进行的，投资者可以通过查找以下迹象来判断上市公司是否调整过损益表。

第一，应收账款与其他应收款的增减关系。如果是对同一企业的同一笔金额由应收账款调整到其他应收款，表明存在操纵问题。

第二，应收账款与长期投资的增减关系。如果对同一企业的应收账款减少而对其长期投资增加，而且增减金额相近，表明存在操纵问题。

第三，待摊费用与待处理财产损失的数额。若待摊费用与待处理财产损失金额较大，则说明存在拖延费用计入损益表问题。

第四，借款、其他应付款与财务费用的比较。若公司与其关联企业有大额其他应付款，且财务费用较低，说明存在关联交易降低财务费用的问题。

(五)现金流量表分析

1. 现金流量表的构成与分类

(1)构成

现金流量表是由现金和现金等价物两部分构成。这里的现金包括“现金”账户核算的库存现金，“银行存款”账户核算的银行活期存款和可提前支取的定期存款，“其他货币资金”账户核算的外埠存款、银行汇票存款、银行本票存款和在途货币资金等其他货币资金。

现金等价物是指企业持有的期限短(从购买之日起三个月内到期)、流动性强、易于转换为已知金额的投资，如短期国债和信誉良好的短期企业债券。

(2)分类

我国将现金流量划分为三类:经营业务所产生的现金流、投资业务所产生的现金流和筹资业务所产生的现金流。

①经营业务是指直接进行产品生产、商品销售或劳务提供的活动，它是企业取得净收益的主要交易和事项。经营业务形成的现金流量的金额是一个重要的指标，通过它可以判断企

业通过经营获得的现金流量是否足以维持企业日常经营业务、偿还贷款、派发股利及进行新的投资。

②投资业务是指长期资产的购建和不包括现金等价物范围内的投资及其处置活动。这种现金流代表有多少支出用于产生未来收益。

③筹资业务是指导致企业资本及债务规模和构成发生变化的活动。它有助于投资者预计企业对未来现金流量的需求。

2. 现金流量表的编制方法

现金流量表的编制方法有直接法和间接法两种。直接法是指通过现金收入和现金支出的主要类别列示经营业务的现金流量。采用直接法编制经营业务的现金流量时，一般以利润表中的营业收入为起算点，调整与经营业务有关项目的增减变动，然后计算出经营业务的现金流量。间接法是以本期净利润为起点，调整不涉及现金的收入、费用、营业外收支等项目的增减变动，据此算出经营业务的现金流量。我国采用直接法编制现金流量表。在直接编制法下，三大活动所产生的现金流量项目见表(4－3)。

表4－3　　现金流量表的项目

	经营活动现金流量	投资活动现金流量	筹资活动现金流量
现金流入	销售商品、提供劳务收到的现金 收到的租金 收到的增值税销项税额和退回的租金 收到的除增值税以外的其它税收返还	收回投资所收到的现金 分得股利或利润所收到的现金 取得债券利息收入所收到的现金 处置固定资产、无形资产和其它长期资产所收到的现金净额	吸收权益性投资所收到的现金 发行债券所收到的现金 借款所收到的现金 收到的其它与筹资活动有关的现金
现金流出	收到的与其它经营活动有关的现金 购买商品、接受劳务支出的现金 经营租赁所支付的现金 支付给职工及为职工支付的现金 支付的增值税款 支付的其它税款 支付的其他与经营活动有关的现金	收到的其它与投资活动有关的现金 购建固定资产、无形资产和其他长期资产所支付的现金 权益性投资所支付的现金 债权性投资所支付的现金 支付的其他与投资活动有关的现金	偿还债务所支付的现金 发生筹资费用所支付的现金 分配股利或利润所支付的现金 偿付利息所支付的现金 融资租赁所支付的现金 减少注册资本所支付的现金 支付的其他与筹资活动有关的现金

3. 现金流量表分析要点

(1)经营性现金流量为负数

经营业务形成的现金流量是公司生存和发展的基础，若该指标结果为负数，说明上市公司通过经营业务获得的现金流量不能维持企业日常资本运行的支付。其原因有如下两点：

①公司正处于高速成长期

处于高速成长期的公司，其销售收入每年都保持着很高的增长率。但这样的企业一般在市场中都较为弱势，在维持正常运营的情况下，销售方式多为赊销，采购原料也多为预付，导致企业销售收入小于运营支出。同时即将到一年中的生产或者销售旺季之时，企业会加大采购，增加存货；突然性的订单增加，也会迫使企业加大采购，增加存货。其资金缺口通常通过债权性融资或股权性融资来补偿。

②经营业务亏损或对运营资本管理不力

因为外部采购或劳务成本过高所造成的现金流为负值就比较严重。激励的市场竞争会压低销售价格，高成本势必会使企业面临经营上的困难。因成本过高或销售不力而导致的现金流不足，必须加强企业运营管理予以解决。同时投资者也要重视这种现金流为负的情况。

(2)经营业务所产生的现金流量与净收益之间的巨大差额

遇到这种情况通常是由于应收账款的变化或投资收益及营业外收入的变化而引起的。

①应收账款大幅增加

在销售产品之后，无论是否收到买方的现金，都会在会计账目上表现为销售收入，如果有收益的话，都会在净收益上反映出来。而现金流量则是销售收入与应收账款的差额部分，是上市公司在本次交易中收取的现金，而应收账款在一定情况下有转成坏账的可能。对于销售收入较大的公司，会引起业绩的大幅度波动。

②投资收益及营业外收入的变化

投资收益及营业外收入的增加会增加公司利润，进而增加净利润，对现金流量没有影响。但与公司经营业务无关的一次性交易也会使净利润增加，分析时要剔除这种因素对现金流量的影响。此外，上市公司的税收变化也会影响净收益能力，分析时也要注意此因素的影响。

(3)经营业务现金流量小于利息支出

利息支出是纳税人为经营业务的需要承担的、与借入资金相关的利息费用。负债经营的企业所支付的利息被列入筹资业务的现金流出项目。一般情况下，利息支出由经营业务所产生的现金流偿还。对于一家财务杠杆较高的上市公司而言，经营业务现金流量小于利息支出，将会导致财务上的危机，直接损害投资者的利益。

(4)投资业务现金流量的流向是否与企业战略一致

投资业务的现金流来源于投资所收到的现金，取得投资收益所收到的现金，处置固定资产、无形资产和其他长期资产所收回的现金净额，收到的其他与投资业务有关的现金等活动。投资业务与经营业务对公司生存发展的作用是不同的，投资业务的现金流向是对企业经营发展战略的一个贯彻。若企业的投资业务方向不明确，现金流量表显得过于分散，有可能是高层管理者通过投资的多元化来降低收益的波动性。但过于分散的投资会导致企业的成长能力下降，在考虑未来业绩的时候要注意该因素所带来的影响。

(5)投资业务的资金来源是依赖于内源融资还是外源融资

投资业务是上市公司成长性的一个保证。若经营业务所产生的现金流为正值，说明公司在保证其正常经营业务之外，还能够支持投资业务。投资业务所需资金可以完全由经营业务所产生的现金流做支持，说明公司是属于内源融资；反之，依靠借贷或配股等手段来取得资金进行投资，说明公司属于外源融资。依靠内源融资的公司，财务状况比较稳健，公司增值速度比较快；而依靠外源融资的公司，会增加企业财务危机的可能性或降低净资产收益率，对投资者都是不利的。

(6)公司是否有自由现金流量，如何分配自由现金流量

自由现金流量，就是企业产生的、在满足了再投资需要之后剩余的现金流量，这部分现金流量是在不影响公司持续发展的前提下可供分配给企业资本供应者的最大现金额。这部分现金流可以用于支付红利、偿还贷款等。若支付的红利大于自由现金流量，说明公司在靠外部来支付红利，这种支付是不稳定的。

(7)筹资业务现金流量的主要来源是股票筹资、短期负债还是长期负债筹资业务是反映企业从何渠道获取的外部资金。不同的筹资形式对上市公司的经营风险和收益的影响是不同的。一般而言，通过股票筹资对公司的经营压力较小，而短期负债筹资会限制企业经营活动。但是财务杠杆率比较低，行业获利能力比较稳定，如防守型行业，增加短期或长期负债在财务结构中的比重，会提高公司的净资产收益率。

三、公司价值分析

(一)基于公司收益和现金流的估值方法

对于公司证券价值的评估，通常采用的方法有两种。一种是相对估值法，这种方法根据某一变量，如收入、现金流量、盈余等变量，借用可比资产或公司价值来估计一项资产或公司价值。另一种是绝对估值法，这种方法认为资产的内在价值应该与该资产预期在未来所产生的全部现金流的现值总和相等。

1.相对估值法

相对估值法把对比作为确定价值的基础。通常使用市盈率、市净率、市销率等价格指标与其它多只股票进行对比，如果低于对比系的相应的指标值的平均值，股票价格被低估，股价将很有希望上涨。其特点是:预测方法的计算相对较简单，基准杠杆确定也相对简单。同时在证券或市场波动性较大的时候，可以较敏感地调整估值水平。

(1)市盈率法

市盈率是指股票理论价值和每股收益的比例，反映投资者为每一元利润所要支付的价格，可以看做是股票的相对价格。以当前的市场价格除以已知的最近公开的每股收益后的比值，称为静态市盈率;以当前的市场价格除以已预测出未来的每股收益后的比值，称为动态市盈率。

通过市盈率法估值时，首先，应该通过企业的财务报表测算出该公司的每股收益。其次，根据公司所在行业的平均值、被估值公司所属行业情况、公司的经营状况及其成长性等判断股票的价值，计算出理论市盈率;最后，在证券市场取得现阶段交易价格，计算出实际市盈率。若某只股票的实际市盈率大于理论市盈率，说明股价被高估，应该卖出;反之，实际市盈率小于理论市盈率，则说明股价被低估，应该买入。

市盈率会由于上市公司所处生命周期不同、行业不同、经营状况不同而产生较大差异。通常情况下，未来增长速度越高、高增长阶段持续时间越长的企业，由于其理论价值与企业的高速增长密切相关，因此其理论市盈率也就很高。相反，如果企业在成熟期内，其经济增长已经达到了一个稳定状态，市盈率水平相对较低。市盈率法的适用环境是有一个较为完善发达的证券交易市场，要有“可比”的上市公司，且市场在平均水平上对这些资产定价是正确的。中国的证券市场发育尚不完善，市场价格对公司价值反映作用较弱，采用市盈率法的外部环境条件并不是很成熟。由于高科技企业在赢利性、持续经营性、整体性及风险等方面与传统型企业有较大差异，选择市盈率法对企业进行价值评估时，要注意针对不同成长时期的高科技企业灵活运用。

市盈率估值法有如下优点：

①计算市盈率所需的数据容易获得，简单易行，它运用了近期的盈利估计，而近期的盈利估计一般比较准确，可以有广泛的参照比较。

②市盈率指标直接将资产的买价与资产目前的收益水平有机地联系起来。但同时也存在较多的缺点：

a. 盈利不等于现金，由于在收益表中，利润是最终的计算结果，因此收益比例对会计政策的敏感性非常高；

b. 市盈率无法顾及远期盈利，造成对周期性及亏损企业的估值困难；

c. 收益乘数并未明确地将未来增长的成本考虑在内，在正常情况下，高速增长的公司的收益乘数会更高一些，由于需要更多的资本以支持公司的高速增长，会降低权益资本的回报率。

(2)市净率法

市净率指的是每股股价与每股净资产的比率。市净率可用于投资分析，一般来说市净率较低的股票，投资价值较高；相反，则投资价值较低。此比率是从公司资产价值的角度去估计公司股票价格的基础，对于银行和保险公司这类资产负债多由货币资产所构成的企业股票的估值，以市净率去分析较适宜。

市净率反映了市场对于企业净资产经营能力的溢价判断。市净率的溢价来源于上市公司的剩余收入。剩余收入是企业净收入减去权益资本成本的价值。在给定企业权益资本收入、权益资本成本以及企业长期稳定增长率的假定之下，上市公司的市净率为：

市净率 = 1 + (权益资本收入 − 权益资本成本)/(权益资本成本 − 长期稳定增长率)

将上式变形，两边同时乘以每股净资产，可以得到：

股票的交易价格 = 每股净资产 + 每股净资产 × (权益资本收入 − 权益资本成本)/(权益资本成本 − 长期稳定增长率)

而公式后半部分为市场愿意为上市公司每股支付的溢价，该比率与权益资本收入正相关，与长期稳定增长率也正相关。即企业权益资本收入越高，其为投资者创造的价值也就越高；企业长期稳定增长率越高，其为投资者创造超额收益的时间也就越长。

通过市净率定价法估值时，首先，根据公司的净资产计算出被该公司的每股净资产；然后，根据市场的平均市净率、被估值公司的行业情况、公司的经营状况及其净资产收益率等计算出理论市净率；最后，根据资料计算出实际市盈率。若某只股票的实际市盈率大于理论市盈率，说明股价被高估，应该卖出；反之，实际市盈率小于理论市盈率，则说明股价被低估，应该买入。

市净率估值法有如下优点：

①随着时间的变化，市净率的变化比较稳定，因此适合于历史分析。

②在公司发生亏损或净现金流量小于零时，仍然可以使用市净率法。但同时也存在缺点：

a. 账面价值受所选用会计政策的影响非常大，各公司或各国的账面价值可能存在巨大的差异，不具有可比性；

b. 资产负债表上披露的账面价值并不能公允地反映资产的市场价值。

相对估值法因其简单易懂，便于计算而被广泛使用。但事实上每一种相对估值法都有其一定的应用范围，并不是适用于所有类型的上市公司。目前，多种相对估值存在着被乱用和被滥用以及被浅薄化的情况。因此，当用传统相对估值法评价方法无法解释公司股价与内在价值的严重背离的背景下，“细分行业、精选个股”研究方法的重要性上升，公司绝对估值法开始渐渐浮上台面。

2. 绝对估值法

绝对估值法的理论基础是现值理论，也就是任何资产的内在价值等于其预测未来全部现金流的现值总和。绝对估值法对于未来现金流所理解的视角不同，因此产生了多种绝对估值模型，包括股利贴现模型、现金流贴现模型、期权定价法等。绝对估值法在理论及逻辑推理上是最为完备、最为严密的体系，在实际中被广为采纳。

(1)股利贴现模型

股利贴现模型认为公司的权益价值等于持有者在公司经营期内预期能得到的股息收入按合适折现率计算的现值。即股票价值等于其未来股利的现值，该模型基本形式为：

$$V = \sum_{i=1}^{+\infty} D_i/(K-g)$$

V 为当期股票价值，D_i 为第 i 期股利，K 为权益资本的必要收益率。

根据股利发放的不同，股利贴现模型可以分为以下两种：

零增长模型(即股利增长率为0，未来各期股利按固定数额发放)，计算公式为：$V = D_0/K$ (D_0 为当期股利)

不变增长模型(即股利按照固定的增长率 g 增长)，计算公式为：$V = D_1/(K-g)$ (D_1 为下一期的股利，而非当期股利)

对于这个公式有以下三个说明：

①投资者对于股票价格的预期是所有未来期望发放股利的现值总和；

②贴现率为企业权益资产的必要收益率，股利按照固定的增长率发放，企业的必要收益率越高，则企业的股价越低；

③在企业经营风险不变的前提下，股利增长速度越快，企业的股价越高。

股利贴现模型适用于经营状况稳定、有稳定的股利发放的企业，但因为股利发放因各公司股利政策的不同而不同，即使两个业绩和规模相当的企业，也可能因为股利政策的不同，经股利贴现模型计算出的价值出现很大的差别。对于我国股市中很少发放股利的公司，分红的比例与数量不具有稳定性，难以对股利增长率做出预测，或者出现亏损而暂时不能发放股利的公司，该模型不是很适用。

(2)自由现金流贴现模型

自由现金流是一种财务方法，用来衡量企业实际持有的能够回报股东的现金。自由现金流表示的是公司可以自由支配的现金，自由现金流在经营活动现金流的基础上考虑了资本型支出和股息支出，因此，自由现金流等于经营活动现金。如果自由现金流丰富，公司可以偿还债务、开发新产品、回购股票、增加股息支付。自由现金流等于企业的税后净营业利润加上折旧及摊销等非现金支出，再减去营运资本的追加和物业厂房设备及其他资产方面的投资。它是公司所产生的税后现金流量总额，可以提供给公司资本的所有供应者，包括债权人和股东。其计算公式为：

自由现金流量=(税后净营业利润 + 折旧及摊销)-(资本支出 + 营运资本增加)

当自由现金流量为正数时，表明公司融资压力小，具发放现金股利、还旧债的能力。反之，自由现金流量为负数时，表明再投资率较高，盈余成长率较高，隐含公司扩充过快。

自由现金流估值法认为公司价值等于公司未来各年自由现金流量按照适当贴现率计算的现值之和，并由此扣除债权价值得出股权价值与股票价值。该模型假定公司面临一种相对完善的市场环境，即制度环境、经营环境是稳定的，公司持续经营，投资者具有理性一致预期等。其公式为：

$$P = \sum_{t-1}^{n} \frac{CF_t}{(1+R)^t}$$

其中：P 为企业的评估值；CF_t 为资产产生的现金流；R 为反映预期现金流的折现率。

根据金融学对现金流界定的不同，又可分为公司自由现金流（FCFF）和股东自由现金流（FCFE）。公司自由现金流指公司扣除了所有经营支出、投资需要和税收之后的，在清偿债务之前的剩余现金流量。而股东自由现金流是指扣除所有开支、税收支付、投资需要以及还本付息支出之后的剩余现金流量。整体自由现金流量用于计算企业整体价值，包括股权价值和债务价值；股权自由现金流量用于计算企业的股权价值。

自由现金流估值法为最严谨的对企业和股票估值的方法，原则上该模型适用于任何类型的公司。但通常更适用于项目投资、商业地产估值等，而不适用于对那些经营周期相对于经济周期变化不确定的公司的估值等。自由现金流方法理论完美，过程略显复杂，在发达国家市场中，各种数据比较完善，公司日趋成熟，已成为通用的估值方法。但在中国市场上却受到许多局限，一方面是模型缺乏基础数据的支持，另一方面是少部分公司的持续经营能力较差。

自由现金流估值法的优点在于通过对自由现金流的折现计算，反映了公司内在价值的本质，是最重要与最合理的估值方法。比其他常用的建议评价模型涵盖更完整的评价模型，是框架最严谨但相对较复杂的评价模型。需要的信息量更多，角度更全面，考虑公司发展的长期性。较为详细，预测时间较长，而且考虑较多的变数。而缺点在于未来自由现金流的估计不准确，受折现率影响巨大。需要耗费较长的时间，须对公司的营运情形与产业特性有深入的了解。是复杂的模型，可能因数据估算不易而无法采用，即使勉强进行估算，错误的数据套入完美的模型中，也无法得到正确的结果。

（二）上市公司发展能力分析

我国的上市公司广泛地分布在制造、电子、金融、地产等多个行业之中，这些行业内的不同企业，在市场实力、经营能力、经营规模、盈利状态上存在着巨大的差异。对上市公司进行分析时，只有找准它获取利润的产出点在哪里，才能对公司的未来发展潜力做出一系列符合现实的假设。

1. 公司行业分析

（1）现有公司之间的竞争程度

公司面对的市场通常是一个竞争性市场，在多数企业同时生产相同或相似产品的情况下，相互之间必然会形成激烈的市场竞争。一个公司竞争实力的强弱，主要取决于相对于行业平均水平的销售增长率。销售增长率是指公司本年销售增长额与上年销售额之间的比率，反映销售的增减变动情况。当销售增长率为正值时，说明公司的产品销售量在增加。但是这个指标往往只有与行业发展速度和国民经济的发展速度进行对比分析才有意义，才能反映公司竞争能力是在提高还是在减退。其原因是随着国民经济的发展市场在不断扩大，但扩大部分的占有率减少的话，公司竞争能力实际上还是下降了。所以只有相对于行业平均水平的销售增长率增加，才能说这个公司的市场竞争力较强。

(2)潜在竞争者的威胁

任何一种生产经营活动，只要存在超额利润，就会有新的公司进入。这些新企业会给行业经营注入新的活力，但也会造成现有企业的利润率下降。新企业进入某个行业的可能性大小取决于如下几个方面：

①现有企业可能做出的反应。若现有企业可能采取具有力度的反击措施，会抑制潜在竞争者的进入；

②初始投入的高低。若行业存在着巨大的规模经济效应，潜在竞争者的竞争能力都会被削弱，从而减少威胁；

③某些行业特点决定进入难易程度。比如对产品专利技术的所有权、对稀缺资源的控制权或者政府特许经营权等，这些壁垒从客观上都限制了潜在竞争者的进入；

④分销渠道。潜在竞争者想要打入一个市场时，若建立自己的分销网络需要付出高额的成本，那么潜在竞争者的数量就会减少。

(3)企业的谈判地位

企业生产经营所需的原材料通常需要从供应商手中购买，再将生产出来的产品销售给消费者。企业与供应商和顾客的谈判地位直接影响了其生产成本和销售价格，进而影响企业的利润水平。企业的利润等于销售收入减去生产成本，即原材料价格越低，企业获得的利润就越大;或销售价格越高，企业获得的利润就越大。因此，企业在和供应商、消费者之间的定价权的谈判中，地位越高对其发展越有利。

影响供应商的主要因素包括:供应商所处行业的垄断程度、寻找替代产品的可能性大小和企业供货渠道多元化程度。若供应商所处行业市场竞争激励、企业进货渠道广且有合适的替代产品出现，则企业谈判地位越高。影响消费者的主要因素包括:消费者购买量的大小、企业产品的可替代程度和产品品牌对消费者的影响程度。例如一些高端品牌产品，产品可替代程度低，品牌效应明显，价格往往由企业来决定。

2. 公司产品分析

(1)产品的竞争能力

产品的竞争能力主要体现在成本优势、技术优势和质量优势这三个方面。

成本优势是指公司的产品依靠低成本获得高于同行业其他企业的盈利能力。在很多行业中，成本优势是决定竞争优势的关键因素。企业一般通过规模经济、专有技术、优惠的原材料和低廉的劳动力实现成本优势。决定公司生产成本的基本因素是资本的集中程度而决定的规模效益。当企业达到一定的资本投入或生产能力时，根据规模经济的理论，企业的生产成本和管理费用将会得到有效降低。取得了成本优势，企业在激烈的行业竞争中便处于优势地位，意味着企业在竞争对手失去利润时仍有利可图，亏本的危险较小;同时，形成低成本的优势，也使其他想利用价格竞争的企业有所顾忌，成为价格竞争的抑制力。

技术优势是指企业拥有的比同行业其他竞争对手更强的技术实力及其研究与开发新产品的能力。这种能力主要体现在生产的技术水平和产品的技术含量上。企业新产品的研究与开发能力是决定企业竞争成败的关键，而开发费用投入的高低往往能决定企业的新产品开发能力。产品的创新包括研制出新的核心技术、开发出新一代产品、研究出新的工艺等，具有技术优势的上市公司往往具有更大的发展潜力。

质量优势是指公司的产品以高于其他公司同类产品的质量赢得市场，从而取得竞争优势。由于公司生产工艺及技术管理等诸多因素的差别，不同公司间相同产品的质量也是存在差别的。在普遍国民收入较高时，消费者在进行商品购买时，产品的质量往往是影响他们购买的一个重要因素。质量是产品信誉的保证，质量好的产品会给消费者带来信任感。严格管理，不断提高公司产品的质量，是提升公司产品竞争力的行之有效的方法。具有产品质量优势的上市公司往往在该行业占据领先地位。

（2）分析公司的产品市场份额

市场份额是指公司产品的销售量在同类产品市场上的占有率，是一个针对现有竞争对手间的横向比较。市场份额越高，表示公司的经营能力和竞争力越强，公司的销售和利润水平越好、越稳定。一般情况下，产品市场份额决定了公司在行业市场中的地位，反映出公司经营风险的大小。同样，产品市场份额的变化也可以反映公司竞争实力的变动。若公司市场份额与上一期相比有较大的增长，表明该公司产品的竞争实力在增强。对市场不断地开拓进取，充分挖掘现有市场潜力，不断打入新的市场，是扩大市场份额的主要手段。

（3）品牌战略

品牌是一个商品名称和商标的总称，它可以用来辨别一个卖者或卖者集团的货物或劳务，以便同竞争者的产品相区别。一个品牌是该产品质量、性能、消费者满意度的综合体现，当产业竞争充分展开时，品牌就成为产品及企业竞争力的一个越来越重要的因素。品牌通常是以质量取胜，常附有文化，情感内涵，企业形象等。一个品牌不仅能够创造市场，同时能够巩固市场，比其他公司的产品更具销售优势。同时，品牌具有一定的信任度和追随度，企业可以为品牌制定相对较高的价格，获得较高的利润。

3. 资本结构分析——MM 资本结构理论

资本结构，是指企业各种资本的构成及其比例关系，是企业筹资决策的核心问题。1958年，美国学者莫迪格莱尼与米勒在《美国经济评论》上发表了《资本成本、公司财务和投资理论》和其后的一系列论文和所创建的 MM 定理，标志着现代资本结构理论的产生。

MM 定理有如下几个假设：不考虑税收；投资者对未来的收益和风险的预期相同；资本市场是完全的；投资者可与企业以同一利率借款。在这种假设下，MM 定理提出以下两个命题：

（1）企业价值只取决于企业的投资决策及由此决定的现金流。企业对资本结构的选择只表明企业价值如何在股东和债权人之间划分，而不会影响企业总价值的大小。

（2）利用财务杠杆的企业其股东权益成本是随着债务融资额的增加而上升的，便宜的负债带给公司的利益会被股东权益成本的上升所抵消，最后使负债公司的平均资本成本等于无负债公司的权益资本成本，因此公司的市场价值不会随负债率的上升而提高，即公司资本结构和资本成本的变化与公司价值无关。

在经济社会，最初的 MM 模型中有些假设是不能成立的，莫迪格莱尼与米勒在 1963 年发表了《公司所得税与资本成本：一项修正》。认为存在公司所得税的情况下，企业的价值会随着负债的增加而不断上升，企业资本结构与企业价值相关的结论。修正的 MM 定理同样提出了以下两个命题：

一是负债企业的价值等于有相同风险等级的无负债企业的价值加上税收减免现值。在考虑公司所得税的影响后，负债企业的价值会超过无负债企业的价值；

二是企业的最佳资本结构应该是节税利益和债权资本比例上升所带来的财务危机成本与

破产成本之间的平衡点。企业的价值应当是扣除财务危机成本的现值。

拓展阅读：

戴维斯双杀效应

戴维斯双杀效应是有关市场预期与上市公司价格波动之间的双倍数效应，即美国著名的投资人戴维斯家族称作的“双杀效应”。在市场投资中，价格的波动与投资人的预期关联程度基本可达到70% –80%。而不断抬高的预期配合不断抬高的PE定位水平，决定了价格与投资人预期之间的非线性关联关系。以前这个现象被称作市场的不理性行为，更准确地说应该是市场的理性短期预期导致的自发波动，也可以称作“戴维斯双杀效应”。

从双高到双低的循环，喜欢成长股的投资者要注意这种负循环的出现。变化因素典型的就是公司进入成熟期或者衰退期，和市场进入熊市，市场预期值降低。一旦公司走向成熟市场预期下降，典型表现可以是几年内利润翻倍而股价不涨，这种事很多，也让很多人费解。这种情况还不错，最坏的可能是公司收入利润下降，或不稳定，那么假定利润下降一半，EPS从2元降到1元市场预期可以迅速回归，PE从60到10，那么股东的损失会非常大，那么上个例子就倒了过来，也就是股价可以跌到原先的十二分之一。

现在市场中有唯成长是从的倾向。说不上好还是不好，但是投资者应该明白什么是可持续的高质量的成长，哪些是不可持续的，只有那些竞争中获胜的，竞争力增强的，市场占有率扩大的良性增长才会给投资者带来丰厚的回报。而那些变化不定的不能持续的，将会带来损失，远比你想象的恐怖。盲目地给予成长股不切实际的高预期将会带来灭顶之灾。毕竟长期来说市场只会给予那些明确可预期的成长给以超出一般水平的溢价。

以低市盈率买入潜力股票，待成长潜力显现后，以高市盈率卖出，这样可以尽享EPS和PE同时增长的倍乘效益。双杀并非戴公独创，事实上很多投资家都有类似策略，但是戴公却神乎其技，凭此名满天下。双杀和巴菲特“永恒价值”相比，显然世俗化了很多，但是对于新兴市场的投资者，或许双杀更实用一些。双杀把买入价格放在企业质量之前，强调低市盈率，其实暗含了很多安全边际的保护。对PE提高的期待使得不会轻易陷入“雪茄烟蒂”的陷阱。卖出策略提醒投资毕竟不是婚姻，再长的持股期也只是手段而不是目的，最终还是要离场。以10PE买入每年增长10% –15%的公司，五年后市场会给这公司更高的预期，便会以13甚至15PE买入，此时戴维斯卖出，其获利率是相当可观的。相反，很多人以30PE买入期望每年增长30%以上的所谓成长股，六年后的获利率只有前者的一半不到。因为在成熟的经济体，期望一个公司每年保持30%以上的净利润增长率，以摊薄其PE水平的难度是很大的。

戴维斯双杀效应的核心是PE安全边际随着市场的调整自我进行调节。当市场单边上扬的牛市时，市场整体估值的安全边际是不断上移的，也就是说PE的合理估值也在逐步上调，假设2004年低迷的时候是10倍PE，2005年好转的时候可能20倍的PE都能接受了，2006年也许30倍都无所谓，到了2007年40倍也不算疯狂了，真是可怕，那时候上千倍的PE都能让人狂追。但是市场下跌的时候，人们对PE的要求也就越来越低，更加追求安全的区域，PE的合理估值范围也逐步下移，戴维斯双杀效应的恐怖正在于此。从高PE估值的高位往下调整的时候，你会发现股价就算大跌也还是到不了合理估值的范围，这是因为人们对于PE

的要求已经降低了，打个比方，在疯狂的时候，假设股价是100，PE是40，这个时候开始大幅调整，市场对于PE的安全边界要求更低，这个时候也许PE只有20了，你手里的股价这个时候也调整到60，但是请注意，如果对应40倍PE到20倍的PE，你的股价应该砍到50才合理，可你才到60，对于你来说，去调了40%已经大伤筋骨了，可是别以为调整到位了，还没到市场合理估值的PE呢。戴维斯双杀说的就是当股价大幅调整时候，市场PE的安全边界也在加速下移，让你的调整甚至还赶不上它的调整，这是最恐怖的事情，更为惨烈的是，这一切还才刚刚开始。

【要点小结】

证券投资基本分析法是以传统经济学理论为基础，以企业价值作为主要研究对象，通过对决定企业内在价值和影响股票价格的宏观经济形势、行业发展前景、企业经营状况等进行详尽的分析。

通过分析影响宏观经济变动的各个宏观经济指标，分析宏观经济运行与证券市场的关系，分析宏观经济政策对证券市场的影响，了解整个社会的经济发展趋势，从而为正确判断市场的变化提供可靠的依据。

行业分析是对上市公司所属行业状况和发展水平的分析，属于证券投资的中观分析。主要通过分析影响行业发展的周期性和影响行业兴衰的因素，确定行业投资价值，预测行业的发展趋势，为选择有利的证券投资对象提供可靠的依据。

公司分析属于微观层面上的分析。主要从公司盈利能力分析、公司的财务状况和公司价值分析等方面进行研究。尤其是对公司的各种财务报表和财务比率进行分析，可以全面地了解公司的运营能力、盈利能力和投资收益等，为证券投资提供参考依据。

【思考与练习】

一、名词解释

先行指标　经济周期　产业生命周期　资产负债率　流动比率　速动比率　杜邦分解法　相对估值法　绝对估值法　市盈率　市净率

二、简答题

1. 试述财政政策和货币政策的种类及对证券市场的影响。
2. 产业生命周期各阶段的特征主要有哪些?
3. 简述杜邦分解法的含义及其对企业经营的意义。
4. 比较相对估值法和绝对估值法的差异。

三、计算题

1. 某投资者A君在研究其投资的辰州矿业股票时，收集了如下信息：某公司2012年部分资产负债表和损益表的数据。

辰州矿业 2012 年部分资产负债表和损益表数据

利润表项目（万元）	
一、营业收入	472909.34
减：营业成本	413068.57
营业税费、营业税金及附加	2615.90
管理费用	61068.99
财务费用	4313.54
投资收益	3358.47
二、营业利润	63688.54
营业外收支净额	-743.96
三、利润总额	62944.59
四、净利润	53686.21
所有者权益	291847.95
总资产	436733.90

请根据 A 君收集的收据，从财务比率和杜邦分解法的角度对辰州矿业 2012 年的经营状况做出分析。

2. A 君在跟踪研究时，收集了 2011 年部分资产负债表和损益表的数据，见下表：

辰州矿业 2011 年部分资产负债表和损益表数据

利润表项目（万元）	
一、营业收入	408142.19
减：营业成本	337074.16
营业税费、营业税金及附加	2683.22
管理费用	46814.99
财务费用	4387.46
投资收益	-416.89
二、营业利润	70485.54
营业外收支净额	-2875.41
三、利润总额	67610.14
四、净利润	54052.45
所有者权益	245799.08
总资产	367385.31

结合上一题的数据和分析，从财务比率和杜邦分解法的角度对辰州矿业 2011 年的经营状况做出分析，并对这两年的经营变化情况做出讨论。

◆第五章 技术分析主要理论与方法

【内容提要】

技术分析理论与方法是帮助投资者买卖股票时必须了解和掌握的手段，随着投资者队伍的逐渐成熟，技术分析的相关理论和方法愈加深入投资大众内心。通过对股票价格、成交量或涨跌指数等数据的研究，预测短期内股价涨跌的趋势，运用绘制的图和表的形式了解市场过去及现在的行为，以推测未来价格的变动趋势。达到寻找最佳买卖时机的目的，从而形成了和基本分析相辅相成的作用。

【学习目标】

1. 了解技术分析的理论基础、技术分析方法的分类和局限性。
2. 掌握技术分析各要素之间的关系。
3. 熟悉各种技术分析方法的特征和应用环境。
4. 运用技术分析方法解决实践操作中的买卖问题。

【关键词】

技术分析　　三大假设　　市场行为　　支撑与压力

第一节　技术分析的理论基础

伴随着我国证券市场的不断发展和完善，投资者队伍愈来愈成熟，运用各种技术分析理论和方法进行投资分析成为必然。目前常用的技术分析理论非常多，其中主流分析派包括:K线理论、切线理论、形态理论、波浪理论等。

一、技术分析的定义及作用

(一)技术分析的定义

技术分析是通过对市场过去和现在的行为，运用一系列方法进行归纳和总结，概括出一些典型的行为，并据此预测证券市场未来变化趋势的研究活动。

其特征表现为:(1)运用历史资料进行分析，主要采用的数据是成交价和成交量。(2)大量采用统计指标和图形方法。通过一定方法对历史资料进行加工，可使其中揭示未来的成分更加昭彰。(3)许多技术分析方法包含着对人们心理活动的定量分析。

其中证券的市场价格和成交量的变化，完成这些变化所需要的时间是市场行为最基本的表现形式。即价、量、时、空四要素。

(二)技术分析的作用

应用技术分析，可以使投资者尽量少走弯路，避免犯错误。在买卖股票决策时提供一定的参考。

二、技术分析三大假设及合理性分析

技术分析赖以存在的基础是三大假设:即市场行为涵盖一切信息、证券价格沿趋势移动并保持趋势、历史会重演。

假设1:市场行为涵盖一切信息是技术分析的基础。它认为影响股票价格的所有因素，无论是内在的还是外在的都包含于市场行为中，没有必要对影响价格变化因素的具体内容过分关心，总之好的信息就会促使股价上涨，坏的信息就会导致股价下跌。而且市场行为总比投资者了解的因素要快得多。那么投资者应该做的是尽快抓住市场时机及时进行操作，研究背后的因素早已失去投资时机。这一点如果不承认，技术分析所作出的一切结论都是无效的。

假设2:价格沿趋势移动并保持趋势。股价的变动是按照一定的规律运行的，这个规律就是股价的惯性。这一条是技术分析最根本、最核心的。一般来说，某一段时间股票价格是上升或者下降的，那么今后一段时间内，如果不出意料，股票价格也会按照这一方向上升或者下降，没有必要改变这一既定的运动方向。若想使市场产生调头的反方向，就要有充分的使它调头的理由。否则投资者没有必要在市场还呈现某一种趋势时做出反方向的操作。

假设3:历史会重演。是从人们的心里层面考虑的。股票市场进行具体买卖股票操作的都是人，既然这样人们在操作时肯定会受到各种心理因素的影响。投资者过去的交易结果会在他心中留下深刻的记忆，留在头脑中的阴影和快乐会永远影响他的交易。一旦遇到与过去某一时期同样的场景或者类似情况出现，人们就会与过去的场景加以比照分析，最后得出同样的结论采取同样的操作，这种周而复始的动作做多了不可能不在市场行为上没有反映。

三大假设是投资者进行技术分析的基础，尽管它不是十全十美的，但是它的合理性得到了投资者的认同。我们现代人应该做的是在承认它的合理性基础上注意它的不足。

三、技术分析四要素及其关系

(一)量和价是市场行为的最外在、最基本的表现

量和价是每一位投资者在进行分析时都必须认真观察、了解以及认真研究的分析要素。技术分析就是利用过去和现在的成交量、成交价资料，以图形分析和指标分析工具来解释、预测未来的市场走势。一般说来，买卖双方对价格的认同程度通过成交量的大小确认，认同程度大，成交量大;认同程度小，成交量小。双方的这种市场行为反映在价、量上往往呈现出这样一种规律:价增量增，价跌量减。

成交价、成交量的这种规律是技术分析的合理性所在，价、量是技术分析的基本要素，一切技术分析方法都是以价、量关系为研究对象的。

成交量与价格趋势关系的描述可以归纳为以下几点：

1. 股价上升，成交量增加。

这种情况技术分析人士常称之为价升量增。表明股价上涨得到成交量的认同，后市具有进一步上涨的潜力。

2. 股价上升，成交量减少。

这种情况技术分析人士常称之为空涨。表明股价上涨没有得到成交量的认可，股价上升的动力不足，后市看跌。

3. 股价下跌，成交量增加。

这种情况技术分析人士常称之为价跌量增。表明股价下跌得到成交量的认同，后市具有进一步下跌的动力。

4. 股价下跌，成交量减少。

这种情况技术分析人士常称之为空跌。表明股价下跌没有得到成交量的认可，股价下跌的动力不足，后市看涨。

5. 股价持平，成交量增加。

这种情况应具体分析，股价经历一段下跌后，放出了一定的成交量，而股价持平，表明逢低吸纳的投资者增多，股价有反弹或反转的可能，这种情况常称为底部放量，后市应看好；股价经历一段上涨后，放出了一定的成交量，而股价持平，表明逢高减磅的投资者增多，股价有反弹或反转的可能，这种情况常称为顶部放量，后市应看淡。

6. 股价持平，成交量较小。

这种情况称为无量盘整。表明多空双方力量处于均衡状态，双方均在等待机会寻找突破方向，后市走向不明，涨跌依靠新的因素来打破平衡。

关于价量分析的说明：(1)成交量的大小是相对的，主要是相对于最近而言，没有绝对大小；(2)成交量的变动在价格变动之前，所谓量在价先；(3)技术分析方法常用成交金额来代替成交量，这两者并没有太大的区别，但市场热点过分集中在高价股或低价股上时应适当调整；(4)成交价一般是采用收盘价。

(二)时间和空间是市场潜在能量的表现

在技术分析方法中，“时间”是指完成某个过程所要经过的时间长短，一般是指一个波段或者一个升降周期经过的时间。“空间”是指价格升降所能达到的程度。两者之间的关系表述为：时间将指出价格有可能在何时出现上升或者下降，空间指出价格有可能到达的高度或者下降的深度。尽管这两个因素并不像价格和成交量那样表现得那么外在，但是也是所有投资者必须关心的重要因素。时间体现了市场潜在能量形成的过程，空间反映潜在市场能量上升或下降的大小。上升或者下降的幅度越大，潜在市场能量就越大；反之，上升或者下降的幅度越小，潜在能量就越小。

四、技术分析方法的分类

由于技术分析研究方式不同，各种分析方法对分析对象的侧重点和观测角度不同，所以产生技术分析类别也各不相同。在前人的不断探索下，组成了现在的六大主要分析流派：即指标派、K 线派、切线派、形态派、波浪派和循环周期派。

指标派也称指标法，它是按照市场行为要素需要建立数学模型，给出数学上的计算公式，然后得到一个体现股票市场某个方面的内在实质数字，这个数字就叫指标值。它所反映的东西大多是从行情报表中不能直接反映得到的实质，对我们的投资操作提供有益的建议。目前世界上技术指标可以应用的范围最广，指标的种类也最多，大约有上千种，我们常用的移动平均线（MA）、指数平滑异同移动平均线（MACD）、相对强弱指标（RSI）、随机指标（KDJ）、心理线（OBV）、乖离率（BTAS）等指标都是其中最著名的指标。

K 线派是当今世界是最著名的一种分析手段，它是分析价格涨跌情况，用以判断多空双方对比状况的短线分析。通过单根 K 线和多跟 K 线的组合形态，预测市场行情。K 线图是各种分析方法中最为重要的图表。也是其它分析工具良好运用的基础。

切线分析法是按照一定的方式和原则在由价格绘制的图表上画出一些直线，投资者再依据这些直线的延伸方向推测股票价格未来波动方向和趋势，这些直线就叫切线。其主要方法包括支撑线和压力线、趋势线和轨道线、黄金分割线和百分比线等等很多方法。

形态法是在 K 线法的基础上，他根据价格在一段时间走过的轨迹的形态来预测股票价格变化未来趋势的方法。在前人总结的基础上，将一系列有代表性的形态进行了归纳，形成了两大类形态类型，即反转突破形态和持续整理形态，如双重顶和双重底形态、头肩顶和头肩底、三角形和旗形形态等都是其中著名的形态类型。如果投资者能够辨别出图形形态，就能够帮助我们很好地抓住买卖时机。

波浪理论是著名的美国人艾略特发明的，根据自然界波动规律把股票价格的涨跌波动看成是波浪的起伏，这样股价的波动也是可以遵循波浪起伏的规律。并且在此基础上总结出了上升 5 浪下降 3 浪的 8 浪理论，最主要的是他提出的股票行情的大小不影响 8 浪，不完成 8 个波行情没有走完的论断。

循环周期法认为，价格的高点和低点的出现，在时间上存在一定的规律。犹如事物的发展都有其自身的兴衰周期一样，股票价格的上升或者下降也有自己的周期特征。如果我们掌握了价格高低在时间上出现的规律性，并对其进行买卖时机的掌握是非常有帮助的。

以上六种分析方法是从证券市场不同角度来考虑的，虽然考虑方式不同个有特点，如有的适合长线，有的方法更加注重短线；有的注重时间有的注重价格；但相互之间并不排斥，在使用上也可以互相借鉴。

第二节 道氏理论

一、道氏理论的主要原理

（一）市场价格平均指数可以解释和反映市场的大部分行为

目前，世界上所有证券交易所都有自己的价格指数，计算价格指数的方法大同小异，目的都是为了反映证券市场的整体交易情况，其原理都源于道氏理论。

（二）市场波动具有某种趋势

道氏理论认为，价格的波动尽管表现形式不同，但是，最终可以将它们分为 3 种趋势：主要趋势(Primary Trend)、次要趋势(Secondary Trend)和短暂趋势(Near Term Trend)。主要趋势是那些持续1年或1年以上的趋势，看起来像大潮；次要趋势是那些持续3周－3个月的趋势，是对主要趋势的调整；短暂趋势持续时间不超过3周，其波动幅度更小。

(三)主要趋势有三个阶段

以上升趋势为例，第一个阶段为累积阶段。该阶段中，股价处于横向盘整时期。在这一阶段，聪明的投资者在得到信息并进行分析的基础上开始买入股票。第二个阶段为上涨阶段。在这一阶段，更多的投资者根据财经信息并加以分析，开始参与股市。尽管趋势是上升的，但也存在股价修正和回落。第三个阶段为市场价格达到顶峰后出现的又一个累积期。在这一阶段，市场信息变得更加为众人所知，市场活动更为频繁。第三个阶段结束的标志是下降趋势，并又回到累积期。

(四)两种平均价格指数必须相互加强

道氏理论认为，工业平均指数和运输业平均指数必须在同一方向上运行，才可确认某一市场趋势的形成。

(五)趋势必须得到交易量的确认

在确定趋势时，交易量是重要的附加信息，交易量应在主要趋势的方向上放大。

(六)一个趋势形成后将持续，直到趋势出现明显的反转信号

这是趋势分析的基础。然而，确定趋势的反转却不太容易。

二、道氏理论的应用及应注意的问题

道氏理论从来就不是用来指出应该买卖哪只股票，而是在相关收盘价的基础上确定出股票市场的主要趋势，因此，道氏理论对大形势的判断有较大的作用，但对于每日每时都在发生的小波动则显得无能为力。道氏理论甚至对次要趋势的判断作用也不大。

道氏理论的另一个不足是它的可操作性较差。一方面，道氏理论的结论落后于价格变化，信号太迟；另一方面，理论本身存在不足，使得一个很优秀的道氏理论分析师在进行行情判断时，也会因得到一些不明确的信号而产生困惑。

尽管道氏理论存在某些缺陷，有的内容对今天的投资者来说已过时，但它仍是许多技术分析的理论基础。近30年来，出现了很多新的技术，有相当部分是道氏理论的延伸，这在一定程度上弥补了道氏理论的不足。

第三节　K线理论

一、K线的画法

K线也称日本线，英文名称是蜡烛图(candle stick)。起源于200年前的日本。K线图记录的是股票在每一交易单元时间内价格变动情况，是将股市每日、每周或每月的股价变动情形用柱状线图形表示出来，依照图型形态研判股价未来变动。

K线包括四个价位：即开盘价、最高价、最低价和收盘价；两种形态：阳线(图5－1所示)和阴线(图5－2所示)；三部分：实体部分、上影线部分、下影线部分。

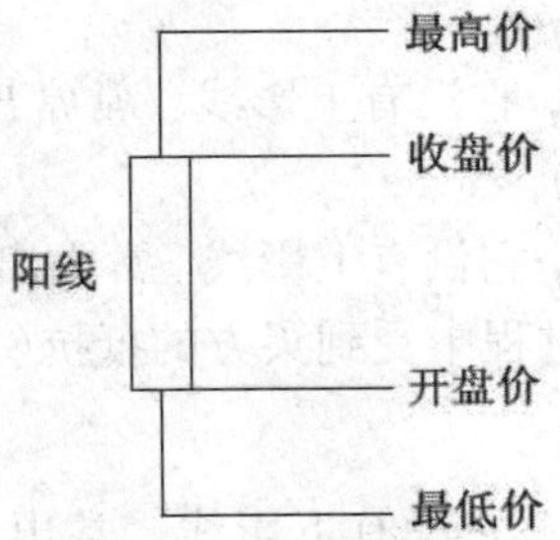

图 5－1 阳线

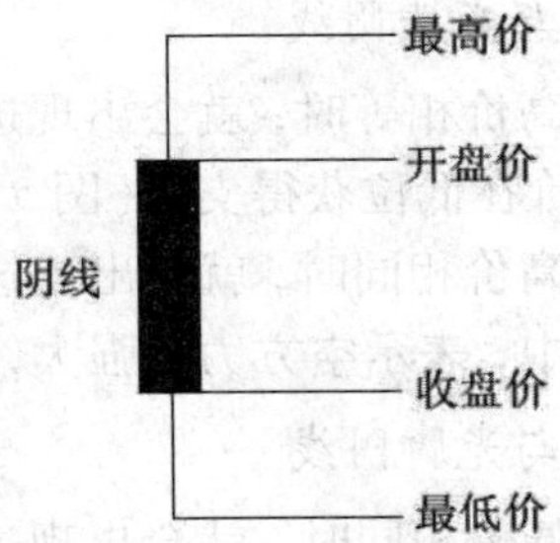

图 5－2 阴线

日开盘价是指每一个开市交易日的第一笔成交价，日收盘价是指每个交易日最后一笔成交价，日最高价和最低价是指日交易中成交的最高价格和最低成交价格。在四个价格中，收盘价最为重要。因为它既可以反映一天中多空力量对比结果，又可以揭示下一个交易日开盘情况，所以人们比较重视它而一般会相对忽略其它三个价格。所以人们说到股票价格通常都是指收盘价。

目前我国为了避免人为因素的影响，开盘价采取集合竞价的方式产生，收盘价采取按证券最后一笔交易一分钟所有交易的成交量的加权平均数确定。

一条 K 线记录的是某一只股票一天的价格变动情况。把每一天 K 线按照时间顺序排列在一起，就构成了该股票上市以来每一天的价格变动情况，这就叫日 K 线图。

除了日 K 线图以外，还可以画周 K 线月 K 线，画法同日 K 线完全相同，只是时间单位不同。

二、单根 K 线的主要形状及含义

(一)光头光脚阳线与光头光脚阴线

当收盘价与最高价、开盘价与最低价相等时，就会出现这种 K 线，既没有上影线也没有下影线。

光头光脚小阳线常在上涨初期、回调结束或盘整的时候出现，上下价位窄幅波动，表示买方力量逐步增加，多头力量暂时略占优势(图 5－3 所示)。

光头光脚长阳线经常出现在脱离底部的初期，回调结束后的再次上攻及高位拉升阶段，有时也在严重超跌后的大力反弹中出现，买方占绝对优势，空方毫无抵抗。

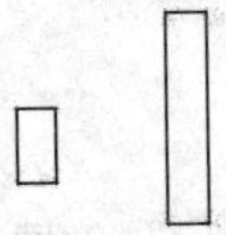

图 5－3 小阳线与长阳线

图 5－4 小阴线与大阴线

当收盘价与最低价、开盘价与最高价相等时，就会出现这种 K 线，既没有上影线也没有下影线。分为小阴或长阴线(图 5－4 所示)。

光头光脚小阴线在下跌初期、横盘整理或反弹结束时出现，表示卖方力量有所增加，空方力量略占优势。

光头光脚长阴线经常出现在头部开始下跌初期，反弹结束后或最后打压过程中，表示空方走势强劲，多方毫无抵抗。

（二）光头阳线与光头阴线

当收盘价与最高价相等时，就会出现这种K线，它没有上影线。常常出现在底部或市场调整完毕，反映股价在低位获得支撑（图5－5所示）。

当开盘价与最高价相同时，就会出现这种K线，它没有上影线。常常出现在下跌途中、市场顶部或整荡行情中，表示空方力量强大，在下跌过程中受到买方的抵抗（图5－6所示）。

（三）光脚阳线与光脚阴线

当开盘价与最低价相同时，就会出现这种K线，它没有下影线。常出现在上涨途中、上涨末期或股价从低位启动遇到密集成交区，上影线和实体的比例可以反映多方遇阻的程度（图5－7所示）。当收盘价与最低价相同时，就会出现这种K线，它没有下影线。庄家拉高出货常会出现此种形态。洗盘中常出现在阶段性的头部，震仓洗盘中（图5－8所示）。

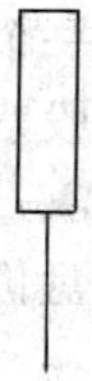

图5－5　光头阳线

图5－6　光头阴线

图5－7　光脚阳线

图5－8　光脚阴线

（四）十字线与一字线

当收盘价与开盘价相同时，就会出现这种K线。它的特点是没有实体。收盘价比昨日收盘价高时，用红“＋”字表示；与昨日收盘价相同时，若昨日为红实体，用红“＋”字表示，昨日为绿实体用绿“＋”字表示。“十”字可分为上影线长于下影线和下影线长于上影线两种图形。表示多空双方力量处于平衡（图5－9所示）。

“一”字线是一种比较特殊的形状，它的四个价格都相同。同十字型与T字型K线一样，没有实体。这种情况较少见，出现于交易非常冷清，全日交易只在一档价位成交。冷门股较易发生此类情形，或是行情呈现绝对看好或绝对看坏时，开盘便以涨停板或跌停板成交，涨停板价维持至收盘，则是红“－”图形，而跌停板价维持至收盘，就是绿“－”图形（图5－10所示）。

图5－9　十字线

图5－10　一字线

图5－11　T字型

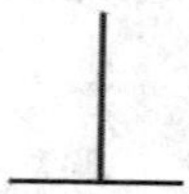

图5－12　倒T字型

（五）T字型与倒T字型（蜻蜓线和墓碑线）

在十字型的基础上，如果加上光头和光脚的条件，就会出现这两种K线。它们没有实体，而且没有上影线或者没有下影线，形状像英文字母“T”。若收盘价高于昨日收盘，则是红“T”；与昨日收盘价相同时，若昨日为红线时，今日则为红“T”；昨日为绿线时，今日则为绿“T”；低于昨日收盘价，以绿“T”表示。T字型常出现在市场的底部或顶部（图5－11所标）。

倒 T 字型常出现在顶部或横盘整理中(图 5－12 所示)。

在实际应用中单根 K 线要从四个方面研判:

(1)看实体,分析实体的长短。阳线的实体越长,表明买方的力量越强;阴线的实体越长,表明卖方的力量越强。

(2)看影线长短,分析上影线和下影线的长短。上影线长,说明买方将股价推高遇空方打压,上影线越长,表明空方阻力越大;下影线长,说明买方在底价位有强有力的支撑,下影线越长,表明支撑力越强。

(3)看阴阳。阳线越长多方占有优势越强,阴线越长空方占有优势越强。

(4)看位置。长阳线不是在哪个位置都好,如果处在上涨行情末端出现就属于多头"陷阱"居多,长阴线不是在哪个位置都不好,如果处在长期大幅下跌之后拉出则空头"陷阱"居多。

三、K 线组合形态

单根 K 线的含义千变万化,如果将两根到五根 K 线组合在一起形成的图形更是多不胜数,这里只能举出一些有代表性的形态,应用时大家一定要举一反三才能活学活用。

(一)上升行情 K 线组合形态

1. 三个白武士

三个白武士是由三根短小连续上升的阳 K 线组成,K 线收盘价一日比一日高,表示武士勇敢前进,基础扎实,后市涨幅将加大(图 5－13 所示)。

2. 两阳夹一阴

两阳夹一阴的 K 线组合就是两根稍长的一点的阳 K 线中间夹一根小阴线,在实践中是一组非常实用的 K 线组合,这个组合出现后,股价继续上涨的概率极大(图 5－14 所示)。

3. 上升三部曲

这组 K 线组合出现在上升途中,由一根较大的阳线接三根较小的阴线,再接一根较大阳线组合,预示后市将继续上涨(图 5－15 所示)。

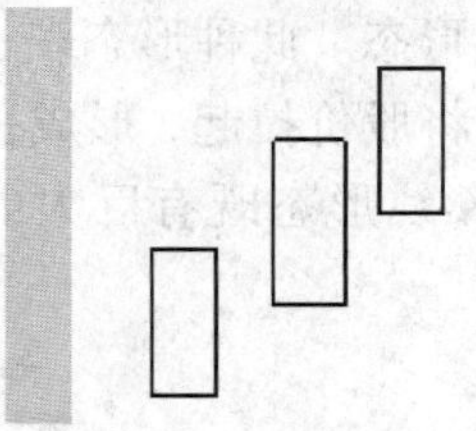

图 5－13 三个白武士

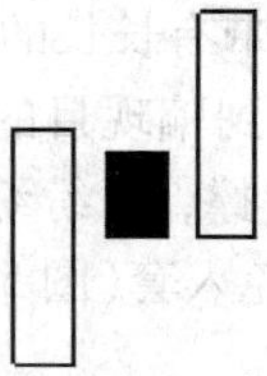

图 5－14 两阳夹一阴

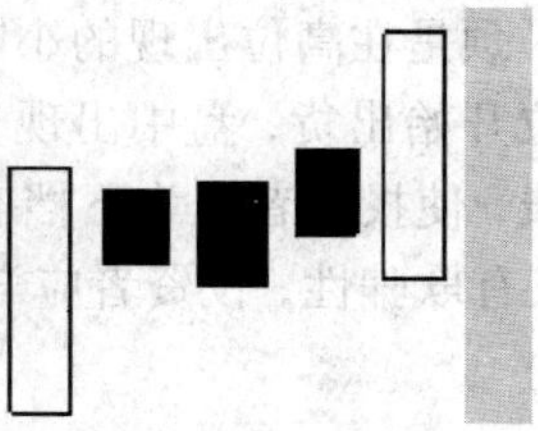

图 5－15 上升三部曲

(二)下跌行情的 K 线组合形态

1. 三只黑乌鸦

由三根短小的连续下跌的小阴实体组成,K 线收盘价一日比一日低,表示空方力量在逐步加强,后市看淡,下跌速度将加快(图 5－16 所示)。

2. 两阴夹一阳

两阴夹一阳的 K 线组合就是一根阳线夹在两根阴线中间,这常常是一个下跌途中的形态。表示股价下跌中，中间遇到小阳线的抵抗，但还是挡不住卖方的力量，股价将继续走下跌行情(图 5－17 所示)。

3. 下跌三部曲

一根长阴线后跟着三根连续小幅上涨的小阳线，随后又是一根大阴线，反映市场极度虚弱，小涨大跌，空方绝对占优势(图 5－18 所示)。

图 5－16　三只黑乌鸦

图 5－17　两阴夹一阳

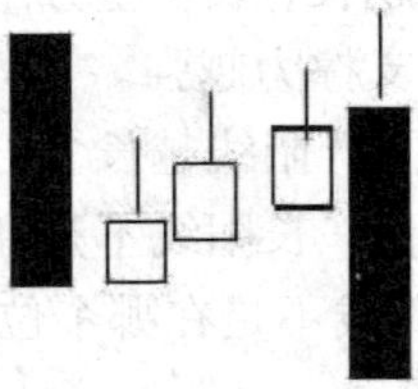

图 5－18　下跌三部曲

(三)顶部反转图型

1. 穿头破脚

这种形态的股价经过较长时间的上升，当日 K 线高开低走，收一根长阴线，这根长阴线将前一日或两日阳线全部覆盖，因此这根长阴线被称为穿头破脚。这种图形包含的信息是：市场主力已将股价推至较高处，并借买方市场情绪高昂拉高出货，高开制造假象，吸引跟风盘，随后大肆出货，将所有跟风盘全部套牢。这种 K 线形态属于强杀伤力的顶部反转形态，随后的下跌空间较大，遇此形态应坚决出货(图 5－19 所示)。

2. 乌云盖顶

这种 K 线组合形态也是属于拉高出货的一种顶部反转形态。发生的时间和情况与穿头破脚相似，只是在图形上乌云盖顶，像黑云压城似的收出一根大阴线，但此根阴线的收盘切入到前一根阳线的三分之二处。乌云盖顶的杀伤力仅次于穿头破脚，属于杀伤力极强的顶部反转形态，遇此形态应坚决出货(图 5－20 所示)。

3. 吊颈

吊颈是在高位出现的小阴线实体，并带有长长的下影线的 K 线形态。此种形态表示主力在高位开始出货，盘中出现长阴，为了达到骗现目的，主力在尾市将股价拉起，形成长长的下影线，使投资者认为下档有强有力的支撑，而纷纷跟进。这种 K 线形态既有巨大的杀伤力，又有欺骗性，投资者应学会识别，以免入套(图 5－21 所示)。

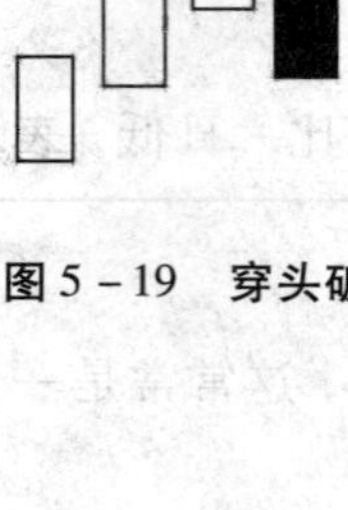

图 5－19　穿头破脚

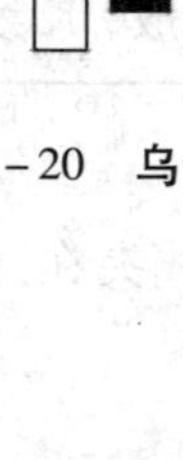

图 5－20　乌云盖顶

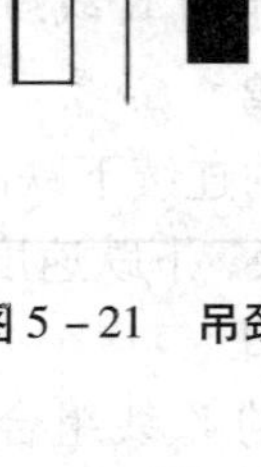

图 5－21　吊颈

（四）底部反转形态

1. 曙光初现

这种图形常发生在股价连续大幅下跌，超跌严重，结果当日股价借下跌惯性跳空低开，随后股价在超跌买盘的介入下，当日收出阳线，阳线收盘的位置插入前一日阴线实体的二分之一以上（图 5－22 所示）。

2. T 字形

T 字形也可以称为一种反转形态，前提是股价应经过较长时间的连续大幅下跌，当日股价开盘后，走势继续下跌，并带出最后一批抛盘，随后在盘中股价开始稳步上升，最后以开盘的位置收市。T 字形在超低价位出现，反映下档支撑极强，股价可能出现反转走势（图 5－23 所示）。

图 5－22　曙光初现

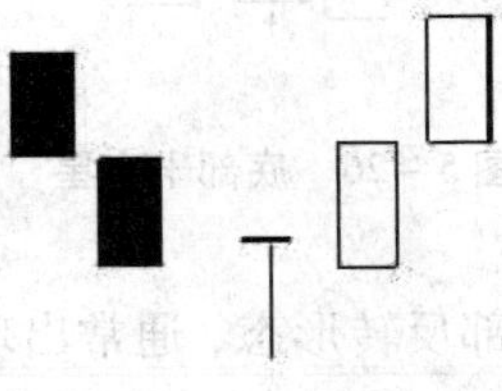

图 5－23　T 字形

3. 倒 T 字形

这种形态的 K 线组合与 T 字形的基本相同，只是股价开盘后因超跌开始上涨，随后遇到了小幅抛压，将股价压至开盘价的价位收盘。虽然倒 T 字形带有上影线，反映有一定压力，但因在极度超跌的位置出现，应被视为卖方的强弩之末（图 5－24 所示）。

4. 锤头

锤头是一个小实体下面带有一定长度下影线的 K 线形态，形状就像锤子带有锤柄。在长期的下跌中，锤头的出现预示着下跌趋势将结束，表达了市场正在用锤子来夯实底部，是比较可靠的底部反转形态（图 5－25 所示）。

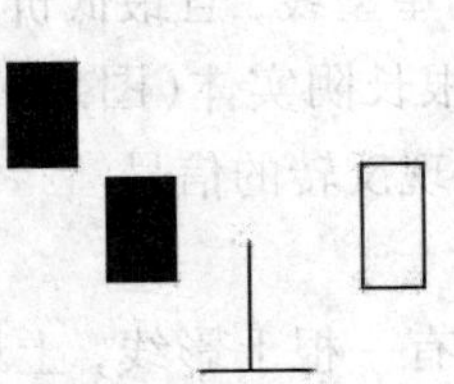

图 5－24　倒 T 字形

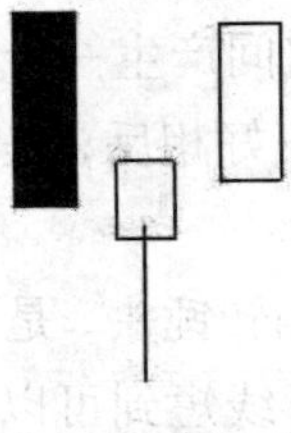

图 5－25　锤头

（五）星的基本形态

1. 十字星

（1）底部十字星

当股价连续下跌一段时间，或经过了数浪下跌，已产生较大的跌幅，此时卖方做空的力量已经不足，下跌无动力，而买方由于连续下跌的阴线影响，买入时很谨慎，但因超跌又有少量的买盘，所以此时多空双方力量在一个极小的范围内达到了某种平衡，这时就会出现开盘价和收盘价相等，并带有一定上下影线的十字星。底部十字星出现,说明市场处于观望阶段，但因价位较低，已有抄底盘少量介入，买卖双方力量达到暂时平衡。十字星出现时，投资者可得到的信息是:连续下跌，卖方力量不足 ，投资者惜售情绪明显。一旦多方力量增加，将可能出现变盘情况(图 5－26 所示)。

(2)顶部十字星

因股价处于高位，一旦空方力量增强，将可能出现向下的变盘(图 5－27 所示)。

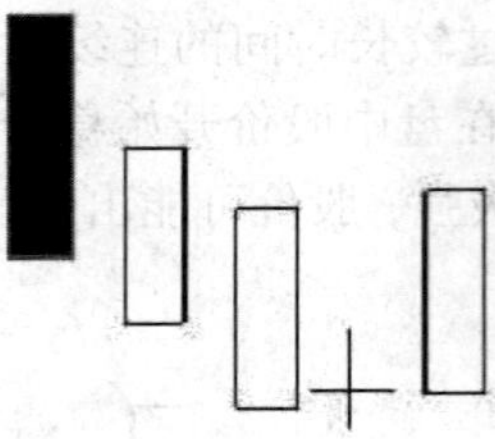

图 5－26　底部十字星

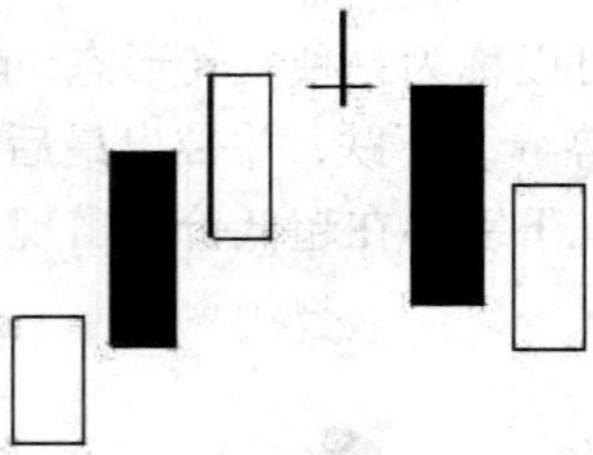

图 5－27　顶部十字星

2. 早晨之星

是一种典型的底部反转形态，通常出现在股价连续大幅下跌和数浪下跌的中期底部或大底部。早晨之星由三根 K 线组成，该图形的特征是，在下降趋势中某一天出现一根长阴实体;第二天出现一根向下跳空低开的星型线，且最高价低于头一天的最低价，与第一天的阴线之间产生一个缺口;第三天出现一根长阳实体。

早晨之星一般出现在下降趋势的末端，是较强烈的趋势反转信号。早晨之星的含义是黑暗已经过去，曙光已经来临，多空双方力量对比已经开始转变，一轮上升行情已经开始(图 5－28 所示)。

3. 黄昏之星

它通常出现在股价连续大幅上涨和数浪上涨的中期顶部或大顶部。它的出现预示着一轮上涨行情已经结束。黄昏之星是重要的反转形态，有很强的杀伤力。它也是由三根 K 线组成:第一根是长阳实体;第二天出现一根向上跳空高开的星型线，且最低价高于头一天的最高价，与第一天的阳线之间产生一个缺口;第三天出现一根长阴实体(图 5－29 所示)。黄昏之星的情况同早晨之星正好相反，是较强烈的上升趋势出现反转的信号。

4. 射击之星

射击之星又称为倒转锤头，是一个小实体，上面带有一根上影线，上影线的长度至少是实体长度的两倍，下影线短到可以认为不存在。这种图形经常出现在连续上涨之后，它的出现常预示着转折点将出现(图 5－30 所示)。

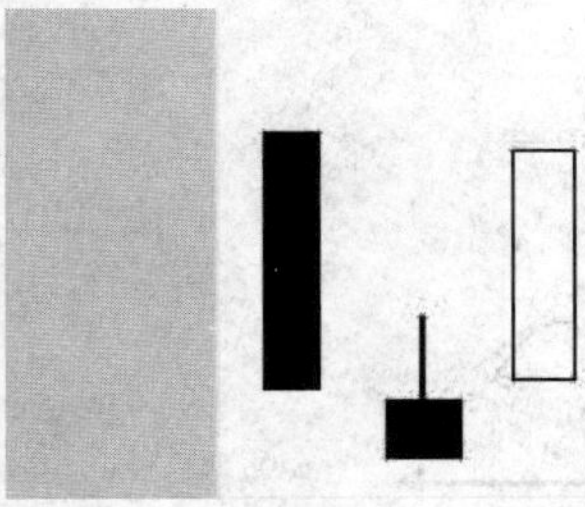

图 5－28　早晨之星

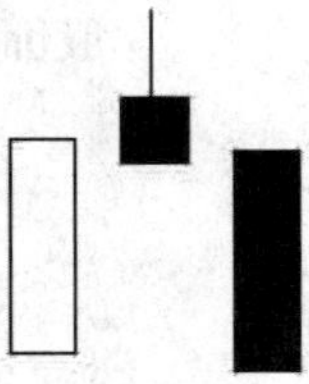

图 5－29　黄昏之星

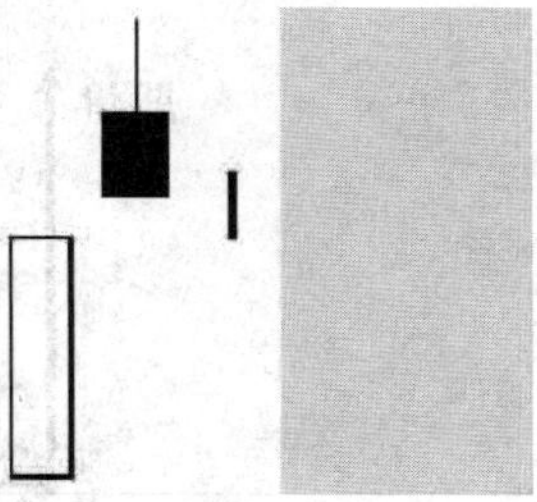

图 5－30　射击之星

(六)应用 K 线应注意的问题

1. K 线分析只能作为战术手段，不能作为战略手段；

2. K 线的出错率比较高，使用时必须结合具体行情加以分析；

3. 典型的 K 线组合在实战中出现的很少，经常看到的都属于近似形态，遇到时一并运用所讲授理论。

第四节　切线分析

技术分析的理论基础之二就是“股价是沿着趋势移动的”。要“顺势而为，而不逆势而动”。这里的“势”就是大趋势。成功的投资者就是成功地把握股市长期趋势的结果。切线理论就是帮助投资者识别大趋势较为实用的方法。

一、趋势分析

(一)趋势的含义

趋势就是股票价格的波动方向，或者说是证券市场运动的方向。一般说来，若确定了是一段上升(或下降)的趋势，则价格的波动必然朝着这个方向运动。在上升的行情里，虽然也时有下降，但不影响上升的大方向，不断出现的新的高价会使偶尔出现的小幅度下降黯然失色。下降行情里情况相反，不断出现的新低会使投资者心情悲观失望人心涣散。技术分析的三大假设的第二条明确说明价格的变化是有趋势的，没有特别的情况，价格将沿着这个趋势继续运动。这一点就说明趋势这个概念在技术分析中占有很重要的地位。

(二)趋势的方向

趋势的方向有上升方向、下降方向和水平方向。如果图形中每个后面的峰和谷都高于前面的峰和谷，则趋势就是上升方向。如果图形中每个后面的峰和谷都低于前面的峰和谷，则趋势就是下降方向。如果图形中后面的峰和谷与前面的峰和谷相比，没有明显的高低之分，几乎呈水平延伸，这时的趋势就是水平方向。水平方向趋势是被大多数人忽视的一种方向，这种方向在市场上出现的机会是相当多的。

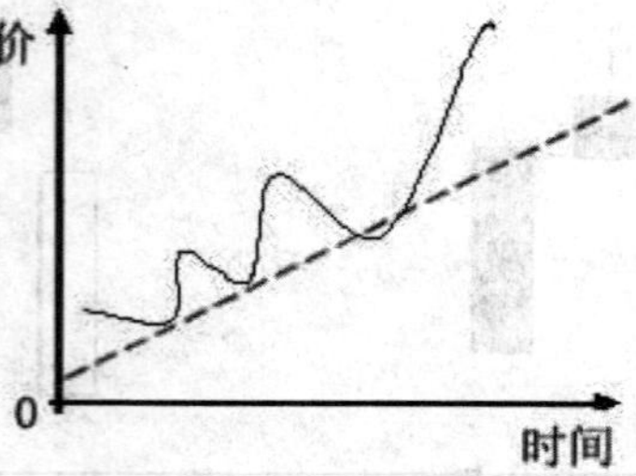

图 5 – 31　上升方向

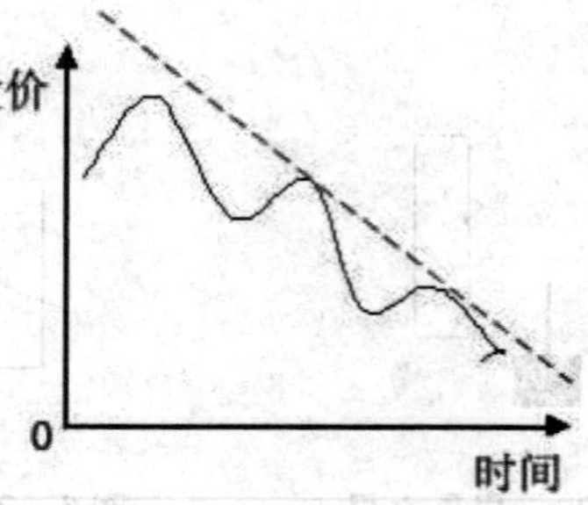

图 5 – 32　下降方向

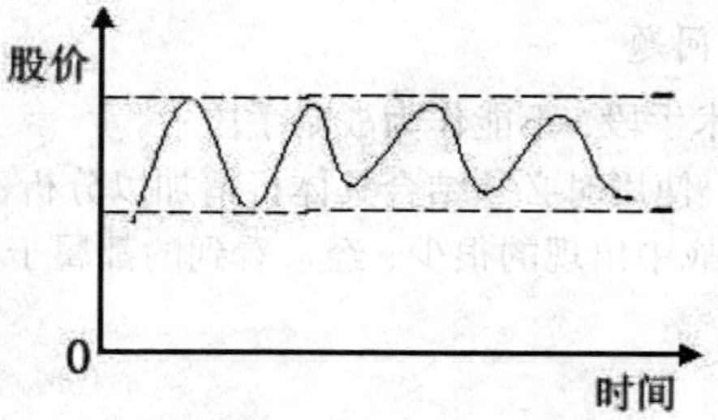

图 5 – 33　水平方向

(三)趋势的类型

1. 主要趋势

主要趋势(primary trend)是股价波动的大方向，一般持续的时间比较长。按照道氏理论牛市一般三到四年，熊市最短十一个月，最长为两年。在一个大趋势下，趋势的主要方向只有一个。

2. 次要趋势

次要趋势(secondary trend)是在主要趋势中进行的调整，其方向和主要趋势相反，时间比主要趋势短得多的趋势。牛市行情下次要趋势是下降的，而熊市行情下次要趋势是上升的。但在一个总行情下次要趋势可以有若干个。

3. 短暂趋势

短暂趋势(near term trend)是在次要趋势中进行的调整，属于日常的小波动。时间最短是一天，最长也不会超过一周的波动。波动的方向与主要趋势一致。

这三种类型的趋势的区别是时间的长短和波动幅度的大小。

二、支撑线与压力线

(一)支撑线与压力线

支撑线(suppor line)又称为抵抗线，是当股价跌到某个价位附近时，股价停止下跌，甚至有可能还有回升。这个起着阻止股价继续下跌或暂时阻止股价继续下跌的价格就是支撑线所在的位置(图 5 – 34 所示)。

压力线(resistance line)又称为阻力线，是当股价上涨到某价位附近时，股价会停止上涨，甚至回落。这个起着阻止或暂时阻止股价继续上升的价位就是压力线所在的位置(图 5 – 35 所示)。

如果趋势已经确认了，比如我们认识到大牛市来临，那么自然打算入市，这时就有选择入市时机的问题。我们总是希望在涨势回落的最低点买入，这个回落的低点在哪里呢？支撑线和压力线会给我们一定的帮助。

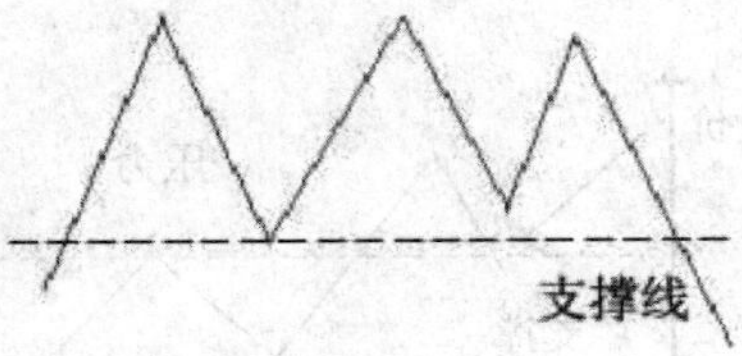

图5-34 支撑线

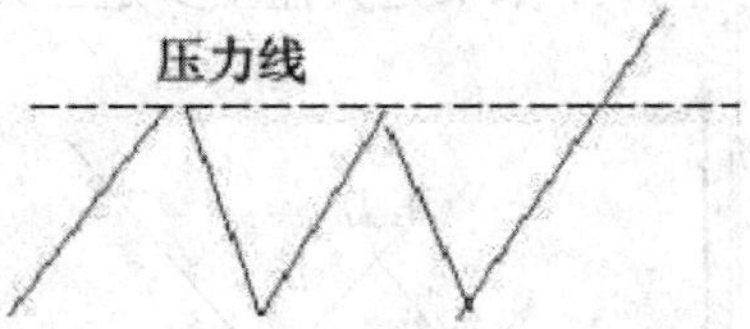

图5-35 压力线

(二)支撑线与压力线的作用

支撑线和压力线的作用是暂时阻止股价向一个方向继续运动。股价的变动是有趋势的，要维持这种趋势，保持原来的变动方向，就必须冲破阻止其继续向前的障碍。比如说，要维持下跌行情，就必须突破支撑线的阻力和干扰，创造出新的低点；要维持上升行情，就必须突破上升压力线的阻力和干扰，创造出新的高点。由此可见，支撑线和压力线迟早有被突破的可能，它们不足以长久地阻止股价保持原来的变动方向，只不过是使之暂时停顿而已。

同时，支撑线和压力线又有彻底阻止股价按原方向变动的可能。当一个趋势终结了，它就不可能创出新的低价和新的高价，这样支撑线和压力线就显得异常重要。

在上升趋势中，如果下一次未创出新高，即未突破压力线，这个上升趋势就已经处在很关键的位置了；如果再往后的股价又向下突破了这个上升趋势的支撑线，这就产生了一个趋势有变的很强烈的警告信号，通常这意味着，这一轮上升趋势已经结束，下一步的走向是向下跌的过程。同样，在下降趋势中，如果下一次未创出新低点，即未突破支撑线，这个下降趋势就已经处于相当关键的位置了；如果下一步股价向上突破这次下降趋势的压力线，这就发出了这个下降趋势将要结束的强烈信号，股价的下一步将是上升的趋势。

(三)压力线与支撑线相互变化

一条压力线如果被突破，那么这条压力线将成为支撑线(图5-36所示)；同理，一条支撑线被跌破，这一支撑线将成为压力线(图5-37所示)。这说明压力线和支撑线的地位不是一成不变的，而是可以改变的，改变的条件是它被有效的足够强大的股价变动突破。压力和支撑相互转化的重要依据是被突破。怎样才算被突破呢？这里要掌握四个标准：

1. 距离标准

是指穿过支撑和压力线越远，突破的结论越正确，越值得相信。经验数是5%左右和一些整数的价位。跌破这些数字，往往应是改变看法的开始。

2. 收盘价标准

是指股价运行到与支撑线和压力线并与之相交时，当天股价无论怎样波动都不重要，重要的是看征战一天最后收盘价在什么位置，如果收盘价在支撑或压力线另一方，则符合了这一条件。

3. 成交量标准

指在突破压力线时是否有大的成交量伴随。如果有大的成交量伴随，这种突破可靠性高，反之则可靠性有限。但这里指的成交量仅指向上突破压力线，通常突破支撑线时可以忽略成交量的条件。

4. 时间标准

指突破支撑或压力后，在支撑或压力线另一方停留的时间条件，通常对于个股要求必须停留时间至少两天，如果是大盘至少是三天或者三天以上可靠性才更高。

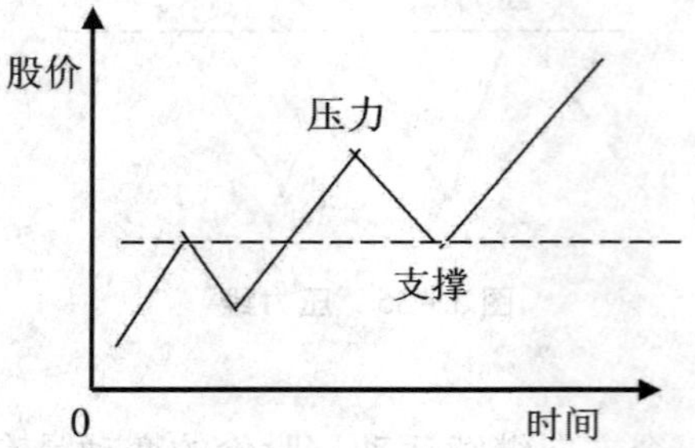

图 5-36　压力变支撑

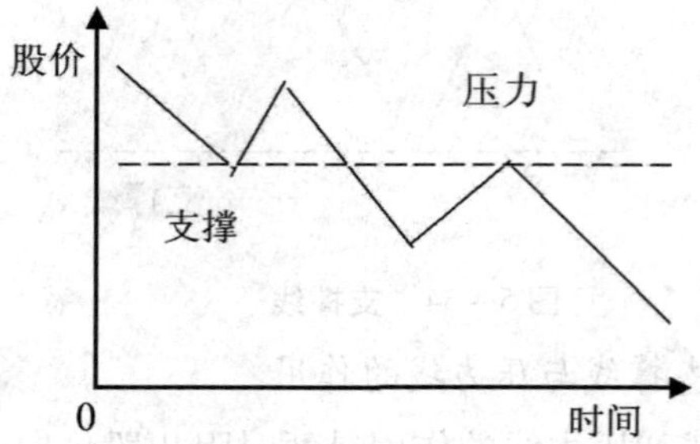

图 5-37　支撑变压力

(四) 支撑线和压力线的确认

每一条支撑线和压力线的确认都是人为进行的，根据股价变动所画出的图表，这里面有很大的人为因素。一般来说，一条支撑线或压力线的确认从三个方面考虑：

1. 股价在这个区域停留时间的长短；

2. 股价在这个区域伴随的成交量大小；

3. 支撑或压力区域距离当前的时间远近。

很显然，持续的时间越长，伴随的成交量越大，离现在越近，则这个支撑和压力区域对当前的影响就越大，反之就越小。

有时，由于股价的变动，会发现原来确认的支撑或压力可能不真正具有支撑或压力的作用，不很符合上面所述的三条。这时，就有一个对支撑线和压力线进行调整的问题，这就是支撑线和压力线的修正。

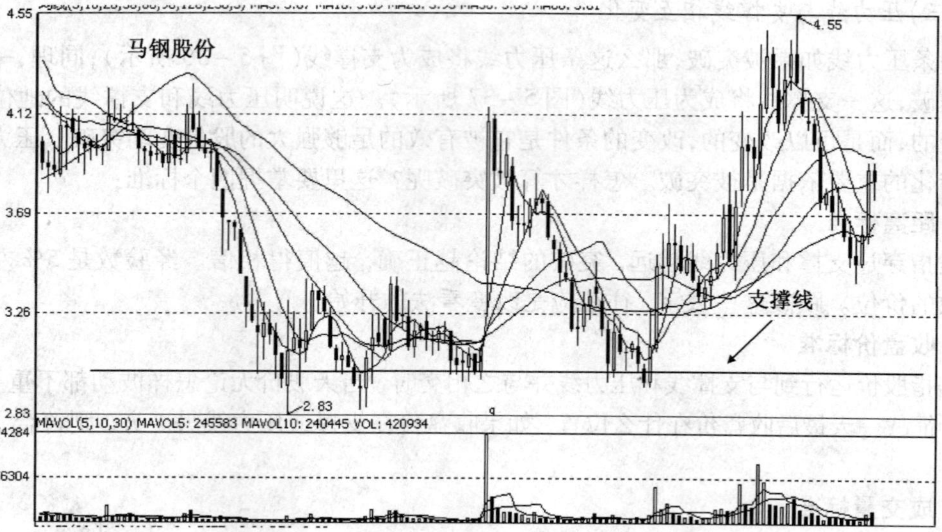

案例 (5-1)　支撑线

对支撑线和压力线的修正过程其实是对现有各个支撑线和压力线的重要性的确认。每个支撑线和压力线在人们的心中的地位是不同的。股价到了这个区域，你心里清楚，它很有可能被突破，而到了另一个区域，你心理明白，它不容易被突破。这为进行买卖提供了一些依据，不至于仅凭直觉进行买卖决策。

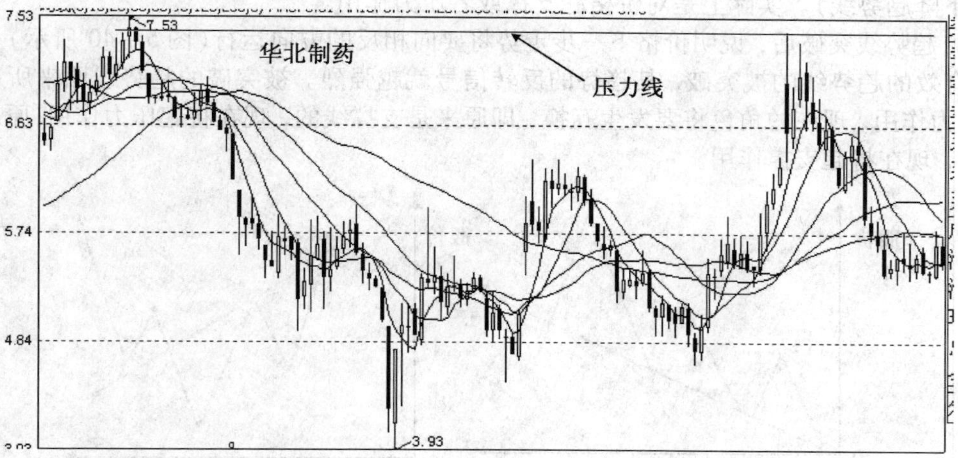

案例（5-2） 压力线

三、趋势线与轨道线

(一)趋势线

1. 趋势线的含义

趋势线(trend line)是描述价格趋势的直线，由趋势线的方向可以明确地看出股价的趋势。由趋势线被突破情况，可以判断趋势的发展方向。反映股价向上波动方向的称为上升趋势线;反映股价向下波动方向的称为下降趋势线。

2. 趋势线的画法

在上升趋势中，将两个上升的低点连成一条直线，就得到上升趋势线(图 5-38 所示)。在下降趋势中，将两个下降的高点连成一条直线，就得到下降趋势线(图 5-39 所示)。

上升趋势线对股价起到支撑作用，下降趋势线对股价起到的是压力作用。

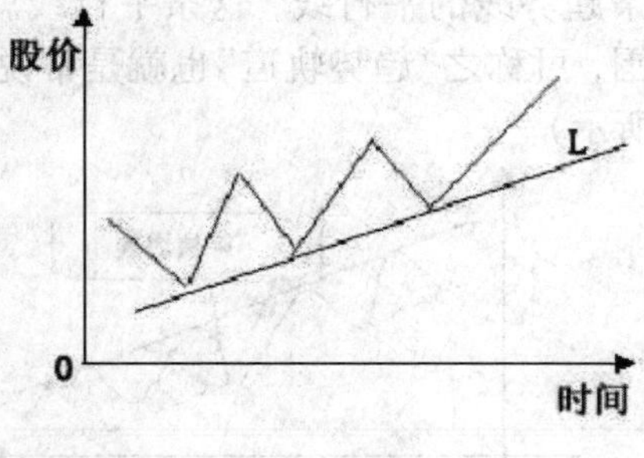

图 5-38 上升趋势线

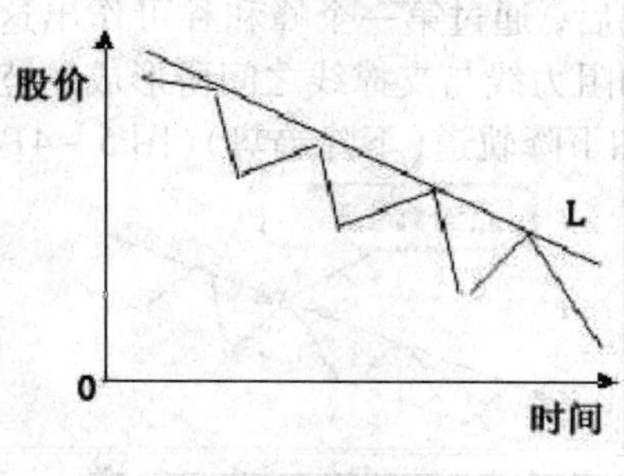

图 5-39 下降趋势线

3. 趋势线的确认

一条趋势线一经确认，接下来就是怎样使用这条趋势线来对价格进行预测。一般来说，趋势线的作用有两个：

(1)对价格今后的变动起约束作用，使价格总保持在这条趋势线的上方(上升趋势线)或下方(下降趋势线)。实际上是对价格起支撑或者压力作用。

(2)趋势线突破后，说明价格下一步走势将要向相反的方向运行(图5－40所示)。越重要、越有效的趋势线的被突破，其趋势的反转信号就越强烈。被突破的趋势线原来所起的支撑和压力作用，现在的角色将要发生互换，即原来是支撑线的，现在将起压力作用；原来是压力线的，现在将起支撑作用。

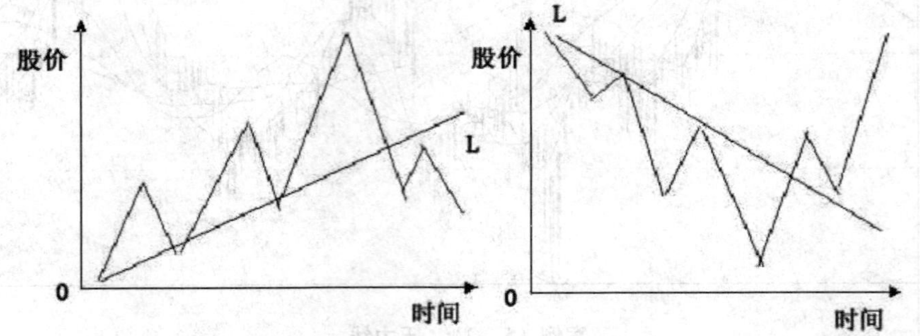

图5－40　趋势线被突破后起相反作用

4. 趋势线的应用

(1)上升趋势线被跌破时，为卖出股票的信号。但在上升趋势线没有被跌破前，这条趋势线就是每一次股价回落的支撑。

(2)当下降趋势线被突破时，为买入股票的信号。但在没有突破前，下降趋势线就是每一次股价回升的阻力。

(3)一种股票价格随着固定的趋势移动时间越久，该趋势越可靠。由此，周线图和月线图的趋势线图更值得信赖，太短时间所形成的趋势线分析意义不大。

(二)轨道线

1. 轨道线的概念

轨道线(channel line)又称通道线或管道线，是基于趋势线的一种支撑和压力线。在已经得到了趋势线后，通过第一个峰和谷可作出这条趋势线的平行线，这条平行线就是轨道线。在两条平行的阻力线与支撑线之间所形成的范围，可称之“趋势轨道”也就是常说的上升轨道(上升趋势)和下降轨道(下降趋势)(图5－41所示)。

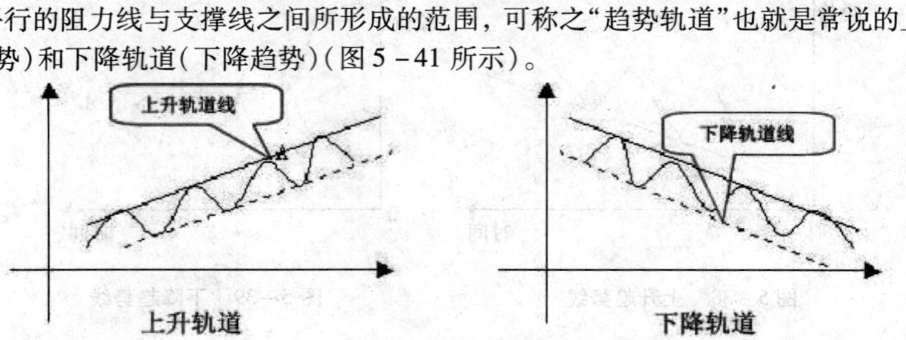

图5－41　轨道线

轨道线的第一个作用就是限制股价的变动范围，让它不能远离得过分，变得太离谱。一个轨道一旦得到确认，那么价格将在这个通道里变动。如果上面的或者下面的直线被突破，就意味着将有一个大的变化。与突破趋势线不同，对轨道线的突破并不是趋势反转的开始，而是趋势加速的开始，即原来的趋势线的斜率将会增加，趋势线的方向将会更加陡峭。轨道线的另一个作用是提供趋势转向的警报。如果在一次波动中未触及到轨道线，离得很远就开始掉头，这往往是趋势将要改变的信号。

2. 轨道线的应用

利用轨道线可以帮助我们解决买卖点的问题：

(1)无论是上升还是下跌趋势轨道中，当股价触及上方的压力线时，就是卖出的信号；当股价触及下方的支撑线时，就是买进的时机。

(2)若在上升趋势轨道中，发现股价突破上方的压力线时，证明新的上升趋势轨道即将产生。

(3)同理，若在下跌趋势中，发现股价突破下方支撑时，可能新的下跌趋势轨道即将产生。

(4)股价在上升行情时，一波的波峰会比前一波的波峰高，一波的波谷会比前一波的谷高；而在下跌行情时，一波的波峰会比前一波的波峰低，一波的波谷会比前一波的波谷低。

(5)处于上升趋势轨道中，若发现股价无法触及上方的压力线时，既表示涨势趋弱了。

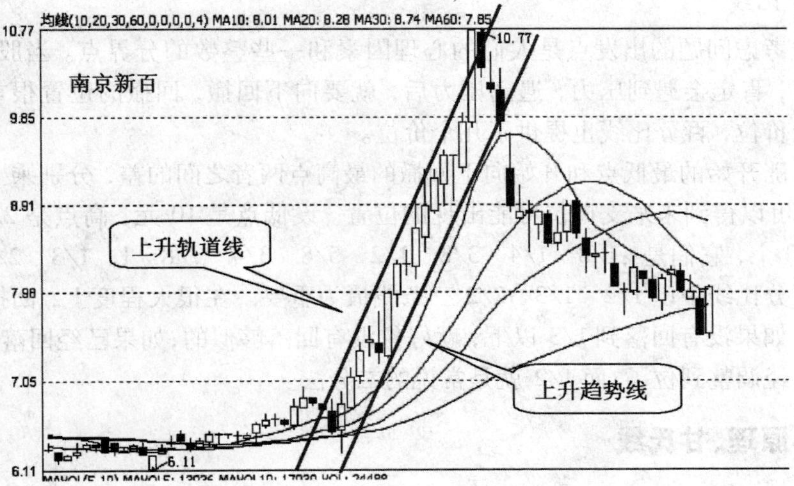

案例(5-3) 轨道线

四、黄金分割线与百分比线

黄金分割线和百分比线是两类重要的切线，在实际中得到了广泛应用。这两条线的共同特点有两个：一是它们都是水平的直线(其它的切线大多都是倾斜的)；二是它们注重支撑线与压力线的位置，而对什么时间到达这个价位不过多的关心。

(一)黄金分割线

黄金分割是一个古老的数学方法。对它的各种神奇的作用和魔力，数学上至今还没有明确的解释，只是发现它屡屡在实际中发挥我们意想不到的作用。"黄金分割率"是一种十分神奇的数字，用它来对股市行情进行预测分析，不仅能够较为准确地预测出股指或股价上涨或下跌的幅度，而且还能够测定股指或股价上涨过程中的各个阻力位和下跌过程中的各个支撑位。

这将为我们在持股待涨时最高能期望到什么程度，或在空仓观望时最低应看跌到什么程度，提供有力的参考依据。其应用步骤分三个：

1. 记住以下若干个特殊的数字

0.191	0.382	0.618	0.809
1.191	1.382	1.618	1.809
2.00	2.382	2.618	4.236

2. 找到一个点，以便画出黄金分割线

这个点是上升行情结束的最高点，或者是下降行情结束的最低点。

3. 把找到的点分别与黄金分割的数字相乘

这样即可得到我们要找的黄金分割位了。一般来讲投资者关心的是在下降行情结束开始掉头向上时，这次行情上涨到什么位置会遇到阻力；上升行情结束时，下降一般会停留在哪些位置。那么，黄金分割就为我们提供了这样一些价位，它是这次行情下跌的最低点乘以上面的第二行或者是第三行的某个数字得出。这些数字中最为重要的是 0.382，0.618，1.382，1.618，股价极为容易在这四个数产生的黄金分割线处产生支撑和压力。

（二）百分比线

百分比线考虑问题的出发点是人们的心理因素和一些整数的分界点。当股价持续向上，涨到一定程度，肯定会遇到压力，遇到压力后，就要向下回撤，回撤的位置很重要。黄金分割提供了几个价位，百分比线也提供了几个价位。

以这次上涨开始的最低点和开始向下回撤的最高点两者之间的差，分别乘上几个特别的百分比数，就可以得到未来支撑位可能出现的位置。设低点是 10 元，高点是 22 元。这些百分比数一共 10 个，它们是 :1/8　1/4　3/8　1/2　5/8　3/4　7/8　1　1/3　2/3。

这里的百分比线中以 1/2　1/3　2/3 三条线最为重要。在很大程度上，回撤是人们的一种心理倾向。如果没有回落到 1/3 以下，就好像没有回落够似的；如果已经回落了 2/3，人们自然会认为已经调整到位了；而 1/2 就是常说的二分法。

五、扇形原理、甘氏线

（一）扇形原理

1. 含义

扇形线与趋势线有很紧密的联系，初看起来很像趋势线的调整。实际上扇形线丰富了趋势线内容，明确给出了趋势反转的信号。扇形原理可以简单地叙述为：如果所画的三条趋势线都被突破，则趋势将反转。

2. 扇形线的判断反转

趋势要反转必须突破层层阻止突破的阻力。要反转向上，必须突破很多条压在头上的压力线；要反转向下，必须突破很多条横在下面的支撑线。稍微的突破或短暂的突破都不能被认为是反转的开始，必须消除所有的阻力，才能最终确认反转的来临。

扇形线（图 5－42）就是从一个特殊的角度来考虑反转的问题。它遵循三次突破的原则。

3. 三次突破原则

在下降趋势中，先以两个高点画出一条下降趋势线后，如果价格向上回升，突破了刚画的下降趋势线，则以新出现的高点与原来的第一个高点相连接，再画出第二条下降趋势线。如果第二条趋势线又被向上突破，则同前面一样，用新的高点，与最初的高点相连接，画出第三条下降趋势线。这第三条下降趋势线如果又被突破，则趋势将真正反转。下降扇形线被突破，宣布下降趋势的结束。

上升趋势可如法炮制，只是方向正好相反。

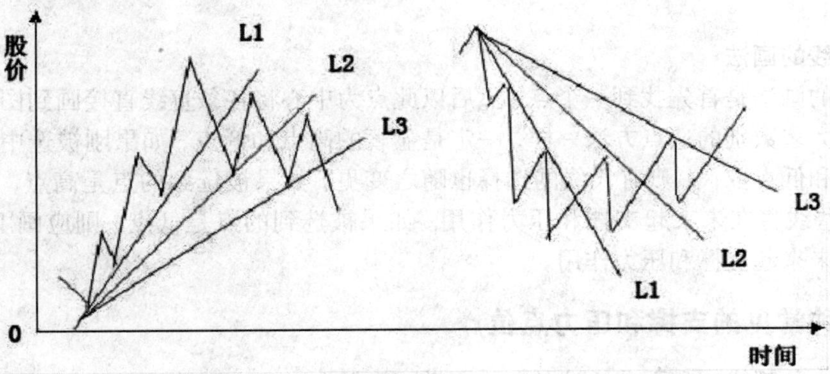

图 5－42 扇形线示意图

（二）甘氏线

甘氏线（Gann line）分上升甘氏线和下降甘氏线两种，是由 William D. Gann 创立的一套独特的理论。Gann 是一位具有传奇色彩的股票技术分析大师。甘氏线就是他将百分比原理和几何角度原理结合起来的产物。

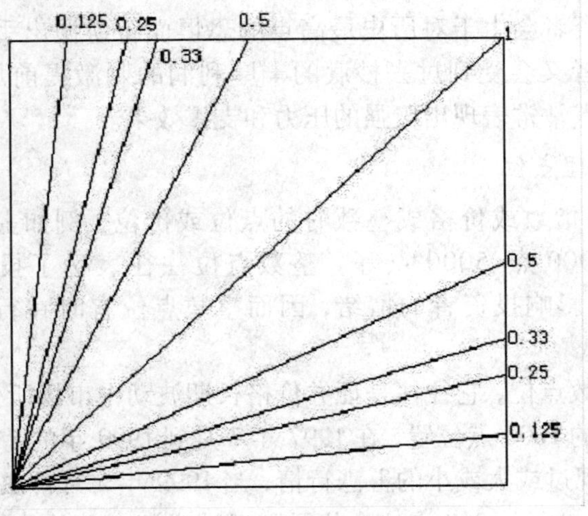

图 5－43 上升甘氏线

甘氏线是从一个点出发，依一定的角度，向后画出的多条直线，所以，有些书上把甘氏线称为角度线（图 5－43 所示）。

1. 直线与百分比数字有关

图中的每条直线都有一定的角度，这些角度的得到都与百分比线中的那些数字有关。每个角度的正切或余切分别等于百分比数中的某个分数(或者说是百分数)。

2. 最重要的三条线

每条直线都有支撑和压力的功能，但这里面最重要的是45度线、63.75度线和26.25度线。这三条直线分别对应百分比线中的50%，62.5%和37.5%百分比线。

其余的角度虽然在股价的波动中也能起一些支撑和压力作用，但重要性都不大，都很容易被突破。

3. 甘氏线的画法

甘氏线的画法是首先找到一个点，然后以此点为中心将各条直线直接画到图上即可。被选择的点同大多数别的选点方法一样，一定是显著的高点和低点，如果刚被选中的点马上被创新的高点和低点取代，则甘氏线的选择也随之变更。如果被选到的点是高点，则应画下降甘氏线，这些线将在未来起支撑和压力作用。如果被选到的点是低点，则应画上升甘氏线，这些线将在未来起支撑和压力作用。

六、几种常见的支撑和压力点位

根据黄金分割线法和百分比法的基本思路，人们在实践中还总结了其它常见的确定支撑和压力点位的方法，它们都属于水平切线类的直线，与黄金分割线法和百分比法所起到的作用相同。

(一)历史最高点与最低点

历史最高点与最低点是价格波动中最具有影响力的价位。由于历史最高点位和最低点位反映了长期价格波动趋势中的波峰和波谷，因此对投资者有着非常强的心理影响力。当价格接近历史最高点时，投资者会由于对历史最高点的恐惧而纷纷抛出手中的股票；而当价格接近历史最低点时，投资者又会受到过去抄底的丰厚利润的刺激提前加入到买盘的行列。因此，历史最高点和最低点常常表现出极强的压力和支撑效果。

(二)整数点位和心理点位

整数点位是指价格指数或价格成整数时的点位或价位，例如上证指数1000点、1500点，深圳成份股指数3000点、5000点等。整数点位往往表达了投资者对行情发展的判断和信心的强弱，很能影响投资者的情绪，因而整数点位有时在行情中表现出较强的支撑和压力功能。

心理点位不同于整数点位，它往往是证券价格长期波动中市场所公认的一定时期内的顶部或底部区域。如沪市的1000点位置，在1997年7月到1999年的5月近两年时间5次被触及，每一次被触及都出现过或大或小的上涨行情，当1999年5月再次触及这个点位时，就爆发了一波大的牛市行情。所以1000点这个位置已经被投资者公认为沪市的“铁底”区域，那么当某一个区域被投资者认可时，这个位置的支撑和压力效能往往表现得最为强烈。

(三)成交密集区

成交密集区是指过去交易量大、交易比较活跃的价格区域。由于成交量大、交易活跃，因此，在这个成交密集区及其附近堆积了大量的资金筹码。如果价格波动在成交密集区之上，则成交密集区将成为日后价格下跌时较强的支撑区域；如果价格波动在成交密集区之下，则成交密集区将成为日后股价上升时较强的压力区域。

(四)颈线

图形形态分析是技术分析中一种重要的分析方法。在图形形态分析中，颈线有着极其重要的意义。如头肩顶与头肩底、双重顶与双重底形态中的颈线。这些颈线都对股价起着重要支撑和压力作用。这些位置通常是操作中最为敏感的位置。

七、运用切线时应注意的问题

切线方法为我们提供了很多价格移动可能存在的支撑线和压力线。这些支撑线和压力线对进行行情判断有很重要的作用。但是，应该明确的是，支撑线和压力线有突破和不突破两种可能。在实际应用中会产生一些令人困惑的现象，往往要等到价格已经离开了很远的时候才能够肯定突破成功和突破失败。

用各种方法得到的切线提供了支撑线和压力线的位置，这些价格的位置仅仅是一些进行参考的价格，不能把它们当成万能的工具而完全依赖它们。证券市场中影响价格波动的因素很多，支撑线和压力线仅仅是多方面因素中的一个。多个方面同时考虑才能提高预测市场准确性的概率。

八、切线理论应用案例

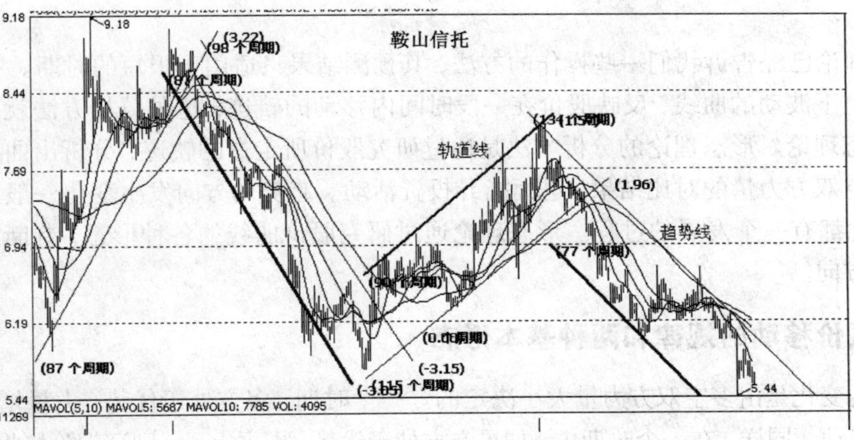

案例(图 5-4) 趋势线与轨道线应用

案例(图 5-5)是长安汽车黄金分割应用图。该股从最高价 24.58 元开始下降，当下降到 0.618(15.19 元)的黄金分割位置时，可以考虑买入。

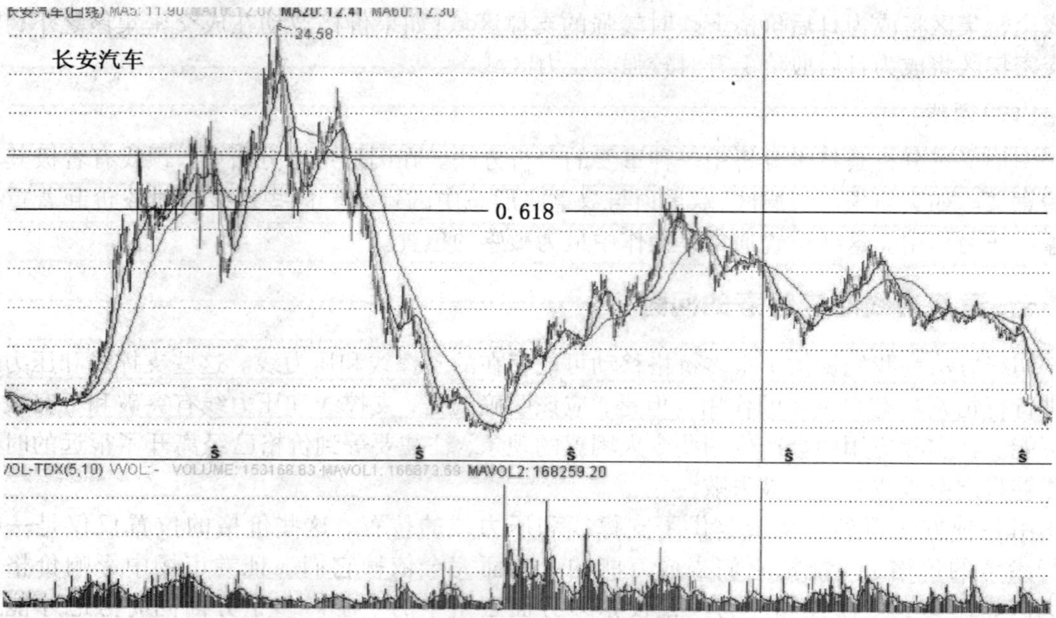

案例(图 5-5)　黄金分割线的运用

第五节　形态分析

K 线理论已经告诉我们一些操作的方法，其预测结果只适用于很短的时期。我们将 K 线组成一条上下波动的曲线，反映股价在一段时间内移动的轨迹，这种分析方法就是这里将要介绍的形态理论。形态理论的分析方法是通过研究股价所走过的轨迹，分析出曲线告诉我们的一些多空双方力量的对比结果，进而指导投资活动。趋势的方向发生变化一般不是突然来到的，变化都有一个发展的过程。形态理论通过研究股价曲线的各种形态，判断股价正在进行的运行方向。

一、股价移动的规律和两种基本形态

股价的变化是由多空双方力量大小决定的。一个时期，多方处于优势，力量增强，证券价格将向上移动。同样，在一个时期内，如果空方处于优势，占据上风，则证券价格将向下移动。

然而，多空双方中一方占据优势的情况是多种多样的。有的只是稍强一点，证券价格向上(下)走不了多远就会遇到阻力。有的时候强得多一些，可以把证券价格向上(下)拉抬(压)得多一些。有的优势是决定性的，这种优势完全占主动，对方几乎没有什么力量与之抗衡，股价的向上(下)移动就是势如破竹，没有任何力量可以阻挡。

股价移动的规律是完全按照多空双方力量对比大小和所占优势的大小而行动的。根据多空双方力量对比可能发生的变化，可以知道股价的移动应该遵循这样的规律：

第一，股价应在多空双方取得均衡的位置上下来回波动；

第二，原有的平衡被打破后，股价将寻找新的平衡位置。用下面的表示方法具体描述股

价移动的规律:

持续整理、保持平衡 ⟶ 打破平衡 ⟶ 新的平衡 ⟶ 再打破平衡 ⟶ 再寻找新的平衡……

股价的移动就是按这一规律循环往复、不断地进行的。市场中的胜利者往往是在原来的平衡快要打破之前或者是在打破的过程采取行动而获得收益的。原平衡已经打破,新的平衡已经找到,这时才开始行动,就已经晚了。

根据股价移动的规律,我们可以把股价曲线的形状分成两大类型:那就是持续整理形态和反转突破形态。前者保持平衡,后者打破平衡。平衡是相对的,股价只要在一个范围内变动,都属于保持平衡。这样这个范围的选择就成为判断平衡是否被打破的关键。

二、反转突破形态

反转突破形态描述了平衡被打破后趋势方向反转,这些形态的出现一般向我们描绘了未来股价将要发生反方向移动的图形形态,是投资分析中重点关注的变化形态。

(一)双重顶与双重底

双重顶就是常说的 M 头,双重顶共有两个顶和一个底,也就是两个相同高度的高点和一个低点,是一种极为重要的反转形态。

1. 双重顶

(1)双重顶的形成

在上升趋势末端,股价在第一个高点 A 建立了新高点之后进行正常的回档,受上升趋势线的支撑,这次回档在 B 点附近停止。之后继续上升,但是力量不够,上升高度不足,在 C 点(与 A 点等高)遇到压力股价向下,这样就形成 A 和 C 两个顶的形状。以 B 点作平行于 A、C 连线的平行线(图 5－44 所示)中间的一条虚线,就得到一条非常重要的直线——颈线。A、C 连线是压力线,颈线是与这条压力线对应的轨道线,这条轨道线在这里起支撑作用。

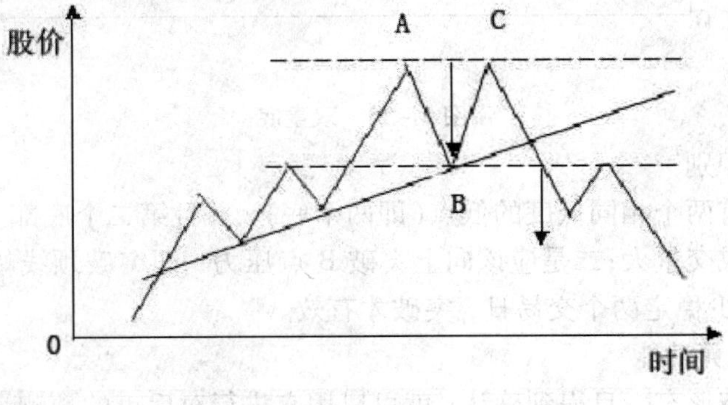

图 5－44 双重顶

(2)双重顶的未来走势

M 头形成以后,有两种可能的情形:第一是未突破 B 点的支撑位置,股价在 A、B 和 C 点形成的范围内上下波动,这是一个潜在的双重顶反转突破形态。第二是突破 B 点的支撑位置继续向下,这种是双重顶反转突破形态。

(3)双重顶的识别

首先，必须有两个高度近似或者相同的高点(即两个头)，并且第二个头部C的成交量比第一个头部A的成交量有明显的减少;此外还应该向下突破B点支撑的颈线位置;三是突破以后至少要在颈线下方停留两个交易日，突破才算有效。

但要注意的是，向下突破颈线时，成交量不一定扩大，日后继续下跌时，成交量会扩大。

(4)双重顶的测算

双重顶的反转突破形态一旦确立，就可以用它对后市进行预测了。从突破点算起，股价将至少要跌到与形态高度相等的距离。形态高度就是从顶点到颈线的垂直距离。即从A或C到B点的垂直距离。(图5-44所示)中右侧箭头所指将是股价至少要跌到的位置。

2. 双重底

双重底就是常说的W底，只是将双重顶倒转过来，下跌趋势结束前出现反弹，然后再度下跌，跌势趋于缓和，在前次低价附近止住，开始向上涨升(图5-45所示)。

(1)双重底的趋势

双重底形成后有两种趋势:第一是未突破B点的压力位置，股价在A、B、C三点形成的狭窄范围内上下波动，演变成以后介绍的矩形，成为整理形态;第二是突破B点的压力位置继续向上，这种情况才是双重底反转突破形态的真正出现。前一种情况只能说是一个潜在的双重底。

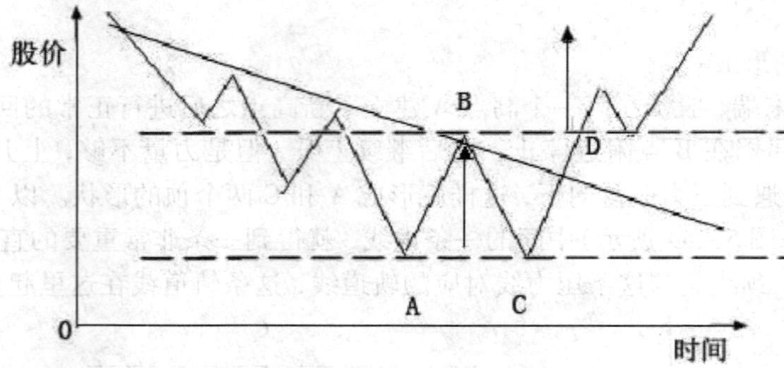

图5-45 双重底

(2)双重底的识别

双重底一是要有两个相同低度的低点(即两个底)，并且第二个底部上升时的成交量比第一个底部上升时的成交量大;二是应该向上突破B点压力，即突破颈线幅度超过该股市价的3%以上，突破后至少稳定两个交易日，突破才有效。

(3)双重底的测算功能

双重底反转突破形态一旦得到确认，就可以用它进行对后市的预测了。它的主要功能是测算功能。即从突破点算起，股价将至少要涨到与形态高度相等的距离(图5-45所示)。

(二)头肩顶与头肩底

头肩顶是股价形态中出现得最多的形态，是最著名和最可靠的反转突破形态。头肩顶形成的时间较长，少则3、5个月，长则数年之久。这种形态一共出现三个顶和两个底，中间的高点比另外两个都高，称为头，左右两个相对较低的高点称为肩(图5-46所示)。

1. 头肩顶

(1)头肩顶的形成

在上升趋势中，不断升高的各个局部的高点和低点保持着上升趋势，然后在某一个地方趋势的上涨势头将放慢。(图5－46所示)中A和B点还没有放慢的迹象，但在C和D点已经有了势头受阻的信号，这说明这一轮上涨趋势可能已经出了问题。最后，股价走到了E和F点，这时反转向下的趋势已势不可挡。图中的直线L_1和直线L_2是两条明显的支撑线。在C点和D点突破直线L_1说明上升趋势的势头已经遇到了阻力，E点和F点之间的突破则是趋势的转向。另外，E点的反弹高度没有超过C点，F点的回落已经低于D点，都是上升趋势出了问题的信号。

图(5－46所示)中的直线L_2是头肩顶形态中极为重要的颈线，在头肩顶形态中，它是支撑线，起支撑作用。头肩顶形态走到了E点并调头向下，只能说是原有的上升趋势已经转化成了横向延伸，还不能说已经反转向下了。只有当图形走到了F点，即股价向下突破了颈线，才能说头肩顶反转形态已经形成。

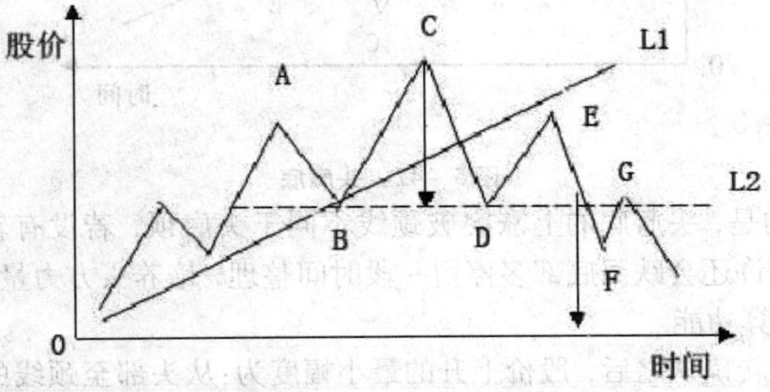

图5－46 头肩顶

(2)头肩顶的突破原则

确认颈线突破的原则仍然是在介绍切线方法时的三个:即收盘价、幅度和时间，这里不再重复。

(3)头肩顶的测算

颈线突破后，股价运动的方向是下跌，下跌的深度从突破点算起，股价将至少要跌到与形态高度相等的距离，即是从头到颈线的距离，也就是头肩顶形态的高度(图5－46)中从C点到颈线的距离。这个距离就是头肩顶形态的起码深度，实际行情中股价下跌的位置还要由其他一些因素影响的情况加以分析，这里给出的只是一个参考位置。

2. 头肩底

头肩底是实际股价形态中出现得最多的形态，也是最著名和最可靠的反转突破形态之一。

(1)头肩底的形成

股价经过长期下跌后，成交量相对减少，接着出现反弹(次级上升)，成交量与最后几天相比，没有显著增加，这是左肩(如A点)；股价第二次下跌，其价格低于左肩之最低价，而其成交量在下跌过程中未减少，甚至增多，在低价盘旋时成交量则迅速萎缩，然后一口气回升至越过左肩低价价位，成交量迅速增加大于形成左肩之成交量，头部完成(如C点)；第三次下跌，成交很明显小于左肩和头，当跌至头的最低价格水准以前即反弹上升，这是右肩(如E点)。

(2)头肩底有效突破原则

头肩底突破原则三个：

①股价配合大的成交量上升，突破颈线后上升速度没有减慢；

②突破颈线的幅度超过该股市价的3%以上；

③突破后在股价上方至少两日。

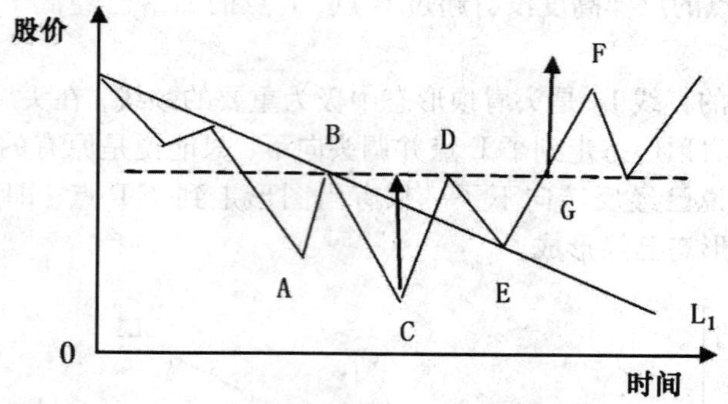

图5-47 头肩底

但这里要注意的是，头肩底的上涨突破颈线不同于头肩顶，若没有较大的成交量出现，它的可靠性降低，或许还会跌回底部多停留一段时间整理，培养买方力量才能上升。

(3)头肩底的测算功能

颈线被突破，反转确认之后，股价上升的最小幅度为：从头部至颈线的股价垂直距离(图5-47所示)从C点到颈线的箭头所示。

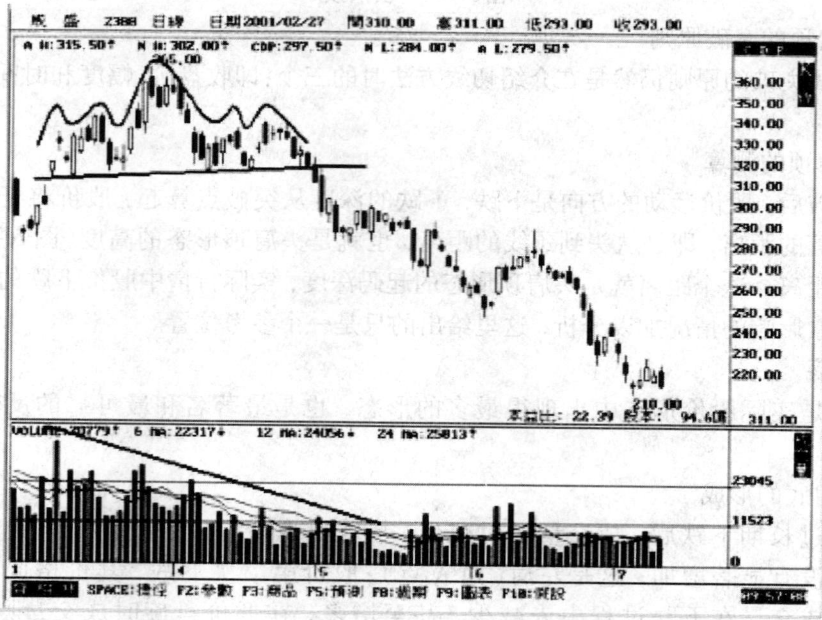

案例(5-6) 头肩顶

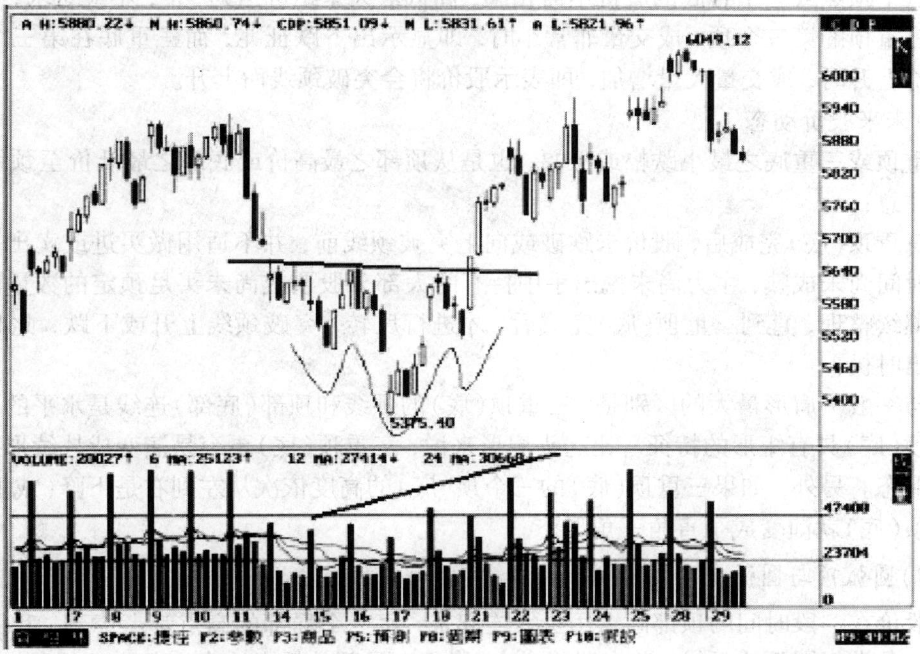

案例(5－7) 头肩底

(三)三重顶(底)形态

1. 三重顶(底)的形成

三重顶(底)形态是头肩形态的一种小小的变体，它是由三个一样高或一样低的顶或底组成。与头肩形的区别是头的价位回缩到与肩差不多相等的位置，有时甚至低于或高于肩部一点。从这个意义上讲，三重顶(底)与双重顶(底)也有相似的地方，前者比后者多“折腾”了一次。(图5－48所示)是三重顶(底)的简单图形。三重顶(底)的颈线差不多是水平的，三个顶(底)也是差不多相等高度的。

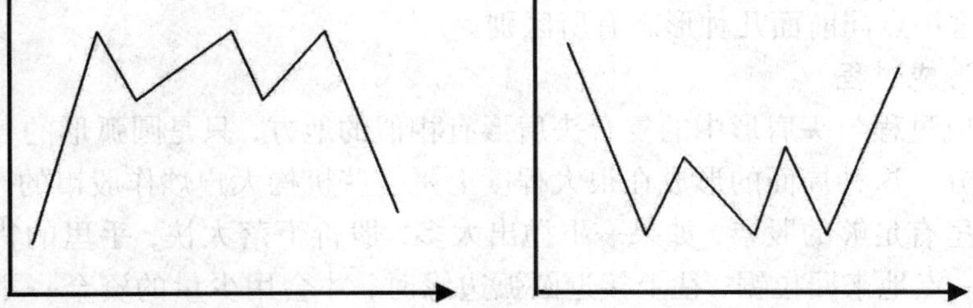

图5－48 三重顶和三重底

实践中三重顶(底)在识别上运用前面已经进过的头肩形的方法即可，因为三重顶(底)从本质上是头肩形的变形。

(2)三重顶(底)的特征

①三重顶(底)的峰顶与峰顶，谷底与谷底的间隔距离与时间不必相等；

②三个顶点或三个谷底的股价不需相同，高低最大差距可达到3%，不应苛求；

③三重顶的第三个顶，成交量非常小时，即显示出下跌征兆，而三重底在第三个底部完成而股价上升时，成交量大量增加，即表示股价将会突破颈线而上升。

(3)未来股价动态

三重顶或三重底之最小跌幅或涨幅，也是从顶部之最高价或底部之最低价至颈线的垂直距离。注意：

①三重顶(底)完成后，股价未跌破或向上突破颈线前，并不适用做买进或卖出委托，因为反转时间尚未成熟，主力尚未抛出手中持有的大部分股票或尚未买足预定的数量前，仍欲使股价继续整理，直到三重顶(底)完成后，才进行反转，突破颈线上升或下跌，此时便是买进或卖出时机；

②与一般头肩形最大的区别是，三重顶(底)的颈线和顶部(底部)连线是水平的，这就使得三重顶(底)具有矩形的特征。比起头肩形来说，三重顶(底)更容易演变成持续形态，而不是反转形态。另外，如果三重顶(底)的三个顶(底)的高度依次从左到右是下降(或上升)的，则三重顶(底)就演变成了直角三角形态。

(四)圆弧顶与圆弧底

将股价在一段时间的顶部高点用折线连起来，每一个局部的高点都考虑到，我们有时可能得到一条类似圆弧的弧线，盖在股价之上；将每个局部的低点连在一起也能得到一条弧线，托在股价之下，这就是圆弧形。圆弧形又称碟形、圆形、碗形等，如(图5－49所示)。

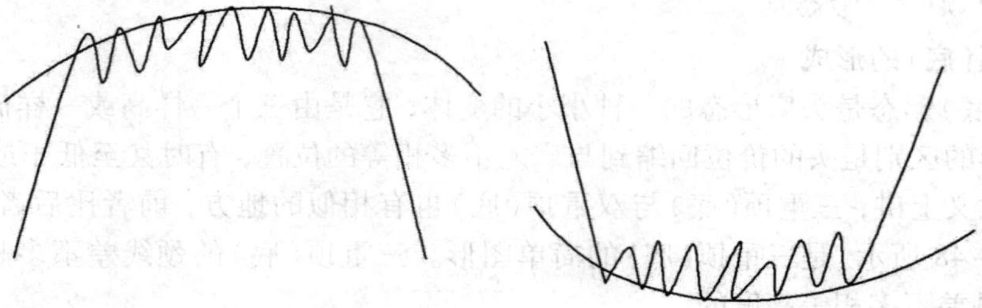

图5－49　圆弧形

圆弧形在实际中出现的机会较少，但是一旦出现则是绝好的机会，它的反转深度和高度是不可测的，这一点同前面几种形态有所区别。

1. 圆弧的形成过程

圆弧的形成过程与头肩形中的复合头肩形有相似的地方，只是圆弧形的各种顶或底没有明显的主次区分。这种局面的形成在很大程度上是一些机构大户炒作股市的产物。

这些人手里有足够的股票，如果一下抛出太多，股价下落太快，手里的货可能难以全出手，只能一点一点地来回拉锯，往上接近圆弧边缘时，才会用少量的资金一举往上提拉到一个很高的高度。因为这时股票大部分在机构大户手中，别人无法打压股价。

2. 圆弧的识别特征

在识别圆弧形时，成交量是非常重要的。无论是圆弧顶还是圆弧底，在它们的形成过程中，成交量的表现都是两头多，中间少。越靠近顶或底成交量越少，到达顶或底时成交量达到最少(圆弧底在达到底部时，成交量可能突然大一下，之后恢复正常)。在突破后的一段，都有相当大的成交量。

一般来说，圆弧形形成所花的时间越长，今后反转的力度就越强，越值得人们去相信这个形态。通常反转的高度与一个圆弧形形成的时间相当。

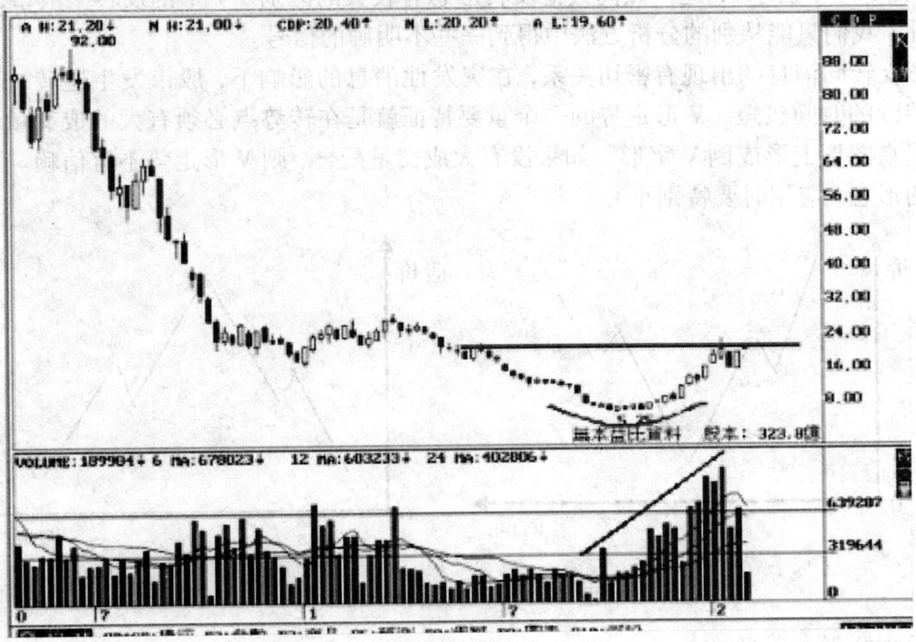

案例(5-8) 圆弧底

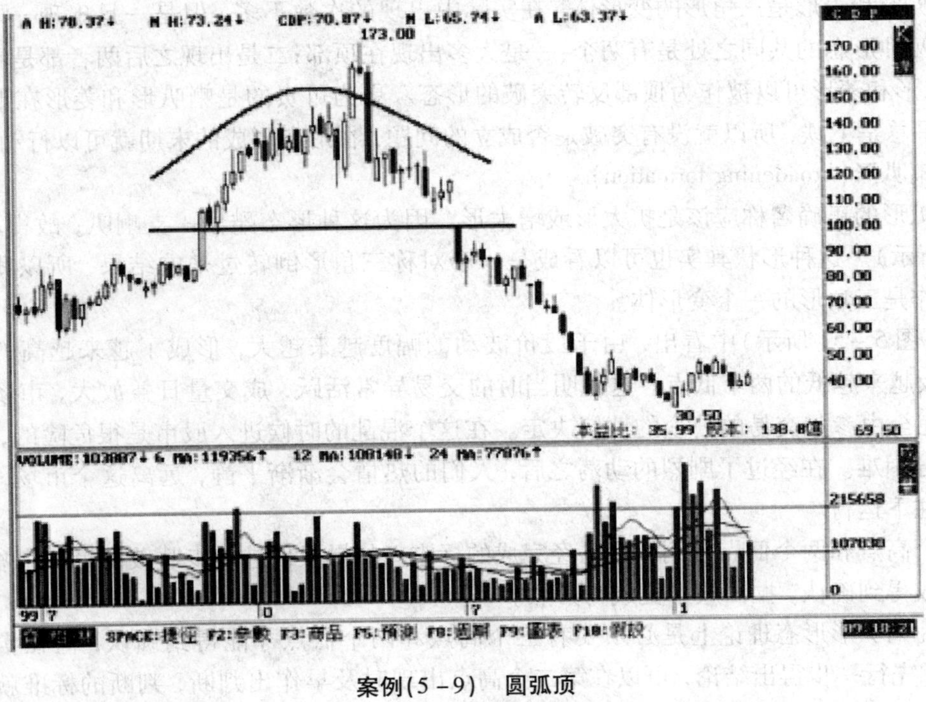

案例(5-9) 圆弧顶

（五）V形顶与V形底

V形是一种很难预测的反转形态，它出现在市场进行剧烈的波动之中。它的顶或底只出现一次（图5-50所示），这一点同其他反转形态有较大的区别。V形的反转一般事先没有明显的征兆，我们只能从别的分析方法中得到一些不明确的信号。

V形反转同消息的出现有密切关系，在突发性消息的影响下，股市发生逆转，但这种行情走势持续的时间较短。V形走势的一个重要特征就是在转势点必须有大的成交量配合，而且成交量在图形上形成倒V字形。如果没有大成交量配合，则V形走势不宜信赖。V形是一种失控的形态，应用时要特别小心。

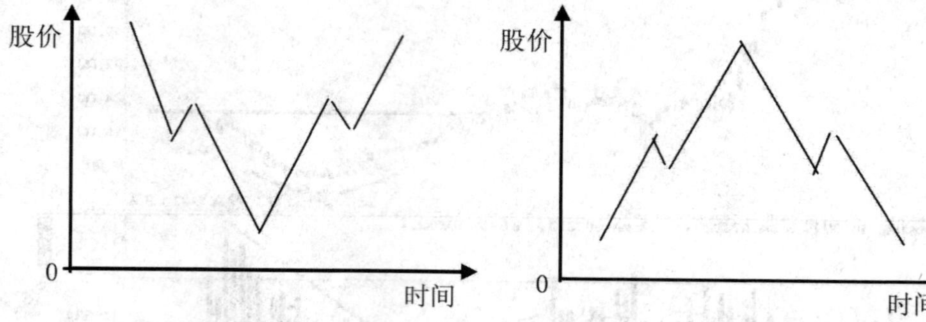

图5-50 V形底和V形顶

（六）喇叭形和菱形

喇叭形和菱形是三角形的变形体，在实际中出现的次数不多，但是一旦出现，则极为有用。这两种形态的共同之处是有两个：一是大多出现在顶部；二是出现之后两者都是看跌。所以、喇叭形和菱形可以被作为顶部反转突破的形态。更为可贵的是喇叭形和菱形在形态完成后，几乎总是下跌，所以就没有突破是否成立的问题，在形态形成的末期就可以行动了。

1. 喇叭形（broadening formation）

喇叭形的正确名称应该是扩大形或增大形。因为这种形态酷似一支喇叭，故得名（如图5-51所示）。这种形状其实也可以看成是一个对称三角形倒转过来的结果，所以我们可以把它看作是三角形的一个变形体。

从（图5-51所示）中看出，由于股价波动的幅度越来越大，形成了越来越高的三个高点，以及越来越低的两个低点。这说明当时的交易异常活跃，成交量日益放大，市场已失去控制，完全由参与交易的公众的情绪决定。在这个混乱的时候进入股市是很危险的，进行交易也十分困难。在经过了剧烈的动荡之后，人们的热情会渐渐平静，远离这个市场，股价将逐步地往下运行。

三个高点和两个低点是喇叭形已经完成的标志。如果股价进一步跌破了第二个谷，则喇叭形完成得到确认，抛出股票更成为必然。

作为喇叭形形态理论上是必须要有三个高点和两个低点才能得到确认，但在实际操作中，为了先行一步得出结论，可以在第二个高点出现时及早作出判断，判断的标准就是出现两个高点和两个低点的时候基本可以画出上下两条分别向上和向下倾斜的直线，直线呈现的形态是一种扩大的形态，那么就大致作出判断，如果第三个高点出现时就应该作出分批卖出的决定。这样可以保证股票能卖在一个相对高的位置上。

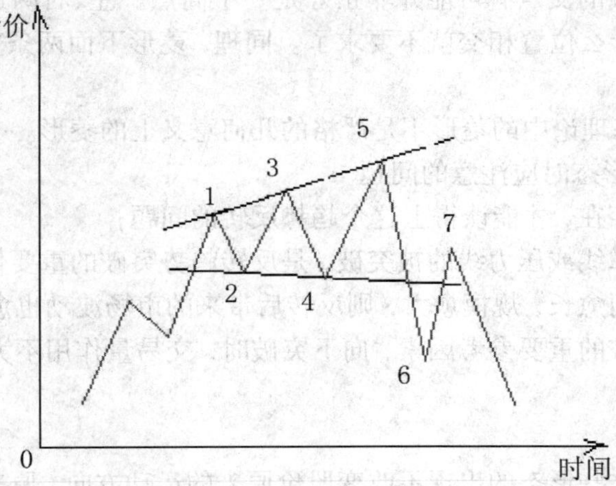

图 5－51 喇叭形

2．**菱形**(diamond formation)

菱形的另一个名称叫钻石形，是另一种出现在顶部的看跌形态(图 5－52 所示)。它比起上面的喇叭形来说，更有向下的愿望。它的前半部分类似于喇叭形，后半部分类似于对称三角形。所以，菱形有对称三角形保持原有趋势的特性。前半部分的喇叭形之后，趋势应该是下跌，后半部分的对称三角形使这一下跌暂时推迟，但终究没能摆脱下跌的命运。

(1)菱形的测算功能

菱形形成过程的成交量是随价格的变化而变化的，开始是越来越大，然后是越来越小。

由于对称三角形的存在，菱形还具有测算股价下跌深度的功能。菱形的测算功能是以菱形的最宽处的高度为形态高度的。今后下跌的深度从突破点算起，至少下跌一个形态高度，这同大多数形态的测算方式是相同的。

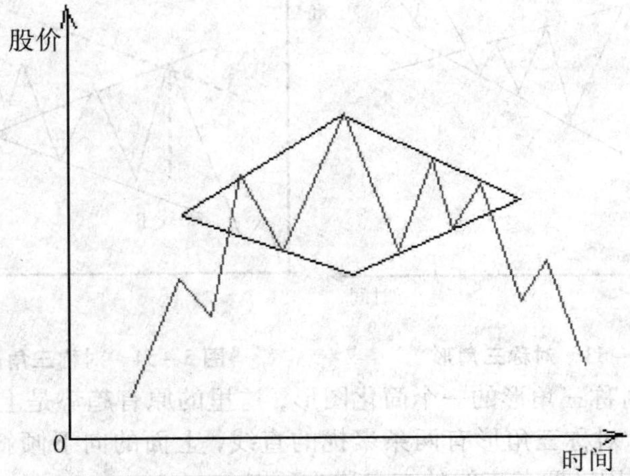

图 5－52 菱形

(2)识别菱形时应该注意

①菱形有时也作为持续形态，不出现在顶部，而出现在下降趋势的中途，这时，它还是

要保持原来的趋势方向，换句话说，这个菱形之后的走向仍是下降；

②菱形上面两条直线的交点有可能并非正好是一个高点。左、右两边的直线由各自的两个点画出，两条直线在什么位置相交就不要求了。同理，菱形下面两条直线也有与上面两条直线相似的可能；

③技术分析中，形态理论中的菱形不是严格的几何意义上的菱形。

(七)应用反转突破形态时应注意的问题

1. 价格必须有趋势存在，才能谈得上这个趋势反转的问题；

2. 某一条重要的支撑线或压力线的被突破，是反转趋势突破的重要依据；

3. 某个形态形成时间愈长，规模愈大，则反转后带来的市场波动也愈大；

4. 交易量是向上突破的重要参考因素，向下突破时，交易量作用不大。

三、持续整理形态

持续整理形态是指这些形态的出现不改变股价原来的运动方向，原来股价是上升的这些图形出现后一般继续上升，原来股价是下降的这些形态出现之后，继续下降的图形。

(一)三角形

三角形(triangles)属于持续整理形态的一类形态。三角形主要分为三种：对称三角形、上升三角形和下降三角形。第一种有时也称正三角形，后两种合称直角三角形。

1. 对称三角形

(1)对称三角形的形成

对称三角形(triangles)情况大多是发生在一个大趋势进行的途中，它表示原有的趋势暂时处于休整阶段，之后还要随着原趋势的方向继续行动。由此可见，见到对称三角形后，股价今后走向最大的可能是沿原有的趋势方向运动。

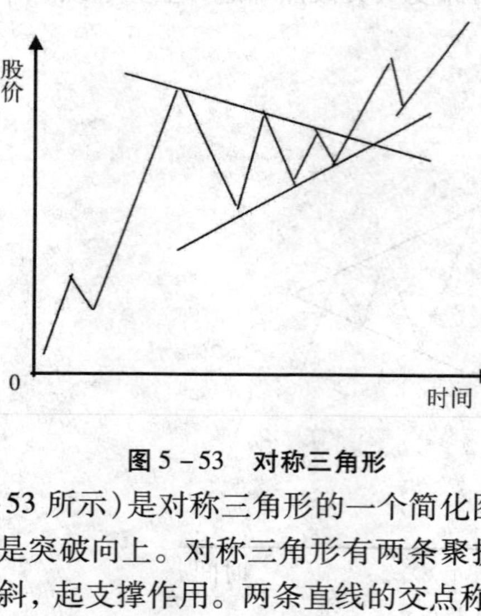

图 5－53　对称三角形

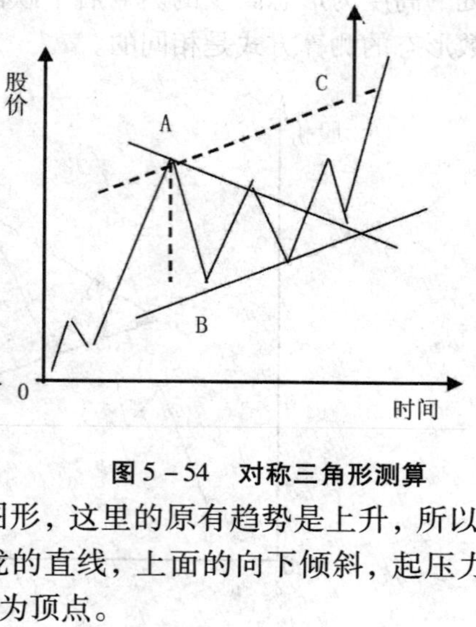

图 5－54　对称三角形测算

(图 5－53 所示)是对称三角形的一个简化图形，这里的原有趋势是上升，所以，三角形态完成以后是突破向上。对称三角形有两条聚拢的直线，上面的向下倾斜，起压力作用；下面的向上倾斜，起支撑作用。两条直线的交点称为顶点。

(2)对称三角形的特征

①当股价进入密集区波动，股票价格变动上下幅度愈来愈窄，渐渐失去弹性；

②从成较量看，愈向右边成交愈清淡，表示短线进出困难，无利可图。直到突破三角形

区域，成交量才可能放大。

③对称三角形要求至少应有四个转折点。

(3)对称三角形的突破

股价一般沿原方向突破；突破的位置一般应在三角形的横向宽度的1/2到3/4的某个地点。三角形的横向宽度指的是上图中顶点到虚线的距离；成交量会放大。如果股价不在预定的位置突破三角形，那么这个对称三角形态可能转化成别的形态。

(4)有效突破的确认

百分比原则，即突破压力线后幅度应该超过该股价的3%以上；日数原则，即突破后至少持续2天。

(5)对称三角形的测算功能

对称三角形被突破后，有两种测算目标价位的方法。

方法一：如(图5－54所示)，从C点向上的带箭头的直线高度，是未来股价至少要达到的高度，箭头直线长度与AB连线长度相等。AB连线的长度称为对称三角形形态的高度，从突破点算起，股价至少要运行到与形态高度相等的距离。

方法二：如图(5－54所示)，过A点作平行于下边直线的平行线，图中的斜虚线，是股价今后至少要达到的位置。

从几何学上可以证明，用这两种方法得到的两个价位绝大多数情况下是不相等的。前者给出的是个固定的数字，后者给出的是个不断变动的数字，达到平行线的时间越迟，价位就越高。这条平行线实际上是一条轨道线。

方法一简单，易于操作和使用，方法二更多地是从轨道线方面考虑。

(6)对称三角形的注意事项

对称三角形只是原有趋势运动的途中休整，所以持续的时间不应太长。

持续时间太长，保持原有趋势的能力就会下降，如果股价不在预定的位置突破三角形，那么这个对称三角形态可能会转化成别的形态。

一般说来，突破上下两条直线的包围，继续沿原有方向运动的时间要尽量早些，越靠近三角形的顶点，三角形的各种功能就越不明显，对我们进行买卖操作的指导意义就越不强。

2. 上升三角形

上升三角形(ascending trianfles)是对称三角形的变形体(图5－55所示)。对称三角形有上下两条直线。将上面的直线逐渐由向下倾斜变成水平方向就得到上升三角形。除了上面的直线是水平的以外，上升三角形同对称三角形在形状上没有什么区别。

上升三角形上沿压力是水平的，始终都是一样，没有变化，而下沿的支撑却是越来越高。如果股价原有的趋势是向上，则很显然，遇到上升三角形后，几乎可以肯定今后是向上突破。一方面要保持原有的趋势，另一方面形态本身就有向上的愿望。这两方面的因素使股价很难逆大方向而动。如果原有的趋势是下降，则出现上升三角形后，前后股价的趋势研判起来有些难度。一方要继续下降，保持原有的趋势，另一方要上涨，两方必然发生争执。如果在下降趋势处于末期时(下降趋势持续了相当一段时间)，出现上升三角形还是以看涨为主，这样，上升三角形就成了反转形态的底部。

上升三角形被突破后，也有测算的功能，测算的方法同对称三角形类似。

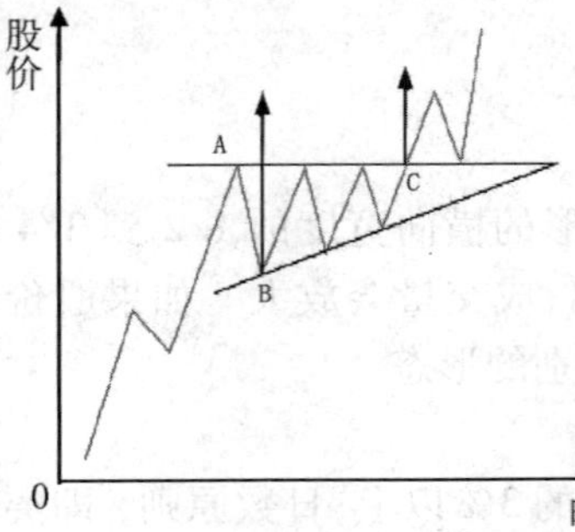

图 5－55　上升三角形

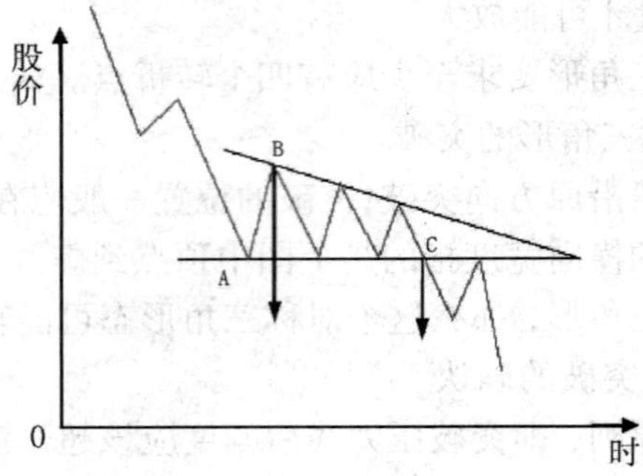

图 5－56　下降三角形

3. 下降三角形

下降三角形与上升三角形正好反向，是看跌的形态。它的基本内容同上升三角形可以说完全相似，只是方向相反。从(图 5－56 所示)可以很明白地看出下降三角形所包含的内容。下降三角形被突破后，也有测算的功能，方法同对称三角形类似。但是，下降三角形也可能充当上升趋势中的整理形态。

(二)矩形

矩形(rectangle formation)又称箱形，也是一种典型的整理形态。(图 5－57)是矩形的简单图形。如图所示，股票价格在两条横着的水平直线之间上下波动，作横向延伸的运动。

1. 矩形的形成

矩形在形成之初，多空双方全力投入，各不相让。空方在价格涨上去后，在某个位置就抛压，多方在股价下跌后到某个价位就买入。时间一长就形成两条明显的上下界线。随着时间的推移，双方的战斗热情会逐步减弱，市场趋于平淡。

2. 股价突破方向

矩形的走势是，如果原来的趋势是上升，那么经过一段矩形整理后，会继续原来的趋势，多方会占优势并采取主动，使股价向上突破矩形的上界。如果原来是下降趋势，则空方会采取行动，突破矩形的下界。

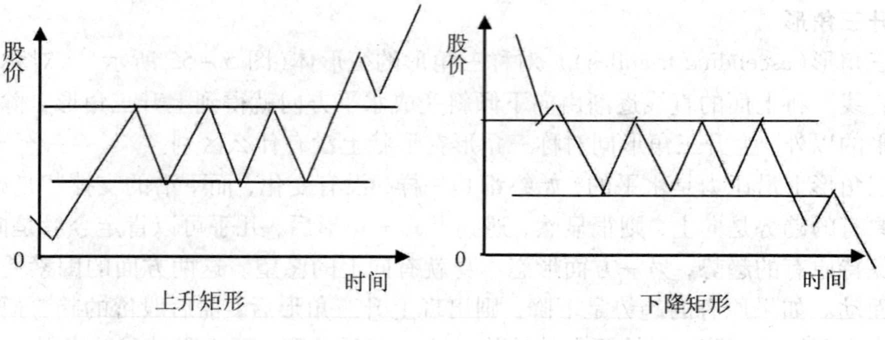

图 5－57　矩形

3. 矩形的测算

矩形被突破后，也具有测算意义，形态高度就是矩形的高度。面对突破后股价的反扑，矩形的上下界线同样具有阻止反扑的作用。

矩形在其形成的过程中极可能演变成三重顶(底)形态，这是应该注意的。正是由于矩形的判断有这么一个容易出错的可能性，在面对矩形和三重顶(底)进行操作时，几乎一定要等到突破之后才能采取行动，因为这两个形态今后的走势方向完全相反。一个是持续整理形态，要维持原来的趋势；一个是反转突破形态，要改变原来的趋势。

4. 矩形的应用

矩形。提供了一些短线操作的机会。如果在矩形形成的早期能够预计到股价将进行矩形调整，那么，就可以在矩形的下界线附近买入，在矩形的上界线附近抛出，来回作几次短线的进出。如果箱体上下距离较大，短线操作的收益也是十分可观的。

(三)旗形和楔形

旗形和楔形是两个最为著名的持续整理形态。在股票价格的曲线图上，这两种形态出现的频率最高，一段上升或下跌行情的中途，可能出现好几次这样的图形。它们都是一个趋势的中途休整过程，休整之后，还要保持原来的趋势方向。这两个形态的特殊之处在于，它们都有明确的形态方向，如向上或向下，并且形态方向与原有的趋势方向不变。

1. 旗形

从几何学的观点看旗形应该叫平行四边形，它的形状是一上倾或下倾的平行四边形(图5-58所示)。

旗形(flags formation)大多发生在市场极度活跃，股价的运动是剧烈的、近乎于直线上升或下降的方式的情况下。这种剧烈运动的结果就是产生旗形的条件。由于上升下降得过于迅速，市场必然会有所休整，旗形就是完成这一休整过程的主要形式之一。

旗形的上下两条平行线起着压力和支撑作用，这一点有些像轨道线。这两条平行线的某一条被突破是旗形完成的标志。

旗形也有测算功能。旗形的形态高度是平行四边形左右两条边的长度。

旗形被突破后，股价将至少要走到形态高度的距离，大多数情况是走到旗杆高度的距离。应用旗形时，有几点要注意：

(1)旗形出现之前，一般应有一个旗杆，这是由于价格作直线运动形成的。

(2)旗形持续的时间不能太长，时间一长，它的保持原来趋势的能力将下降。经验告诉我们，应该短于3周。

(3)旗形形成之前和被突破之后，成交量都很大。在旗形的形成过程中，成交量从左向右逐渐减少。

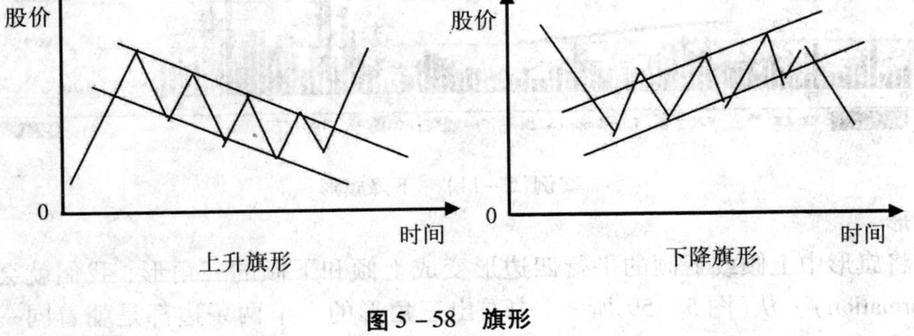

图5-58 旗形

案例(5－10)　上升旗形

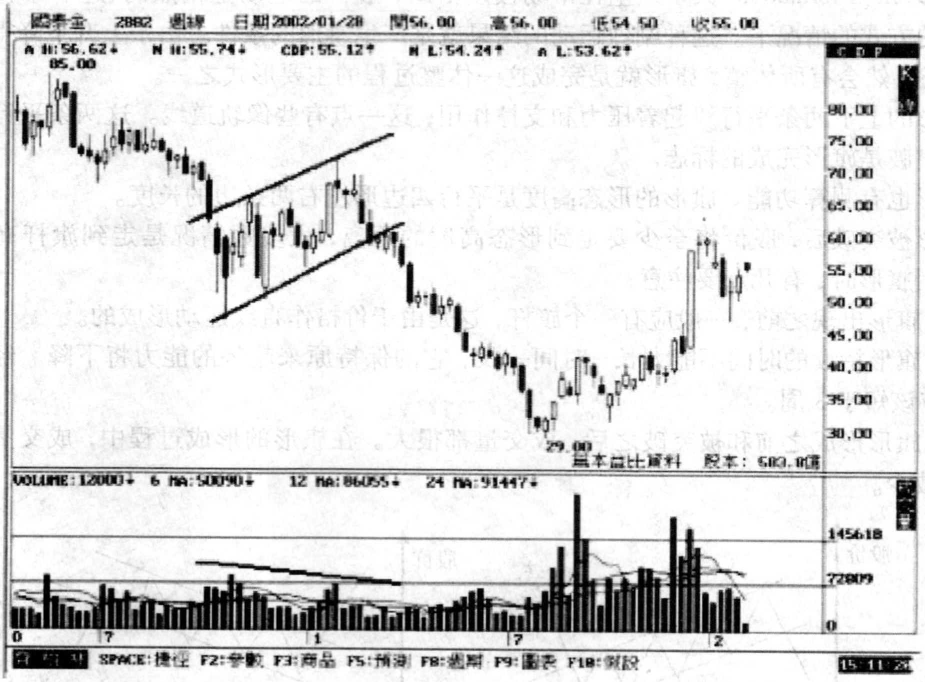

案例(5－11)　下降旗形

2. 楔形

如果将旗形中上倾或下倾的平行四边形变成上倾和下倾的三角形，我们就会得到楔形(wedge formation)。从(图5－59所示)中看出三角形的上下两条边都是朝着同一个方向倾斜。这与前面介绍的三角形态不同，有明显的倾斜。

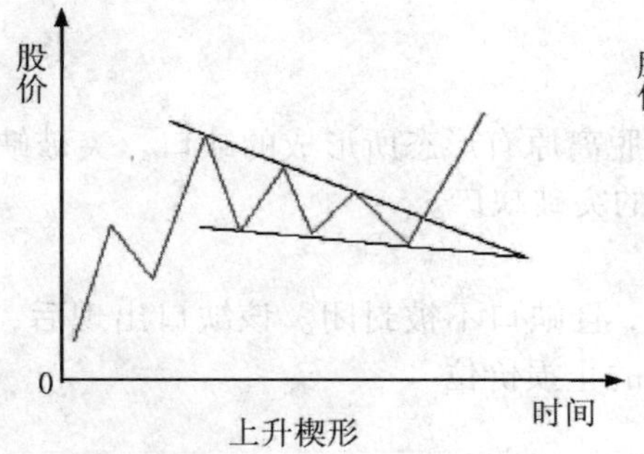

图 5-59 楔形

同旗形和三角形一样，楔形也有保持原有趋势方向的功能。一个持续趋势的途中有时会遇到这种图形。与旗形和三角形不同的地方是，楔形偶尔也可能出现在顶部或者底部而作为反转形态。这种情况一定是发生在一个趋势经过了很长时间，快接近尾声时候。

楔形的特点是：

(1)在形成楔形的过程中，成交量是逐渐减少的，同三角形一样向顶端递减。形成之前和突破之后，成交量都很大。

(2)上下两条直线必须明显收敛于一点，否则，其形成的可能性就将受到怀疑。同时上升楔形跌破下边支撑线时常会出现急跌，而下降楔形突破上边压力线时需要有的成交量配合。

(3)与旗形不同的是，楔形形成所花时间要长一些。

四、缺口分析

缺口就是通常所说的跳空，分为向上跳空和向下跳空两个方向，是指证券价格在快速大幅波动中，没有留下任何交易的一段真空区域。从 K 线图上看，如果两个连续交易日的 K 线上影线和下影线之间不重合，就会出现缺口。属于形态的一种。缺口的出现往往伴随着向某个方向运动的一种较强动力。缺口的宽度表明这种运动的强弱。一般来说，缺口越宽，运动的动力就越大；反之，则越小。无论是向何种方向运动所形成的缺口，都将成为日后较强的支撑或阻力区域，只是这种支撑和阻力是依不同形态的缺口而定。

缺口分析是技术分析的重要手段之一。有关的技术分析著作常将缺口划分为普通缺口、突破缺口、持续缺口和衰竭性缺口。人们可以根据不同的缺口形态预测行情走势的变化力度，因此，缺口分析已经成为当今技术分析中极其重要的分析工具。

(一)普通缺口

普通缺口是指没有特殊形态或特殊功能的缺口，它可以出现在任何走势形态之中，但大多数是出现在整理形态的行情中。

当向上方向的普通缺口出现之后，投资者可在缺口上方的相对高点附近做卖出交易，然后待缺口封闭之后再平仓买回；而当向下方向的普通缺口出现之后，投资者可在缺口下方的相对低点附近做买入交易，然后待缺口封闭之后再平仓卖出。

这种操作方法的前提是，必须判明缺口是否是普通缺口，而且必须是在宽幅振荡整理行情中，才能采取这种高抛低吸的策略。

但普通缺口的分析价值比较低，一般是指在横盘整理中偶然性出现的跳空，并且很快就被回补，对趋势研判的作用不大。

(二)突破缺口

突破缺口是指行情向某一方向急速运动，脱离原有形态所形成的缺口。突破缺口的出现有两种情况，一是向上的突破缺口，二是向下的突破缺口。

1. 向上突破缺口

该缺口的特点是，突破时成交量明显增大，且缺口不被封闭。该缺口出现后，投资者可以大胆买入中线持有，并以缺口作为风险控制的止损价位。

2. 向下突破缺口

该缺口的特点是，向下突破时成交量明显增大，且缺口不被封闭。由于行情的下跌力量往往比较凶猛，所以一旦向下突破缺口形成，杀伤力比较大，应该引起足够的重视。

当向下突破缺口出现后，如果投资者持有多单，应该立即果断地止损，并反手做空；如果投资者持有空单，则可以继续加码卖出，以缺口作为风险控制的止损价位。当向下突破缺口形成后，行情走势必将向纵深发展，踏上不归的熊途路。

突破缺口的研判价值比较高，通常股价经过长时间筑底或筑顶整理走势后，积聚的做多和做空能量突然爆发，股价开始启动、上涨或出现下跌。突破缺口预示行情才刚刚起步，后市还将有一段较长的发展过程。

(三)持续性缺口

指涨升或下跌过程中出现的缺口，持续性缺口常在股价剧烈波动的开始与结束之间一段时间内形成。

持续性缺口又称为测量缺口，即股价到达缺口后，可能继续变动的幅度一般等于股价从开始跳空到这一缺口的幅度。此类跳空反映出市场正以中等的交易量顺利地发展。在上升趋势中，测量缺口的出现表明市场坚挺；而在下降趋势中，则显示市场疲软。正如突破跳空的情况一样，在上升趋势中，持续跳空在此后的市场调整中将构成支撑区，它们通常也不会被填回，而一旦价格重新回到中继跳空之下，那就是对上升趋势的不利信号。

持续缺口的延续性很强且具有中继形态特征，具有助涨助跌的作用。

(四)衰竭缺口

这种缺口是股价在大幅度波动过程中价格在奄奄一息中回光反照，作最后一次跳跃，然而，最后的挣扎好景不长，在随后的几天乃至一个星期里的价格马上开始下滑。当收市价格低于这种最后的跳空后，表明衰竭跳空已经形成。

衰竭性缺口的分析意义是能够说明维持原有变动趋势的力量已经减弱，股价即将进入整理或反转形态。

(五)除权缺口

这是上市公司每年分红派息或配股、送股等除权造成的缺口。除权缺口常常是庄股最活跃的投资区域，处于牛市中时，强庄股往往发动填权行情；处于熊市中时，高比例的送股往往会将本已经炒高的庄股股价拉低，使投资者感觉股价便宜，后市还有继续上涨的可能，而庄家则乘机借助除权缺口出逃。

(六)连续性缺口

连续性缺口是指股价连续两天或两天以上留下跳空缺口，如果是上升的连续缺口，则表明大盘或个股正处于加速上涨阶段，是一轮行情中的主升浪，投资者要把握这种难得的机会，在上涨途中不要匆忙卖出。但是，这种加速上升对做多动能是极大的消耗，当上涨乏力时容易形成阶段性顶部。所以，当出现连续缺口后，上涨行情一旦趋缓，投资者需要果断卖出。例如:大盘曾经在2000年11月出现过上升的连续缺口。

（七）岛型反转缺口

岛型反转缺口是指在K线图形的同一价位附近发生两个缺口，而且这两个缺口的方向相反，发生的时间间隔不长。岛型反转缺口是趋势发生重要转折的信号，其引发的上涨或下跌力量非常强烈，往往会形成幅度较大的上涨或下跌行情。例如:著名的1999年的“5.19”行情就是一种底部岛形反转形态。

五、形态理论实际应用案例

案例（图5－12所示）是中信证券股票价格走势图。该股从2007年8月到2008年2月期间形成了一明显头肩顶形态，其后股价下跌。

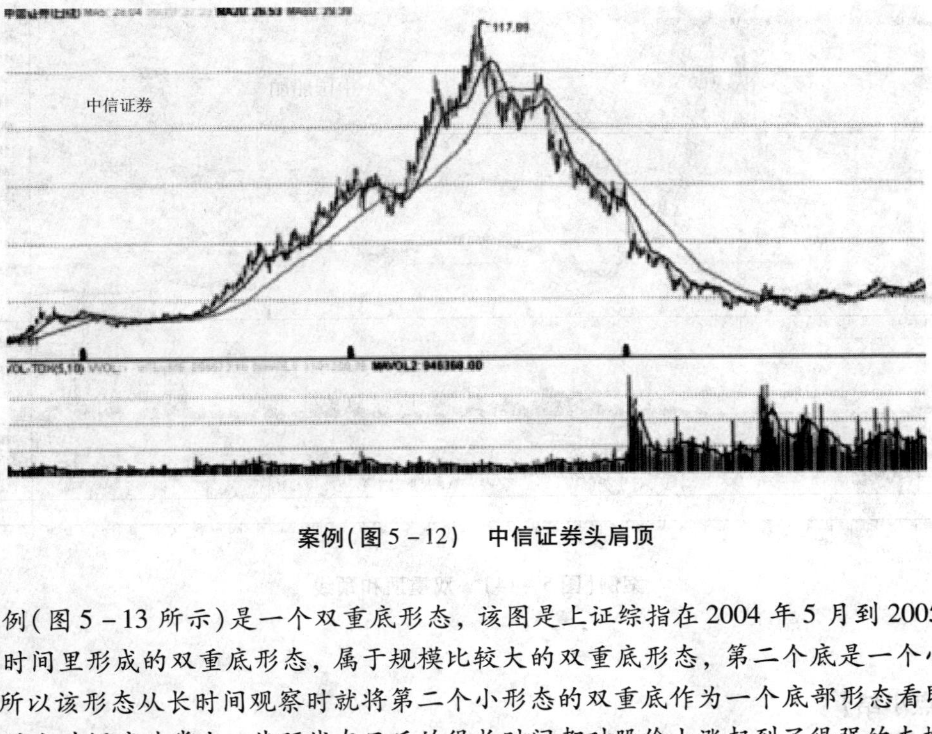

案例（图5－12） 中信证券头肩顶

案例（图5－13所示）是一个双重底形态，该图是上证综指在2004年5月到2005年长达一年多时间里形成的双重底形态，属于规模比较大的双重底形态，第二个底是一个小双重底形态，所以该形态从长时间观察时就将第二个小形态的双重底作为一个底部形态看即可。双底之后的上升幅度非常大，其颈线在日后的很长时间都对股价上涨起到了很强的支撑作用。

案例（图5－14所示）形态是一个双重顶形态，该股是中国船舶双重顶形态，该形态构筑的时间跨度是2007年9月到2008年2月，颈线到头部的最大垂直距离是107元，所以当颈线被突破后股价下跌幅度也比较深。

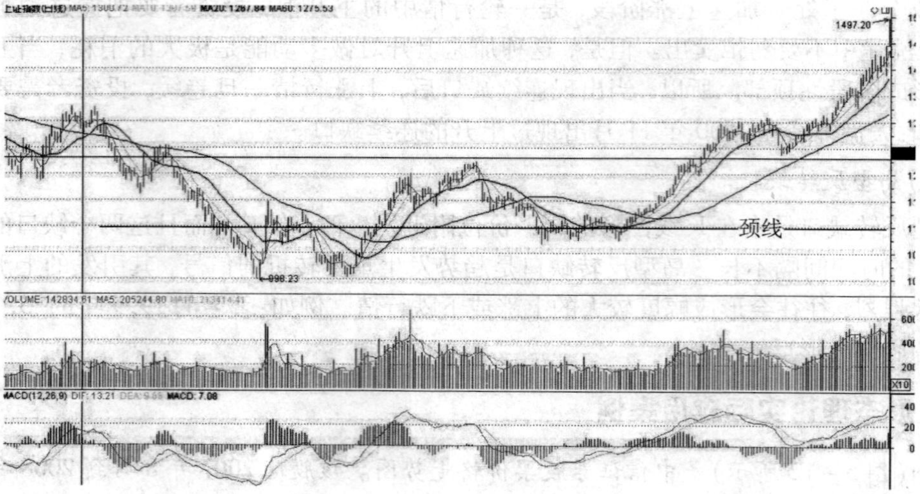

案例(图 5-13)　复合双重底和颈线

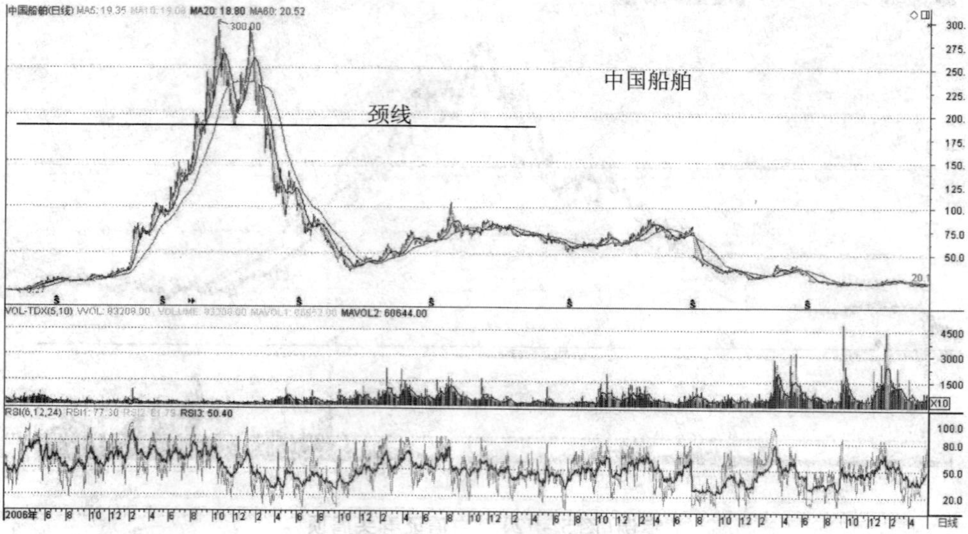

案例(图 5-14)　双重顶和颈线

【要点小结】

本章介绍了技术分析的定义，详细分析了技术分析的理论基础。介绍了多种技术分析理论与方法，对相关理论介绍之后结合证券市场实践并辅之以实例。

本章需要了解和掌握的知识点包括：掌握道氏理论对后人的贡献；K 线的形态和应用；趋势线和轨道线的各自的作用和画线方法；支撑线和压力线在实际买卖股票过程中如何把握和操作；各种重要支撑压力被突破的研判原则；掌握反转突破形态和持续整理形态在识别上的不同和应用。

【思考与练习】

一、名词解释

技术分析　市场行为　三大假设　多头　空头　阳线　阴线　支撑线　压力线

黄金分割线　百分比线　扇形线　价升量增　价跌量缩　反转突破形态　持续整理形态

二、简答题

1. 道氏理论对后人的贡献有哪些？
2. 量和价之间的正态关系是怎样体现的？
3. 技术分析方法主要有几类？各自的特点是什么？
4. 如何理解三大假设的合理性？
5. K 线的阴阳是如何区分的？上下影线的长度是否影响多空双方的力量对比？
6. 为什么 K 线只能作为战术手段不能作为战略手段？
7. K 线分析方法存在哪些不足之处？
8. 趋势线、轨道线的画法？各自的作用？
9. 黄金分割线重要的点位都有哪些？实践中如何应用？
10. 支撑线和压力线都起什么作用？如何判断支撑和压力之间的转化？
11. 圆弧形的形成过程？该图形的特征表现在哪些方面？
12. 形态学派判断某种形态是否成立的关键是看什么？
13. 喇叭形和菱形有何异同？
14. 旗形和楔形的重要区别在哪里？
15. 三角形和矩形在实践操作过程中各自都应该如何运用？

三、论述题

1. 试述应用技术分析进行投资时应该注意的问题。
2. 结合股票市场行情，选择 3 到 5 只股票进行模拟操作，然后写出买卖操作总结一篇。

四、案例题

按照形态理论，指出下图中被方框包围的部分属于何种形态，指出最佳卖出位置并测算出理论上下跌幅度。

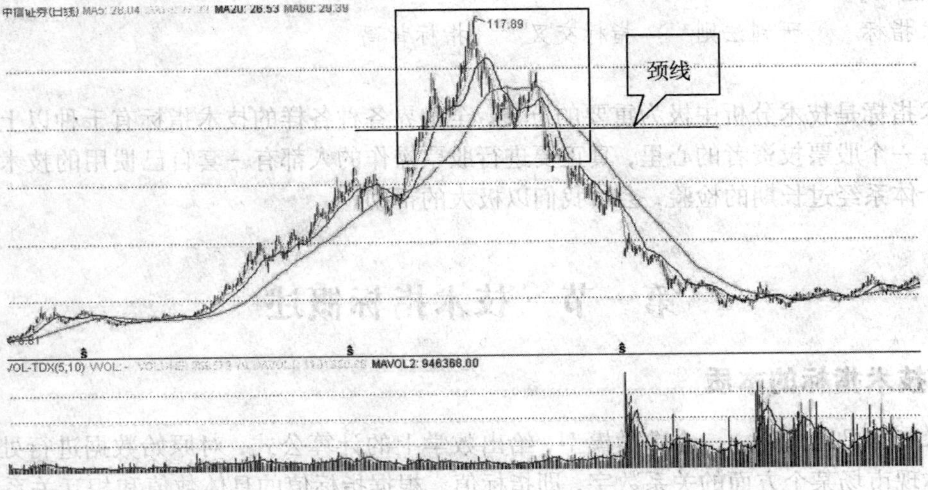

◆第六章
证券投资技术指标分析

【内容提要】

指标分析方法是当今世界应用范围最广、适用性最强的分析工具。它最大的特点是为投资者买卖股票时发出的可直接操作的具体数值，这些指标既有短线操作用的，也有为长线使用的。所以,指标分析为投资者发出的信息准确性更高。我们在应用指标分析方法时，就要全面了解各种指标的特征和适用范围，更应该了解各种指标盲点发生的市场环境，以便在投资时不会作出错误的判断。

【学习目标】

1. 了解各种技术指标的理论和适用范围
2. 掌握各种指标的构造原理、特点和功能
3. 理解指标参数在实际运用中的含义
4. 熟练掌握各种技术指标的应用法则

【关键词】

技术指标　　研判法则　　指标交叉　　指标背离

技术指标是技术分析中极为重要的分支，全世界各种各样的技术指标有千种以上。已深入到了每一个股票投资者的心里，真正要进行股票操作的人都有一套自己惯用的技术指标体系。这个体系经过长期的检验，会给我们以极大的帮助。

第一节　技术指标概述

一、技术指标的本质

技术指标是通过建立一个数学模型，给出数学上的计算公式，对原始数据进行处理，得到一个体现市场某个方面的关系数字，即指标值。根据指标值的具体数值和相互关系绘成图

表，从定量的角度对股市进行分析预测，判断股价趋势的方法。技术指标反映市场某一方面深层次的内涵。

这里的原始数据是指开盘价、收盘价、最高价和最低价、成交量和成交金额。

二、技术指标的应用

应用技术指标可以从六个方面进行考虑：(1)指标的背离；(2)指标的交叉；(3)指标的高低；(4)指标的形态；(5)指标的转折；(6)指标的盲点。

指标的背离是指指标的走向与股价走向不一致；指标的交叉是指指标中的两条线发生了相交现象，常说的金叉和死叉就属这类情况；指标的高低是指指标进入超买区和超卖区；指标的形态是指指标呈现某种反转的状态；指标的转折是指指标的图形发生了调头，这种调头有时是一个趋势的结束和另一个趋势的开始；指标的盲点是指指标没有信号的时候。

三、技术指标应用时注意的问题

(一)技术指标是一种归纳法，是以严格的循环理论或纯粹的数学方法预测未来，也就是说它依赖于理想环境，而股市不是客观的理想环境，是由人的主观性质主导的市场。

(二)市场的外部环境比图表复杂得多，比如理想状态下一只股票未来应该有一定周期的涨幅和时间持续，但是这个股票的公司却遇上了麻烦——反垄断、反倾销、卫生检疫不合格，或是政府干预经济，央行加息、加印钞票等，就会使这个理论上的周期涨幅中途夭折。

(三)市场状况的改变，市场参与者的态度改变，技术指标的模型就不存在。

(四)人为操纵市场在长期上是不可能的，但对于一只股票，短期控制，做盘，做图形，做指标是常有的事。

第二节　市场趋势指标

一、移动平均线——MA

移动平均线的英文名为MA(moving average)。所谓移动平均线是指一定交易时间内(日、周、月)的算术平均线，是用连续若干天的收盘价的算术平均值计算出来的，天数就是移动平均线的参数。例如参数选择为5，要计算今天的MA，就把包括今天在内的最近5天在内的收盘价相加，然后除以5，就得到今天的5日移动平均线的值，用符号MA(5)表示。此外，选择其它时间单位作为交易单位，可以得到其它不同时间参数的MA，如周的或月的移动平均线。

(一)MA的计算

1.计算方法

N日移动平均线=N日收市价之和/N

式中N代表第一天到第N天的收盘价。以MA(5)为例，如果计算第六天的5日平均价，则计算中去除第一天收盘价加上第六天收盘价，除数不变，得到第六天的平均值，计算方法不变。同理第七天、第八天的以此类推就会得出以5为参数的平均值。将此平均值用连线连接起来绘制在图表上，得出MA(5)。

根据计算期的长短，MA又可分为短期、中期和长期移动平均线。通常以5日、10日线观察证券市场的短期走势，称为“短期移动平均线”；以30日、60日线观察中期走势，称为“中期移动平均线”；以120日、200日和250日研判长期趋势，称为“长期移动平均线”。西方投资机构重视200天移动平均线，并以此作为长期投资的依据：若行情在200天均线以下，属空头市场；反之，为多头市场。

（二）MA的特点

MA的基本思想是消除股价随机波动的影响，寻求股价波动的趋势。它有以下几个特点：

1. 追踪趋势

MA能够表示股价的趋势方向，并追踪这个趋势。如果能从股价的图表中找出上升或下降趋势，那么，MA将与趋势方向保持一致。原始数据的股价图表不具备这个追踪趋势的特性。

2. 滞后性

在股价原有趋势发生反转时，由于MA追踪趋势的特征，使其行动往往过于迟缓，调头速度落后于大趋势。这是MA一个极大的弱点。

3. 稳定性

根据移动平均线的计算方法，要想较大地改变移动平均的数值，当天的股价必须有很大的变化，因为MA是股价几天变动的平均值。

4. 助涨助跌性

当股价突破移动平均线时，无论是向上还是向下突破，股价都有继续向突破方向发展的愿望。

5. 支撑线和压力线的特性

移动平均线是市场的平均成本，平均线的被突破实际上是对支撑和压力的突破。移动平均线的参数作用就是加强移动平均线上述几个方面的特性。选择的参数越大，上述的特性就越大。如突破5日线和突破10日线的力度是不一样的。

（三）移动平均线的意义

移动平均线的参数从短到长有多条，在实际应用中要把短、中、长多条不同时间参数的平均值结合一起使用，对股价走势的判断就会起到至关重要的作用。

1. 黄金交叉和死亡交叉

当短期移动平均线上穿长期移动平均线时，形成的交叉叫做黄金交叉，这种交叉预示着股价将上升，此时应该为买入时机。当短期移动平均线向下跌破中长期移动平均线时形成的交叉，叫做死亡交叉，此时为卖出时机。

2. 多头排列和空头排列

在上升行情中，当短、中、长期移动平均线由上到下依次顺序排列，而且向右上方运动状况称为多头排列，预示股价未来将大幅上涨。

在下跌行情中，当长、中、短期移动平均线又由上向下依次顺序排列，并向下方移动，此时称为空头排列，预示股价将大幅下跌。

3. 转折点

移动平均线由上升转为下降出现最高点，然后再由下降转为上升出现最低点时，是移动平均线的转折点，预示股价走势将发生反转。

(四)MA 的应用法则——葛兰碧法则

美国著名分析大师葛兰碧(J. E. Cranville)根据200日移动平均线与每日股价平均值的关系提出了买卖股票的八法则。

1. 买入时机法则(图6-1所示)

(1)当移动平均线从下降转为盘局或上升，股价从移动平均线的下方上移并突破平均线；

(2)股价连续上升走在平均线之上或是远离平均线又突然下跌，但未跌破平均线又再度上升；

(3)股价一时跌破平均线，但又立刻回升到平均线以上，此时平均线仍然持续上升；

(4)股价突然暴跌，跌破并远离平均线，这时股价开始回升，再趋向平均线。

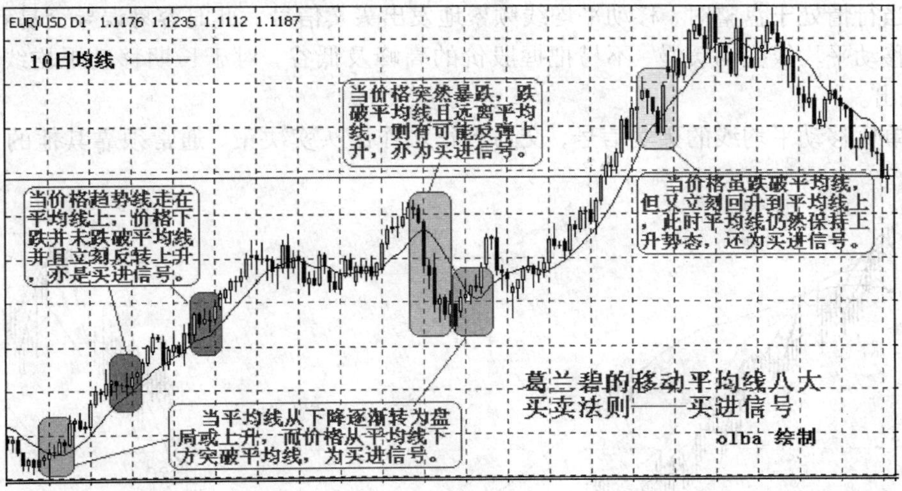

图6-1 葛兰碧买入法则

2. 卖出时机法则(图6-2所示)

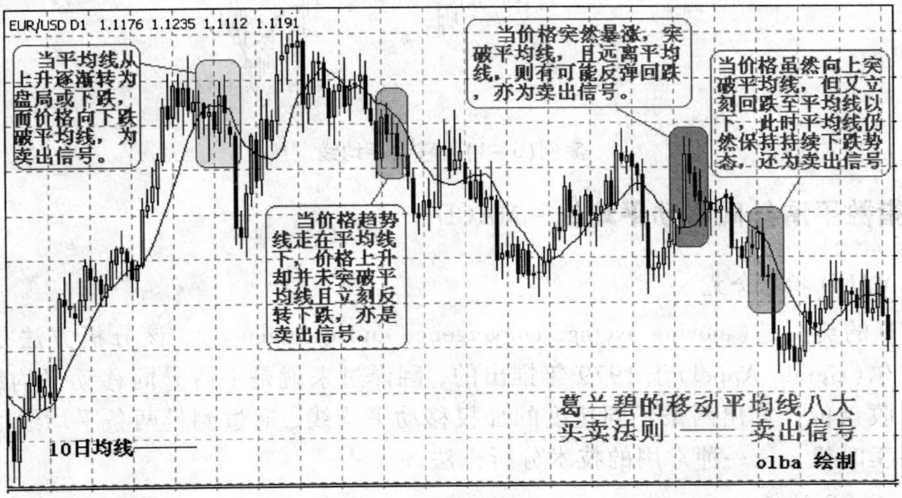

图6-2 葛兰碧卖出法则

(1)当平均线由上升开始转平或逐渐下跌，股价从平均线上方向下跌破平均线时；

(2)股价在平均线以下移动，然后向平均线回升，未突破平均线又立即反转下跌；

(3)股价向上突破平均线后又立即跌回到平均线以下，此时平均线仍然继续下跌；

(4)股价急速上升突破平均线并远离平均线，上涨幅度相当可观，随时可能反转回跌。

(五)移动平均线优缺点

1. 优点

(1)移动平均线能显示买进和卖出信号。若股价向下穿破移动平均线便是卖出信号；反之，若股价向上突破移动平均线，便是买入信号。

(2)移动平均线很直观地显示价格变动大致方向。

2. 缺点

(1)当行情处于盘整时，移动平均线频繁地发出买卖信号。此时容易误导交易者。

(2)移动平均线变动缓慢，不易把握股价的高峰及低谷，对于长期移动平均线，这点表现尤为突出。

(3)单凭移动平均线的买卖信号，交易者很难作出买卖决策，通常须靠其他的技术指标的辅助。

案例(6－1)　移动平均线

二、指数平滑异同移动平均线－MACD

(一)MACD 指标含义

MACD 的英文是(moving average convergence and divergence)，该分析方法是杰拉尔德·阿佩尔(Gerald Appel)于 1979 年推出的，翻译过来就是平滑异同移动平均线，它是根据每日收盘价计算出两条不同速度的加权移动平均线，通过测量两条平均线的差离值来判断买卖时机，是一种常用的技术分析方法。

(二)MACD 计算

MACD 由正负差(DIF)和异同平均数(DEA)两部分组成，DIF 是核心，DEA 是辅助。DIF 是快速平滑移动平均数与慢速平滑移动平均数之差，快速是短期的 EMA，慢速是长期的

EMA。

应用时要先计算出快速（一般用 12 日）指数平滑移动平均值（EMA）与慢速（一般用 26 日）指数平滑移动平均值。以这两个数值作为测量两者（快速值与慢速值）间“差离值”的依据。所谓“差离值”（DIF），即 12 日 EMA 数值减去 26 日 EMA 的数值。当“差离值”（DIF）为正值时，说明短期股票价格高于长期股票价格，股价在上涨中，期间的差离值（+DIF）会愈来愈大。相反，如果，差离值为负值时（-DIF），说明短期股票价格低于长期股票价格，大势处在下跌之中，差离值（-DIF）也会变得愈来愈大。

在 MACD 的指数平滑移动平均线计算公式中，都分别加重最近一日的分量权值，以目前流行的参数 12 和 26 日为例，其计算公式如下：

12 日 EMA 的计算： EMA12 = **前一日** EMA12 × 11/13 + **今日收盘价** × 2 /13

26 日 EMA 的计算： EMA26 = **前一日** EMA26 × 26/27 + **今日收盘价** × 2 /27

差离值的计算： DIF = EMA12 - EMA26

然后再根据差离值计算其 9 日的 DEA，即“差离平均值”。

DEA = **前一日** DEA × 8/10 + **今日** DIF × 2 /10

DEA 就是 MACD。计算出的 DIF 和 DEA 有时为正、有时为负，因而就形成了在 0 轴上下方移动的两条快速线和慢速线。为了方便判断，我们用 DIF 减去 DEA，用以绘制柱状图。

第一次计算 MACD 时，则以 9 日的 DIF 总和除以 9，所得到的数值代替第一个 MACD。以后的 MACD 计算，每天只要将当天的 DIF 减去昨天的 MACD 乘以 0.2，再加上昨日的 MACD 即可，即 MACD × 0.2 + 昨日 MACD。

（三）MACD 的应用

1. DIF 和 MACD 的交叉

当 DIF、MACD 在 0 轴之上时，表明中短期移动平均线位于长期移动平均线之上，为多头市场。此时当 DIF 向上突破 MACD 时，是较好的买入信号；而当 DIF 向下跌破 MACD 时只能认为是回调，此时宜获利了结。反之，当 DIF、MACD 在 0 轴之下时，表明是空头市场。在 0 轴之下，当 DIF 向下跌破 MACD 时是较佳的卖出信号；而当 DIF 向上突破 MACD 时，只能认为是反弹，只适合短线操作，应快进快出。

2. DIF 和 MACD 交叉点与股价或指数的背离

当指数或股价的低点比前一次的低点要低，但 DIF 或 MACD 处在低位的底部却不断抬高则为底背离，此时，应注意寻找买点。案例（6-2）是上证指数在 2012 年 8 月到 12 月形成底背离实际例子，从 A 到 B 价格与 MACD 形成的背离，B 点是极好的买入位置。

当指数或股价的高点比前一次的高点要高，但 DIF 或 MACD 处在高位的交叉点不断降低，此时为顶背离状态，预示着股价可能下跌，要作好卖出的准备。

在具体运用时，MACD 可配合 RSI 及 KDJ 一起使用，以弥补各自的缺点。由于 MACD 是中长线指标，因此并不适合用来短线操作。此外，当市场呈牛皮盘整格局，股价变化不大时，MACD 买卖信号常常失真，指导作用不大。

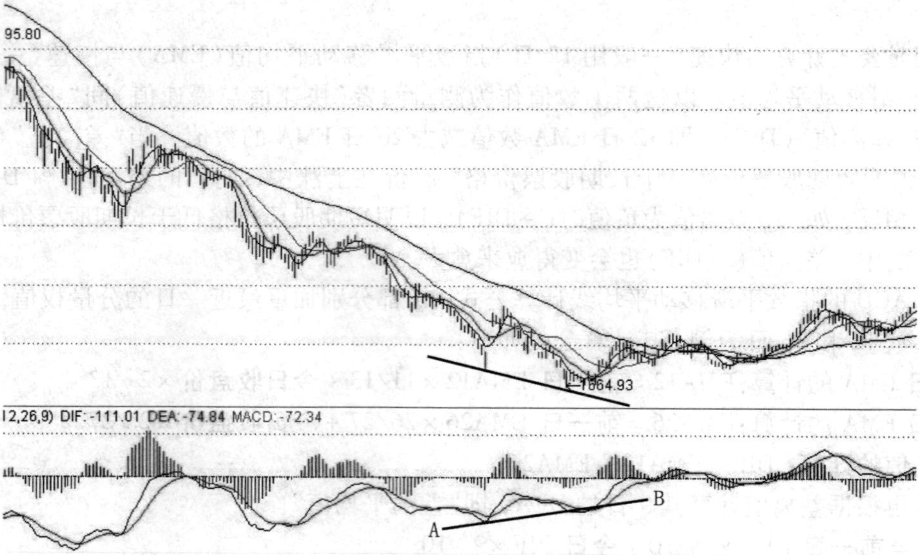

案例(6－2)　MACD 底背离

第三节　市场动量指标

一、相对强弱指标——RSI

(一)RSI 指标含义

相对强弱指标(Relative Strength Index，简称 RSI)，也称相对强弱指数、相对力度指数。它是通过比较一段时期内的平均收盘涨数和平均收盘跌数来分析市场买沽盘的意向和实力，从而预测未来市场的走势。

RSI 是 1978 年 6 月由美国人韦尔斯·威尔德(Welles Wilder JR.)创制的一种通过特定时期内股价的变动情况计算市场买卖力量对比，来判断股票价格内部本质强弱、推测价格未来变动方向的技术指标。相比起其他分析工具，RSI 是一种较容易掌握的计量工具，故一推出便大受欢迎。

(二)RSI 计算公式

首先要设置好时间参数，即天数。通常系统设置的时间参数为 6 日、12 日、24 日，代表短、中、长三个时间。然而怀尔德推荐的默认时间跨度是 14 天，他论证了应用月周期 28 日的一半是有效的。

下面以 14 日为例具体介绍 RSI(14)的计算方法，其余参数的计算方法与此相同。

先找到包括当天在内的连续 14 天的收盘价，用每一天的收盘价减去上一天的收盘价，我们会得到 14 个数字。这 14 个数字中有正(比上一天高)有负(比上一天低)。

A＝14 个数字中正数之和

B＝14 个数字中负数之和×(－1)

A 和 B 都是正数。这样，我们就可以算出 RSI(14)。

RSI(14) = (A/A + B) × 100%

其中 A 表示 14 天中股价向上波动的幅度大小，而 B 则表示 14 天中股价向下波动的大小。A + B 表示股价在此期间总的波动幅度大小。RSI 实际上是表示向上波动的幅度占总的波动的百分比，如果占的比例大就是强市，否则就是弱市。

(三)RSI 应用法则

1. 不同参数的两条或多条 RSI 曲线的联合使用

同 MA 一样，天数越多的 RSI 考虑的时间范围越大，结论可靠，但反应速度慢，这是无法避免的。

参数小的 RSI 我们称为短期 RSI，参数大的我们称之为长期 RSI。这样，两条不同参数的 RSI 曲线的联合使用法则可以完全照搬 MA 中的两条 MA 线的使用法则。即：

(1)短期 RSI > 长期 RSI，则属多头市场；

(2)短期 RSI < 长期 RSI，则属空头市场。

当然，这两条只是参考，不能完全照此操作。

2. 根据 RSI 取值的大小判断行情

根据 RSI 取值的大小判断行情。将 100 分成四个区域，根据 RSI 的取值落入的区域进行操作。

表 6 - 1

RSI 值	市场特征	投资操作
80 - 100	极强	卖出
50 - 80	强	买入
20 - 50	弱	卖出
0 - 20	极弱	买入

"极强"与"强"的分界线和"极弱"与"弱"的分界线是不明确的，也就是说，这两个区域之间不能画一条截然分明的分界线，这条分界线实际上是一个区域。我们在其他的技术分析书籍中看到的 30、70 或者 15、85，这些数字实际上是对这条分界线的大致的描述。应该说明的是这个分界线位置的确定与以下两个因素有关：

(1)与 RSI 的参数有关。不同的参数，其区域的划分就不同。一般而言，参数越大，分界线离中心线 50 就越近，离 100 和 0 就越远。

(2)与选择股票本身有关。不同的股票，由于其活跃程度不同，RSI 所能达到的高度也不同。一般而言，越活跃的股票，分界线的位置离 50 就应该越远，越不活跃的股票分界线离 50 就越近。

随着 RSI 的取值超过 50，表明市场进入强市，可以考虑要买入，但是强得过了头进入 80 以上我们就该抛出了。物极必反，量变引起质变都是对这个问题的好的说明。

3. 从 RSI 的曲线形状上判断

当 RSI 在较高或较低的位置形成头肩形和多重顶(底)，是采取行动的信号。但要记住，这些形态一定要出现在较高位置或较低位置，离 50 越远越好，越远结论越可信，出错的可能就越小。形态理论中有关反转突破形态思想在这里同样适用。

4. 从 RSI 与股价的背离判断

RSI 可以利用背离进行操作。RSI 处于高位，并形成一峰比一峰低的两个峰，而此时，股价却对应的是一峰比一峰高，这叫顶背离。股价这一涨是最后的衰竭动作（如果出现跳空就是最后缺口），这是比较强烈的卖出信号。与这种情况相相反的是底背离。RSI 在低位形成两个依次上升的谷底，而股价还在下降，这是最后一跌或者说是接近最后一跌，是可以考虑建仓的信号。案例（6－3）中从 A 点到 B 点，RSI 与股价形成底背离，B 点是极好的买入信号。

5. 极高和极低的 RSI 值

当 RSI 处在极高或极低位时，可以不考虑其它的因素而单方面采取行动。比如说上证指数的 RSI 如果达到了 93 以上，则必须出货；RSI 如果低于 5 则一定买进。当然，这里的 93 和 5 是可能变化的，它与 RSI 的参数有关，与选择的股票有关。

（三）相对强弱指标的优缺点

1. 优点

（1）RSI 反应迅速，灵敏度高，直观性强。

（2）RSI 可作为判断大势的量化标准。

2. 缺点

（1）背离走势的信号并不十分准确，常有背离现象发生而行情并不反转。有时背离 2、3 次才真正反转。

（2）在盘整时，RSI 徘徊于 40－60 之间，虽有时突破支撑线或压力线，股价并无多大的变化。

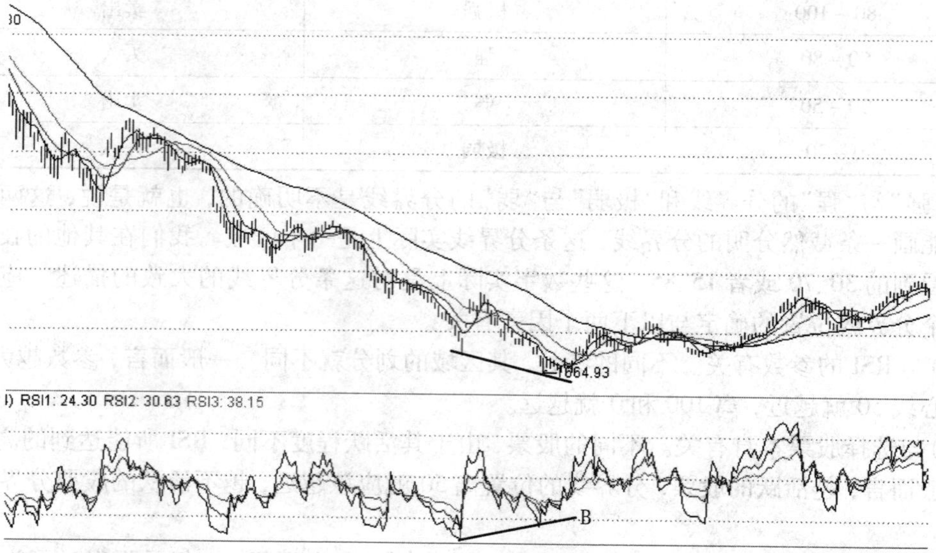

案例（6－3） RSI 指标底背离

二、威廉指标——WMS

（一）威廉指标含义

威廉指标（WMS）是拉里·威廉（Larry·Williams）于 1973 年首创，用来分析市场短期买卖气势的指标，表示的是市场处于超买还是超卖状态。

(二)WMS 的计算

公式：$WMS(n)=\frac{Cn-Ln}{Hn-Ln}\times 100$

式中：Cn 为当天的收盘价；Hn 和 Ln 为最近几日内(包括当日)出现的最高价和最低价。由公式可知，WMS 有一个参数，那就是选择的日数 N。

WMS 的参数习惯上是取 10 或 20。若 Cn = Hn，则 WMS = 100，表明收盘价格处在最高位置；若 Cn = Ln，则 WMS = 0，表明收盘价格处在最低位置；若 WMS = 50，表明收盘价格处在中间位置。

(三)WMS 的应用法则

WMS 的运用包括两个方面：WMS 的取值；WMS 曲线的形状。

1. WMS 的取值

WMS 指标的取值介于 0 – 100 之间，100 是顶部，0 是底部，以 50 为中轴将其分为上下两个区域，在下半区，WMS 小于 50，表示市场行情处于强势；在上半区，WMS 大于 50，表示行情处于弱势。

(1)当 WMS 高于 80 时处于超买状态，行情即将见顶，应当考虑卖出。

(2)当 WMS 低于 20 时处于超卖状态，行情即将见底，应当考虑买入。

80 和 20 只是一个经验数字，不是绝对的，投资者可以根据各自的风险偏好选择不同的数值。有些个别的股票可能要求比 80 大，也可能比 80 小。不同的情况产生不同的买进线和抛出线，要根据具体情况，在实战中不断摸索。有一点应该说明，在中国证券市场，买进线普遍比 20 低，卖出线普遍比 80 高。

2. WMS 曲线的形状

(1)WMS 进入高位后一般要回头，如果这时股价继续上升，这就是顶背离，是卖出的信号。

(2)WMS 进入低位后一般要反弹，如果这时股价继续下跌，这就是底背离，是买进的信号。

(3)WMS 连续几次撞顶(底)，局部形成双重顶(底)，则是卖出(买入)的信号。

需要说明的是，WMS 在盘整过程中准确性很高，但是在上升或下降趋势中，却不能只是以该指标的提供作为超买超卖信号为依据来判断行情的反转。

三、随机指标——KDJ

(一) KDJ 含义

KDJ 指标又叫随机指标，是由乔治·蓝恩博士(George Lane)最早提出的，一般是用于股票分析的统计体系。根据统计学的原理，通过一个特定的周期(常为 9 日、9 周等)内出现过的最高价、最低价及最后一个计算周期的收盘价及这三者之间的比例关系，来计算最后一个计算周期的未成熟随机值 RSV，然后根据平滑移动平均线的方法来计算 K 值、D 值与 J 值，并绘成曲线图来研判股票走势。

KDJ 指标同时也融合了动量观念、强弱指标和移动平均线的一些优点，因此，能够比较迅速、快捷、直观地研判行情。

(二) KDJ 的计算方法

KDJ 的计算比较复杂，首先要计算周期(n 日、n 周等)的 RSV 值(row stochastic value)，

即未成熟随机指标值，然后再计算 K 值、D 值、J 值等。以日 KDJ 数值的计算为例，其计算公式为：

$$N\text{日RSV} = \frac{Cn - Ln}{Hn - Ln} \times 100$$

公式中，Cn、Ln、Hn 同 WMS 指标含义相同。对 RSV 进行指数平滑，就得出 K 值：

今日 K 值 = 2/3 × 前一日 K 值 + 1/3 × 今日 RSV

式中 1/3 为平滑因子，可以人为设定，但目前已经约定俗成地固定为 1/3。对 K 值进行指数平滑就得到 D 值：

今日 D 值 = 2/3 × 前一日 D 值 + 1/3 × 今日 K 值

式中 1/3 为平滑因子，也可以人为设定，但目前已经约定俗成地固定为 1/3。

若无前一日 K 值与 D 值，则可分别用 50 来代替。

KD 指标是在 WMS 指标基础上发展起来的，所以 KD 具有 WMS 的一些特性。在反映股票价格变化时，WMS 最快，K 其次，D 最慢。在使用 KD 指标时，我们往往称 K 指标为快指标，D 指标为慢指标。K 指标反应速度快，但容易出错；D 指标反应速度慢但稳重可靠。在介绍时还附带一 J 指标，计算公式：

$$J = 3D - 2K = D + 2(D - K)$$

可见，J 是 D 加上一个修正值，其实质是反映 D 与 K 的差值。在实际应用中，J 值用的比较少。

（三）KD 指标应用法则

KD 指标是三条曲线，应用时主要从 5 个方面进行考虑。

1. KD 指标的取值

KD 的取值范围是 0 – 100，可将其划分为几个区域：超买区、超卖区、徘徊区。按一般的划分法，80 以上为超买区，20 以下为超卖区，其余为徘徊区。KD 超过 80 就应该考虑卖出，低于 20 就应该考虑买入。但这种操作考虑因素过于简单，实战中要考虑的因素很多，这个数字仅仅为投资者提供的是一个信号，而不是绝对的。

2. KD 曲线的形态

当 KD 指标在较高或较低位置形成了头肩形或多重顶底时，是采取行动的信号。这些形态一定要在较高位置或较低位置出现，位置越高或越低，结论越可靠。

3. KD 指标的交叉

K 上穿 D 是金叉，为买入信号，但出现金叉是否就应该买入，还要看别的条件。第一个条件是金叉的位置。应该是在超卖区的位置，越低越好。第二个条件是金叉的次数。有时在低位，K、D 要来回交叉几次，交叉的次数以 2 次为最少，越多越好。第三个条件是金叉的方向，即常说的“右侧相交”原则。

4. KD 指标的背离

背离就是指标与价格走势不一致。当 KD 处在高位，并形成两个依次向下的峰，而此时股价还在上涨，这叫顶背离，是卖出的信号；与之相反，KD 处在低位，并形成一底比一底高，而股价还在继续下跌，这叫底背离，案例（6 – 4）图中的 A 点到 B 点形成的一底比一底高的形态，而股价却呈现一底比一底低的形态，形成了股价与指标的背离，此时 B 点是较好的买入机会。

5. J 指标取值超过 100 和低于 0，都是价格的非正常区域。大于 100 为超买，小于 0 为超卖。

（三）随机指标的优点

1. 随机指标是一种较短期，但分析比较全面，比强弱指数复杂的指标。

2. 随机指标的典型背离准确性颇高。

另外还可以通过两条曲线交叉寻求最佳买卖点，是一种操作性强的技术分析工具。

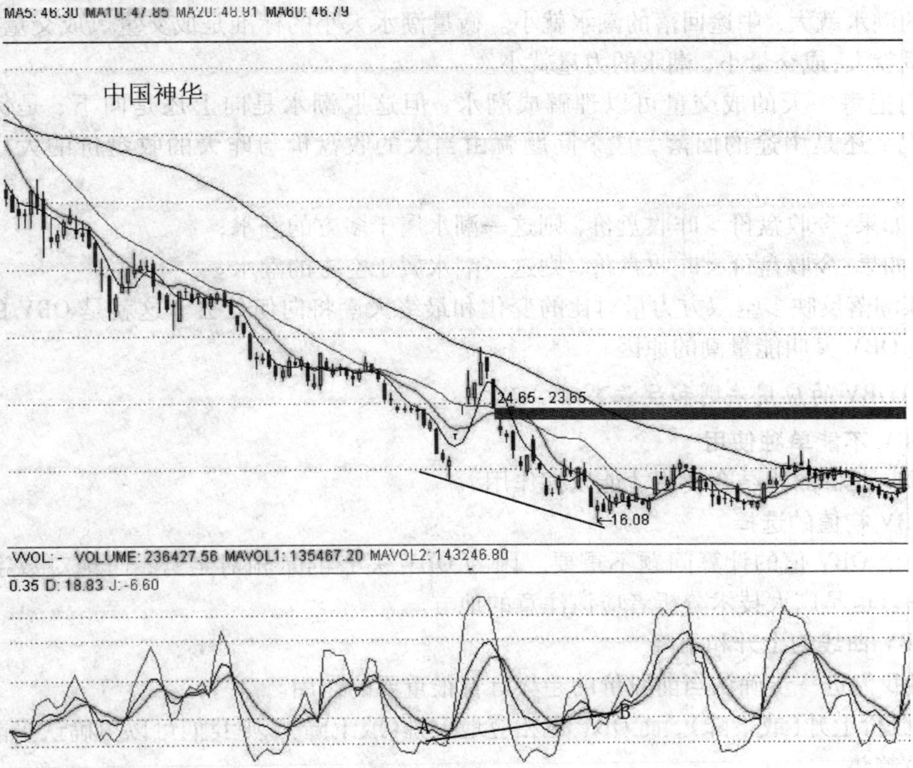

案例(6-4) KD 指标顶背离

四、能量潮——OBV

OBV 的英文全称是 on balance volume，中文名称直译是平衡交易量，由美国的投资分析家 Joe Granville 于 20 世纪 60 年代发明并广泛流行。有些人把每一天的成交量看作海的潮汐一样，把 OBV 看成是潮汐的能量，从而可以利用 OBV 验证当前股价走势的可靠性。并可以得到趋势可能反转的信号，对于预测未来是很有用，比起单独使用成交量看得更清楚。

（一）OBV 的计算公式

OBV 的计算公式很简单，首先我们假设已经知道了上一个交易日的 OBV，就可以根据今天的成交量以及今天的收盘价与上个交易日的收盘价的大小比较计算出今天的 OBV。计算公式如下：

今日 OBV = 昨日 OBV + sgn × 今成交量

其中 sgn 是符号的意思。sgn 可能是 +1，也可能是 -1，这由下式决定。

如果今收盘价≥昨收盘价，则 sgn = +1；如果今收盘价≤昨收盘价，则 sgn = -1。

我们这里所说的成交量指的是成交的股票的手数，不是成交金额。

(二)OBV 的构造原理

OBV 的构造基本原理是根据潮涨潮落的原理。事物向前发展总是有曲折的，不会一帆风顺，正如海浪在向前推进时，中途还有潮落的现象。每次向前的浪潮如果总比向后的浪潮大，则整个趋势还是向前的。如果我们把股市比喻成一个潮水的涨落过程。当多方力量大，则向上的潮水就大，中途回落的潮水就小。衡量潮水大小的标准是成交量。成交量大，则潮水的力量就大；成交量小，潮水的力量就小。

我们把每一天的成交量可以理解成潮水，但这股潮水是向上还是向下，是保持原来的大方向，还是中途的回落，这个问题就由当天的收盘价与昨天的收盘价的大小比较而决定。

(1)如果：今收盘价 > 昨收盘价，则这一潮水属于多方的潮水；

(2)如果：今收盘价 < 昨收盘价，则这一潮水属于空方的潮水。

潮涨潮落反映多空双方力量对比的变化和最终大潮将向何处去。这就是 OBV 的基本原理，也是 OBV 又叫能量潮的原因。

(三)OBV 的应用法则和注意事项

1. OBV 不能单独使用

必须与股价曲线结合使用才能发挥作用。

2. OBV 初值的选择

第一个 OBV 值的计算问题不重要。因为 OBV 关心的是相对走势，而绝对数字没有用处。这一点也是广大技术分析者应该注意的地方。

3. OBV 曲线的上升和下降

它对我们进一步确认当前股价的趋势有着很重要的作用。

(1)股价上升(或下降)，而 OBV 也相应地上升(或下降)，则我们可以更确认当前的上升(或下降)趋势。

(2)股价上升(或下降)，但 OBV 并未相应地上升(或下降)，则我们对目前的上升(或下降)趋势的认可程度就要大打折扣。这就是背离现象，OBV 已经提前告诉我们趋势的后劲不足，有反转的可能。

(3)对其它的技术指标适用的形态学和切线理论的内容也同样适用于 OBV 曲线。W 底和 M 头等著名的形态学派结果也适用于 OBV。

(4)在股价进入盘整区后，OBV 曲线会率先显露出脱离盘整的信号，向上或向下突破。

案例(6-5)是 OBV 指标的实例，该股中国船舶从 17.10 元上涨时，OBV 指标也随之上涨，而从 2007 年 5 月份股价上涨到百元时直到 2008 年 1 月份股价上涨到 300.00 元过程中，OBV 则一直维持在 5000 左右不动，呈现出明显的滞涨状态，与股价形成了明显的背离。此后股价出现了大幅回调走势。

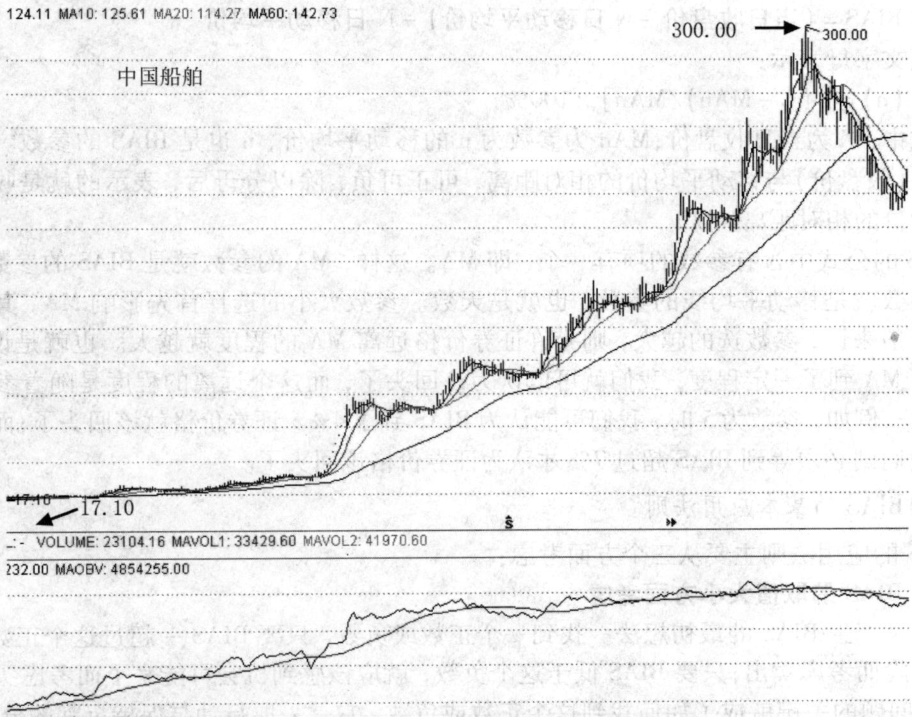

案例（6-5） OBV 指标

第四节 市场人气指标

人气是维持市场上升的重要因素，市场上每一次大的波动都体现在人气旺盛的基础上。消息如果没有转化为人气，仍然不能影响市场。

一、乖离率——BIAS

（一）BIAS 指标的原理

乖离率 BIAS 是表示计算期的股价指数或个股的收盘价与移动平均线之间的差距的技术指标。它是对移动平均线理论的重要补充。它的功能在于测算股价在变动过程中与移动平均线的偏离程度，从而得出股价在剧烈变动时，因偏离移动趋势过远而可能造成的回挡和反弹。

乖离率指标认为如果股价离移动平均线太远，不管是股价在移动平均线之上，还是在移动平均线之下，都不会保持太长的时间，而且随时会有反转现象发生，使股价再次趋向移动平均线。

（二）乖离率的计算方法

由于选用的计算周期不同，乖离率指标包括 N 日乖离率指标、N 周乖离率、N 月乖离率和年乖离率以及 N 分钟乖离率等很多种类型。经常被用于股市研判的是日乖离率和周乖离率。虽然它们计算时取值有所不同，但基本的计算方法一样。

以日乖离率为例，其计算公式为：

N 日 BIAS＝(当日收盘价－N 日移动平均价)÷N 日移动平均价

用英文字母表示：

BIAS(n)＝[(C－MAn)/MAn]×100%

公式中，C 为当日收盘价；MAn 为参数为 n 的移动平均价，n 也是 BIAS 的参数。公式中分子价格(收盘价)与移动平均价的相对距离，可正可负，除以分母后，表示的就是收盘价与移动平均价的相对距离。

BIAS 的公式中含有参数的项有一个，即 MA。这样，MA 的参数就是 BIAS 的参数，即乖离率的参数就是移动平均线的参数，也就是天数。参数大小的选择首先影响 MA，其次影响 BIAS。一般来说，参数选的越大，则允许证券价格远离 MA 的程度就越大。也就是说，证券价格远离 MA 到了一定程度，我们就可以认为该回头了，而这个远离的程度是随着参数的变大而变大。例如，参数为 5 时，我们可能认为 BIAS 到了 4%，证券价格就该回头了；而参数为 10 时，我们则必须等到 BIAS 超过 7% 才认为证券价格该回头了。

(三)BIAS 的基本应用法则

BIAS 的应用法则主要从三个方面考虑：

1. 从 BIAS 的取值大小方面考虑

这个是产生 BIAS 的最初想法。找到一个正数或负数，只要 BIAS 一超过这个正数，就应该感到危险而考虑卖出；只要 BIAS 低于这个负数，就应该感到机会可能来了而考虑买入。这样看来，问题的关键就成了如何找到这个正数或负数，它是采取行动与保持沉默的分界线。

但是分界线与三个因素有关：

(1)与 BIAS 选择的参数大小相关。选择的参数越大，确定采取行动的分界线就越大；

(2)与选择的具体是哪只证券相关。越活跃的证券，选择的分界线也越大；

(3)不同的时期，分界线的高低也可能不同。

2. 从 BIAS 曲线形状考虑

(1)BIAS 形成从上到下的两个或多个下降的峰，而此时证券价格在继续上升，则这是抛出的信号；

(2)BIAS 形成从下到上的两个或多个上升的谷，而此时证券价格还在继续下跌，则是买入信号。

3. 从两条 BIAS 线结合方面考虑

当短期 BIAS 在高位下穿长期 BIAS 时是卖出信号；在低位 BIAS 上穿长期 BIAS 时是买入信号。短期和长期在这里是针对参数而言的，参数大的为长期 BIAS，参数小的为短期 BIAS。

乖离率的缺陷是买卖信号过于频繁，如果使用普通的指标和应用原则，不仅不能铲到底，甚至连股价跌幅的半山腰也铲不到。因此，必须做出适当改进，具体优化方案如下：

在原来三条线的基础上再增加设置第四条线：BIAS(60)。计算公式相同，参数设置为 60 日，具体的应用原则如下：

1. 当 BIAS(60)小于－12 时，可以轻仓做试探性买入，做反弹行情。

2. 当 BIAS(60)小于－18 时，可以半仓做波段行情。

3. 当 BIAS(60)小于－24 时，可以重仓坚决买入，做牛市行情。

(四)使用乖离率指标时的注意要点

1. BIAS(60)非常适合于做买入决策时参考

但在卖出信号的研判上存在一定的滞后性。所以，在做卖出决策时要更多地参考上面三种常用的乖离率指标。

2. 对于上市不足半年的新股

BIAS(60)对此的研判失误率偏高。而且，由于BIAS(60)的参数是60日，因此，新股上市三个月内是无法显示BIAS(60)数据的。

3. 当股市处于较大的熊市下跌初期时

此时使用BIAS(60)作为买入信号是危险的，不仅仅是BIAS(60)，凡是在熊市初期时，使用任何成熟的技术指标作为买入依据都是极其危险的。

4. BIAS(60)非常适合于在弱市中使用

它是弱市铲底的利器，但在强市中信号出现频率相对较少。

5. 指数和股价因受重大突发事件的影响

因受重大突发事件的影响产生瞬间暴涨与暴跌，股价与各种平均线的乖离率有时会出奇地过高或过低，但发生概率极少，仅能视为特例，不能作为日常研判标准。

6. 每当股价与平均线之间的乖离率达到最大百分比时

乖离率达到最大百分比时就会向零值靠拢，这是葛兰碧八大法则中第四条和第五条法则所揭示的股价运行规律，如案例(6-6所示)。

7. 在趋势上升阶段股价如出现负乖离，正是逢低买入的有利时机。

8. 在趋势下降阶段股价如出现正乖离，正是逢反弹出货的最佳时机。

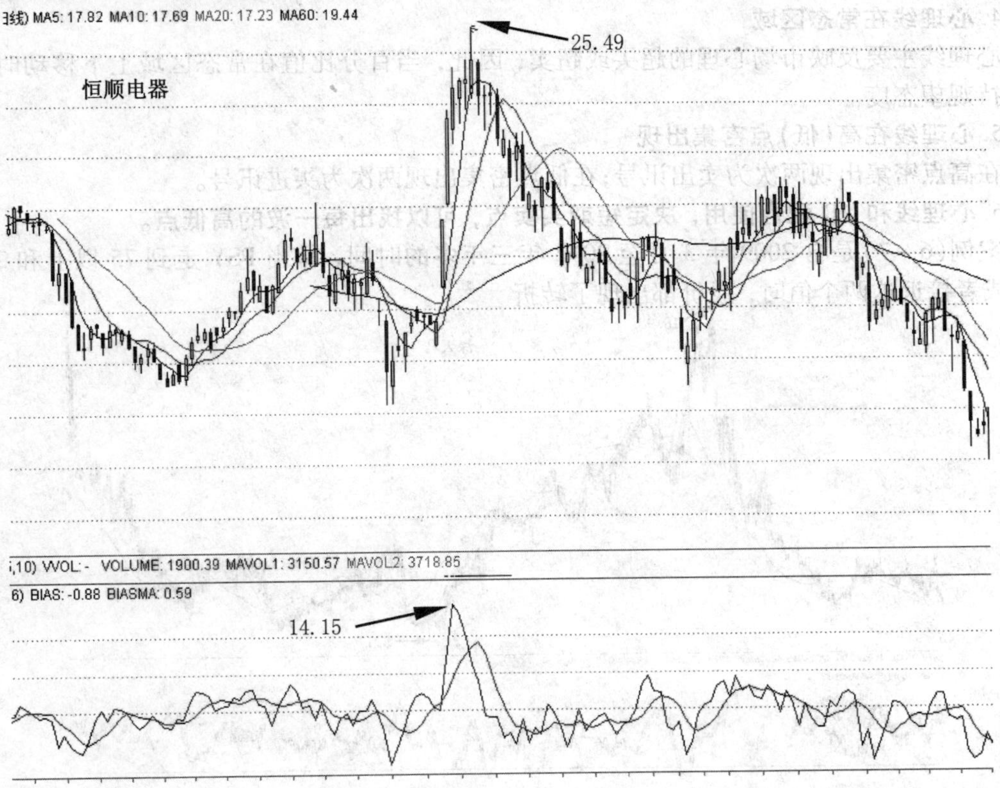

案例(6-6) 乖离率偏离

二、心理线——PSY

PSY 是描述证券价格与证券价格移动平均线相距的远近程度的技术指标。PSY 指的是相对距离。

心理线是一种建立在研究投资人心理趋向基础上，将某段时间内投资者倾向买方还是卖方的心理与事实转化为数值，形成人气指标，作为买卖股票的参数。

(一) PSY 计算公式

PSY = N 日内的上涨天数/N × 100

N 一般设定为 12 日，最大不超过 24，周线最长不超过 26。

(二) PSY 应用原则

1. 由心理线公式计算出来的百分比值

超过 75 时为超买，低于 25 时为超卖，百分比值在 25 – 75 区域内为常态分布。但在涨升行情时，应将卖点提高到 75 之上；在跌落行情时，应将买点降低至 25 以下。具体数值要凭经验和配合其他指标。

2. 一段行情上升或下降展开前

通常超卖的低点会出现两次，超买的最高点也会出现两次。在出现第二次超卖的低点或超买的高点时，一般是买进或卖出的时机。

3. 百分比值降低至 10 或 10 以下时

是真正的超买，此时是一个短期抢反弹的机会，应立即买进。

4. 心理线在常态区域

心理线主要反映市场心理的超买或超卖，因此，当百分比值在常态区域上下移动时，一般应持观望态度。

5. 心理线在高(低)点密集出现

在高点密集出现两次为卖出讯号；在低点密集出现两次为买进讯号。

6. 心理线和 VR 配合使用，决定短期买卖点，可以找出每一波的高低点。

案例(6 – 7)是自 2009 年 3 月至 2012 年三年多的时间，每当 PSY 走到 75 以上和 25 以下，或者接近这两个值时，股价都出现了转折。

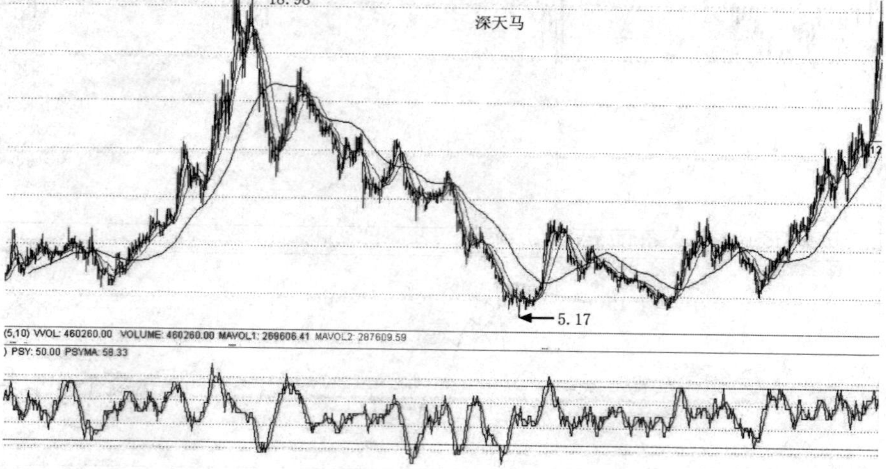

案例(6 – 7)　PSY 买卖值

第五节 市场大盘指标

该类指标只能判断市场的整体形势，而不能应用于个股。

一、腾落指数——ADL

腾落指数(advance - decline line)。ADL是分析趋势的，利用简单的加减法计算每天股票上涨家数和下降家数的累积结果，与综合指数相互对比，对大势的未来进行预测。

(一)ADL的计算公式

ADL采取递推的方式进行计算。如果知道了前一天交易日的ADL值，就可以计算今日的ADL值，然后用当日收盘价与前一日收盘价进行对比来决定涨跌。如果今天市场中共有MA家上涨，ND家下跌，不涨不跌的就是M家。

公式:

今日ADL = 昨日ADL + NA - ND

(二)ADL的应用法则

1. 应用ADL时重在相对走势，并不看重取值的大小

2. ADL不能单独使用，要同股价曲线联合使用

3. ADL与价格指数同步走势

ADL与价格指数同步上升或下降可以验证大盘的上升(下降)趋势，短期内反转的可能性不大。

4. ADL与价格指数相反走势

ADL连续上涨(下跌)几天，价格指数却向相反方向波动了几天，这是背离现象，是买进(卖出)信号，说明至少有短线机会存在。

二、涨跌比——ADR

ADR(advance - decline ratio)，ADR指标是将一定时期内上市交易的全部股票中的上涨家数和下跌家数进行比较，得出上涨和下跌之间的比值并推断市场上多空力量之间的变化，进而判断市场上的实际情况。由于和ADL指标存在着一定的联系，ADR指标又称为回归式腾落指数。该指标集中了股票市场中个股的涨跌信息，可反映股市大盘的强弱趋向，但没有表现个股的具体的强弱态势，因此，它和ADL一样，是专门研究股票指数的指标，而不能用于选股与研究个股的走势。

(一)ADR指标原理

ADR指标的构成基础是"钟摆原理"，即当一方力量过大时，会产生物极必反的效果，向相反的方向摆动的拉力越强，反之，亦然。该原理表现在股市上，就意味着当股市中人气过于高涨，股市屡创新高以后，接下来可能就会爆发一轮大跌的行情；而当股市中人气低迷，股价指数不断下挫而跌无可跌的时候，可能一轮新的上涨行情即将展开。ADR指标就是通过一定时期内的整个股票市场上的上涨和下跌家数的比率，衡量多空双方的变化来判断未来股票市场整体的走势。

股票市场是多空双方争斗的战场，这种争斗在一定程度上是自发的，带有较多的自由性和盲目性，其表现为股市上超买超卖的情况比较严重，有时候投资者盲目地追涨会造成股市超买，有时候又会盲目地杀跌造成股市的超卖。ADR 指标就是从一个侧面反映整个股票市场是否处于涨跌过度、超买超卖现象严重的情况，从而进行比较理性的投资操作。

（二）ADR 的计算

公式：$ADR(N日) = P_1 \div P_2$

式中，$P_1 = \Sigma N_A$——P_1，N 日内股票上涨家数之和；

$P_2 = \Sigma N_D$——P_2，N 日内股票下跌家数之和；N 为选择的天数，是 ADR 的参数。

选择一定参数周期内的股票上涨和下跌家数的总和，目的是为了避免由于某一特定的时期内股市的特殊表现而误导研判。比如，选择几天的股市的上涨和下跌家数的总和，是为了避免由于某一天行情的特殊表现而使 ADR 数值产生偏差。一般而言，参数选择得小，ADR 值上下变动的空间就比较大，曲线的起伏就比较剧烈；参数选择大，ADR 值上下变动的空间就比较小，曲线的上下起伏就比较平稳。参数的设定没有统一的标准，可根据市场的变化和投资者的偏好来自由设定。

目前，市场比较常用的参数为 10，14 等，另外还可以用 5、25、30、60 等。ADR 参数的选择在 ADR 技术指标研判中占有重要的地位，参数的不同选择对行情的研判可能带来不同的结果，这点在后面特殊研判中将详细介绍。

（三）ADR 的应用

ADR 的应用应从以下几方面考虑：

1. ADR 的取值

ADR 的取值共分为 3 个区域：0.5－1.5 之间是 ADR 的常态区域，说明多空双方对现状的认可，这个时候买进或卖出股票都没有太大的把握。个别情况下，ADR 常态状况的上下限将有变化。ADR 超过常态状况的上下限，就属于非常态。ADR 进入非常态状况是采取行动的信号，总的来说是越过上限考虑卖出，低于下限考虑买入。具体操作参照如下：

（1）当 ADR 数值小于 0.5 时，表示大势经过长期下跌，已经出现超卖现象，很多股票价格可能会止跌企稳并出现一轮反弹行情，投资者可以短线少量买入超跌股作反弹。

（2）当 ADR 数值大于 1.5 时，表示大势经过长期上涨，已经出现超买现象，很多股票价格可能已经上涨过度，将会出现一轮幅度比较大的下跌行情，投资者应以及时卖出股票或持币观望为主。

（3）当 ADR 数值在 0.5－1.5 之间时，表示大势基本处于整理行情之中，没有出现特殊的超买和超卖现象，这时投资者更重要的在于研判个股行情。

（4）当 ADR 数值在 0.3 以下时，表示大势处在大空头市场的末期，市场上出现了严重的超卖现象，很多股票的价格已经跌无可跌，此时，投资者可以分批逢低吸纳股票，作中长线的建仓投资。

（5）当 ADR 数值在 1.5 以上时，表示大势处在大多头市场的末期，市场上出现了严重的超买现象，很多股票的价格已经涨幅过大，将面临一轮比较大的下跌行情，此时，投资者应及时卖出持有的股票。

2. ADR 曲线与股价综合指数曲线的配合

对大势而言，ADR 指标具有领先示警作用，尤其是在中短期回调或反弹方面，能比股价综合指数曲线领先出现征兆。ADR 曲线与股价综合指数曲线的配合使用主要从以下几方面进行：

(1) ADR 曲线与股价指数同方向运动

ADR 曲线向上攀升，而股价综合指数曲线也同步上升，则意味着整个股票市场是处于整体上涨的阶段，股市大势将维持向上攀升的态势，市场上人气比较活跃，投资者可积极进行个股的投资决策；ADR 曲线继续下跌，而股价综合指数曲线也同步下跌，则意味着整个股票市场是处于整体下跌的阶段，股市大势将维持下跌的态势，市场上人气比较低落，此时，投资者应以持币观望为主。

(2) ADR 曲线与股价指数背离

ADR 曲线开始从高位向下回落，而股价综合指数曲线却还在缓慢向上扬升，则意味着股市大势可能出现"顶背离"现象，特别是大盘已经经过了一轮比较长时间的上升行情以后。股价综合指数上升而 ADR 值从高位回落，说明股市在一线大盘股领涨，而大多数二、三线小盘股却纷纷告跌，上升行情难以持久；ADR 曲线从底部开始向上攀升，而股价综合指数曲线却继续下跌，则意味着股市大势可能出现"底背离"现象，特别是大盘已经经过了一轮比较长时间的下跌行情以后，投资者应该考虑买入。因为股价综合指数下跌而 ADR 值从低位开始向上扬升，说明股价综合指数的下跌是由大盘股下跌引起的，而许多小盘股经过长时间的下跌开始显示出投资价值，已经有主力在开始建仓，整个大势可能将很快止跌反弹。

(3) ADR 曲线的形态

①当 ADR 曲线在高位形成 M 头或三重顶等顶部反转形态时，可能预示着大盘由强势转为弱势，大盘即将大跌，如果股价综合指数也出现同样形态则更可确认，其跌幅可以用 M 头或三重顶形态理论来研判。

②当 ADR 曲线在低位出现 W 底或三重底等底部反转形态时，可能预示着大盘由弱势转为强势，大盘即将反弹向上，如果股价综合指数也出现同样形态更可确认，其涨幅可以用 W 底或三重底等形态来判断。

③相对而言，ADR 指标的高位 M 头或三重顶判断的准确性要比其底部的 W 底或三重底要高。

(4) ADR 指标参数的修改

ADR 指标的研判随着选用研判参数的不同会有一定变化。参数越大，ADR 常态区域的上下限就离 1 越近；参数越小，上下限离 1 越远。因此，ADR 指标参数的选择会影响 ADR 曲线与 1 值线之间的关系，从而直接影响对大盘的研判。

案例(6-8)是深圳成分股走势图，该股从 2010 年 9 月到 2012 年 3 月一年多时间中，每当 ADR 指标高于 1.5 之上，对应的股价都出现回落。

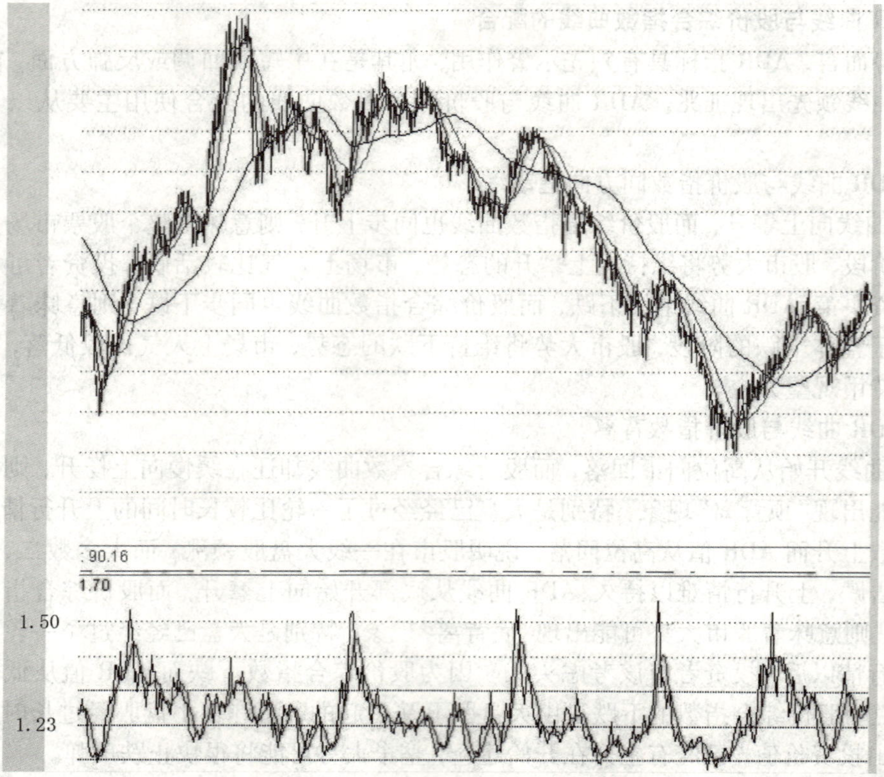

案例(6-8)　ADR

三、超买超卖指标——OBOS

OBOS 英文全称是"Over Bought Over Sold"，和 ADR、ADL 一样是专门研究股票指数走势的中长期技术分析工具。

超买超卖指标主要是运用一段时间内整个股票市场中涨跌家数的累积差关系，来测量大盘买卖气势的强弱及未来演变趋势，作为研判股市呈现超买或超卖区的参考指标。OBOS 指标和 ADR 指标一样，是用一段时间内上涨和下跌股票家数的差距来反映当前股市多空力量的对比和强弱。它的主要用途在于衡量大势涨跌气势，在某种程度上是一种加大 ADL 线震幅的分析方法。

(一)OBOS 指标的原理

OBOS 指标的原理主要是对投资者心理的变化作为假定，认为当股市大势持续上涨时，必然会使部分敏感的主力机构获利了结，从而诱发大势反转向下，而当大势持续下跌时，又会吸引部分先知先觉的机构进场吸纳，触发向上反弹行情。因此，当 OBOS 指标逐渐向上并进入超越正常水平时，即代表市场的买气逐渐升温并最终导致大盘超买现象。同样，当 OBOS 指标持续下跌时，则导致超卖现象。对整个股票市场而言，由于 OBOS 指标在某种程度上反映了部分市场主力的行为模式，因此在预测上，当大盘处于由牛市向熊市转变时，OBOS 指标理论上具有领先大盘指数的能力；而当大盘处于由熊市向牛市反转时，OBOS 指标理论上稍微落后于大盘指数的缺陷。但从另一种角度看，它可以真正确认大盘的牛转熊是否有效。

(二)OBOS 指标的计算方法

由于选用的计算周期不同，超买超卖 OBOS 指标包括 N 日 OBOS 指标、N 周 OBOS 指标、N 月 OBOS 指标等很多种类型。虽然它们计算时取值有所不同，但基本计算方法是一样。

计算公式：

$OBOS(n) = P_1 - P_2$

式中，P_1 是 N 日内股票上涨家数之和；P_2 是 N 日内股票下跌家数之和；N 为选择的天数，是 OBOS 指标的参数。

ADR 指标侧重于多空双方力量的比值变化，而 OBOS 指标是侧重于多空双方力量的差值变化。OBOS 指标的多空平衡位置是 0 而不是 1，一般而言，OBOS 指标参数选择的不同，其市场表现也迥然而异。参数选择得大，OBOS 值上下变动的空间就比较大，曲线的起伏就比较剧烈；参数选择得小，OBOS 值上下变动的空间就比较小，曲线的上下起伏就比较平稳。目前，市场上比较常用的参数是 10、20 等。OBOS 指标计算和研判参数的选择在 OBOS 指标的研判中也同样占有重要的地位。

(三) OBOS 指标的一般研判标准

OBOS 指标的一般研判标准主要集中在 OBOS 数值的取值范围和 OBOS 指标超买超卖现象等几方面研判。以 10 日 OBOS 指标为例，其具体分析方法如下：

1. OBOS 指标的取值范围

(1)OBOS 指标的多空平衡点是 0。当市场处于盘整市场时，OBOS 的取值应该在 0 的上下来回波动；当市场处于多头市场时，OBOS 的取值应该是正数；当市场处于空头市场时，OBOS 的取值应该是负数。

(2)当 OBOS =0 时，说明在一段时期内，多空力量处于平衡，股价指数维持窄幅盘整局面；当 OBOS >0 时，说明市场中的多头力量大于空头力量，市场属于强势格局，股价指数处于上涨行情；当 OBOS <0 时，说明市场中的空头力量大于多头力量，市场属于弱势格局，股价指数处于下跌行情。

(3)一般而言，OBOS 值距离 0 的远近说明市场上多空双方中的某一方力量比较强大。当 OBOS 值为正值且距离 0 越远，说明市场上的多头力量就越强大，多方占据的优势就越明显；当 OBOS 值为负值且距离 0 越远时，说明市场上的空头力量就越强大，空方占据的优势就越明显。

2. OBOS 指标的超买超卖现象

(1)在股票市场上，OBOS 值过分的大或者过分的小，都说明市场的涨势或跌势走到了极端。物极必反，当股市走势过于极端时，便会显露出大势超买超卖的现象，这是市场可能将向相反的方向运动、趋势将发生转折的信号。

(2)OBOS 指标的超买和超卖区域的确定，在世界各地的股票市场都不一样。它主要取决于上市股票总数、参数选择的大小和投资者个人的偏好以及分析软件的不同版本来决定。以“分析家”软件为例：

结合上海和深圳市场走势的实际，OBOS 值在 ±50 区间属于正常状态。当 OBOS 值大于 50 时，说明大势处于超买阶段，行情随时可能掉头朝下。当 OBOS 值小于 -50 时，说明大势处于超卖阶段，反弹性行情随时可能展开。

(3)超买超卖区域应随着市场环境的变化而作相应的调整。在大多头行情中，超买区域上限可以适当向上调整，而在大空头行情中，超卖区域的下限可以适当向下调整。

(四) OBOS 指标的特殊分析方法

OBOS 指标的特殊研判主要包括 OBOS 曲线与股价综合指数曲线的配合、OBOS 曲线形态和趋势、OBOS 指标参数的修改和均线先行原则等方面。

1. OBOS 曲线与股价综合指数曲线的配合

(1)OBOS 曲线持续向上攀升，而股价综合指数曲线也同步上升，则意味着整个股票市场是处于整体上涨的阶段，股市大势将维持向上攀升的态势，市场上人气比较活跃，投资者可积极进行个股的投资决策。

(2)OBOS 曲线持续下跌，而股价综合指数曲线也同步下跌，则意味着整个股票市场是处于整体下跌的阶段，股市大势将维持下跌的态势，市场上人气比较低落，此时，投资者应以持币观望为主。

(3)当大盘已经经过了一轮比较长时间的上升行情以后，OBOS 曲线开始从高位向下回落，而股价综合指数曲线却还在缓慢向上扬升，则意味着股市大势可能出现“顶背离”现象。当 OBOS 指标出现顶背离现象时，预示着整个市场开始由强势转变为弱势，一轮大跌行情即将开始，投资者应及时卖出个股。

(4)当大盘已经经过了一轮比较长时间的下跌行情以后，OBOS 曲线从底部开始向上攀升，而股价综合指数曲线却继续下跌，则意味着股市大势可能出现“底背离”现象。当 OBOS 指标出现底背离现象时，预示着整个市场行情开始趋暖，一轮反弹行情可能展开，投资者可分批少量逢低吸纳个股。

2. OBOS 曲线的形态和趋势

(1)OBOS 指标趋势线理论的研判

①当 OBOS 曲线由下向上突破其长期压力线时，预示着大盘可能由弱势转强势，特别是股价综合指数也开始向上突破长期压力线后，即可确认大盘弱势已经结束，即将展开一轮中期上升行情。

②当 OBOS 曲线由上向下跌破其长期支撑线时，预示着大盘可能由强势转为弱势，特别是股价综合指数也开始向下突破其长期支撑线后，即可确认大盘强势已经结束，即将展开一轮中期下跌行情。

(2)OBOS 指标形态理论的研判

①当 OBOS 曲线在高位形成 M 头或三重顶等顶部反转形态时，可能预示着大盘由强势转为弱势，大盘即将大跌，如果股价综合指数也出现同样形态则更可确认，其跌幅可以用 M 头或三重顶形态理论来研判。

②当 OBOS 曲线在低位出现 W 底或三重底等底部反转形态时，可能预示着大盘由弱势转为强势，大盘即将反弹向上，如果股价综合指数也出现同样形态更可确认，其涨幅可以用 W 底或三重底等形态来判断。

③相对而言，OBOS 指标的高位 M 头或三重顶的判断的准确性要比其底部的 W 底或三重底要高。

五、OBOS 指标的应用法则和注意事项

(一)指标上升至 +1000 时为超买;下降至 -1000 时为超卖。

(二)指标若超越 +1500 或 -1500 时，应等待其产生背离才可确认。

(三)本指标应搭配 ADR 、VR、BRAR 等指标使用。

【要点小结】

技术指标是归纳重复发生的价格模式的一种方法。实际上它有两个隐含的前提，历史会重演，市场主体的主观意志有着长期的延续性。此外就是技术指标的缺陷和如何修正地使用。任何技术分析方法都有它所适用的市场环境，我们要了解这些指标的投资价值，更应该把握住这些工具在非常规情况下的特殊意义。

本章介绍了技术指标的定义、技术指标解决的问题和基本使用技术。对各种技术指标的构造原理加以诠释，给出了详细的计算公式和使用法则，并配合相关图例和案例。

【思考与练习】

一、名词解释

技术指标　移动平均线　参数　指标盲点　乖离率

二、简答题

1. 移动平均线的特征是什么？

2. 技术指标中的参数对不同指标结论是否有影响？

3. 什么是技术指标与价格的背离？实际操作中应该怎样使用？

4. 谈谈 BIAS 指标的构造原理和不同时间参数的应用？

5. RSI 指标和 KDJ 指标的最有效的市场环境是什么？如何计算？

6. 根据 MACD 指标原理，指出下图指标发出的信号为买入还是卖出信号？为什么？

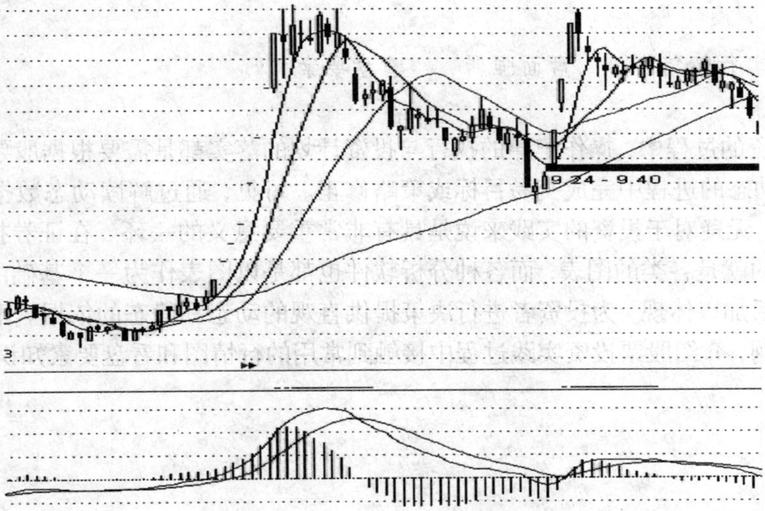

◆第七章 盘面解读与研判

【内容提要】

因为 K 线具有的先天性缺陷，它不能够完全真实的表现出股价运行的状态，也不能完全准确的表现庄家主力的操作细节，而只有行情图才能够完全的记录表现股价走势，也只有行情图中的分时走势才能完全的反映出主力的操作计划和目的。从这个意义上来说，行情图具有更高的研究价值，本章从行情图的解读入手，涵盖信息解读及看盘操作等实战技巧，为读者提供了解盘面信息的基本知识。

【学习目标】

1. 掌握行情信息的解读基本方法。
2. 了解行情图的构成。
3. 掌握看盘要素的基础知识。
4. 了解看盘操作的要点。

【关键词】

行情图　　行情信息　　盘面强弱　　看盘要素

在证券投资的过程中，操作纪律的执行与投资计划的落实都是需要根据股票的即时走势进行决断的，在动态的进程中完成交易目标或策略修正。可见，通过解读动态数据的变化并从中找到决策依据，无疑对于投资的实践来说是具有非常重要意义的一环。在证券投资市场中，参与者接触最多的就是各类的图表，而各种分析软件也都是以图表作为一个基础的载体，将各种信息进行整合后加以体现，为投资者进行决策提供直观的动态和静态的依据。本节就以我国 A 股股票市场为例，介绍股票投资实践过程中接触到常用的行情图和看盘要素知识。

第一节　行情图的解读与分析

在股票投资市场中，能最直观体现出股票即时走势的界面就是行情图，或称之为分时图。分时图把股价的变动实时地用曲线在二维坐标上显示出来，横轴为时间，以分钟作为计量单位，纵轴的上半部分是股价(或指数)，下半部分则是成交量。行情图按照使用范围不同，大致分为指数行情图和个股行情图两类，指数行情图又包括沪深 A 股的大盘指数行情图、行业板块指数行情图、中小板指数行情图和创业板指数行情图等，体现出了市场不同层面的走势状态，本章我们侧重介绍大盘行情图和个股行情图。

一、行情信息的解读

随着计算机和网络技术的发展，信息传播的时效性、便捷性已经得到极大的提升，让每个人都感受到了信息爆炸的威力，每天都必须面对海量信息，而信息对股票的影响是非常之大的。根据索罗斯的反身理论:认识改变现实，而现实又改变认识。在股票市场中，涉及上市公司的信息能够改变投资预期，而预期驱动市场的投资行为，投资行为在市场上必将影响价格，价格变化创造出新的预期……如此往复，所以对行情信息的解读并不是简简单单的信息获取，因为在市场上主动获取和被动接受的声音很多，关键是如何在最短时间内将有关的行情信息进行分拆、梳理、归类、最后落实到标的，如果一个信息对于股票操作没有任何意义，那么就是没有必要的，因此，信息的解读也是需要有技巧的。

(一)信息的基本分类及标准

对于股票市场的信息来说，信息既包含一般意义上的信息，比如政策面的信息，如货币政策、经济政策、产业政策等;基本面的信息，如企业内涵式和外延式发展方面的业绩增长、资产注入等;技术面的信息则是由券商和分析机构出具的对行情走势的看法和分析，比如认为市场在头部还是底部，操作机会等等;还包含股票市场所特有的容易被忽视的异常信息比如突发事件和周期规律，而且,他们的重要性决不低于一般意义的信息。

信息分类是用什么标准来“评估”? 答案是预期。消息触发的是预期，所以，我们必须按照预期的不同进行消息分类，而不是按照消息的种类进行分类。至少基本分类一定要按照预期影响来进行分配。共有五个分类的要素，分别是政策面、基本面、技术面、周期规律、突发事件。按照三横两纵进行制表(如图 7－1 所示)。这基本能够涵盖金融市场上影响预期的消息。

	周期规律	突发事件
政策面		
基本面		
技术面		

图 7－1　信息分类图

必须要牢记的是，如果没有明确的市场“指向”——即预期标的，那么此类信息没有收集汇总价值，属于垃圾信息。内容越简单直白，时间、标的明确，越容易达成预期一致性，对于标的价格波动的影响越直接，趋势越容易形成。这很好理解，有价值的信息就是“能够指导投资的信息”，如果连标的都无法确定，或者需要很复杂的连续推导才能分析出标的，那么市场预期会选择忽略，因为预期一致性太难统一。信息理解过程复杂，信息本身就会没有任何价值。

(二)信息的分类

政策面，基本面，技术面大家大都熟悉，而对周期规律和突发事件则稍许生疏，该如何定性周期规律和突发事件与预期之间的关系，结合市场中发生的实例展示信息应用在市场投资当中的作用。

1. 周期规律

周期规律实际就是“预期周期”，是指当时间处于一个特殊时点，投资人预期会习惯性形成条件反射。比如:上半年前四个月和下半年后三个月，通常市场交投热度都会好于年中五个月。按照以前的说法，这有可能是信贷投放集中在上半年所致。不过，随着信贷投放规律的改变和信贷入市的可能性下降，这一规律却没有发生什么变化。有趣的是，根据欧美市场的历史数据来看，同样现象也发生在其他国家市场。尽管我们无法完整解释这一现象的全部原因，但必须清楚这一规律并在策略实施时充分考虑上述因素的影响。根据中国股市的特殊性，周期规律作用的形成习惯性的发生在：

(1)每年十一月入冬时

煤炭、天然气板块会因为北方城市开始供暖而出现活跃表现；白酒类公司会在下半年得到更多资金追捧，因为销售旺季往往在四季度集中体现；

(2)每年三月两会前后

都是种子、化肥、新能源、环保的表现时间，因为“三农”一定是政府工作报告一号文件，而节能环保以及新能源一定是政府工作汇报中的“重点”；

(3)每年十一月、十二月

是高送转、年报高增的“挖宝期”……

这些都属于“预期周期”内在必然发生的事件，只是根据市场即时状态，预期强度有所差异。

2. 突发事件

指突发事件的发生，也称“事件催化”。当特定事件发生，投资人预期会习惯性形成条件反射。如加息利好银行板块，关注点在于息差扩大幅度；通胀数据利好“猪、鸡、种子”，关注点在于食品价格数据的升幅；人民币升值利好航空、造纸板块，关注点在于市场预期对于资产重估逻辑的认知程度；战争利好黄金、军工，关注点在于地缘政治趋势与事发地即时战况；重大疫情利好医药、生物，关注点在于“小盘股”；

至于股东权益变动，包括资产注入、定向增发、主业变更、摘帽等等，都是能够在短期改变投资人预期的催化剂。

值得一提的是，重量级券商、业内知名研究员所发表的深度调研报告或策略报告，也属于“事件催化”的范畴。

这些都属于“事件催化”内在必然发生的事件，只是根据市场即时状态，预期强度有所差异。

需要注意的是，日常信息收集整理的主要目的，就是将上述这些对于市场投资人预期有影响的信息提炼出来，而并非关注消息本身的始末。重要的是，根据分类，把对于预期有影响的信息，直接指向相关板块。这样才能够在第一时间发现市场异动，弥补信息不对称所造成的劣势。同时，根据“预期周期”，在特定时点到来前提醒客户注意相关板块的表现，以取得低风险收益。这就是信息采集分类层面上的“专业性”体现。

二、大盘行情图解读

大盘行情图即大盘分时走势图，也叫大盘即时走势图。大盘行情只是一种通俗的说法，一般是指股票市场价格的总体走势。目前，我国上海和深圳两个证券交易所分别编制并公布了多个从不同角度反映市场价格总体走势的股票价格指数，其中最具有代表性的分别是上证领先指数、上证180指数、深证成份指数和深圳综合指数。下面以上证指数为例，介绍解读大盘行情图的一些基础知识(如图7－2所示)。

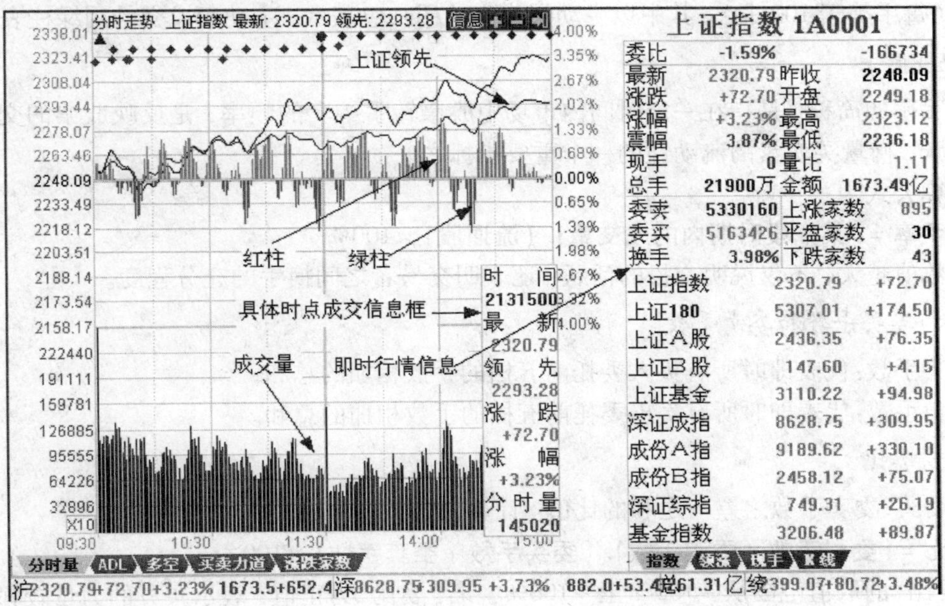

图7－2 大盘分时行情图走势

(一)粗横线

即上一个交易日指数的收盘价横向水平位置。它是当日大盘上涨与下跌的分界线。它的上方，是大盘上涨区域；它的下方，是大盘的下跌区域。

(二)白色和黄色曲线

1. 白色曲线

表示大盘加权指数，即我国的上海证券交易所和深圳证券交易所每日公布的上海和深圳大盘指数，如上图中的上证领先指数。

2. 黄色曲线

大盘不含加权的算数平均数指标，即不考虑股票盘子的大小，而将所有股票对指数影响看作相同而计算出来的大盘指数，也就是通常说的个股走势。

3. 参考白黄二曲线的相互位置可知

(1)当大盘指数上涨时，黄线在白线之上，表示流通盘较小的股票涨幅较大；反之，黄线在白线之下，说明盘小的股票涨幅落后大盘股。

(2)当大盘指数下跌时，黄线在白线之上，表示流通盘较小的股票跌幅小于盘大的股票；反之，盘小的股票跌幅大于盘大的股票。

(三)红蓝色柱线

在红白两条曲线附近有红蓝色柱状线，是反映大盘即时所有股票的买盘与卖盘在数量上的比较，红柱线的增长缩短表示上涨买盘力度的增减；绿柱线的增长缩短表示下跌卖盘力度的强弱。

(四)红绿色柱线

在分时图下半部的成交量区域中，红色和绿色的柱体是用来表示每一分钟的成交量，单位是手(每手等于100股)，其中以主动买成交的用红色表示，主动卖成交的用绿柱表示。

(五)换手

换手率的简称，是指在一定时间内市场中股票转手买卖的频率，是反映股票的交易状况是否活跃，衡量买卖盘的流动性的一个重要指标之一。

计算公式为：

换手率=(某一段时期内的成交量)/(流通股)×100%

其数值越大，不仅说明交投的活跃，还表明交易者之间换手的充分程度。

(六)委买手数和委卖手数

委买手数：代表即时所有买入委托前五档的手数相加的总和；

委卖手数：代表即时所有卖出委托前五档的手数相加的总和。

(七)委比

是委买、委卖手数之差与之和的比值。计算公式：

委比=(委买手数-委卖手数)/(委买手数+委卖手数)×100

“委比”的取值范围从-100%至+100%。若“委比”为正值，表示买方的力量较强，股票处于供不应求的状态，股价上涨的几率自然就比较大；反之，若“委比”为负值，表示卖方的力量较强，股价处于供过于求的状态，则股价就有比较大下跌的几率。

(八)量比

量比是一个衡量相对成交量的指标，它是开市后每分钟的平均成交量与过去5个交易日每分钟平均成交量之比。

公式为：

量比=现成交总手÷(过去5日平均每分钟成交量×当日累计开市分钟数)

在上图中，量比为1.11，表示当前每分钟的平均成交量是过去5日每分钟成交量的1.11倍，这说明当前的成交比较活跃，成交量有所放大。当量比小于1时，说明现在的成交比不上过去5日的平均水平，成交相应收敛。

(九)现手

表示当天最近一笔成交的成交量，一手为100股。上图中显示的是收盘以后的大盘分时走势图，故现手为零。

(十)上涨、下跌和平盘家数

1. 上涨家数

表示当前上海证券交易所股价高于昨天收盘价的股票家数，图 7－2 显示的是当天收盘时的上涨家数。

2. 下跌家数

表示当前上海证券交易所股价低于昨天收盘价的股票家数，图 7－2 显示的是当天收盘时的下跌家数。

3. 平盘家数

表示当前上海证券交易所股价与昨天收盘相等的股票家数，图 7－2 显示的是当天收盘时的平盘家数。

三、个股行情图解读

在键盘上输入某只个股的代码，并按下 Enter 键，即可调出这只股票的分时走势图(如图 7－3 所示)。从结构上看，它与大盘的即时行情图大体相似，下面仅就个股行情图的差异部分结合实战经验进行介绍。

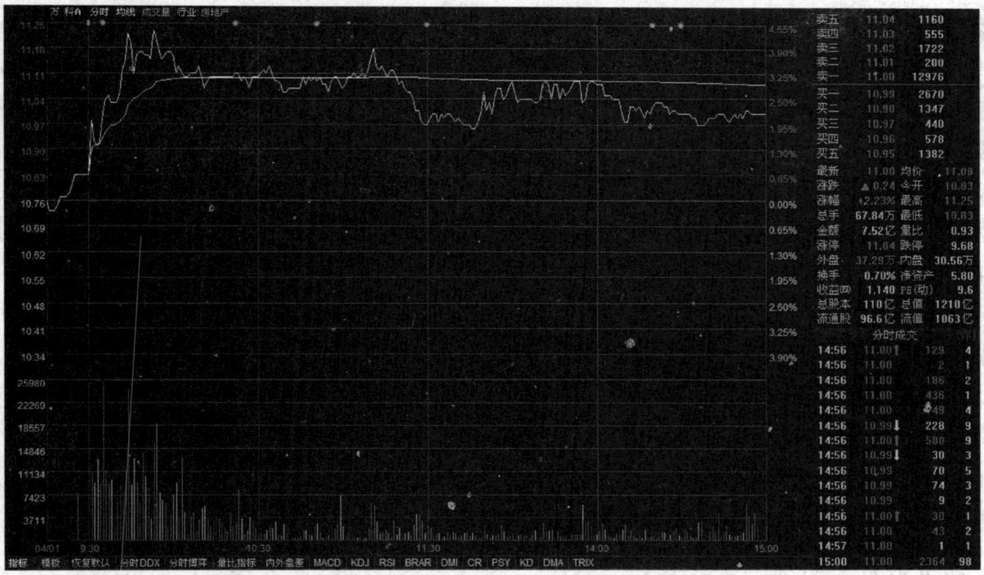

图 7－3 个股分时走势图

(一) 白色曲线和黄色曲线

1. 白色曲线表示该种股票即时成交的价格

2. 黄色曲线表示该种股票即时成交的平均价格，即均价线。

公式为：**均价＝当天成交总金额/成交总股数**

3. 实战意义

均价线是多空双方盘中搏斗的生死防线和攻防堡垒，其运行的方向直接了当地表明了当日股价运行的未来结果。这是即时盘中看盘的第一关键。均价线的方向朝上这是表明多方主力处于决定性的控制盘面地位，当日 k 线收报阳线几成定局，持股者不必在意盘中股价的上下波动起伏。均价线的方向走平表明今日多空双方力量达到平衡。如果股价运行在昨日收盘价和今日开价之上，预示着多方主力今日处于相对有利的优势地位。如果股价处于昨日收盘价和今日开盘价之下则表明空方今日处于相对有利的优势地位。

（二）外盘总量和内盘总量

1. 外盘含义

外盘就是股票的买家以卖家的申卖价而买入成交的股票数量，即股票在卖出价成交，成交价为申卖价。

2. 内盘含义

内盘就是股票的卖家以买家的申买价而卖出成交的股票数量，即股票在买入价成交，成交价为申买价。

3."外盘"和"内盘"相加为成交量

通过外盘、内盘数量的大小和比例，投资者通常可以发现主动性的买盘多还是主动性的抛盘多，并在很多时候可以发现庄家动向，是一个较有效的短线指标。

(1)一般地，由于卖方成交的委托纳入外盘。如外盘很大意味着多数卖的价位都有人来接，显示买势强劲，如果外盘比内盘大得多，并且股价不断上涨，表明很多投资者在大量买入股票。

(2)由于买方成交的纳入内盘，如内盘过大，则意味着大多数的买入价都有人愿卖，显示卖方力量较大，如果当内盘比外盘大得多，并且股价不断下跌，则表明很多投资者在大量抛售股票。

(3)外盘大于内盘表明盘中多头能量充足；外盘少于内盘表明盘中空头能量充足。这些内外盘状态往往是多空趋势的成立，并延续原趋势运行的标志，但对盘中转势的变化时常反映迟钝。不可作为主要的盘中决策指标。

(4)盘中趋势的变化在内外盘关系的表现是：二者差额数量在大单的作用下迅速缩小。大单作用的方向往往是盘中短线趋势的运行方向，这时不应过于关注于内外盘的数量比。

(5)内外盘数量比的改变所形成的突破点，往往成为盘中短线的进场点，应予以充分的关注。

(6)主力时常通过成交系统人为做出内外盘数量比以达到做盘的意图，这一点要予以特别注意，并结合相关技术进行综合研判。

（三）分时成交明细

1. 在盘面的右下方为成交明细显示，显示实时每笔成交的价格和手数

2. 实战意义

(1)分时成交一般显示的数据格式为在几分几秒以多少价格成交了多少手。这里需要注意的是成交手数永远是整数，不会出现小数点数字。其中现手累计数就是总手数。总手数也叫做成交量。有些软件在现量后面标注蓝色 S 和红色 B，前者代表卖，后者代表买。

(2)单独看一个数字是缺乏意义的，而连续的单向大买单，显然非中小投资者所为，大户也不会如此轻易买卖股票而滥用自己的钱，特别是一些连续的数字则是充满想像的，如用大的买单或卖单告知对方自己的意图，像 666 手、555 手、444 手、777 手，或用特殊数字含义的挂单如 1818 手等，往往预示后市的强弱，而一般投资者是绝不会这样挂单的。一般来说，成交笔数越少，金额越大，表示成交比较强势，反之是弱势。尤其是成交笔数比较大而集中的时候，表示有大资金活跃迹象，该股出现价格异动的概率就大，应该引起投资者的注意。而如果半天也没人买或者都是一些小单子在交易，则至少短期不大可能成为好股。

3. 交易数据三维元素——数量、价格和笔数

前面两个是不陌生的，笔数就是交易批次。在数量一定的前提下，笔数少说明交易力度强，反之就弱。笔数的变动与数量方向一致，交易为常态，反之就是非常态，视为盘中异动。

第二节 盘面的观察与操作

股票投资活动离不开对盘面的观察和分析，市场中常常把盘面的观察和分析称之为看盘，看盘就是关注市场中各种要素的即时表现以及把握市场要素之间的相互关系，重点是要找到市场中的异常波动现象，及时发现盘面的异动特征，通过分析确定主力的意图以把握获利的机会和回避亏损的风险。看盘分析在广义上分为实时分析和盘后分析，实时分析是对现在的分析，侧重的是对点的分析，而狭义上的看盘分析也专指于此；盘后分析又称为复盘，是对历史的分析，侧重的是对面的分析，完整的技术分析应该是点面有机融合的分析。实时分析的随机性强于盘后分析，而盘后分析的稳定性要高于实时分析。因此，两者相辅相成，互为因果，也可以说，股票的技术背景是形成股票实时走势的直接原因，而股票的实时走势是股票历史走势的必然结果。实时分析和盘后分析的基本原理相同，二者的显著差异主要体现在技术指标和数据方面，篇幅所限，本节仅探讨的是盘中的实时分析。

一、看盘要素

看盘不是孤立的片面的形而上学，它离不开市场整体环境和个股中长线位置形态的分析，否则就是缘木求鱼。所以，看盘的着眼点——看盘要素就要具备普遍的存在性和全面的适用性，既要包涵在盘面的一举一动之中，也可以融入到历史走势和市场的整体环境之中，并可以结合市场中各种要素的横向和纵向比较，而人，时间，价格和能量以自身概念的普遍性，全面性无可争辩地成为股票市场中的最基本要素，也是市场中需要关注的看盘要素。

(一)人

股票市场中人按照参与的角色区分有三个含义：即自己、对手、裁判。股票市场是一个没有敌人也没有朋友的战场，只有自己，选择多空和涨跌完全由自己决定，没有人能强迫你，当你看跌时，你的对手就是看涨的，当你选择做多时，你的对手就是看空的，从博弈角度来看，胜负各半，所以获取盈利就是战胜自己，就是不断历练不断提高的过程。政府不仅是裁判，而且是不断改变竞争规则的组织者，不能忽视的是个人投资者在对制度安排信任的前提下，其投资预期就可以参照专业组织或机构投资者的行为进行判断，相互独立的投资者彼此影响，共同处在从众的地位，因此注定了市场始终是少数人盈利的场所。

(二)价格

股票市场有一个共同的特点，那就是用数字的变化来表示其各个股票价格的改变。每天面对看起来十分单调而枯燥的数字变化，相信每个人的感受都不一样。如果能够看到数字变

化背后的硝烟，那就是一场场战争，里面充斥着你死我活的场面，数字的每一次改变，其实都是一次进攻与防守的较量。股票市场本身不创造任何价值，它只是为其他领域提供一个交换或交易的场所，一个股票到底值多少钱，有时候与现实中的价值毫无关系，仅仅是场内参与资金博弈的结果，所以带之而来的一个现象就是股票价格的波动幅度和频率要比其实际价值波动幅度要大，频率要快，而且价格总是在要么过高、要么过低之间反复波动，只要存在巨大单向需求的情况下，才会出现单边运行。所以价格变化的本质是市场内资金流的变化，只有在观察和跟踪场内最大资金流的进出情况，与之共进退，不与趋势为敌，才能使自己立于不败之地。这就不能回避使价格形成趋势的一个值得关注的要素——能量。

（三）能量

能量始终是令系统运动的最重要因素，能量越大，则运动速度越快、运动距离越远，没有足够的能量，系统则无法运动或运动速度会受到限制，运动距离也十分有限。对股票市场而言，价格变化决定于参与资金及后续资金的大小，而所有的参与资金都必须通过场内交易才能体现其价值，于是就与成交量联系到一起。成交量越大，说明参与资金越多，为市场或个股输入的能量也越大；成交量不断放大，说明参与的后续资金也越多，使系统能量的不断持续增加得到了保障。因此，考察市场或个股的成交量变化，无疑是判断其是否可以上涨以及能否持续上涨的最重要指标。就普遍性而言只有能量才能与时间，空间相提并论。世界上的一切变化都可以归结为处于空间和时间中的能量的变化。下面我们就关注市场中的最后一个要素——时间。

（四）时间

时间是人类描述事物变化的思维模式，关注在特定时间内事物的变化。事物在重复自身的变化中显然就应包含着时间因子。想要根本解决问题，必须最深刻地理解时间在事物发展变化中的作用。可以说谁建立了符合股票市场运动的时间模型，谁就能像江恩一样一劳永逸地解决问题。爱因斯坦的相对论使我们理解时间也可被浓缩与稀释，类似布朗运动时能量可以空耗，运用普遍的能量特征看待股票市场，会使你眼前一亮。股票市场中的重复性、连续性、周期性特征是看不见的“结构”的杰作。大多事物如果没有重复性、连续性就不能引起人们的注意，更谈不上认识它们。股票市场中的重复性，最常体现于周期性特征；股票市场中的连续性，最常体现于趋势性特征。周期性是时间，趋势性是空间，配合时间与空间我们也许能发现时空当量的能量概念，让我们找到更轻松的获利方法。

二、看盘操作要点

如果说看盘是寻找盘中的机会，那么看盘操作则是把握盘中的机会，需要在看盘的基础上进行更深入的研判，根据盘中的异动和自身的投资偏好进行参与的选择。从操作的整体把握上，当日行情的强弱和个股机会的研判是需要重点考量的看盘操作要点。

（一）判断当日行情的强弱

1. 从行情图的即时波动态势观察

（1）利用大盘行情图判断

大盘波动态势重心不断上移，高、低点偶有重叠，大盘处于上扬之中，属于典型的震荡上扬。短线操作可以根据目标个股的具体情况而展开。

大盘波动态势重心横向水平波动，高、低点反复重叠，大盘处于震荡之中，此时，大盘牛皮整理。短线操作可以根据目标个股的情况小心展开，执行确定性高的操作。

大盘波动态势重心向下运动，高、低点逐级下移，大盘于跌势之中，此时大盘弱，短线操作基本停止，对于盘面经验欠缺的人切不可逆大势盲动。

(2)利用个股行情图走势进行判断

①当白线一直都在黄线下方运行，说明此股全天的走势偏弱(图 7－4 所示)。

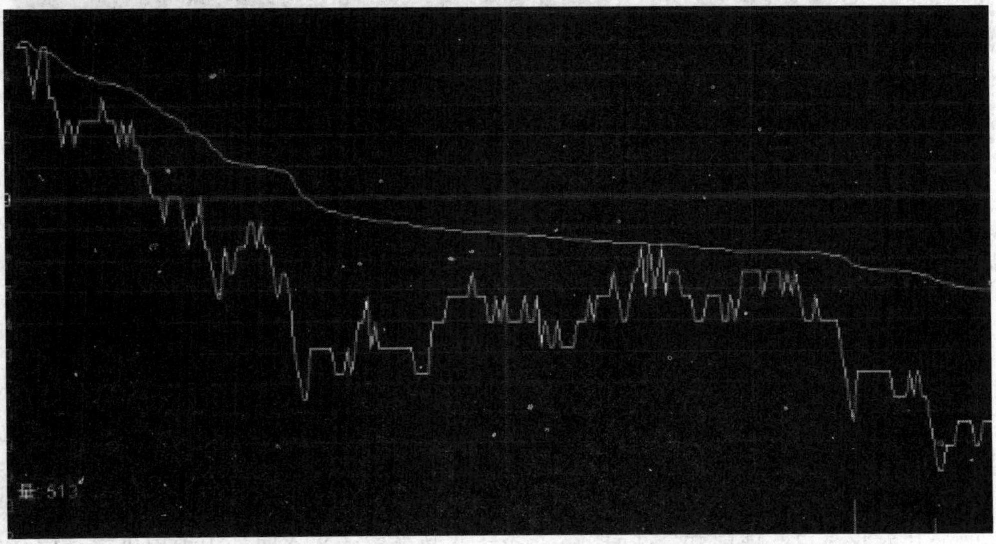

图 7－4　偏弱行情走势图

②同理的是:当白线一直都在黄线上方运行，说明此股全天的走势偏强(图 7－5 所示)。

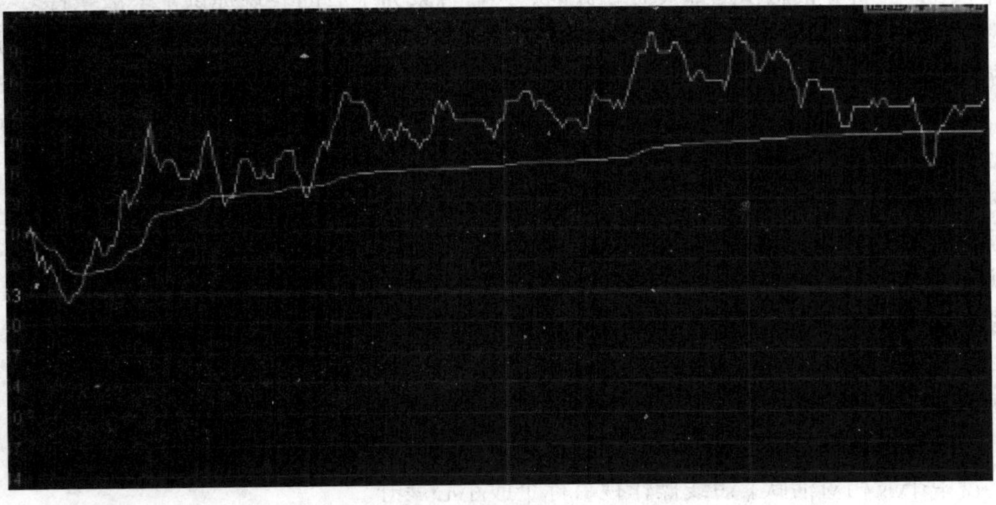

图 7－5　偏强行情走势图

③当白线和黄线两者没有固定说谁在上方或下方运行时，说明此股多空力量相当(图 7－6 所示)。

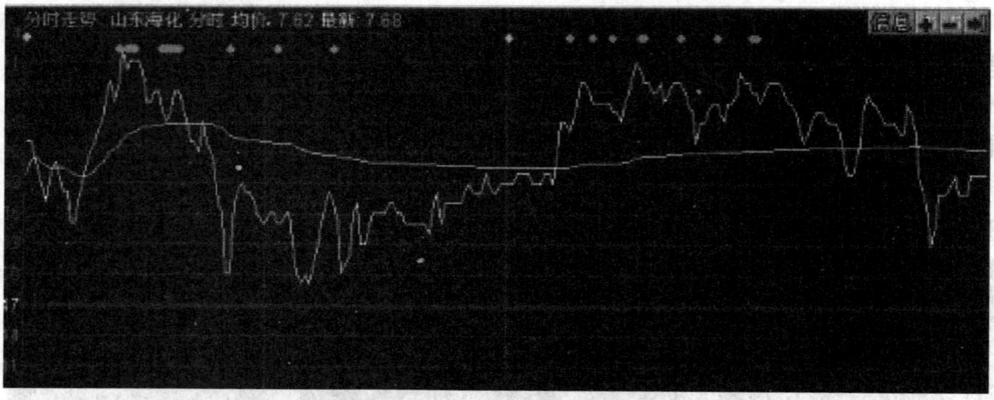

图 7－6　多空力量相当

④如果7－5 所示，当分时图白线运行于黄线之上时，股价一波比一波高时(即白线)，如有回调时，如果底部逐步地抬高，且量能逐步放大时，则说明此股逐步在走强。若一经放量确认，可以在回调时加仓，这当然是指你关注的目标股而言，如 K 线形态，均线等方面都了解的情况下。相反的，原理一样，这里不在细说。

2. 从盘面表现观察

涨跌龙虎榜能够直接告诉我们日内实时市场中最强大的主力活动情况。如果连力量最强大的主力都不敢出来表现，则市场强弱可以立即得出判定。

(1)第一板中如果有 10 支以上的股票涨停，则市场处于超级强势，所有短线战术可以根据目标个股的状态坚决果断地展开。此时，大盘多方强势的影响为个股的表现提供了良好条件。

(2)第一板中如果所有个股的涨幅都大于 4%，则市场处于相对强势，短线战术可以根据目标个股的强、弱势状态精细地展开。此时，大盘背景为个股的表现提供了一般条件。

(3)第一板中如果个股没有敢于涨停并且涨幅大于 5% 的股票少于 3 支则市场处于弱势，短线战术应该根据目标个股强势状态小心地展开。大盘的背景没有为个股的表现提供条件。

(4)第一板中如果所有个股的涨幅都小于 3%，则市场处于极度弱势，短线战术必须停止展开。此时，市场基本没有提供合适的机会，观望和等待是最好的策略。

3. 个股涨跌家数对比

涨跌家数的多少对比，可以反映大盘涨跌的真实情况。

大盘涨，同时上涨家数大于下跌家数说明大盘上涨自然，涨势真实。大盘强，短线操作可以积极展开。大盘涨，相反下跌家数却大于上涨家数，说明有人拉抬权重指标股，涨势为虚涨，大盘假强，盘中个股表现相对疲软，短线操作视目标个股小心展开。

大盘跌，同时下跌家数大于上涨家数说明大盘下跌自然，跌势真实。大盘弱，短线操作停止。大盘跌，相反上涨家数却大于下跌家数，说明有人打压权重指标股，跌势虚假。大盘假弱，盘中个股相对活跃，短线操作视目标个股小心展开。

4. 其他方面

(1)盘中涨跌量价关系

大盘涨时有量，跌时无量说明量价关系健康正常，短线操作积极展开无妨碍。大盘涨时无量、跌时有量说明量价关系不健康，有诱多嫌疑，短线操作小心展开。

(2)相关市场连动呼应：深沪两市指数、AB(或 H)股连动情况深沪两市同涨共跌是正常现象。如果B/H股也产生呼应则是最佳。全部市场在共涨时，短线操作大胆展开。深沪两市跌互现且与B/H股背离，短线操作小心。

(二)如何判断当日个股是否具备短线获利机会

1. 看与大盘变化呼应的个股表现

比如指数涨跌时个股对应的表现情况、与大盘呼应程度，是判断个股是否强于指数的重要依据。如果一只个股能够在指数进行一拨下行浪的时候保持不跌，或者进行一拨上行浪的时候首先放量，那么此股应该锁定为备选品种，当一只个股在指数连续创新低的时候拒绝创新低，那么这个股票应确定为重点品种进行选择。

2. 同板块个股表现，与指数的强弱性比较，龙头股的抉择

同板块个股在表现的时候经常能够引发联动效应。对于一个板块，需要首先判断其与指数的强弱相关性，如果比指数强，强多少，是否为该阶段当之无愧的龙头板块。如果是龙头板块，再注意比较同板块里的个股是什么状况，谁第一个放量，谁的涨幅最高，谁的换手最大，然后确定其中最强的一到两只股票，作为重点备选对象。

在强势时候要注意运用板块联动原理，在弱市操作也应注意一些短线热钱堆积的概念性板块。具体到板块的分类，有多种分类方法。有行业分类，地域分类，概念分类，价格高低分类，超跌程度分类，业绩状况分类，介入资金性质分类。具体到每一种分类，大家都应心中有数。

3. 涨跌幅榜，换手率榜，上海/深圳综合排行榜

(1)涨幅榜前列的股票应多加关注

能够从中发现该阶段的强势板块和强势独立个股。涨幅榜中间的股票也应重点关注，很多股票喜欢小阳小阳地涨，应注意此类时间积累涨幅的慢牛股票。

(2)跌幅榜前列的股票应注意关注

一是从中发现当前市场的做空板块与个股，回避相关个股的联动补跌效应，二是锁定一些超跌股，为后面的参与超跌反弹做好储备工作。

(3)换手率榜是发现资金方向的重要手段

一般的个股出现1.5%以上的换手之后就应关注，连续换手连续出现1.5%以上之后就应锁定。换手开始活跃是个股开始活动筋骨的重要标志。大军出战，粮草先行，把握其粮草动向，容易发现敌人作战意图。

(4)上海/深圳的综合排行榜是盘中发现短线机会的重要手段

短线投资者经常把时间调到5分钟，可以更加快速地发现放量拉升个股，然后及时跟进。另一方面，这也是发现第一个放量以及板块联动的重要方式。

4. 具体到个股的分时变化

(1)分时中最多出现的是矩形，上升三角形，下降三角形，W底形与M头形等几种形态

当分时出现类似形态的时候，选择突破方向的时候就是非常好的买点或卖点。具体可以借助于形态技术和切线技术；同样K线形态分析中的形态颈线图形，以及波浪角度动量等分析的方法原则，也同样适合即时动态分时走势图的分析。

(2)分时成交主要是指量价配合程度

一般是量价齐升齐落为正常状态，但如果在高位出现价升量减，需要注意当日可能见顶；如果在低位出现价跌或价平，而成交却在放大，那可能是有资金在进行低吸。

(3)分时流畅程度是指分时价格曲线的美感

一般的龙头股的分时都十分流畅,所以分时是否流畅成为龙头股选择的重要依据。

(4)单笔成交很重要

关键位置需要比较大的单子来实现突破，否则突破的有效性就值得怀疑。大单一般为大资金所为，因此大单众多的个股应值得大家重点研究，一些小盘股如果屡屡出现级别较大的大单更需要重点关注。

(5)个股分时与大盘分时重叠

容易发现一只个股是强还是弱,这个很重要，要善于比较。

【要点小结】

内因是事物变化发展的根据，外因是事物变化发展的条件，在证券投资领域这条真理同样成立，如果说股票走势是其固有的内因使然，那么信息则属游离走势之外的外因，尊重客观规律，就要把握其内因和外因来观察此间变化，因此也就不难理解信息对于股票市场的重要性，仅仅研究行情图还不能达到对市场的全面了解，更谈不上掌握主力操作的依据，所以要利用盘面走势和行情信息相互配合，相辅相成，日积月累,才能逐步提高投资水平。

在实战的看盘分析过程中有经验的投资者看的最多的是分时而不是k线，因为在分时走势中，无论市场主力使用多么娴熟的操作技巧，多么天衣无缝的事前策划，都会在分时图中留下蛛丝马迹，这就给投资者判断主力的真实意图创造了机会。但是这种以管窥豹的细节判断不光靠着实战经验的积累，也需要运用系统的知识体系去指导，将看盘要素的点与市场强弱的线及行业板块的面结合起来，形成点线面的有机结合，挖掘异动个股的投机性机会，并为中长线的价值投资实现买入成本的优化。

【思考与练习】

1. 对于信息分类的依据是什么?

2. 索罗斯的反射理论了解吗?

3. 行情图中的量能指标有哪些?

4.. 看盘的要素中对于判断行情上涨及持续性的重要指标是什么?

5. 分时图中出现较多的形态有哪几种?

6. 利用盘面的哪些信息能够判断当日大盘走势的强弱?

拓展阅读:

观盘要领

我们根据一天的证券交易时间，将大盘分为早中尾三个交易阶段:早盘(9点30分－10点);中盘(10点－14点30分);尾盘(14点30分－15点)。中盘交易时间较长，依照中盘各阶段的主要作用和功能还可细分为:多空搏斗、多空决胜、多空强化三个阶段。

一、开盘

多头为了能顺利地吸到货，开盘后常会迫不及待地抢进，而空头为了能顺利地完成派发，也故意拉高，于是造成开盘后的急速冲高，这是强势走势下经常看见的；多头为了吸到便宜货，会在开盘时即往下砸，而空头或散户胆战心惊，不顾一切地抛售，造成开盘后的急速下跌，这是弱势走势下经常出现的；因此通过开盘后的30分钟的市场表现有助于大势的正确判研。

多空双方之所以重视开盘后的第一个十分钟，是因为此时股民人数不多，盘中买卖量都不是很大，因此用不大的量即可以达到预期的目的，俗称"花钱少，收获大"。

第二个十分钟则是多空双方进入休整阶段的时间，一般会对原有趋势进行修正。如空方逼得太急，多头会组织反击，抄底盘会大举介入；如多头攻得太猛，空头会予以反击，获利盘会积极回吐；因此，这段时间是买入或卖出的一个转折点。

第三个十分钟因参与交易的人越来越多，买卖盘变得较实在，因此可信度较大，这段时间在走势基本上成为全天走向的基础。为了能正确地把握走势特点与规律，可以以开盘为原始起点(因为开盘价是多空双方都认可的结果，它也是多空力量的均衡)。然后以开盘后的十分钟、二十分钟、三十分钟指数或价位移动点连成三条线段，在开盘30分钟的走向实际上预示了这一天的走势未来趋势。

1. 如果是9:40分、9:50分、10:00与原始起点(9:30分)相比，三个移动指数皆比点高(俗称：开盘三线连三上)，则表明当天的行情趋好的可能性较大，一般日K线会收阳线，因为它表明多头势力强劲，收阳线概率大过90%，但如果10:30分以前成交量放天量则为庄家或机构有故意拉高或拉高出货之嫌，如出现此情况应以出货为主。

2. 如果是9:40分、9:50分钟、10:00三个移动点与原始起点(9:30分)都低(俗称：开盘三线连三下)，则是典型的空头特征，表明空头力量过于强大，当收阴线机率大于90%。

3. 如果是9:40分、9:50分、10:00三个移动点与原始起点(9:30点)相比，9:40分、9:50分两个移动点比原始起点高，而另一个移动点比原始起点低(俗称：开盘三线二上一下，是表示当天行情买卖双方皆较有力，行情以震荡为主，多方逐步占据优势向上爬行。

4. 如果是9:40、9:50分、10:00三个移动点与原始起点(9:30点)相比，0:40分、9:50分两个移动点比原始起点高，而另一个移动点比原始起点低(俗称：开盘三线一上二下)，则表明当天行情买卖方比较均衡，但空方比多方有力，大盘是震荡拉高出货的趋势。

5. 如果是9:40分、9:50分、10:00三个移动点与原始起点(9:30点)相比，9:40分、9:50分两个移动点比原始起点低，而另一个移动点比原始起点高(俗称：开盘三线二下一上)，则表示空方力量大于多方，而多方也积极反击，出现底部支撑较为有力，一盘般收盘为有支撑的探底反弹阴线。

6. 如果是9:40分、9:50分、10:00三个动点与原始起点(9:30分)相比，其中9:40分这个移动点比原始起点低，而另外两个移动点比原始点高(俗称：开盘三线一下二上)，则表示今日空方的防线被多方击破，反弹成功并且将是逐步震荡向上的趋势。

特别在盘口方面，首先在开盘时要看集合竞价的股价和成交额，看是高开还是低开，就是说，和昨天的收盘价相比价格是高了还是低了。它表示出市场的意愿，期待今天的股价是上涨还是下跌。成交量的大小则表示参与买卖的人的多少，它往往对一天之内成交的活跃程度有很大的影响。然后在半小时内看股价变动的方向。

一般来说，如果股价开得太高，在半小时内就可能会回落，如果股价开得太低，在半小时内就可能会回升。这时要看成交量的大小，如果高开又不回落，而且成交量放大，那么这个股票就很可能要上涨。看股价时，不仅看现在的价格，而且要看昨天的收盘价、当日开盘价、当前最高价和最低价、涨跌的幅度等，这样才能看出现在的股价是处在一个什么位置，是否有买入的价值。看它是在上升还是在下降之中。一般来说下降之中的股票不要急于买，而要等它止跌以后再买。上升之中的股票可以买，但要小心不要被它套住。

一天之内股票往往要有几次升降的波动。你可以看你所要买的股票是否和大盘的走向一致，如果是的话，那么最好的办法就是盯住大盘，在股价上升到顶时卖出，在股价下降到底时买入。这样做虽然不能保证你买卖完全正确，但至少可以卖到一个相对的高价和买到一个相对的低价。而不会买一个最高价和卖一个最低价。通过买卖手数多少的对比可以看出是买方的力量大还是卖方的力量大。如果卖方的力量远远大于买方则最好不要买。现手说明计算机中刚刚成交的一次成交量的大小。如果连续出现大量，说明有多人在买卖该股，成交活跃，值得注意。而如果半天也没人买，则不大可能成为好股。现手累计数就是总手数。总手数也叫做成交量。有时它是比股价更为重要的指标。总手数与流通股数的比称为换手率，它说明持股人中有多少人是当天买入的。换手率高，说明该股买卖的人多，容易上涨。但是如果不是刚上市的新股，却出现特大换手率(超过50%)，则常常在第二天就下跌，所以最好不要买入。

开盘价的看点：在月线、周线、日线图上，开盘价是对上一时间单位市场运行趋势的延续。把开盘价高开、低开、平开与市场的运行趋势结合在一起，在上升趋势中，开盘价高开是形成向上跳空缺口的先决条件，往往周线出现向上的跳空缺口是牛市特征的开端。日线跳空缺口往往会有三个：突破性缺口、中继性缺口、衰竭性缺口，这些缺口都对判断未来市场运行方向提供了依据。同样，在下降趋势中，开盘价低开是形成向下跳空缺口的先决条件，往往周线出现向下的跳空缺口是熊市特征的开端，而这种缺口出现在高位更应提高警惕。

二、中盘

沪、深两市每交易日时间为4小时，除掉首尾各半小时为开盘和尾盘时间，其余3小时均为盘中时间。在这3小时中，又可分多空博斗、多空决胜和多空强化三个阶段。

(一)多空博斗

如果说开盘仅仅是拉开一日股市序幕的话，那么，盘中则是多空双方正式交手的开始。指数、股价波动的频率越高，则表明多空双方的搏斗越是激烈。若指数、股价长时间平行，则表明多空双方退出观望，无意恋战。多空双方的胜败除依赖自身的实力(资金、信心、技巧)外，还要考虑消息和人气两个因素。

(二)多空决胜

多空双方经过激烈拼斗，此时已打破相持不下的僵局，大盘走势出现明显的倾斜。若多方占优，则步步推高；若空方占优，则每况愈下。占优方将乘胜追击，扩大战果，另一方见大势已去抵抗力明显减弱。此时，往往是进出的最佳时机。早了，涨跌莫测，充满风险；迟了，痛失良机，后悔莫及。多空决胜由下列因素组成。

1. 指标股的表现

指标股涨势强劲，大盘无下跌之理；指标股萎靡不振，大盘必然下沉。多头指标股沦为空头指标股，则大盘跌速加快。故指标股历史为多空双方争夺重点。如1997年1月7日陆家嘴开盘即被空方打到23.00元，大盘随之下滑。后市，多方将陆家嘴拉到23.98元的高价位，带动大盘上扬，尾市收红。

2. 涨跌家数

大盘普跌，个股飙涨乃不祥之兆，对大盘走势有害无益。个股与大盘表现形成极大反差，资金过于集中个股，使大盘失血，造成恶性循环。涨家多于跌家，且分布平均，涨家势众，空方无隙可趁，收盘指数上涨，反之，空方占优，终成跌势。观察涨跌家数，辨别多空力量的最佳时间为收盘前一小时，即：多空决胜后期。前期多空拼斗激烈，涨跌转换频繁，参考价值不大。

3. 波动次数

股指波动振幅大，次数多，在跌势中则说明趋于上涨，在涨势中则说明趋于下跌。一般情况下，一个交易日中，有7次以上的较大波动，则有反转契机。

（三）多空强化

将14:30分前盘中出现的最高和最低点描出并取其中间值为标准，如果此时指数在中间值和最高点中间，则涨势会进一步强化，尾市有望高收。若此时指数在中间值和最低之间则往往会导致杀尾盘。

多空强化是盘中的最后阶段，在经过多空双方激烈的拼斗后，形势已经明朗，盘末会出现强者更强，弱者更弱的局面。

三、尾盘

盘尾是多空一日拼斗的总结，故收盘指数和收盘价历来为市场人士所重视。开盘是序幕，盘中是过程，收盘才是定论。尾盘的重要性，在于它是一种承前启后的特殊位置，即能回顾前市，又可预测后市。

（一）在涨势中（上升趋势）

1. 尾盘价增量平

这种尾盘表现对次日发展趋势有两种情况，若均线系统在形成多头排列初期，价增量平属于惜售现象，是买盘远大于卖盘的表现，可积极介入，一旦失去当日买入机会，可次日介入，但不宜追涨。这主要是在尾盘拉升，成交量不能有效放大的条件下，次日多会出现高开上冲后再回调的走势，因此，在这种情况下可在回调中大胆介入。例如2012年5月25日沪指走势。若均线系统形成多头排列末期，即周KDJ进入超买区，特别J值超出100时，尾盘出现价增量平纯属涨热高潮散民惜售，庄家借机拉高出货现象，此时，不可追进，也不必杀出，这种情况次日通常也会有高开冲高的过程，在此过程中派发手中的筹码，如2012年6月29日与30日大盘的盘面。

2. 尾盘急跌量大

这种情况称尾盘跳水。此种情况如果是发生在涨幅过大，即5日乖离率大于+8以上时，并且全天呈现一路下跌跳低开盘。应大胆离场，切忌摊薄操作及抢反弹，此种尾盘次日多为跳低开盘，并有可能形成顶部。例如2012年6月30日沪指大盘走势，若5日乖离率小于+3，并且全天盘面涨势较强，价量配合良好，仅在尾盘一刻钟，出现急跌，往往是主力进行尾盘洗盘动作，不宜贸然杀出，应耐心持股次日再定进出，次日在没有利空的条件下，仍会高开高走。如1998年4月2日沪指。

3. 尾盘价增量增

在涨势中尾盘价量俱增，是人气看多的征兆，也叫做尾盘抢盘。若5日乖离率小于+5时，投资者可大胆追涨，次日仍会高走。即便是5日乖离率大于+8时，这种盘面次日也会高开上冲，短线也有机会，例如2013年5月16日到5月20日的三天盘面，沪深两市均属价量俱增。

（二）在上升的盘局中

1. 尾盘价跌量增

这种盘局走势听尾盘出现价跌量增，不易贸然抢进，次日多为天低开盘居多，是耐不住久盘的投资者出局的一种盘面表现。如果，该种盘面发生在10日均线处，或者跌破10日均线，且30日均线与10日均线相近时，当日的盘面有可能是上升盘局中的下跌转折点，投资者可弃股观望。若该走势虽然跌破10日均线或发生在10日均线处，而30日均线仍以原上升的角度上升时，此时，中线可不出局，等待30日均线处的盘面表现再次决定买卖。以上实例曾多次在今年6月至9月的沪市发生。

2. 尾盘价增量增

在上升盘局的末期，大盘在尾盘突然发动攻势，若此时的盘整期不小于在上升过程的时期，并且调整的深度未破20日均线时，是调整结束的迹象可进场，若调整时间大于上升时间，并且调整的深度过深时，这种抢尾盘多为主力诱多表现，次日应清仓，这种走势多伴有顶部出现。

3. 尾盘价增量平

在上升趋势的盘局中尾盘价增量平多为指数股所为，次日走势仍会牛皮盘整，不宜进出，此种情况在今年的8月份沪、深两市多次发生。

（三）在下降的盘局中

1. 尾盘价增量增

这种下降趋势中的盘局出现价量俱增，要视30日均线的位置与角度，若30日均线走平，且与10日均线相距较近时，这种盘面表现多为结束调整信号，可介入，次日有望上攻均线。若30日均线尚未走平，这种尾盘可视为反弹行情，中长线不宜进场。

2. 尾盘从跌量增

该盘面如果发生在一个调整时间等于或大于下跌时的时间，要慎防诱空行为，不宜贸然杀出，应视次日的盘面变化再作抉择，若此种尾盘发生在一个调整时间小于下降时的时间，这种盘面多为弱市特征，次日继续下跌的概率极大，不宜抢进做反弹或摊薄操作。

3. 尾盘价增量平

这种情况多属主力所为，无成交量的配合空头能量得不到释放，反弹必然受阻，次日很难挑战均线，一般而言，不参与这种弱反弹。

（四）在跌势中

1. 尾盘价跌量平

若均线系统刚形成空头排列初期，出现尾盘价跌量平，纯属买盘不济，投资者对后市信心不足的盘面表现，这种无量下跌不能单纯理解为惜售，反而，卖压得不到释放，会引起大跌发生。例如今年9月末的沪深两市均发生过。基股指出现连续下跌之后，而周KDJ进入了超卖区时，这种价跌量平多为惜售所致，此时，不宜恐慌抛出，而买入则要等待次日探底时择机而入。

2. 尾盘价跌量增

发生这种情况时，投资者应视周 RSI 而定，若周 RSI 未处低位，而跌势中盘出现价跌量增，仍是恐慌性抛盘，次日也必将低开盘，因此，不宜抢反弹，而应果断离场，如 2012 年 10 月 8 日的沪指。若周 RSI 已进入超卖区，尾盘无重大利空条件下，价跌量增，有可能是主力的诱空行为，一旦次日出现平开或高开的情况下，反弹有望展开，投资者可择机而入。

3. 尾盘价增量增

在下跌的初期，一旦均线形成空头排列，这种价量俱增的尾盘少见，即使有也多为主力拉高出货的行为，不宜追涨，如果这种尾盘发生在跌势末期，是反弹征兆，由于没有经过长期的横盘，这种反弹不宜看得太高。

收盘价的看点：收盘价是多空双方在时间单位上争斗的结果，收盘价的高低与运行趋势结合在一起看盘，将使盘面更加清晰。在上升趋势中，收盘价位于 5、10、20、30 日均线系统之上，表明市场处于上升趋势，市场处于强势运行，在这种运行趋势形成的初期就大胆介入市场，持有将使增值的希望提高。反之，收盘价位于 5、10、20、30 日均线系统之下，表明市场处于下降趋势，市场处于弱势运行。

◆第八章 证券投资操作策略与方法

【内容提要】

证券投资基本分析帮助我们解决选择中长期投资品种，技术分析帮助解决最佳买卖时点问题，尤其适合短线操作。但是这些投资若想做好必须同股票市场实践相结合，需要掌握相应的操作方法，前人走过的路、总结出的经验值得我们后人学习，股票操作策略共我们参考，操作方法为我们买卖股票所借鉴，更重要的是在证券投资中的相关原则不能忘记。

【学习目标】

1. 掌握股票投资首先要具备的前提条件。
2. 学生能够学有所用，结合股票市场实际操作。
3. 学会选择有价值的投资品种，按照各种资料提供的信息选股。
4. 了解股票投资应该掌握的投资方法和投资规则。

【关键词】

投资原则　　投资品种　　操作策略　　选股原则　　牛市

第一节　证券投资操作策略

一、资金管理策略

资金管理体系指日常的仓位分布、交易的频率、交易仓位在特定情况下占总资金量的比例，以及加仓和减仓的规则和依据。成功的投资者都是善于运用资金管理的专家。

(一)资金管理的原则

资金管理适用的原则因人而异，而不是“放之四海而皆准”，只有相对合理或合适。参照基金的评价方式，综合风险系数、波动率、收益期望，并结合笔者的操作习惯和心态特点，总结出以下资金管理的原则：

即“梯次进出，中短结合，平滑收益，降低风险”。大盘牛市 70% ~100% 仓位；平衡市

30% ~50%;熊市 0 ~15%。

(二)资金管理的方法

实际操作中比较实用的有资金管理三份法:

1. 第一个 1/3 资金的使用

在大势低迷时,也就是说熊市末期,以短线操作为主快进快出、高抛低吸。操作一些明显有主力存在的超跌个股(袭击受伤的庄股),这类股票往往在大势见底后演绎成牛股。买入股票后,大势明朗可中线持有,否则短线获利了结。

2. 第二个 1/3 资金的使用

当第一份资金在获利状态下,且已无风险可言时第二份方可使用。此时应选择明显底部放量,明显主力通吃套牢盘个股和高控盘庄股操作,中线持有。这次所持有股票应以获利为主,与主力共舞。密切监控主力底部筹码,如庄家有明显减仓迹象可获利了结。切记不可恋战,也就是跟随主力的脚步一起进出。

3. 第三个 1/3 资金的使用

只有当前两份资金在获利状态下,且大势明显向好时这份资金才可投入战斗。严格遵循:趋势理论、顺势而为、高抛低吸、短线操作、快进快出。这种操作从理论上讲其风险最大值为 1/3,而利润最大值为无穷。我们都知道股市永远不变的是变化。

另一点非常重要的是,投资者若想保住自己的盈利,必须学会止损;当趋势转弱要及时果断清算离场,以避免损失的扩大。

二、选股策略

(一)牛市选股策略

1. 牛市初期选股策略

牛市初期即是牛市的第一阶段。在这个阶段,市场上依然弥漫着空头气氛,投资者信心极度低落。但是这个阶段恰恰是牛市选股和买股的最佳时机。

牛市初期选股的策略包括以下几个方面:

(1)基本面分析选成长股

基本面决定公司未来的发展潜力和股价的趋势,即便其价值暂时被低估,但一旦启动,往往是一轮行情的大牛股。

(2)技术面分析选热门股和主流资金进入的股票

强者恒强,牛市之初的强势品种,有时候是一轮上涨行情的领头羊,对待这类股票不能被动地等待回挡再介入,而是顺应时势,该追涨时,则动若脱兔;该观望时,则静若处子。

(3)以上二者兼备的更佳

既有基本面的支撑,同时还是技术面的热点,说明这类品种已经被市场资金开发出来。必须敢追涨这类股票,因为在启动阶段很少会给市场低价介入的机会。

如案例 8-1 所示的新大陆,该股是物联网板块的龙头股之一。该股基本面属于近年来热点板块之一,技术面走势如图所示,该股经历了 2008 年大跌过后,股价见底回升时的 K 线情况。

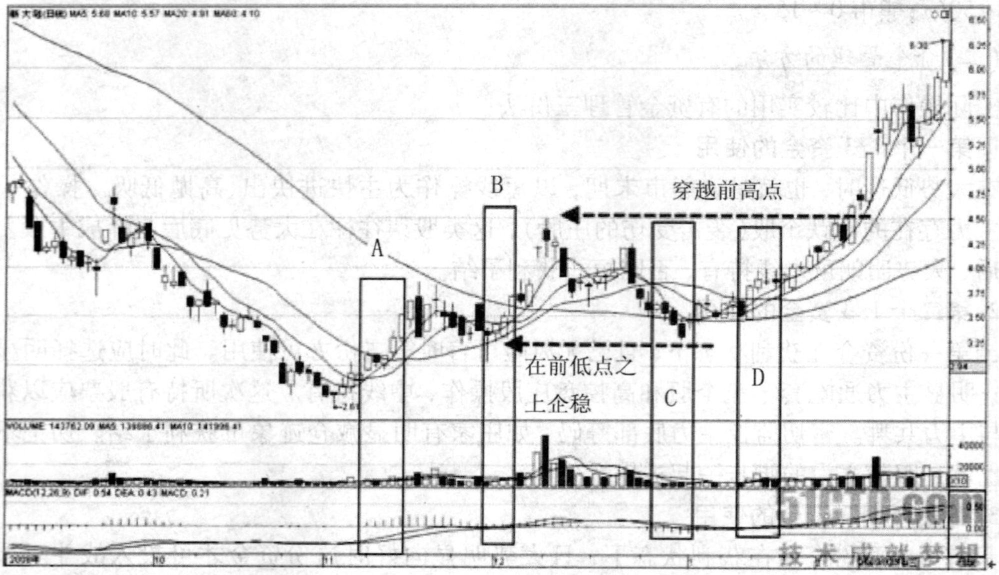

案例(8-1)　基本面技术面二者兼备

图中A处短期均线系统虽然出现金叉的买进提示，但对于稳健的投资者来说，这里只是短线的买点，该股的中长期走势还难以确定。行情发展至B处时，该股回落得到20日线支撑并继续上涨穿越60日线的压制，同时MACD指标上穿0轴线，股价在这个位置上也已经突破长期下跌趋势的阻力，B处是投资者中长线介入的极佳买点。C处股价回落低点虽然跌破60日线，但在B处的低点之上便企稳回升，而之后的D处，随着股价的回升，均线系统多头排列、向上发散、技术指标同步提示做多，D处是投资者极佳的介入点。股价在D处后的上涨途中，穿越前期高点也是较好的短线介入点。

(4)以"捂股"为主要策略

在大的上升趋势中，个股都有机会，尤其是基本面有题材、技术面有主力介入的个股，应坚定持股，不要稍有震荡或稍有获利即抛出，不可见异思迁、频追热点，不再为赚取小利而顾此失彼，导致行情结束后出现只赚指数不赚钱的现象。

(5)敢于重仓介入

低仓位操作的，斩获肯定有限;在行情处于初期启动阶段时，投资者对所选择的目标个股应敢于重仓介入，然后耐心持股静候主升浪的来临。

2. 牛市中、后期选股策略

当股市处于牛市运行趋势之中，市场上每天都有很多个股封住涨停板，整个市场的成交状况十分活跃。投资者的交易欲望被充分激发，四面出击追逐热点，但有些因为选股不当，有些则是缺乏持有的耐心，获利情况往往并不理想。

(1)基本面分析选股

在牛市初期，大势尚未露出牛市的峥嵘，投资者可从容依据基本面选股的要求和条件选出尚未启动的个股。从基本面选股不是说一点都不考虑技术面的因素，某些股票虽然从基本面分析较为理想，但由于种种缘故可能会出现滞涨、逆势下跌、启动较晚等情况，投资者提前介入可能将受到一定程度的煎熬。因此，在以基本面为主的基础上，尽可能选择同时有技术面启动信号的个股。

(2)技术面分析选股

在牛市的中期，投资者如果错过了牛市初期选股并买入的机会，也不必过于焦急，可选择主力资金流入程度较深的热门股，这类股票上涨趋势已经确立，但涨幅整体尚不算大，后市仍有较好的上涨空间。还有就是可以选择放量突破上市首日最高价的次新股作为参考对象。总之，技术面上有强烈上涨信号的个股和板块都是可以成为选择的对象。但对于疯狂上涨过后、在高位放出巨量的个股，尽量减少参与。

在牛市中期，不少投资者经常发觉虽然指数上涨了很多，可自己并没有赚多少钱，甚至有的还微亏。其中最主要的原因可能还是在持股耐心和止损的把握尺度上出现了问题。稍有风吹草动，投资者便心慌意乱，不是小赚出局，就是割肉卖出。如此操作多次，要么利润微薄，要么出现亏损。而到了牛市的末期，很多投资者接受了前期频繁追涨、杀跌难以赢利的教训，反而在个股大幅上涨后的高位开始坚定持有。随着牛市末期的结束、熊市的到来，本末倒置的操作思路给投资者带来了巨大的损失。

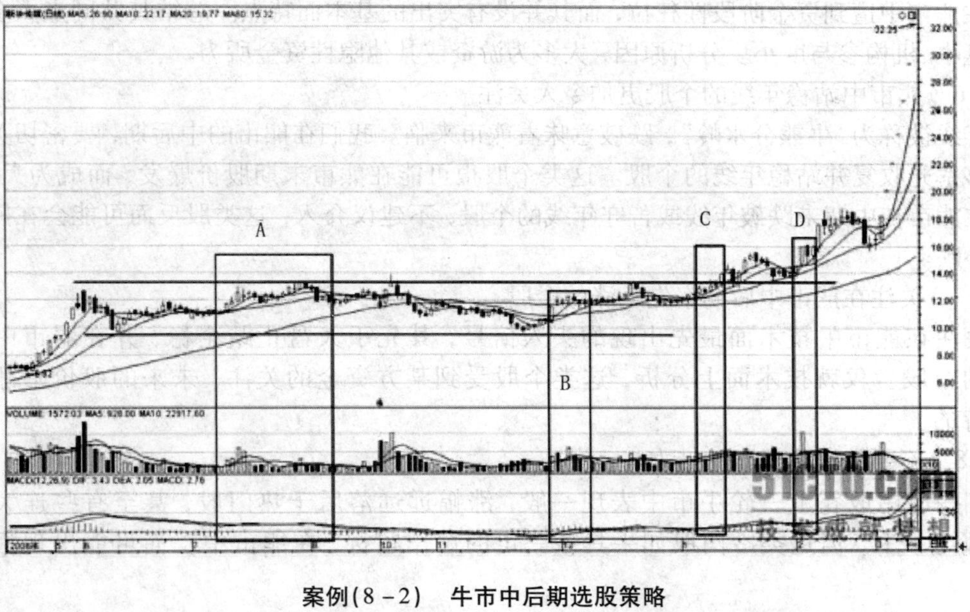

案例(8－2)　牛市中后期选股策略

上图新华传媒，见底后已经出现过一波较大的升幅，之后开始横盘整理长达 9 个月。期间 A 点均线向上发散，似有向上突破之意，但我们看到下方的技术指标 MACD 并没有任何向上的迹象，同时 A 处第一波上攻失利后，第二波上攻时成交量已处于缩量状态，所以这个位置并不是投资者介入的理想点位。之后股价回落，至 B 处股价回升，均线系统逐步金叉、MACD 穿越 0 轴线，技术面显示该股有逐渐转强的迹象，但股价未能有效突破横盘阻力线，也就说明该股仍需要一个聚集能量的过程。当 C 处股价突破阻力线、均线等技术指标向上有力地运行时，技术面已经提示出这个位置是一个绝佳的买点。D 处股价回抽阻力线得到支撑，确认突破有效，也是投资者较佳的介入点。

(二)熊市选股策略

1. 熊市初、中期选股策略

（1）符合国家经济政策的指引方向

炒股要跟党走，对受益于经济政策的行业龙头个股，要紧盯不放，这类个股极有可能在熊市中成为牛股。

（2）选择业绩稳定且持续性良好的公司

对以往熊市中的牛股进行剖析可以发现，主业明确、竞争力突出、业绩增长稳定且持续性良好的公司，在熊市中容易为市场资金所青睐，从而成为牛股，如贵州茅台。

（3）牛股的产生与大资金介入息息相关

如果仅凭借利好消息，股价虽然能瞬间冲高，但往往是昙花一现。只有大资金的介入，才能使个股出现持续性上涨，关注量价的变化为主要的任务之一。

（4）资产重组股令人产生遐想

个股想象空间巨大，则股价才会有足够的表现余地。虽处熊市中，也很难阻挡市场资金对乌鸡变凤凰的追逐热情。

（5）题材股总是被庄家借题发挥的好素材

在熊市中遭到资金阶段性狂拉，而其并没有突出的基本面特点。总结其共同点大多具有流通盘小、机构参与度小。分析原因，大多为游资或其他隐性资金所为。

（6）熊市中站稳年线的个股更加令人关注

年线被称为“牛熊分水岭”，跌破意味着熊市来临。我们在熊市的中后期，要密切关注那些能够率先收复并站稳年线的个股。这类个股很可能在熊市末期股价爆发，而成为大牛股。对于在熊市初中期未跌破年线或苦守年线的个股，不建议介入，这类股反而可能会在熊市的末期补跌。

（7）关注在熊市中后期率先上涨的个股

关注在熊市中技术面最先出现的买入信号，其先于大盘止跌企稳，并在弱市中率先上涨的个股。仅就技术面上分析，这类个股受到某方资金的关注，未来的股价上涨是可以期待的。

（8）不要忘记冷门股的魅力

有些冷门股在上一轮牛市中表现一般，涨幅远远落后于热门股，甚至有些连大盘的涨幅都比不上，但这类冷门股如果具备一定的炒作题材，在熊市中反而可能出现报复性上涨。

关注这类冷门股需要投资者注意的是：在其未启动之前，绝不可凭主观臆想而盲目介入，需要冷静分析其量价关系、趋势变化等技术面和基本面的各类因素，只有当其发出明确的上涨信号，才是短线机会来临之时。

当然，不是所有的前期冷门股都会在熊市中有较好的表现，本书所提出的只是一个选股思路和实战中的一些选股经验，仅供投资者参考，用以拓展选股思路和方向。

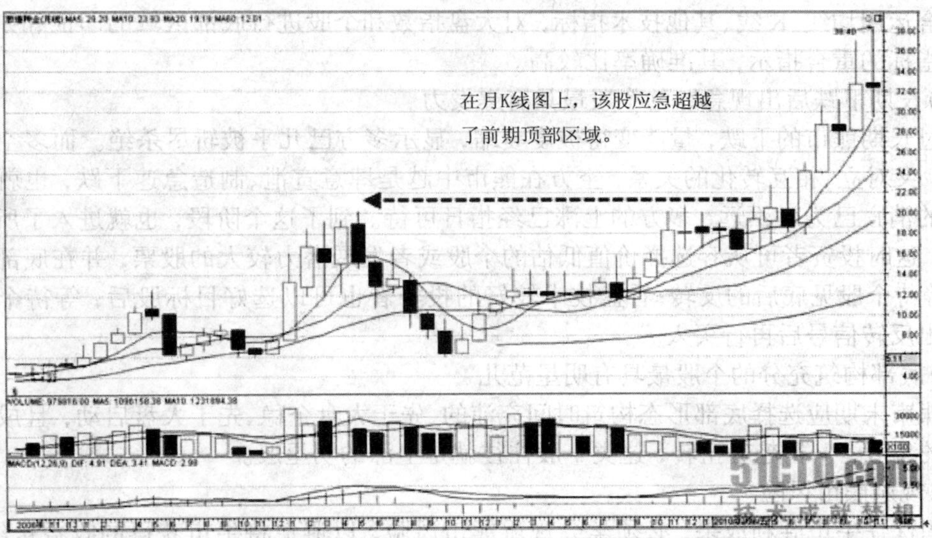

案例(8－3)　冷门股

上图敦煌种业，该股在2007年的大牛行情中，5月便开始见顶回落，而同期大盘指数则到了当年的10月才见顶回落。在2007年的行情中，对比其他个股疯狂地上涨，该股的整体表现平平。经过2008年的大跌过后，大盘指数只是维持一个震荡反弹的格局，而该股却悄然走出了牛股的独立行情，股价从6元左右起步，一直攀升至39元多。

但切记并不是所有的冷门股都会在熊市中大放异彩，在熊市中有所表现的只是一些有题材、概念或者其他有炒作缘由的冷门股。如案例(8－3)，该股的主业包括种子的生产与销售、棉花的加工和销售，以及棉油和番茄酱等食品的加工与销售等，该股的主业范围符合国家有关行业的扶持政策。该股在2008年～2011年大盘行情并不理想的情况下，股价迅猛大涨也就相对容易理解。

2. 熊市末期选股策略

熊市末期是指指数经过了长期、大幅度下跌，但是由于经济形势以及财经政策并不明朗或与熊市初期相比，并没有明显变化，大盘难以发生趋势性变化，只能缓慢地以阴跌的方式调整寻底。在这个过程中，并不是所有的个股都是一潭死水:某些股票或板块拒绝随同大盘下跌，而出现独立上涨行情，率先走出熊市的阴霾。

这个阶段主要的选股思路应该是:买入低估值的并开始摆脱熊市困扰的成长股，或者寻找超跌和箱体震荡的股票，博取短差。

熊市末期选股的技巧主要有以下六种:

(1)低估值、成长股最能引起投资者关注

在熊市末期或者说牛市初期，选股时要关注个股业绩是否优良，是否具有成长性等基本面因素，然后择机买入。任何试图买在最低点的投资行为都是一种不理智的贪心表现，结果往往不会尽如人意。

(2)题材丰富的个股仍有号召力

这类股的股性活跃，稍有回暖迹象，便会率先启动。具备丰富的题材就容易为大资金所关注，再加上相对较稳定的业绩支撑，在上涨行情极易出现较为可观的涨幅。

(3)技术面有见底信号的不容忽略

综合运用均线、K 线、其他技术指标，对大盘指数和个股进行底部区域的印证和判断。通过多个指标的重合指示，其准确率比较高。

(4)长期下跌后出现急跌的个股最具有爆发力

经过长期熊市的下跌，量能变得极度萎缩，显示多方已几乎被斩尽杀绝。而多空双方是既统一，又对立、相互转化的关系，空方在熊市中越是肆意宣泄、制造急速下跌，也就越意味着空方的消亡已为时不远，多方的上涨已经指日可待。到了这个阶段，也就进入了所谓的底部区域，这时投资者可从容选择价值低估的个股或者发展潜力较大的股票，并在底部区域潜伏，以等待个股见底后的反转；看盘技术较好的投资者也可以选好目标股后，等待个股技术面上发出反转信号后再行买入。

(5)底部构筑充分的个股最具有明星范儿

在熊市末期应选择底部形态构筑时间充沛的、先于大盘企稳、先于大盘启动，且成交量温和放大的个股，一旦趋势扭转，这类个股往往就是上涨的明星股。

(6)规避熊市风险

若想保住牛市胜利成果，必须学会规避熊市风险，以避免将牛市获得的收益送给熊市。在熊市中投资者除了要学会空仓，加强学习之外。还应该坚决做到如下几点：

第一，在熊市的初期，坚决空仓，不抢反弹，不贪小利。

第二，在熊市末期，不割肉，慎空仓。

第三，熊市中后期，如参与超跌反弹，应快进快出，并设有止损点。

第四，股评反复强调的底部和大多数投资者认可的底部，不可能是一轮大熊市真正的底部。

第五，股评已经不敢轻易言底和大多数投资者都不敢买入时，才是遍地黄金的好机会。

第六，熊市初期休息，中期慎抢反弹，末期坚定持股。

股谚有云“牛市重势、熊市重质”，在不同的市场运行阶段，投资者需要采取不同的投资策略，才能取得较为优异的投资收益。

“牛市重势”并非是说不需要基本面分析，而是说投资者应选择强势个股或采取稳定持股的态度，方能取得较为理想的收益；“熊市重质”是指在熊市运行过程中，尤其是长期下跌之后的低迷阶段，投资者应选择质优价廉的股票，为即将到来的牛市上涨做好准备。

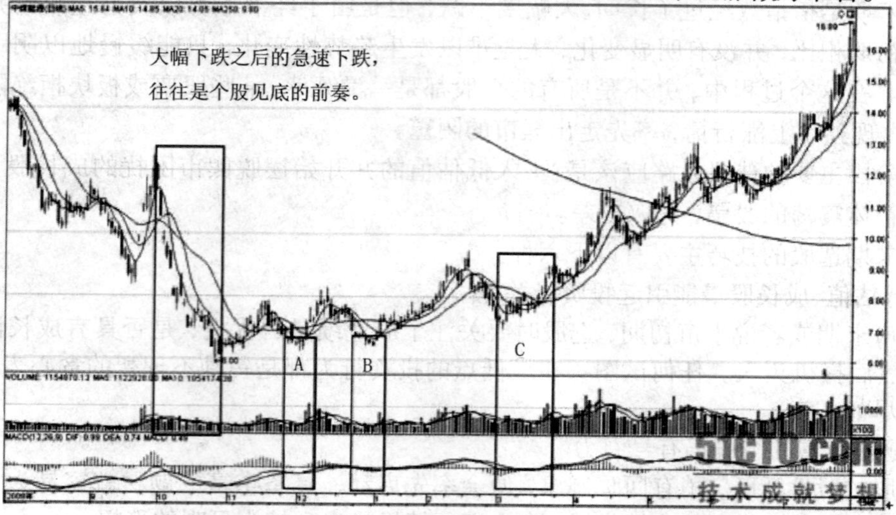

案例(8－4)　熊市末端持股

上图中煤能源，在大幅下跌后，股价出现一波反弹，随着反弹结束，股价发生了急速跳水的走势，在急速下跌过程中，时有跌停板和向下跳空缺口出现，下跌的场面极其惨烈。很多持仓被深套的投资者可能很难再承受这样的局面，在恐惧心理的驱使下，纷纷止损出局。投资者的割肉卖出，正是主力设局打压股价的目的，主力正好借机吸纳筹码。图中 A 处显示股价已经不再创新低，同时下跌时成交萎缩，上涨时成交量随即放大，MACD 出现张口向上的迹象，都说明这里主力正悄然吸纳筹码。B 处的情况与 A 处很类似，股价的低点高于 A 处。C 处可以视为股价对底部低点的回抽确认，随着股价再度回升，均线系统向上发散，MACD 的 0 轴线上黏合后向上开口，投资者可根据这些技术面的提示，择低介入。

四、投资期限策略

股票投资期限的选择是指投资者根据市场因素和投资期望值来合理确定持股时间长短的策略。

这里所讲的投资期限是指投资者持有某种股票的时间长短，一般将投资期限划分成长线(期)、中线(期)和短线(期)。

(一)长线(期)投资

长线投资，时间上没有严格的界定。投资者不会在短期内卖掉持有的股票，通常情况下，一年以上的持有者就应该算是长(线)期投资了，但是有好多股东几乎是几年乃至十几年持有同一股票，这更是长线投资了。长线，多数情况下是以基本面为依据，对某只股票的未来发展前景看好，买入后期待公司出现大的发展进而带动股票价格出现涨幅，而不介意股价一时的升跌，在该只股票的股价进入历史相对低位时买入股票，作长期投资的准备。这个长期一般在一年左右或以上。

(二)短线(期)投资

股票短线通常是指在一个星期或两个星期以内的时期，股票投资者只想赚取短期差价收益，而不去关注股票的基本情况，主要依据技术图表分析。一般的投资者做短线通常都是以两三天为限，一旦没有差价可赚或股价下跌，就平仓一走了之，再去买其他股票做短线。短线投资的主要对象是市场价格波动幅度较大的活跃型股票。因为短线投资是一种投机性很强且风险性较大的投资活动，初入股市的新手不建议使用这种方法。

(三)中线(期)投资

介于长线和短线之间投资就是我们常说的中线投资。中线投资特别强调选择时机，对大的宏观环境和股市未来发展有一定的估计，对上市公司近期的表现有一定信心，并认为当时股票价格适中而买入，一般持有几个月甚至一年左右，以静待升值，博取利润。

短线与长线本无优劣之分，只要适应就行，只要擅长就是。在有风险控制手段的前提下，短线的积少成多，在一轮行情中也能取得超额收益。在选对股票的前提下，长线更能取得非常稳健的高收益。有人形象地说，短线交易者是艺术家，因为无论行情涨跌，他(她)时刻需要保持对行情的热情，并始终处于紧张和兴奋的状态。而长线交易者是工程师，他(她)需要对整个过程进行控制与修正，并且需要忍受期间市场的合理调整与异常时期的宽幅震荡，以及市场低迷时期的寂寞与孤独。因此，前者需要的是激情，后者需要的是理性。

第二节 证券投资操作方法

对于初涉股市者，大都把握不好最适当的买入时机，一旦将全部资金投入，稍有不慎，就可能遭受惨重损失。所以说了解股票投资操作方法，以便在投资中根据不同的市场环境，选择正确的时机买卖股票非常重要。

一、顺势投资法

顺势投资法认为，证券市场的某种趋势一旦确立，便会发展成为一个相当长时间的走势，直到出现某种信号表示趋势已经改变，才改变投资策略的一种方法。这种投资方法关心的是市场的长期趋势，而对短期波动获利行为不感兴趣。这种法则要求证券投资者采取“顺势而为”的投资策略，也就是顺应股价的趋势作出投资决策。当股市大势向上时，宜买进股票；而当股市大势向下时，则应抛出手中股票，然后等待合适的机会入市。

采用这种方法时，必须注意满足两个前提条件：一是涨跌趋势须明确；二是必须能够及早确认趋势，否则就达不到预期的效果。

二、道氏操作法

道氏操作法又称趋势操作法。道氏理论认为：股票价格运动具有自身的惯性，大趋势一经形成，就会持续一段时间，不可能骤然转向。没有能力操纵股市的普通投资者，顺应这种趋势作出投资决策就会较多得到收益的机会。

当投资者认定一种趋势开始形成，就应继续加入到顺应趋势的地位。一旦得到这种趋势已经改变的信号则改变其策略。成功的经验是将10%作为投资者买卖地位转换的讯号，即当股价上涨10%时开始买进，下跌10%时卖出。具体操作方法是将购进的股票在每周末计算平均市值，并在月末计算月平均市值。如果市值较上月平均市值低10%，便把股票全部卖出而不再买入。等到该种股票的平均市值由最低点回升了10%时，就变换投资策略改为买进。这种方法在做长线投资中操作简单明了，不为小的波动干扰，但不适用于短线投资。

三、保本投资法

保本投资法是一种避免血本耗尽的操作方法。保本投资的“本”和一般生意场上“本”的概念不一样，并不代表投资人用于购买股票的总金额，而是指不容许亏蚀净尽的数额。因为用于购买股票的总金额，人人各不相同，即使购买同等数量的同一种股票，不同的投资者所用的资金也大不一样。通过银行融资买进的投资者所使用的金额，只有一般投资者所用金额的一半（如美国联邦储备银行规定从事卖空者在进行交易是需支付当时股票市场价格50%的保证金）；以垫款买进（当然是非法的）的投资者所用的金额，更是远低于一般投资者所用的金额。所以“本”并不是指买进股票的总金额。“不容许亏蚀净尽的数额”则是指投资者心中主观认为在最坏的情况下不愿被损失的哪一部分，即所谓损失点的基本金额。

保本投资法的基本假设是，任何人的现金都是有限度的。因为它的关键不在于买进而在于卖出的决策。为了作出明智的卖出决策，保本投资者必须做到：

1. 定出自己心目中的“本”，即不容许亏损净尽的那一部分。

2. 必须确定获利卖出点和确定停止损失点。比如若某股票投资者心目中的“本”定为投资总额的1/2。那么他的获利点即为所持股票市价总值达到最初投资额的150% 时，此时该股票投资者可以卖出持股的1/3，先保其本。

3. 再定所剩下的“本”，比如改订为20%，它表示剩下的持股再涨20%时，再予卖掉1/6，即将这一部分的“本”也保下来了。

四、分段投资法

分段投资法是指买入股票后等股票涨出一个高点后先卖出多数股票，而保留少数股票的投资方法。买入股票千万不要超买超卖。

具体操作如下:在某一价位时买入第一批，在股价上升到一定价位时买入第二批，以后再在不同价位分别买入第三、第四批等。在买入过程中，一旦出现股价下跌，投资者既可以立即停止投资，也可以根据实际情况出售已购的股票。

分段买入法的优点是能有效地降低风险，但同时也存在着减少投资收益的缺陷。如果市场行情一直看涨，采取一次性投入的方法就会比分段买入法获取更多的收益。但具体情况还是应该具体的分析和对待的。

五、“拨档子”操作法

所谓“拨档子”是指投资者先卖出自己所持有的股票，待其价位下降之后，再买入补回的一种以多头降低成本，保存实力的方法。投资者“拨档子”并不是对后市看坏，也不是真正有意获利了结，只是希望趁价位高时，先行卖出，以便自己赚自己一段差价。通常“拨档子”卖出与买回之间相隔不会太久，短则相隔一天即于回补，长则可能达一两个月之久。

“拨档子”的动机有两种，其一为行情上涨一段后卖出，回降后补进的“挺升行进间拨档”，其二为行情挫落时，趁价位仍高时卖出，等价位跌低时再予回补的“滑降间拨档”。前者系多头推动行情上升之际，见价位已上升不少，或者遇到沉重的压力区，干脆自行卖出，希望股价回落，以化解涨升阻力，待方便行情时再度冲刺;后者则为套牢多头，或多头自知实力弱于卖方，于是在股价尚未跌低之前，先行卖出，等价位跌落后，再买回。

“拨档子”做对了，可降低成本，增加利润，万一做错了则吃力不讨好。通常的作法应是见好就收，以免白白让别人捡便宜货。

六、摊平成本法

摊平操作法就是指在投资者买进股票后，由于股价下跌，手中持有股票形成亏损状态，当股价再跌一段以后。投资者再低价买进一些冲抵成本的操作方法。摊平操作法主要有逐次等数买进摊平法、倍数买进摊平法和倍数卖出摊平法。此种方法分为以下几种：

(一)逐次等数买进摊平法

如果第一次买股票后被套牢，等股价下跌到一定程度后，分次买进第一次数额相等的股票。用这种操作法，在第一次投资时，必须严格控制，只能投入全部资金的一部分，以便留存剩余资金作以后的等数摊平之用。

(二)倍数买进摊平法

这一操作方法是在第一次买进之后，如果行情下跌，则第二次再买进第一次倍数的股票，以便摊平。倍数买进摊平可以做两次三次，分别称为两次加倍买进摊平和三次加倍买进摊平。如果行情到第三次买进后回升，则回升到第二次买进价格时即可获利。

七、汰弱择强，换股操作

这种方法虽然说是最好、最快的解套方法，但也是相对难度较大的方法，对股票操作者的投资技术和心态的要求也比较高。使用该方法需要对所持个股及调整后的目标都要做出准确地判断，并能选择最佳调整时机。否则就会出现换出的股票大涨，新买入的却跌了，两面受损失。

八、以静制动法

股票市场上品种繁多涨跌错落，投资者最不愿意遇到的情况就是自己买进的股票马上停涨或下跌，而没买的股票却上涨不止。采用以静制动法，就是尽量避免这种现象的手段。

投资者在对股票近期涨价幅度进行比较后，视资金情况选择数种涨幅较小或还未涨价的股票买进持有，每种只买一手。待股价变动后，将涨了一定幅度的股票卖掉，将资金购买跌了一定幅度的股票。采用这种方法的前提是市场走势上升，不赚钱的股票不出手，且不买过分冷门的股票。

九、反向操作法

这种方法是根据过去一段时间的股票收益率情况排序，买入过去表现较差的股票而卖出过去表现较好的股票，据此构成的零投资组合在未来一段时间内将获得较高收益的投资策略。

其原因是因为投资者在实际投资决策中，往往过分注重上市公司近期表现的结果，通过简单外推的方法，根据公司的近期表现对未来进行决策，从而导致对公司近期业绩情况做出持续过度反应，形成对绩差公司股价的过分低估和对绩优公司股价的过分高估现象。这就为投资者利用反向投资策略提供了套利的机会。

投资者应当密切关注证券市场上各种股票的价格走势，并将其价格与基本价值进行比较，寻找价格远远偏离价值的股票，构建投资组合，等价格回归价值时获得收益。在实际的证券交易中，投资者可以选择低市盈率、低市净率的、历史收益率低、鲜有人问津的股票，这些股票由于长期不被投资者看好，价格的负泡沫现象比较严重，其未来的走势就可能是价值回归。特别是当股市走熊时，市场往往对具有较大潜力的中小盘成长股关注不够，投资者应该努力挖掘这类成长型股票并提前介入，等待市场走好价值回归时就可以出售获利。

十、“T+0”降低成本法

这种方法是利用手中原有筹码，在判断个股将要上涨时买入与原筹码相同或部分筹码进行反复操作，降低成本后解套。

【要点小结】

本章向学生介绍了证券投资的中的资金管理原则和方法;股票投资的选股策略,包括牛市选股策略和熊市选股策略;熊市规避风险策略;并辅之以相关图例。对于投资者而言不可能永远不被套,如果被套后应该采取的解套方法。同时介绍了证券投资的方法,尽管这些方法不能代表目前证券市场全部的方法,起码为学生学习提供了有益的帮助。

在证券投资过程中的原则是我们掌握的大方向,而方法是必须结合市场实际千变万化的,不要忘记市场是最好的老师,只有不断探索,不断创新才能取得不菲的投资回报。

【思考与练习】

一、名词解释

T+0　熊市　换股操作　反向操作

二、简答题

1. 牛市初期基本面选股应注意哪些方面?
2. 牛市中后期技术面选股应注意哪些方面?
3. 熊市初期应该怎样从基本面选择股票投资?
4. 熊市中后期怎样通过技术面选股才能保证收益?
5. 什么叫顺势投资法?这种方法的操作原则是依据三大假设的那一条理论?
6. "摊平成本法"有几种操作方式?都在什么市场环境下运用?

拓展阅读:

巴菲特的价值投资理念

巴菲特在长期的投资实践中,对现代证券投资理论的研究,对证券市场信息的采集分析、对投资者行为和心理素质要求的认识、对投资品种的选择和投资时机的把握等都另辟蹊径,其批判性的逆向思维和投资行为,形成了其独特的战略投资理念。

(一)巴菲特的独特理论

现代证券投资理论,如多元化证券投资理论、简单化的证券投资分析模式和有效市场理论等等,这些理论对投资者、证券投资分析以及大学的研究与教育都产生了广泛的影响。而巴菲特除了关注实际的证券市场,也密切注视证券投资理论的演变,并发现了这些理论的致命弱点,从而找到了获取高收益率市场空隙的投资方法,同时也形成了自己的独特的证券战略投资理论。

1. 接近零风险投资理论

巴菲特的"接近零风险"投资理论或称规避市场风险投资理论。主要是建立在非股市近期股价波动之上的,他更关注企业本身,而非股票价格。他的理论基点是:只要社会和市场总的趋势是向好的方面发展，在此前提下，就选择长期投资的方式，长期投资主要关注所选择的具体企业，这些企业的发展前景以及近年经济状况的满意度(主要是连续的年度收益率)是好的，属于绩优企业就可以集中的、长期的投资，这样会降低风险，获得较佳的收益，即接近零风险投资。

2. 集中投资组合策略

巴菲特的接近零风险战略投资理念促使其在投资策略上，采取有目的地将注意力集中在几家有选择的公司上，并尽可能地对其进行密切的研究，掌握其内在价值，寻找时机，进行集中投资组合，并长线持有，以获取较佳的投资回报。

巴菲特是反对和批判多元化投资组合理论的，他认为："多元化只是起到保护无知的作用。如果你想让市场对你不产生任何坏作用，你应当拥有每一种股票，这对于那些不知道不懂得如何分析企业情况的人来说是一种完美无缺的战略。"从许多方面，现代投资理论保护了那些不知道也不懂得如何评估企业的投资者，但这些投资者也没有获得满意的收益。

3. 有效市场理论

巴菲特认为："有效市场理论的倡导者们似乎从未对与他们的理论不和谐证据产生兴趣"。而他认为有效市场理论不堪一击的主要原因是：

(1)投资者不总是理智的；

(2)投资者对信息不能正确分析；

(3)业绩杠杆强调短期业绩，这使得从长远角度击败市场的可能性不复存在。巴菲特认为有效市场理论没有为那些全面分析可得信息并由此占据竞争优势的投资者提供任何成功的假设前提。巴菲特认为"市场是有效的这一观点是正确的，但由此得出结论说市场是永远有效的，这就错了;这两个假设和差别如同白天和黑夜"。

(二)巴菲特价值投资原则

巴菲特的战略投资原则也是其投资理念的重要构成要素。巴菲特进行投资时，更注重的是公司本身，而非股票价格。在选择企业进行投资时，巴菲特都遵守同样的投资策略：企业的内在价值是否利于长期投资;企业的市场价格是否低于市场价值;企业的业务是否利于了解和掌握;企业经营是否稳定和具有发展前景;企业的管理层是否理性、诚实和具有才能。这也就是巴菲特坚持的战略投资原则，即企业原则、经营原则、财务原则和市场原则。

1. 企业原则

巴菲特认为股票是抽象的概念，他不以市场理论、总体经济概念或各产业领域的趋势等方式去思考股票。他的投资理论和行为决定了他更关注企业的实际经营状况和实际价值，他坚持的企业原则是从：

(1)该企业是否简单且易于了解；

(2)该企业过去的经营状况是否稳定；

(3)该企业长期发展前景是否被看好等方面进行把握和评价的。

2. 经营原则

巴菲特十分重视企业管理者阶层的品质，优秀企业的管理者具有以身作则的态度，并作为其行事与思考的准则。具有良好品质的企业管理者能够把自己看成是公司的负责人，能够为实现公司最主要目标，即增加股东持股价值进行理性的决策，并实施其决策。巴菲特的投资经营原则主要包括：

(1)管理阶层是否理性；

(2)整个管理阶层对股东是否诚实坦白；

(3)管理阶层是否能够对抗盲目跟风的行为。

3. 财务原则

巴菲特认为企业创造经营收益需要持续数年的时间，巴菲特更看重每四年或五年的平均经营绩效。他遵循的财务原则是：

(1)注重权益回报而不是每股收益；

(2)计算“股东收益”；

(3)寻求高利润的公司；

(4)公司每保留1美元都要确保创立1美元市值。

4. 市场原则

巴菲特发现了一个奇怪的现象：投资人总是习惯性地厌恶对他们最有利的市场，而对于那些不易获利的市场却情有独钟。在潜意识里，投资人很不喜欢拥有那些股价下跌的股票，而对那些一路上涨的股票则非常有好感。而巴菲特则认为，证券的价格会受各种因素的影响，多数股票在其公司的实质价值附近上下波动，且并非所有的涨跌都合乎逻辑。巴菲特的市场原则就是在考察企业的实质价值基础上，寻找或等待股票的理想价位买进，即发现企业的价值远大于市场的股票价格时，或那些极具投资价值企业的股票价格却在短期内严重下跌时，在这两种状况下，就果断地大量买进，一路持有。

(三)巴菲特价值投资理念总结

巴菲特战略投资理念是从实战中升华而出的，同时又在实践中指导其投资行为。理念的核心就是长期投资并持有实质价值(绩优)的企业和企业的股票，这种接近零风险的战略投资理念，即充分了解把握了市场，又远离了市场，继而战胜了市场。

巴菲特的战略投资理念大致可细分为5项投资逻辑、12项投资要点、8项选股标准和2项投资方式。

1. 五项投资逻辑

①把自己当成是企业的经营者，所以我成为优秀的投资人，因为把自己当成投资人，所以我成为优秀的企业经营者；

②企业的实质价值比市场股票价格更重要；

③一生追求特定行业的企业；

④最终决定公司股价的是公司的实质价值；

⑤没有任何时间适合将最优秀的企业脱手。

2. 十二项投资要点

(1)利用市场进行有规律的投资；

(2)买进价格是决定报酬率的高低因素之一；

(3)利润的复合增长的交易费用和税负的避免使投资人受益无穷；

(4)相对企业的年度利润收益，更注重未来5–10年的投资收益；

(5)只投资未来收益确定性高的企业；

(6)通货膨胀是投资者的最大敌人；

(7)价值型与成长型的投资理念是相通的，价值是一项投资未来现金流量的折现值，而成长只是用来决定价值的一项预测过程；

(8)投资人在财务上的成功与他对投资企业的了解程度成正比；

(9)“安全边际”的投资作用在于缓冲可能的价格风险，同时也可获得相对高的权益报酬率；

(10)拥有一种股票，期待它下个星期就上涨，是十分愚蠢的；

(11)对于明确的投资决策行为，不因受外部因素干扰而随意改变；

(12)证券战略投资要排除各种市场干扰和影响因素，只注意买什么股票和买入价格。

3. 八项投资标准

(1)必须是特定行业的绩优企业；

(2)企业业务简单且容易了解，前景看好；

(3)有稳定的经营历史；

(4)财务稳健；

(5)经营效率高，收益好；

(6)经营者理性、忠诚，始终以股东利益为先；

(7)资本支出少，自由现金流量充裕；

(8)价格合理。

4. 两项投资方式

(1)长期持有(对某些企业的股票甚至终生持有)。

(2)当市场过于高估持有股票的价格时，也可以考虑进行短期套利。

◆第九章
投资组合与资产定价理论

【内容提要】

风险和收益是证券投资学中最基本的两个概念，投资者需要在了解证券的风险和收益特征的基础上，结合自身的风险偏好进行投资决策。本章从证券投资风险入手，介绍风险的度量方法。重点阐述了马克维茨的现代投资组合理论、夏普的资本资产定价理论以及法玛的有效市场假说，并对上述理论进行了评述。

【学习目标】

1. 掌握证券投资风险的含义和类型。
2. 了解马克维茨投资组合理论的具体内容和思想。
3. 了解夏普的资本资产定价模型的含义及应用。
4. 掌握有效市场的三种类型。

【关键词】

证券投资风险　　投资组合　　CAPM 模型　　有效市场假说

第一节　证券投资风险及其度量

一、证券投资风险的含义及种类

(一)证券投资风险

一般来说，证券投资是指投资者通过购买有价证券，在一段时间内获取利润的过程。当然，带来收益的同时，也必然伴随着一定的风险。人们进行证券投资最直接的动机是获得收益，因而投资决策的目标是使收益最大化，但由于收益与投资之间在时间上的滞后，这种滞后导致收益受许多未来不确定因素的影响，从而使得收益成为一个未知量。投资者在进行决策时只能根据经验和所掌握的资料对未来形势进行判断和预测，形成对收益的预期。受不确定因素的影响，证券投资的未来收益可能偏离其预期，这种偏离将导致投资者可能面临得不到预期的收益甚至亏损的危险，这种危险就是证券投资风险。

证券投资风险主要有两种：一种是投资者的收益和本金的可能性损失，另一种是投资者的收益和本金的购买力的可能性损失。第一种风险，在多种情况下都有可能产生。第二种风险主要来自于通货膨胀。在通货膨胀产生的情况下，尽管投资者的名义收益和本金不变，或者有所上升，但是，只要收益的增长幅度小于物价上涨的幅度，投资者的收益和本金的购买力就会下降，通货膨胀侵蚀了投资者的实际利益。

因此，投资者在进行投资决策时，不仅要考虑投资的收益，还要考虑投资的风险，而收益与风险是相辅相成的，通常风险小的金融资产收益小，收益大的资产其风险也大。投资决策的目标应该是追求收益的最大化和风险的最小化。如何在收益和风险这一对相互关联、相互作用的矛盾中寻求某种平衡，有效地实现预期的投资目标，关键还在于有效地控制和规避风险。根据以上分析我们知道，证券投资风险是指在一定的客观条件下和一定的时间内，由于不确定因素的作用引起证券价格变动，给投资者造成损失的可能性以及损失程度。它包括损失的概率、可能损失的数量、损失的不确定性及投资收益率盈亏波动频率等四个方面，其中可能损失的程度处于核心地位。

证券投资的风险其实是一个复杂的系统，其种类繁多、结构复杂，而且各种风险有时又是交叉产生，相互影响的。一种风险的产生可能是几种原因共同作用的结果，而一种因素也可能诱发几种风险。对同一种风险而言，从不同的角度来分类还可能会归于不同的类型。因此，要对风险进行明确的分类是一件非常困难的事情。如果把风险作为一个系统来看，股票市场的风险通常可以分为系统性风险和非系统性风险两大类。因此，整体风险 = 系统风险 + 非系统风险。系统性风险是由涉及整个经济活动的经济、政治和社会因素造成的，它对整个股票市场都会产生影响，又称为宏观风险。非系统性风险是指对个别股票产生影响的风险，是由上市公司和市场参与者交易行为产生的，而与整个市场没有联系，又称为微观风险。投资者可以通过投资组合弱化甚至完全消除这类风险，有时又称为可分散风险。下面就详细的说明这两种风险的具体涵义。

(二)证券投资风险分类

证券投资风险就其是否可分散可分为系统性风险和非系统性风险。系统风险又称不可分散风险，是指由于某种因素引起证券市场上所有的证券都出现价格变动的现象，给一切投资证券者都各带来损失的可能性。这些风险的主要特点：①由共同因素所引起；②影响所有证券的收益；③不能通过股票证券的多样化来回避或消除。其来源和表现主要有购买力风险、市场风险和利率风险。

1. 系统风险

(1)市场风险

市场风险是指由于证券市场行情变动而引起的风险。就我国目前情况来看，产生市场风险的主要原因有两个：一是证券市场内在原因，它是不可避免的；另一个就是人为的因素。证券市场本身存在着财富放大效应，这就不可避免泡沫的存在。实物资产的较小范围波动都可能被放大成资本市场证券价格的巨大增减，而这种财富的大幅度增减直接体现在投资者的现金资产当中，上市公司未来的预期不可能是准确而稳定的，那么这种被放大了的财富增减效应直接产生风险与泡沫；另一方面它为市场投机者提供了绝佳的土壤，因为当企业的未来经营预期的变动受到人为的误导或操纵时，投机者可以通过较小的投入获得巨大的股票市值利润。

证券市场本身就存在风险，那么证券市场行情的变动同样也引起市场风险。这种行情变动可通过股票价格指数或股价平均数来分析。证券行情变动受多种因素影响，但决定性的因素是经济周期的变动。经济周期的变化决定了企业的景气和效益，从而从根本上决定了证券市场，特别是股票行市的变动趋势。

(2)利率风险

利率风险是指市场利率变动引起证券投资收益不确定的可能性，市场利率的变动会引起证券价格变动，进而影响了证券收益的确定性，带来了证券投资的风险。利率与证券价格呈反比变化，即利率提高，证券价格水平下降，利率下降证券价格水平上涨，利率从两方面影响证券价格:一是改变资金流向。当市场利率提高时，会吸引一部分资金流向银行储蓄、商业票据等金融资产，从而减少对证券的需求，使证券价格下降。当市场利率下降时，一部分资金流回证券市场，增加了对证券的需求，刺激了证券价格上涨。二是影响公司成本。利率提高，公司融资成本提高，在其他条件不变的情况下盈利下降，派发股息减少，引起股票价格下降。利率下降，融资成本下降，盈利和股息相应增加，股票价格上涨。

利率风险是固定收益证券的主要风险，特别是债券的主要风险。债券面临的利率风险由价格变动风险和息票利率风险两方面组成。当市场利率提高时，已经发行又尚未到期的债券利率相对偏低，此时投资者若继续持有债券，在利息上要受损失，若将债券出售，又必须在价格上做出让步，在出售价格上要受损失。可见，此时投资者无法回避利率变动对债券价格和收益上的影响，而这种影响与债券本身的质量无关。

利率风险是政府债券的主要风险。债券依发行主体不同可分为政府债券、企业债券等。对企业债券来说，除了利率风险外，重要的还有信用风险和财务风险。政府债券没有信用问题和偿债的财务问题，它面临的主要风险是利率风险和购买力风险。

利率风险对长期债券的影响大于短期债券。在利率水平变动幅度相同的情况下，长期债券价格下降幅度大于短期债券，因此长期债券的风险大于短期债券。债券的价格是将未来的利息收益和本金按市场利率折算成现值，债券的期限越长，未来收入的折扣率就越大，所以债券的价格变动风险随着期限的增加而增加。减轻利率风险影响的办法是投资者在预见利率将要提高时，减少对固定利率债券特别是长期债券的持有。另一方法是发行浮动利率债券，企业浮动利率债券能够有效地降低筹资成本，可以在一定程度上规避利率风险。

(3)购买力风险

购买力风险，又称通货膨胀风险，是指由于通货膨胀引起的投资者实际收益率的不确定。证券市场是企业与投资者直接融资的场所，因而社会货币资金的供给总量成为决定证券市场供求状况和影响证券价格水平的重要因素，当货币资金供应量增长过猛，出现通货膨胀时，证券的价格也会随之发生变化。严重的通货膨胀还会使投资者持有的股票贬值，抛售股票得到的货币收入的实际购买力下降。

(4)汇率风险

汇率与证券投资风险的关系主要体现在两方面:

①本国货币升值有利于以进口原材料为主从事生产经营的企业，不利于产品主要面向出口的企业，因此，投资者看好前者，看淡后者，这就是引发股票价格的涨落。本国货币贬值的效应正好相反。

②对于货币可以自由兑换的国家来说，汇率变动也可能引起资本的输出和输入，从而影

响国内货币资金和证券市场供求状况。

(5)宏观经济风险

宏观经济风险主要是由于宏观经济因素的变化、经济政策变化、经济的周期性波动以及国际经济因素的变化给证券投资者带来意外收益或损失的可能。

(6)社会、政治风险

稳定的社会、政治环境是经济正常发展的基本保证，对证券投资者来说也不例外。社会、政治领域中的不确定因素对股票投资的冲击，还表现在"国家风险"上。对于那些在海外从事直接投资的股份制企业来说，当地社会、政治环境是否安定对它至关重要，一旦所在国发生社会政治动乱，不仅跨国企业在当地投资的利益会受到损失，而且它在国内发行股票价格也会受到不利影响。

2. 非系统风险

非系统风险，又称可分散风险，是指某些个别因素对单只股票造成损失的可能性。它同系统风险泛指所有股票共同的风险不同，是专指个别股票所独有并随时变动的风险。这种类型风险的主要特点:①由于特殊因素所引起;②只影响某种股票的收益;③可以通过股票投资多样化消除或回避。其来源和表现主要有公司风险和财务风险。

(1)财务风险

财务风险是与公司筹集资金的方式有关的。我们通常通过一个公司资本结构来估量该公司股票的财务风险。资本结构中负债比重小的公司，其股票的财务风险低;负债比重大的公司，其股票的财务风险高。

(2)经营风险

经营风险指的是由于个别公司的直接相关的外部经营环境和条件以及内部经营管理方面的问题造成公司收入的变动而引起的股票投资者收益的不确定。经营风险的程度因公司而异，取决于公司的经营活动，某些行业的收入很容易变动，因而很难准确预测。

(3)流动性风险

流动性风险指的是由于将资产变成现金方面的潜在困难而造成的投资者收益的不确定。一种股票在卖出时，需要做出的价格让步越大，则拥有该种股票的流动性风险程度越大。在流通市场上交易的各种股票当中，流动性风险差异很大，有些股票极易脱手，市场可在与前一交易相同的价格水平上吸收大批量的该种股票交易。如美国的通用汽车公司、埃克森石油公司股票，每天成交成千上万手，表现出极大的流动性，这类股票，投资者可轻而易举地卖出，在价格上不引起任何波动。而另一些股票在投资者急着要将它们变现时，很难脱手，除非忍痛贱卖，在价格上做出很大牺牲。

(4)操作风险

在同一个证券市场上，对待同一家公司的股票，不同投资者投资的结果可能会出现截然不同的情况，这种差异很大程度上是因为投资者不同的心理素质与心理状态、不同的判断标准、不同的操作技巧造成的。由于这些原因造成的投资者投资收益的差异，称做操作性风险。

二、证券投资风险的度量

(一)用价差率来衡量风险

价差率是用来测算单个证券投资风险最简单的方法，其计算公式如下：

价差率 = 2 ×(最高价 - 最低价)/(最高价 + 最低价)× 100%

上式中的最高价、最低价是指该证券在相应各期限(如年)的最高价和最低价，价差率法的实质是直接将证券的可能波动幅度作为衡量风险的指标。

用价差率来衡量证券的波动幅度和风险，计算简单方便，意义清晰直观;价差率越大，意味着股票的风险越大，反之，则股票的风险越小。而且，可以根据具体情况和需要，采取不同的期限，如年、月、周等来计算价差率。不过，由于用价差率来测量风险时所包含的内容过于狭窄，其精确度和适用范围非常有限。

(二)灵敏度分析与 β 系数法

灵敏度(Sentivity)是收益的方差与产生这一方差的某一随机变量(如利率、汇率等)的方差之比，它是两个方差的比值。设以 V 表示收益，x 表示影响收益的市场随机变量，S 表示收益 V 对 x 的灵敏度，则:

$$S = \frac{\triangle V}{\triangle x}$$

或者以两方差的百分比的比值表示为:

$$S = \frac{\triangle V/V}{\triangle x/x}$$

如某一债券价格对利率的敏感度为 5，则它意味着 1% 的利率方差将产生 5% 的债券收益方差。若债券价值为 10000，则其价值变动的方差为 500。

如果某投资组合的收益或价值受到几个市场随机变量的影响，那么该投资组合的风险就需要由这几个灵敏度组成的灵敏度变量来描绘。例如，某证券投资组合的市场价值依赖于各有关货币的利率、汇率、证券价格指数。这时，需将投资组合价值对这些变量的灵敏度都计算出来，但不能将它们直接相加。因为那样意味着各随机变量将在同一时间以给定的幅度变动，从而会夸大风险。

由于灵敏度方法的计算简单明了，它在风险的计算和管理中得到了极为广泛的应用。例如，在银行业的利率风险、汇率风险和信贷风险的计量管理中，灵敏度分析法的应用就特别广泛;而它在证券市场中的应用就是所谓的 β 系数法，应用在期权中时就得到所谓的 δ 系数法。下面我们讨论证券市场中的 β 系数法。

β 系数法是通过寻找单个证券或证券组合收益率与整个市场组合收益率之间的关系或通过单个证券(或证券组合)风险在整个市场组合风险中的份额来测量单个证券(或证券组合)的风险的方法。

首先，我们来看单个证券在证券组合风险中的贡献份额。设:

$$r_p = \sum_{i=1}^{n} w_i r_i$$

$$\sigma_p^2 = cov(r_i, r_p) = \sum_{i=1}^{n} w_i (r_i, r_p)$$

这就是说，单个证券 i 对整个证券组合方差 σ_p^2 的贡献为 $cov(r_i, r_p)$，其贡献率(贡献份额)为 $cov(r_i, r_p)/\sigma_p^2$。式中 r_i，r_p 分别表示证券 i 和证券组合的收益率，w_i 表示证券 i 在组合中的权重。

现在给定单个证券或证券组合 i，其收益率为 r_i，而整个市场证券组合的收益率为 r_M

（市场指数的收益率）。对 r_i 和 r_M 进行回归，不妨设：

$$r_i = \alpha_i + \beta_i r_M + \varepsilon_i$$

其中 $E(\varepsilon_i) = 0$，$cov(r_M, \varepsilon_i) = 0$。由以上两式可以推出：

$$\beta_i = \frac{cov(r_i, r_M)}{\sigma_M^2}$$

可见，β_i 不仅表示的是投资组合 i 的收益率受市场组合收益率影响的程度，而且代表证券组合 i 在整个市场组合方差 σ_M^2 中的贡献份额。于是我们可以用 β 系数来测量某证券或证券组合的风险。当 $\beta_i > 0$ 时，证券组合 i 的收益率与市场同向（同涨同跌）；当 $\beta_i < 0$ 时，证券组合 i 的收益率与市场反向。从风险的角度来看，当 $|\beta_i| > 1$，证券投资组合 i 承受的风险大于市场组合的风险，此时证券或证券组合 i 为进取型；当 $|\beta_i| < 1$ 时，证券投资组合承受的风险小于市场组合的风险，此时证券组合 i 为保守型。

灵敏度分析法比较适合简单的金融工具在市场因子变化较小的情形，对于复杂的证券组合及市场因子的大幅波动情形，灵敏度方法或者准确性差，或者由于复杂而失去了其原有的简单直观性。

（三）方差或标准差法

方差或标准差法亦称波动分析法。这种方法是运用概率论中的方差或标准差来测量和比较不同证券资产的风险，即根据证券资产的收益和概率分布，先计算出收益的数学期望，然后计算它和实际收益的偏差程度（方差或标准差），以此来衡量证券资产的风险。方差或标准差越大，对应的证券资产风险越大。若比较两种不同证券资产之间的风险，则需使用标准差与收益或损失变量的当前值之比来比较。

下面我们分单个证券和证券投资组合来讨论波动或标准差的计算。

1. 单个证券的标准差

对于单个证券来说，其标准差的计算如下：

首先，当收益率 r 为离散型随机变量时，

$$E(r) = \sum_{i=1}^{n} r_i p_i$$

$$\sigma^2(r) = \sum_{i=1}^{n} [r_i - E(r)]^2 p_i$$

在这里，我们把收益率 r 当作一个随机变量，r_i，p_i（$i = 1, 2, \cdots\cdots, n$）为可能的收益率及其对应的概率；$E(r)$ 为收益率 r 的数学期望，称为期望收益率；$\sigma^2(r)$ 为收益率 r 的方差；$\sigma(r)$ 为收益率 r 的标准差。

其次，若收益率 r 是一个连续型的随机变量，设 $f(r)$ 为 r 的概率密度函数，则：

$$E(r) = \int_{-\infty}^{+\infty} rf(r)dr$$

$$\sigma(r) = \int_{-\infty}^{+\infty} [r - E(r)]^2 f(r)dr$$

2. 证券组合的标准差

设有 m 个证券组成的投资组合，各证券 i 的标准差记为 σ_i，整个组合的标准差记为 σ，各个证券 i 在组合中的权重记为 W_i；则：

$$\sigma^2 = \sum_{i=1}^{m}\sum_{j=1}^{m} W_i W_j cov(r_i, r_j)$$

其中，$cov(r_i, r_j)$ 为证券 i 和证券 j 的协方差：

$$cov(r_i, r_j) = E\{[r_i - E(r_i)][r_j - E(r_j)]\} = \sum_{k=1}^{n}\{[r_ik - E(r_i)][r_jk - E(r_j)]\}$$

或(当 r_i，r_j 为连续性随机变量时)：

$$cov(r_i, r_j) = \int_{-\infty}^{+\infty}\int_{-\infty}^{+\infty}[r_i - E(r_i)][r_j - E(r_j)]f(r_i, r_j)dr_idr_j$$

利用协方差与标准差、相关系数的关系，我们可以得到：

$$\sigma^2 = \sum_{i=1}^{m}\sum_{j=1}^{m} W_iW_j\rho_{ij}\sigma_i\sigma_j$$

$$= \sum_{i=1}^{m} W_i^2\sigma_i^2 + \sum_{i=1}^{m}\sum_{j=1 i\neq j}^{m} W_iW_j\rho_{ij}\sigma_i\sigma_j$$

写成矩阵形式为：

$$\sigma^2 = [W_1 \cdots W_m]\begin{bmatrix}\sigma_1^2 & \sigma_{12} & \sigma_{13} & \cdots & \sigma_{1m}\\ \vdots & & & & \vdots \\ \sigma_{m1} & \sigma_{m2} & \sigma_{m3} & \cdots & \sigma_m^2\end{bmatrix}\begin{bmatrix}W_1\\ \vdots \\ W_m\end{bmatrix}$$

其中 σ_{ij} 表示证券 i 和 j 收益率之间的协方差，其它同上。以上分析表明，证券组合的方差或风险由两部分组成，一部分是不能通过分散投资消除的系统风险，另一部分与各证券收益的相关性有关，即可通过分散投资消除的非系统性风险。

上式还表明，证券组合的风险不仅与个别证券的风险有关，而且与各证券之间的相关程度有关。

下面我们分三种情况来讨论。

(1) 各证券收益完全正相关，即 $\rho_{ij} = 1$，此时我们可以得到：

$$\sigma^2 = \sum_{i=1}^{m} W_i^2\sigma_i^2 + \sum_{i=1}^{m}\sum_{j=1 i\neq j}^{m} W_iW_j\sigma_i\sigma_j = (\sum_{i=1}^{m} W_i\sigma_i)^2$$

$$\therefore \sigma = \sum_{i=1}^{m} W_i\sigma_i$$

这表明，如果各证券完全正相关，则证券组合的总风险等于各证券风险的加权平均，此时投资多元化对减少风险毫无作用。

(2) 各证券收益完全不相关，即 $\rho_{ij} = 0(i \neq j)$，此时我们可以得出：

$$\sigma^2 = \sum_{i=1}^{m} W_i^2\sigma_i^2$$

由于 W_i 均小于1，W_i^2 有助于减少证券组合的风险，即证券的分散投资可以降低风险。如：当 $W_i = 1/m$，各证券方差均相同时，有：

$\sigma^2 = \sigma_i^2/m$ 或 $\sigma = \sigma_i/m^{1/2}$

当 $m \to \infty$ 时，$\sigma \to 0$，这表明，证券组合中证券个数越多，投资组合的风险越小，分散投资减少风险的作用越明显。

(3) 证券收益间出现完全负相关时的情形：

以 $m = 2$ 为例，$\rho_{12} = -1$，此时有：

$\sigma^2 = (W_1\sigma_1 - W_2\sigma_2)^2$，$\sigma = | W_1\sigma_1 - W_2\sigma_2 |$

这说明，证券收益间呈完全负相关时，投资组合的风险等于两证券风险相减的绝对值。

由此可见，为了减少风险，投资者应选择具有负相关性的证券加入投资组合；这时，负相关性越强，证券组合的风险就越小。

在这种情况下，经验丰富的投资者往往采用风险冲销策略，特别是在期货市场中，投资者可以调节个别证券或期货的持有量，使其相对持有比例与各证券相对风险成正比，即 $W_1/W_2 = \sigma_2/\sigma_1$。此时，

$$\sigma^2 = (W_1\sigma_1 - W_2\sigma_2)^2 = 0$$

这时证券组合的风险为0，它表示通过风险冲销策略的运用能使组合投资风险消失。

在应用标准差或方差来测量证券风险时，需注意以下两个方面的问题：

（1）计算标准差时需要先确定观测期间和有关随机变量的概率分布

观察期间可以是一天、一周、一个月或一年等，如果选择的观察期间不同，则相应的数据和计算结果会不一样。为了能比较不同观测期间的标准差，可以用下面公式进行转换：

$$\sigma_t = \sigma_1\sqrt{t}$$

其中 σ_1 代表单位观察期间的标准差，σ_t 表示观察期间为 t 的标准差。

（2）在计算证券收益的方差时，我们只能获得收益的历史数据，未来收益的有关数据、概率分布我们无法确知。因此，在一般情况下，我们是以收益的历史数据和概率分布来估计未来收益的方差。这样，利用方差来测定风险必然存在一定的误差。从另一个角度来说，标准差或方差在风险测定中的运用应满足一个基本前提，即证券风险具有连续性，未来风险是过去风险的延续。

波动性描述了收益偏离其均值的程度，在一定程度上度量了金融资产价格的变化程度。但波动性方法主要存在两个缺点：

①只描述了收益的偏离程度，却没有描述偏离的方向。而实际中最关心的是负偏离（损失）；

②波动性并没反映证券组合的损失到底是多大。因此对于随机变量统计特征的完整描述需要引入概率分布，而不仅仅是方差。

第二节　现代资产组合理论

现代资产组合理论是研究在各种不确定的情况下，如何将可供投资的资金分配于更多的资产上，以寻求不同类型投资者所能接受的收益和风险水平相匹配的最适当、最满意的资产组合的系统方法。

一、资产组合收益与风险的测定

（一）资产组合的收益

资产组合的预期收益是资产组合中所有资产预期收益率的加权平均。设一项资产组合中含有 n 项资产，令 r_i 表示第 i 种资产的收益率，w_i 表示第 i 种资产在组合中的比例。则组合 P 的预期收益率为：

$$E(r_P) = E(w_1r_1 + w_2r_2 \cdots + w_nr_n)$$

$= w_1E(r_1) + w_2E(r_2) + \cdots + w_nE(r_n)$

$= \sum w_iE(r_i)$

其中，$\sum w_i = 1, i = 1, 2, \cdots, n$。

(二)资产组合的风险

衡量资产组合风险的工具是证券组合的方差。资产组合的方差不仅和其组成资产的方差有关，同时还与组成资产之间的相关程度有关。

对于有 n 项资产的组合 P 来说，其总方差为：

$\sigma_P^2 = \sum\sum w_i w_j cov(r_i, r_j)$；$w_i$ 和 w_j 分别表示资产 i 和资产 j 的投资权重

其中当 $i = j$ 时，$cov(r_i, r_j)$ 表示资产 i 收益的方差，即 $cov(r_i, r_j) = \sigma_i^2$

当 $i \neq j$ 时，$cov(r_i, r_j)$ 表示资产 i 和资产 j 收益间的协方差。用公式表示：

$cov(r_i, r_j) = E\{[r_i - E(r_i)][r_j - E(r_j)]\}$

协方差反映了两个证券收益同时变化的测度。如果 $cov(r_i, r_j) > 0$，即协方差为正数，那么证券 i 和证券 j 的收益呈同向变化，即当证券 i 的收益大于其预期收益 $E(r_i)$ 时，证券 j 的收益也大于它的预期收益。反之，如果 $cov(r_i, r_j) < 0$，即协方差为负数，那么证券 i 和证券 j 的收益呈反向变化。为了能更清晰地说明两个证券之间的相关程度，通常把协方差正规化，使用资产 i 和资产 j 收益间的相关系数 ρ_{ij}，用公示表示：

$\rho_{ij} = cov(r_i, r_j)/\sigma_i\sigma_j$，其中 σ_i 和 σ_j 分别表示证券 i 和 j 的标准差，ρ_{ij} 的取值范围为[-1, 1]。当 $\rho_{ij} = 1$ 时，证券 i 和 j 是完全正相关的。当 $\rho_{ij} = -1$ 时，证券 i 和 j 是完全负相关的。当 $\rho_{ij} = 0$ 时，证券 i 和 j 之间不存在相关关系。我们重点关注由两种证券构成的投资组合：这一投资组合的收益：

$E(r_P) = E(w_1r_1 + w_2r_2) = w_1E(r_1) + w_2E(r_2)$。

这一投资组合的方差：

$\sigma_P^2 = w_{12}\sigma_{12} + w_{22}\sigma_{22} + 2w_1 w_2 cov(r_1, r_2) = w_{12}\sigma_{12} + w_{22}\sigma_{22} + 2w_1 w_2\rho_{12}\sigma_1\sigma_2$

当 $\rho_{12} = 1$ 时，$\sigma_P = w_1\sigma_1 + w_2\sigma_2$；此时组合标准差等于组合中单个证券标准差的加权平均值。

当 $\rho_{12} = 0$ 时，$\sigma_P = (w_{12}\sigma_{12} + w_{22}\sigma_{22})^{1/2}$

当 $\rho_{12} = -1$ 时，$\sigma_P = | w_1\sigma_1 - w_2\sigma_2 |$

显然，投资组合的标准差在 $\rho_{12} = -1$ 时最小，$\rho_{12} = 1$ 时最大。证券组合分散化的效果大小取决于证券之间的相关系数。随着相关系数从 1 增加到 -1，即证券之间由完全正相关发展到完全负相关，证券组合的标准差减少到最小，分散化效果也在不断显现。

二、资产组合的可行集

资产组合的可行集，也叫投资机会集合，是指资本市场上由风险资产可能形成的所有投资组合的总体。我们已经知道，对于任何一个单一证券，都可以用期望收益率和标准差来描述，那么在均值——方差平面图上我们可用相对应的点来表示该证券，其中横坐标表示该证券的标准差，纵坐标表示该证券的期望收益率。

相应的任何一个投资组合也可以用组合的期望收益率和标准差确定出坐标系中的一个点。这一点将随着组合的权数变化而变化，其轨迹将是经过 A 和 B 的一条连续曲线，这条曲

线是证券 A 和证券 B 的组合线。这条组合线就是由证券 A 和证券 B 构成的可行集，也称为投资机会集合。可行集上的每一点都表示一个由证券 A 和证券 B 构成的可能的组合。

由 2 种证券构成的可行集——双曲线的一部分

由 2 种以上证券构成的可行集——均值—方差平面上的一个区域，整个可行集呈雨伞状，可行集区域的左侧边界仍然是双曲线的一部分。

通过设置不同的投资比重，可以得出不同的组合收益率和组合标准差，将这些不同的组合点(标准差、收益率)相连，可以得到一条平滑的凹形曲线——投资机会集合,又叫可行集。

图 9－1　资产组合的可行集

（一）可行集与相关系数

如上所述，可行集左侧边界曲线通常为双曲线的一部分。可行集左侧边界曲线向左弯曲的程度取决于证券 A、B 之间的相关程度。随着相关系数由 1 变成 －1，可行集左侧边界曲线变得越来越向左弯曲，这说明随着相关系数的降低，组合的标准差在逐渐减小，组合的风险得到了有效降低。

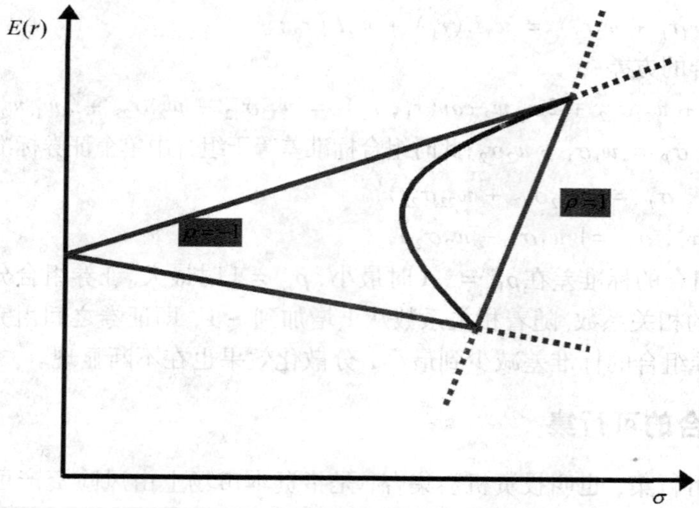

图 9－2

从图 9－2 中可以看出当相关系数 $\rho = 1$ 时，可行集左侧边界曲线是连接证券 A 和 B 的一条直线；

随着相关系数降到 0，可行集左侧边界曲线开始显著向左弯曲，变成一条凹形曲线；

当相关系数为负，可行集左侧边界曲线进一步向左拉伸。

最终当相关系数$\rho = -1$时，可行集左侧边界曲线实际上变成了一种折线，组合的标准差甚至可以取到0，此时组合完全没有风险，得到一个稳定的收益率。这正是分散化的魅力所在。这很好理解，当$\rho = -1$时，证券A和证券B完全负相关，一种证券收益率的上涨与另一种证券收益率的下跌相互抵消，从而完全消除了组合的风险。

注意:两种极端情况下的风险资产可行集:

1. 当相关系数=1，可行集是一条直线。

2. 当相关系数=-1，投资机会集合是一条折线。

此时，最小方差点位于纵轴上，最小标准差=0，此时投资组合可以实现零风险。

(二)资产组合的有效集

可行集上最小方差点下方的曲线是无效的。可行集上最小方差点上方的曲线AB遵循了有效的含义——同一风险、收益最大;同一收益、风险最小。所以——可行集上最小方差点上方的曲线，被称为马克维茨有效集。马克维茨有效集是针对风险资产而言的，因此马克维茨有效集上的每一点都代表风险资产的有效组合。

(三)无差异曲线与最优投资组合

1. 无差异曲线

确定投资组合的有效集后，投资者可根据自己对风险的个人偏好从这个有效集中选出更适合自己的投资组合。投资者的个人偏好可以用无差异曲线来描述。这里的无差异曲线和消费者效用函数中的无差异曲线非常类似，是指能为投资者带来同等效用水平(即满足程度)的收益和风险的不同组合。

风险偏好不同的投资者，其无差异曲线的形状也不同。尽管如此，绝大多数投资者的无差异曲线具有凸性，这是因为绝大多数的投资者都是风险厌恶者。凸性的无差异曲线表明随着投资风险的上升，投资者要求以越来越多的收益作为承受风险的补偿。换言之，投资者越来越难以忍受风险。

风险厌恶者的无差异曲线具有以下六个特点:

(1)无差异曲线是由左至右向上弯曲的曲线——说明投资者要么喜欢低风险、低收益的组合，要么喜欢高风险、高收益的组合。

(2)每个投资者的无差异曲线形成密布整个平面。同时，由于不同的无差异曲线代表不同的满足程度，因此不同的无差异曲线不会相交。

(3)同一条无差异曲线上的组合给投资者带来的满意程度相同。

(4)不同无差异曲线上的组合给投资者带来的满意程度不同。

(5)无差异曲线的位置越高，其上的投资组合给投资者带来的满意程度就越高。投资者总是更偏好于均值—方差平面上靠近左上方的无差异曲线上的组合，因为它代表着更高的收益和更小的风险。

(6)无差异曲线向上弯曲的程度大小反映投资者承受风险的能力强弱。

2. 最优投资组合

最优投资组合是指一个投资者选择一个有效的投资组合并且具有最大效用。有效边界是客观存在的一条曲线，它告诉我们哪些组合是有效的。但是投资者具体选择有效边界上的哪一点进行投资，则取决于投资者的个人主观偏好。

投资者的个人偏好可以通过无差异曲线来反映。因此，在确定最优投资组合时，必须同时考虑有效边界和无差异曲线。对于投资者而言，无差异曲线的位置越高越好，此时投资者可以在更低的风险水平上获取更高的收益。投资者需要在有效边界上找到一个具有下述特征的有效组合：相对于其他有效组合，该组合所在的无差异曲线位置最高。这样的投资组合便是他最满意的有效组合，而它恰恰是无差异曲线与有效边界相切的切点所表示的组合。

如图 9－3 所示，在均值—方差平面上，由于无差异曲线具有凸性，表示随着风险的增加，投资者要求更多的收益作为补偿；有效边界具有凹形，表示随着风险的增加，收益增加的幅度在减慢。因此，对于每一个具体的投资者而言，在其众多的无差异曲线中，必然有一条与有效边界相切，如下图中的无差异曲线 l2 与有效边界 AB 相切于点 O。切点 O 就是该投资者的最优投资组合，代表投资者能够实现的最大效用。

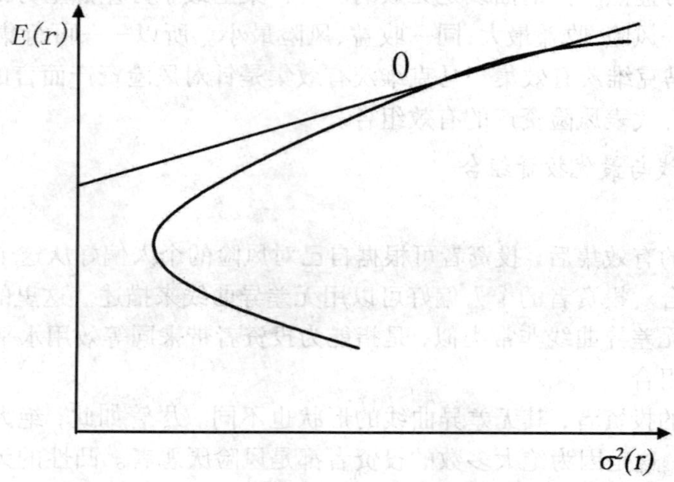

图 9－3

补充阅读：

分离定理

指在投资组合中可以以无风险利率自由借贷的情况下投资人选择投资组合时都会选择无风险资产和风险投资组合的最优组合点，因为这一点相对于其他的投资组合在风险上或是报酬上都具有优势。所以谁投资都会选择这一点。投资人对风险的态度，只会影响投入的资金数量，而不会影响最优组合点。此为分离定理。

它也可以表述为最佳风险资产组合的确定独立于投资者的风险偏好。它取决于各种可能风险组合的期望报酬率和标准差。个人的投资行为可分为两个阶段：先确定最佳风险资产组合，后考虑无风险资产和最佳风险资产组合的理想组合。只有第二阶段受投资人风险反感程度的影响。第一阶段也即确定最佳风险资产组合时不受投资者风险反感程度的影响。

三、马克维茨资产组合理论的基本模型

马克维茨资产组合选择的原则是：在既定的风险水平上选择最大的收益，或者在既定的

收益水平上选择最小的风险，根据他的这一思路，对于任意给定的期望收益率水平 $E(r_p)$，选择具有最小方差水平的资产组合就是最优的资产组合。我们建立一个以均值作为纵轴，标准差为横轴的均值－标准差平面，每一个最优资产组合收益率所对应的均值(预期收益率)和标准差(风险)都是该平面中的一点，这些点组成的集合构成了资产组合的有效边界，如图9－4所示：

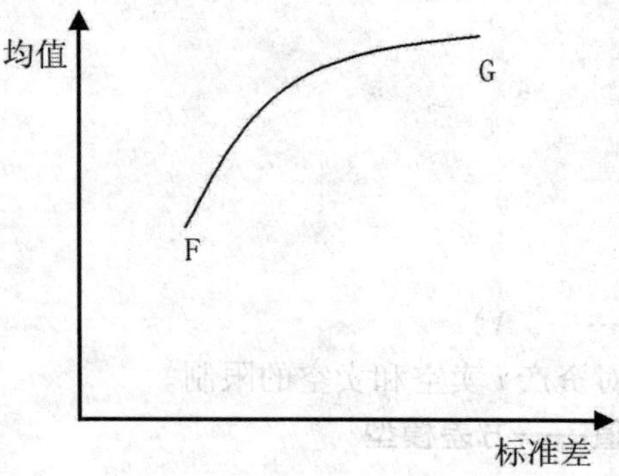

图9－4

如图9－4所示，FG就是一个最优的或有效的资产组合边界。同时，马克维茨也提出了一个标准的均值－方差模型来对其理论进行模型说明。

(一)马克维茨标准的均值－方差模型

该模型是由马克维茨在1954年提出，除了包括上述基本假设以外，还包括无风险借贷和不允许卖空两个假定条件，模型表示如下：

$$min\sigma_p^2 = \sum_{i=1}^{N}\sum_{i=1}^{N} x_i x_j \sigma_{ij}$$

$$s \cdot t \cdot \sum_{i=1}^{N} x_i u_i = u_p$$

其中，x_i 均为正数。

在这里，u_p 是给定的期望收益率水平，运用一定的线性规划方法可以得到最优资产组合的权数 $x_i(i = 1, 2, \cdots\cdots, N)$，然后根据单个资产的收益和风险来计算出最优资产组合的收益和风险。

(二)允许约束条件变化的均值－方差模型

1. 允许卖空的均值——方差模型

在允许卖空的情况下，模型可以修改如下：

$$min\sigma_p^2 = \sum_{i=1}^{N}\sum_{i=1}^{N} x_i x_j \sigma_{ij}$$

$$s \cdot t \cdot \sum_{i=1}^{N} x_i u_i = u_p$$

$$\sum_{i=1}^{N} x_i = 1$$

其中，x_i 可以为正数，也可以为负数。

这个线性规划问题可以通过引入如下拉格朗日函数来求解，即：

$$L = (x_1, x_2, \cdots\cdots, x_2, \lambda_1, \lambda_2) = \sum_{i=1}^{N}\sum_{j=1}^{N} x_i x_j \sigma_{ij} + \lambda_1(\sum_{i=1}^{N} x_i u_i - u_p) + \lambda_2(\sum_{i=1}^{N} x_i - 1)$$

对上式求偏导，可以得到最优资产组合的权数 $x_i(i = 1, 2, \cdots\cdots, N)$，然后根据单个资产的收益和风险来计算出最优资产组合的收益和风险。

2. 限制买空卖空的均值——方差模型

$$min\sigma_p^2 = \sum_{i=1}^{N}\sum_{i=1}^{N} x_i x_j \sigma_{ij}$$

$$s \cdot t \cdot \sum_{i=1}^{N} x_i u_i = u_p$$

$$\sum_{i=1}^{N} x_i = 1$$

$$l_i \leqslant x_i \leqslant h_i(i = 1, 2, \cdots\cdots, N)$$

其中，l_i 和 h_i 分别是针对资产 i 卖空和卖空的限制。

3. 纳入无风险资产的均值——方差模型

$$min\sigma_p^2 = \sum_{i=1}^{N}\sum_{i=1}^{N} x_i x_j \sigma_{ij}$$

$$s \cdot t \cdot \sum_{i=1}^{N} x_i(u_i - r_f) = u_p$$

$$\sum_{i=1}^{N} x_i = 1$$

其中，r_f 是无风险资产的收益率。

四、托宾对马克维茨资产组合理论的拓展

(一) 关于投资者无差异曲线的论述

对于一个特定的投资者，给定一个证券组合，根据该投资者的风险满意程度可以得到一系列满意程度相同的证券组合，并将这些证券组合所对应的均值和方差组合表示在均值—方差平面上，将这些点连接所得到的平滑曲线就是该投资者的无差异曲线。我们可以将无差异曲线所代表的满足程度(效用)看作均值和标准差的函数，即 $U = U(u_i, \sigma_i)$，同时托宾认为无差异曲线必定有一定的曲率，且呈凸状。无差异曲线如图 9 -5 所示：

在图 9 -5 中，无差异曲线上所代表的点都能给投资者带来相同的满意程度，但是对于不同的投资者，无差异曲线的形状也不相同。尽管不同的投资者面临不同的无差异曲线，但无差异曲线都具有以下几个特点：

1. 每条无差异曲线都是由左向右向上弯曲的曲线。

2. 同一条无差异曲线上的组合给投资者带来的满意程度相同。

3. 不同无差异曲线上的组合给投资者带来的满意程度不同。

4. 每个投资者的无差异曲线都有无数条，并且这些无差异曲线在均值—方差平面上是不相交的。

5. 无差异曲线的位置越高，其给投资者带来的满意程度也就越高。

6. 无差异曲线的弯曲程度反映了投资者的风险承受能力。

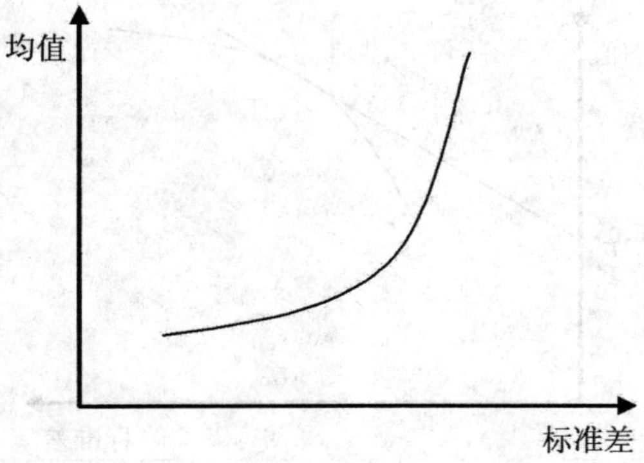

图 9－5

（二）最优资产组合的确定

托宾认为，投资者最优风险资产组合的确定应该是其无差异曲线与风险资产组合有效边界的切点。如图 9－6 所示：

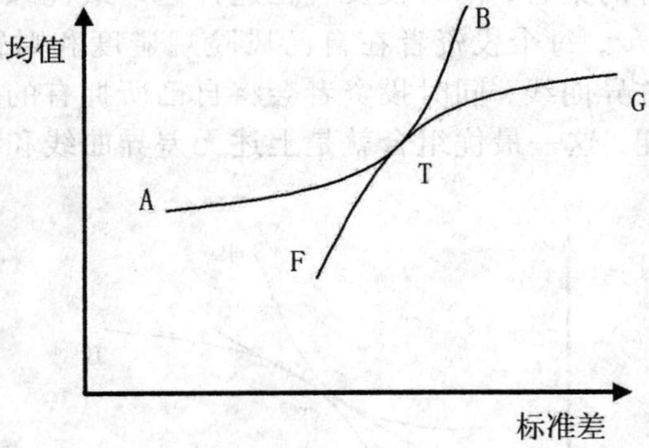

图 9－6

由图 9－6 所示，无差异曲线 AB 与有效边界 FG 的切点 T，就是投资者最优的风险资产组合。因为只有在这一点投资者才能得到最大满足程度的资产组合，如果无差异曲线高于有效边界线，投资者在既定的财富约束下无法达到如此高的满足程度；如果无差异曲线与有效边界线相交，则投资者还没有达到既定约束水平下的最高满足程度，因此两者的切点才是投资者的最优风险组合。

（三）纳入无风险资产的最优资产组合

托宾认为，在纳入无风险资产后，投资者的有效边界组合就会发生改变，所有的有效组合都在由一条通过无风险收益率并与马克维茨有效边界相切的直线中，如图 9－7 所示。其中切点 T 就是最优的风险资产组合，直线 r_fT 以及 T 点的右半部分就是纳入无风险资产后的有效边界组合。

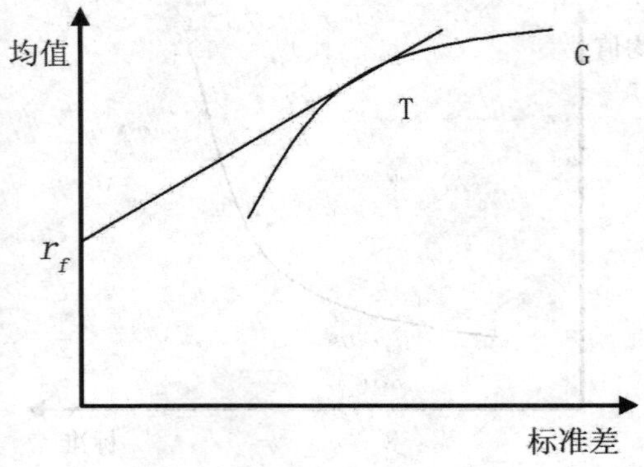

图 9－7

这样投资者的最优组合选择问题可以分为以下两个步骤：第一步，投资者先选择最优的风险投资组合，这一风险投资组合在马克维茨有效边界上，而通过无风险收益率并与有效边界相切的直线的切点就是最优风险资产组合，连接无风险利率和切点的直线就是投资者面临的有效组合的集合，同时投资者在选择这一最优风险资产组合时是不考虑他的风险规避度的；第二步，每个投资者在自己风险规避度和财富的约束下都会形成一个基于均值和方差的无差异曲线，同时投资者会将自己所拥有的财富在无风险利率和最优风险组合之间进行分配，这一最优组合就是上述无差异曲线和有效组合的切点。如图 9－8 所示：

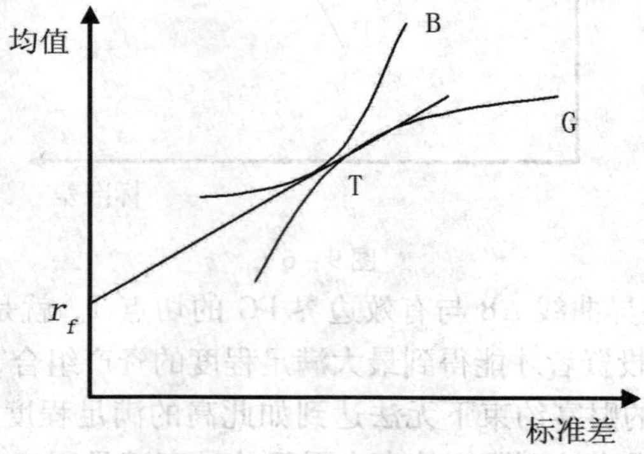

图 9－8

在图 9－8 中，无差异曲线与有效组合的切点在最优风险资产组合的左边，说明投资者不存在卖空行为，投资者只是将自己的财富在无风险利率和最优风险资产组合之间进行分配，无差异曲线与有效组合的切点就是投资者的最优资产组合。

在图 9－9 中，无差异曲线与有效组合的切点在最有风险资产组合的右边，说明投资者存在卖空行为，投资者先以无风险利率借入一定数量的资金，然后将自己所有的财富全部投资于最优风险资产组合。

因此，托宾将投资者的资产组合决策分解成了两个步骤，首先是最优风险资产组合的选择，其次是投资者最优投资组合的选择，并且这两个选择是互相独立的，这一结论也叫做两基金分离定理。

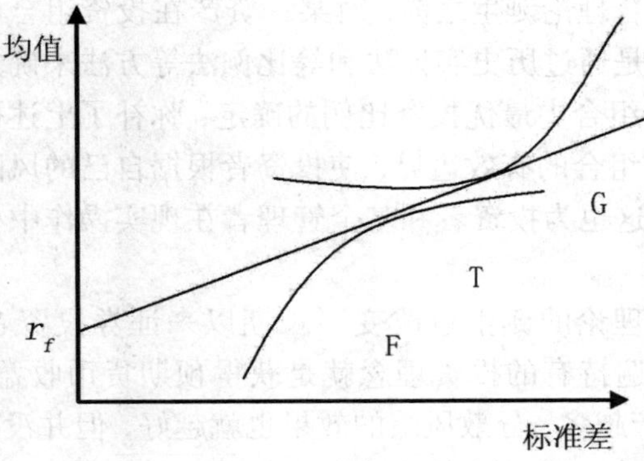

图9-9

五、对现代资产组合理论的简要述评

马克维茨现代资产组合理论的提出标志着西方证券投资组合理论的诞生，他不仅为后来托宾的资产组合理论奠定了基础，也为资本资产定价模型(CAPM)、套利定价理论(APT)等一系列理论构建了一个有效的研究框架。马克维茨将其资产组合理论抽象化为一个精确的经济模型(即均值-方差模型)，该模型不仅将资产及其组合的收益和风险用精确的数学模型表示出来，而且还解决了资产组合的最优化问题，帮助投资者确定有效的资产组合使其在既定的风险条件下获得最大的收益，或在既定的收益水平上承担最低的风险，该理论第一次使资产组合分析真正的科学化、精确化、程序化和数量化，从而奠定了其在证券投资理论体系中的重要地位。

马克维茨的现代资产组合理论对证券投资理论体系的理论贡献主要表现在：

第一，在现代资产组合理论产生之前，在研究不确定条件下的投资行为时，学者们往往假设投资者的目标为期望货币收益最大化，在投资中只重视资产的预期收益，忽视了资产的风险。而马克维茨是从效用的角度来研究投资者的投资目标，他认为投资者不仅要重视资产组合的预期收益，更要重视资产组合的风险，他将投资者的效用水平看作是资产组合预期收益和风险的函数，并且该效用水平是资产组合预期收益的增函数和风险的减函数，马克维茨认为投资者的投资目标应该是期望效用最大化，为使投资者的效用水平增加，必须进行有效的资产组合使其在既定的收益水平上降低风险，或在既定的风险水平上提高收益率。马克维茨将期望效用理论纳入资产组合理论的这一研究方法是新古典经济学在证券投资理论研究领域中的具体表现，这为证券投资理论的发展奠定了坚实的经济学理论基础，同时这在投资领域的研究中也是一种进步，因为该理论更为现实的解释了投资者的投资行为。但是，由于新古典经济学中边际效用分析方法上的局限性，期望效用理论也不是完美的。

第二，马克维茨在模型中首次运用数理统计的方法对资产组合的收益和风险进行分析，将严密的数学推导纳入到证券投资理论的分析中，开创了投资领域数量化分析的先例，自此以后，证券投资领域的分析方法就由理论分析向理论分析和实证分析并重转变，这在证券投资领域的研究中实现了研究方法的创新，同时也为后来资本资产定价模型(CAPM)、套利定价理论(APT)以及期权定价公式等理论模型的诞生打下了坚实的基础。

第三，在马克维茨资产组合理论诞生之前，对某一资产在投资组合中所占比重的确定往往缺乏严密的科学论证，通常是通过历史实证法和等比例法等方法来确定。但马克维茨模型用严密的数学分析确定了资产组合中最优投资比例的确定，弥补了上述研究方法的不足。同时马克维茨模型还构建了资产组合的有效边界，使投资者根据自己的风险偏好选择适合自己的最优投资组合变成了可能，这也为投资者和基金管理者在现实操作中构建了一个严密的理论依据。

第四，马克维茨资产组合理论的诞生也改变了长期以来证券投资者普遍持有的投资理念。长期以来，证券投资者普遍持有的投资理念就是获得预期货币收益最大化，至于“风险分散化”，他们认为持有的资产越多，分散风险的效果也就越好，但并没有重视资产之间收益率波动的关系。而马克维茨认为，不同资产之间收益率的波动存在一定的关系，有些资产之间的收益率波动呈正向关关系，有些则呈负相关关系，因此将呈负相关波动的证券进行组合，可以大大的分散投资组合的风险。

马克维茨的现代资产组合理论虽然为理论界做出了很大贡献，并为证券投资理论体系的发展奠定了坚实的基础。但是，和其他的经济学模型一样，马克维茨的理论模型毕竟也是建立在一系列的假设之上，其在运作中也存在很大的局限性，主要表现在：

第一，马克维茨的理论模型要求的数据过多，计算过程也非常复杂，这使操作的时间和成本都大大增多，虽然计算机统计软件的水平在不断提高，但这一技术成本仍然很高，因此在实际运作中，该模型有很大的局限性。

第二，在马克维茨的理论模型中，他将资产和资产组合的实际收益率与其预期收益的偏差，即离散程度作为其度量风险的参数。这里有一个隐含的假定，就是实际收益率相对于期望收益率的离散程度呈中心对称的概率分布(比如正态分布)，而在实际运作中，实际收益率并不总是在期望收益率周围呈中心对称的，在许多情况下，概率分布可能呈现出右偏或左偏，概率分布的图像也有可能出现厚尾、尖峰等状态，这些情况均违背了实证分析的经典假设，导致实证检验的失灵。

第三，马克维茨的理论模型是建立在一系列假设之上的，比如投资者单一的投资期限、市场状态时无摩擦的、经济中不存在通货膨胀等等。但在现实世界中，经济周期是不断变化的，同时政府也不断的对证券市场进行干预，各种税收、交易成本等额外成本也不断变化，如果在这些情况下运用马克维茨的理论模型进行分析往往导致分析结果的可信度下降。

第四，马克维茨的理论模型只是为单一的投资者提供了一种分散风险的方式，但却无法降低市场的整体风险，因此在一定情况下，风险只是在投资者之间进行转移，而不是所有投资者的总体风险降低了。这一理论局限性至今都是一项还未解决的难题(比如在21世纪初的美国次贷危机中，资产证券化作为一种风险转移工具被创新出来，但证券化产品在转移和分散风险的过程中并没有消除风险，风险反而在转移过程中被扩散和放大了，并且放大的是系统性风险，这一经济问题到目前为止都还没有得到一个合理的解释)。

第三节 风险资产的定价

在资本市场中，影响资产价格的因素是多种多样的，学者们若想致力对资产定价的定量研究，就必须借助简化的资产定价模型，这导致资本资产定价模型(Capital Asset Pricing Model，简称 CAPM)的产生。CAPM 模型是在马克维茨现代资产组合理论的基础上发展起来的，它研究的是在不确定的条件下证券资产的均衡定价问题(这里证券资产的价格用收益率表示)，并开创了现代资产定价理论(与基本分析法中基于现值理论定价的区别)的先河。夏普(Willian F. Sharp)次于 1964 年在《金融学学刊》上发表了《资本资产价格:在风险条件下的市场均衡理论》，第一提出了 CAPM 模型，同时，林特纳(John Lintner)于 1965 年在《经济学和统计学评论》上发表的《风险资产评估与股票组合中的风险资产选择以及资本预算》一文，以及莫森(Jan Mossin)于 1966 年在《计量经济学》上发表的《资本资产市场中的均衡》一文也提出了 CAPM 模型。因此，资本资产定价模型也叫做夏普—林特纳—莫森模型。

一、标准的资本资产定价模型

(一) 资本资产定价模型的基本假设

资本资产定价模型是以马克维茨的现代资产组合理论和有效市场假说理论为基础的，因此该模型也基于一系列严格的假设，其假设条件如下：

1. 所有的投资者都是风险厌恶者，其投资目标遵循马克维茨模型中的期望效用最大化原则。

2. 资本市场是一个完全竞争市场，所有的投资者都是资产价格的接受者，单个投资者的买卖行为不会对资产的价格产生影响。

3. 资产是无限可分的，投资者可以以任意数量的资金投资于每种资产。

4. 存在无风险资产，也就是说投资者可以以无风险资产借入或贷出任意数量的资金。

5. 不存在卖空限制、个人所得税以及交易费用等额外成本，也就是说资本市场是无摩擦的。

6. 每个资产或资产组合的分析都是在单一时期进行。资本市场是有效的市场，信息可以在该市场中自由迅速的传递。

(二) 资本市场线

资本市场线是在托宾两基金分离定理的基础上发展起来的，它将资产组合看作是无风险资产和市场组合的组合。我们构造一个由市场组合和无风险资产的资产组合，其期望收益可表示如下：

$$R_P = R_f + \frac{R_m - R_f}{\sigma_m} \times \sigma_P$$

其中，R_m 和 σ_m 分别为市场组合的期望收益率和风险，R_f 为无风险收益，R_P 和 σ_P 分别为资产组合的期望收益和风险。可用图 9－10 表示如下：

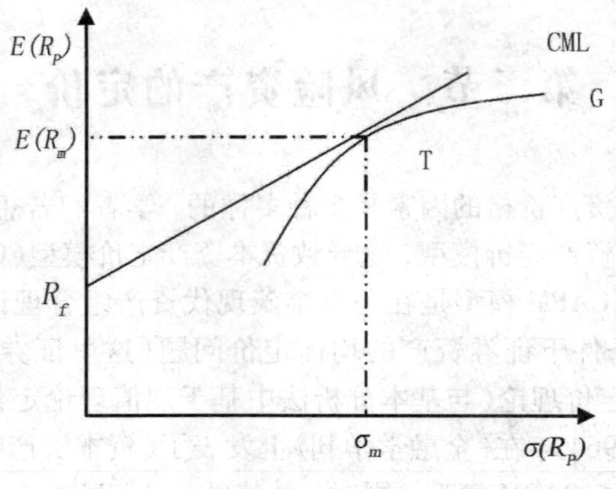

图 9 - 10

由图 9 - 10 的直线可以看出，存在无风险证券的条件下，市场中的所有投资者均是在无风险证券和市场组合之间进行资产组合，即都可以用从 R_f 出发的经过与风险资产组合有效边界相切的切点 T 之间的射线来表示，即所有的有效资产组合都在该射线上，由于切点 T 也是市场中所有风险资产证券的组合，称为市场组合，因此该直线被称为资本市场线（Captial Market Line，简称 CML）。如果投资者的无差异曲线与 CML 相切于 T 点的左边，表明投资者同时投资于无风险资产和市场组合，如果投资者的无差异曲线与 CML 相切于 T 点的右边，表明投资者卖出无风险证券，然后用借来的资金全部投资于市场组合。

（三）证券市场线

资本市场线研究的是在无风险利率存在的条件下，有效资产组合的预期收益和风险的关系。而证券市场线研究的是在无风险利率存在的条件下，单个证券的预期收益与风险的关系。夏普等人经过严密的数学推导，得到均衡的单个资产预期收益率定价公式如下：

$$E(R_i) = R_f + [E(R_m) - R_f] \times \beta_i$$

其中，$\beta_i = \dfrac{COV(R_i, R_m)}{\sigma_m^2}$

这就是证券市场线（Security Market Line，简称 SML）的表达公式，表明单个证券的预期收益率等于无风险利率再加上风险补偿。风险补偿由两部分组成，其中 $[E(R_m) - R_f]$ 是市场组合相对于无风险利率得到的风险补偿，β_i 是单个证券的风险调整系数，两者的乘积便是单个证券应获得的风险补偿。

二、对资本资产定价模型的简要述评

资本资产定价模型是在马克维茨现代资产组合理论的基础上发展起来的，它首次完整的提出了在不确定的条件下证券资产的均衡定价问题，并开创了现代资产定价理论的先河。资本资产定价模型对西方证券投资理论体系的贡献主要表现在如下几点：

第一，资本资产定价模型将马克维茨和托宾的现代资产组合理论运用于资本市场均衡，并使之得到发展。

它一方面沿用现代资产组合理论的基本理论和方法，另一方面用严密和简洁的数学推理对收益和风险的关系进行了开创性的研究，简化了马克维茨现代资产组合理论中的模型公式，大大推动了资产组合理论和资本市场资产均衡定价理论的发展。

第二，资本资产定价理论开创了现代资产定价理论先河。

传统的资产定价理论以现值理论为基础，主要是通过对资产未来的现金流进行预测，并采用合适的贴现率得到资产的价格，这一贴现率主要是通过无风险利率进行调整，这一传统的定价方法以经验预测为主，并没有通过严格的数学论证。而资本资产定价模型通过严密的数学逻辑论证，认为对资产定价起决定性作用的就是其系统性风险 β，非系统性风险对资产的定价没有任何作用。CAPM 的 β 定价分析法为资本市场均衡定价理论的发展打下了坚实的基础，它以马克维茨的现代资产组合理论为基础，从纷繁复杂的资本市场中抽象出系统性风险作为衡量风险的一种方法，将马克维茨资产组合理论中有关风险的分析逻辑从总风险转向系统性风险，并认为系统性风险是市场中客观存在的，不可能通过多样化的投资组合进行分散，而非系统性风险可以通过多样化的投资组合进行分散，因此该模型得出结论：投资者所要求的风险补偿是针对不可分散的系统性风险，任何理性的投资者都不会为了承担额外的收益而去承担可以分散的非系统性风险。此外，资本资产定价模型还归纳出了资产或资产组合的风险溢价与其系统性风险 β 的线性关系，为资产收益和风险之间提供了严密、简洁的数学关系，该模型丰富了马克维茨现代资产组合理论的理论体系，并为后来套利定价理论（APT）、因素模型等理论的发展奠定了基础。

第三，资本资产定价模型具有定量分析上的可操作性和可检验性。

CAPM 为投资者和学者们提供了一个简洁的有关资产以及资产组合收益和风险的数学关系式，为大量定量分析的进行提供了理论上的方便性。对 CAPM 的定量检验也导致了类似套利定价理论、有效市场假说理论的诞生，在客观上也推动了金融计量经济理论的进步和发展。在证券投资领域，到目前为止还没有哪个理论模型像 CAPM 这样被广泛的检验过。

第四，除了上述理论和方法论上的贡献，资本资产定价模型也广泛的运用于共同基金的业绩测量、公司理财以及资产组合的管理方面，这一理论在证券投资界也受到了广泛的青睐。

以上是资本资产定价模型所作的贡献，但鉴于其是以马克维茨的资产组合理论为基础，并建立在一系列的假设前提之上，其在运作中也存在很大的局限性和局限性，主要表现在：

第一，从理论上来讲，资本资产定价模型毕竟是以马克维茨的现代资产组合理论为基础，对于资产收益率概率分布方面的局限性，以及无交易成本、市场无摩擦、不存在税收因素和投资期限单一这些现代资产组合理论中与现实不符合的假设条件，仍然是资本资产定价模型无法回避的事实。

第二，对于 CAPM 的定量检验，也存在大量的检验结果不支持该理论。对资本资产定价模型持最激烈批评态度的就是经济学家罗尔（Richard Roll）。1977 年，罗尔在《金融经济学学刊》上发表了《对资产定价理论检验的批判，第一部分：论该理论的过去与潜在可检验性》一文，对 CAPM 的适用性提出了质疑，他认为，CAPM 是一个以市场资产组合的存在为前提的一般均衡理论模型，但市场资产组合时一个不明确、不可预测以及没有明确定义的概念，所以以此为基础进行实证检验当然无法验证 CAPM 的正确性。

但是，罗尔的批评并没有否定资本资产定价模型，他只是提到了 CAPM 基本假设条件的局限性，但在现实环境中无法构建一个满足该模型成立的市场组合条件，因此在对该模型的实证检验中无法得出理想的结论也就不足为奇了。

第四节　有效市场理论

法马(1970)提出的有效市场假说理论以理性投资者为假设前提，并吸收了前些学者的研究成果，认为股票价格服从随机游走特性的市场就是有效率的市场，但市场的有效性与有效率的市场是两个不同的概念，我们通过区别市场的有效性与有效率的市场来对法马“有效市场”的含义进行界定。

一、“有效市场”的界定

在西方经济学的研究中经常会提到“有效率”的市场，这里的效率是从资源的配置效率、市场的运作效率以及信息的流动效率来考察的，认为满足资源有效配置、市场有效运作以及信息有效流动和反映价格的市场才是有效率的市场，这一有效率的市场以下面的假设条件为前提：

(一) 所有的市场参与者都是理性的经济人

(二) 市场中不存在任何税收和交易成本

市场是完善的，所有的资产都具有可交易性，没有任何限制。

(三)证券市场和产品市场都是完全竞争的市场

产品市场的完全竞争指市场中的微观主体均是产品价格的接受者；证券市场的完全竞争是指市场中的投资者都是证券价格的接受者。

(四) 市场中的信息是完全流动的，所有人都可以免费的获得信息

在这些假设前提下，如果一个市场(不管是产品市场还是证券市场)能够满足资源的有效配置、市场的有效运作以及信息的有效流动和反映价格这四个条件，该市场就是有效率的市场。在这种市场中，所有的生产者、消费者、投资者和融资者都获得了最大的效用。对于产品市场而言，消费者以最合理的价格买到了能给自己带来最大化效用的产品，生产者以最低的成本生产出了能给自己带来最大化利润的产品数量；对于证券市场而言，融资者以最低的融资成本获得了生产所需要的资金，并实现了最优的资本结构，投资者也使自己在既定的财富约束下，获得了最大的收益或承担了最小的风险。同时，所有的市场参与主体均获得了最大的效用，稀缺的资源也被配置到了最具生产投资的领域中，资源配置的有效性由此实现；信息的流动没有任何障碍，所有的价格均完全反映了信息，信息流动的有效性由此实现，并且该市场也达到了一般均衡状态。

而对于“有效市场假说”，我们放松前面的一些假设条件就可以得到，比如假设市场不是无摩擦的，证券交易者在进行证券交易时必须缴纳佣金、印花税等成本，但信息仍然是自由流动的，同时信息仍将会充分反映在证券的价格上，因此我们可以看出，“有效市场假说”理论没有“有效率”市场那样严格的假设条件，它对“有效”的界定没有那么苛刻，认为只要是达到信息有效流动的市场，就是“有效市场”，因此法马(1970)对“有效市场”的界定如下：

有效市场就是信息有效流动和反映价格的市场，只要信息能够完全充分的反映在价格上，该市场就是有效的市场，而不管该市场是否达到资源配置有效或市场运作有效。

二、有效市场的类型

法马(1970)对有效市场的界定是:如果证券的价格能够充分的反映出市场上可获得的信息,该市场就是一个有效的市场。而根据“可获得”信息的难易程度,有效市场又分为:弱式有效、半强式有效和强式有效三种。

(一)弱式有效市场(Weak - Form Efficiency)

弱式有效市场是指:如果证券过去的信息(比如证券的价格和交易量)完全反映在当前的价格之中,该市场为弱式有效市场。在这里,信息集包括了过去的所有信息(也叫做历史信息)。当前证券的价格已经反映了过去所有的信息,是对过去信息的最优反映,价格的任何变动也是对新出现信息的反映,因此过去所有的信息对未来证券价格的预测没有任何帮助,基于历史信息是无法获得超额利润的,技术分析法无效。

(二)半强式有效市场(Semistrong - Form Efficiency)

半强式有效市场是在弱式有效市场的基础上发展起来的,它是指:证券价格的所有公开信息均反映在当前的价格之中,在这里,信息集不仅包括历史信息,也包括所有的公开信息。在半强式有效市场中,证券的价格不仅反映了历史信息,还反映了所有的公开信息,证券价格是历史信息和公开信息的最优反映,任何投资者都不可能利用历史信息和公开信息获得超额收益。由于证券价格的基本面分析就是对所有公开的信息进行分析,包括各种政治、宏观经济信息,以及有关证券公司的经营状况分析,因此在半强式有效市场中,基于公开信息的基本分析法无效。

另外,半强式有效市场一定也是弱式有效市场,因为所有的公开信息也包括了过去的信息,比如价格和交易量。

(三)强式有效市场(Strong - Form Efficiency)

强式有效市场是有效市场的最高等级,是指证券的价格反映了市场中所有有关该证券的信息,这一信息不仅包括公开的信息,还包括不可获得的内幕信息。在强式有效市场中,基于任何信息是不可能获得超额利润的。强式有效市场也包括半强式有效市场和弱式有效市场。如果有人能够利用内幕信息获得超额收益,这些信息虽然一开始是不可获知的,但很快就会透露出来,并反映到证券的价格上,信息的反映速度越快,表明市场的有效程度越高。

这三种有效市场类型的包含关系如图9-11所示:

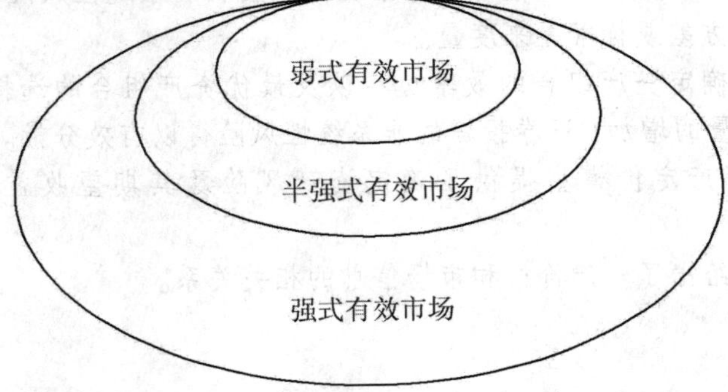

图9-11

三、对有效市场假说理论的简要述评

(一) 有效市场假说理论是现代资本市场理论中的基础理论

有效市场假说理论是现代资本市场理论中的基础理论，是现代证券投资理论的基石，有效市场假说理论是把计量统计方法应用在股票价格和收益的基础上发展起来的，这里所采用的经验检验方法是非常简单的“线性方法”，检验方法的简化有助于抽象出简单的模型，并有利于揭示市场的本质特征。有效市场假说理论是一个基于“随机游走假说”的严密理论体系，其严格的假设条件意味着该理论是非常完美的，类似于微观经济学中的一般均衡理论。该理论也是现代证券投资组合理论的基础理论。

(二) 有效市场假说理论的最大意义就是把为微观经济学中的竞争均衡理论纳入到资本市场的分析中来

从而导致了现代资产定价理论的诞生(比如夏普的资本资产定价模型，罗斯的套利定价理论等)。有效市场假说理论不仅使证券资产的均衡定价成为可能，并且还确立了资产收益和风险之间的均衡关系，如果有效市场假说理论被推翻了，现代资产定价理论就不会成立。

总之，有效市场假说理论是现代证券投资理论的基石，该理论是建立在一系列严格假设条件之上的完美理论，其在资本市场理论中的地位相当于微观经济学中的“一般均衡理论”。该理论不仅对前述理论做了一个很好的梳理和总结，同时也是前述理论的基础理论。有效市场假说的提出也标志着现代证券投资组合理论体系的正式形成。但是值得注意的是，该理论毕竟以一定的假设前提为基础，其与现实条件还存在很大的差距，这些局限性不仅导致了各种实证检验方法的进步，同时还导致了“行为金融理论”和“适应性理性假说”等理论体系的诞生。

【要点小结】

本章主要介绍了证券投资风险的内涵、分类以及主要度量方法。阐述了现代投资组合理论、资本资产定价理论和有效市场假说的主要内容。

1. 证券投资风险就其是否可分散可分为系统性风险和非系统性风险，证券投资风险主要用资产收益率波动的方差或标准差来度量。

2. 马克维茨通过确定资产组合的效率边界以及最优资产组合的选择来构建投资组合模型，随着组合资产数量的增加，证券投资的非系统性风险得以有效分散。

3. 夏普的资本资产定价模型提供了确定资产风险及其期望收益率之间关系的精确预测方法。

4. 有效市场假说给出了资产价格和市场信息的相关关系。

【思考与练习】

一、名词解释

证券投资风险 系统性风险 投资组合的有效集 有效市场假说

二、简答题

1. 证券投资风险的含义与分类。
2. 证券投资风险如何度量？
3. 投资组合理论的基本思想是什么？
4. 资本资产定价理论包括哪些内容？
5. 有效市场的含义和形式。

◆第十章
证券市场的行为学分析

【内容提要】

现代金融理论是建立在资本资产定价模型和有效市场假说两大基石上的，其模型和范式局限在“理性”的分析框架中，忽视了对投资者实际决策行为的分析。随着金融市场上各种异象的出现，现代金融理论的解释力逐渐下降，而行为金融理论悄然兴起。行为金融莅临将人类心理与行为纳入金融的研究框架，并提供了理论和实证的证据。本章从行为金融学的心理学基础着手，对证券市场中个股和整体市场的各种异象进行了系统分析。

【学习目标】

1. 掌握行为金融学的各种心理学基础。
2. 了解证券市场中个股的市场异象及行为金融学解释。
3. 了解证券市场中整体市场的市场异象及行为金融学解释。

【关键词】

行为金融　　心理学基础　　市场异象　　非理性

在有效市场假说诞生以后，针对该理论的实证检验越来越多。早期的检验结果还是能符合“有效市场”这一理论假说的。但随着金融计量理论的发展，越来越多的与有效市场假说不相符合的市场“异常”现象发生，比如股权溢价之谜、规模效应、羊群效应、季节效应以及股票市场的过度反应与过度波动等等，自此，致力于行为金融理论研究的学者开始用行为金融学的观点对这些“异常”现象进行解释和论证。上一章在“对有效市场假说的述评”中已经讨论过一些有关证券投资过程中的“异常”现象，本节对这些“异常”现象进行进一步的梳理，并对行为金融学家关于证券投资过程中的一些“异常”现象进行解释和论证的理论观点进行综述。

第一节 行为金融学的心理学基础

美国经济学家和心理学家 Daniel Kahneman 荣获 2002 年度的诺贝尔经济学奖，这使得原来在国内颇为陌生的行为经济学(行为金融学)得到了很多人的关注，特别是心理学与经济学和金融学的密切联系引起了不少学者的浓厚兴趣[1]。由于行为经济学的主要发展表现在金融学领域，在某种程度上，行为金融学比行为经济学更广为人知，也有着较长的发展历史。本文评述了基于理性经济人假设的经典现代金融学本身的发展及其遇到的困境，阐述了情感心理学、认知心理学和社会心理学的主要理论观点以及对行为金融学的贡献，并提出了一些初步的评论和观点。

一、情感心理学与行为金融学

情感心理学研究表明，人们存在着过度自信、保守主义、厌恶后悔和损失等心理特征，而这些特征又直接影响着人们的投资行为。

过度自信源于人们的乐观主义。心理学研究表明：在很多方面，大多数人对自己的能力以及未来的前景都表现出过于乐观。比如在驾驶水平、与人相处、幽默感等方面所做的调查显示，90%的被调查者都表示自己的能力要高出平均水平。同时由于自我强化的归因偏差“无套利定价理论”给资产定价要遵循“一价律”，即相同收入的资产应有一样的现时价格。否则，就会使人采用“套利策略”，没有投入便会获得无风险收益，产生所谓“免费的午餐”。人们常常将好的结果归功于自己的能力，而将差的结果归罪于外部的环境。所以人们难于通过不断地理性学习来修正自己信念，导致人们动态的过度自信。

保守主义指人们的思想大多存在一种惰性，改变个人的原有信念是非常困难的，新信息对原有信念的修正往往不足。

模糊厌恶，即对主观的或含糊的不确定性的厌恶程度要超过对客观不确定性的厌恶。Heath 和 Tversky 发现人们厌恶模糊的程度与他们对不确定性的主观概率估计能力负相关，而 Fox 和 Tversky 指出，在有决策失误的经历或者周围有能力更强的参与者时，人们将更加厌恶模糊。

心理学研究表明，人在犯错误之后都会感到后悔，并且后悔带来的痛苦可能比由于错误引起的损失还要大，即厌恶后悔。因此，人们在决策时倾向于避免将来可能的后悔，即决策的目标可能是最小化未来的后悔。这一理论认为个人在决策前会估计自己在未来可能出现的处境中的感受，并且采取行动的后悔程度要远高于没有采取行动的后悔程度，也就是忽略偏见。有一个例子：有两项选择，一是损失 \$7500，二是 75% 的概率损失 \$10000，25% 的概率没有损失。他们的研究发现绝大多数人选择后者，他们将这种现象称为损失厌恶。进一步研究发现一项损失对人带来的影响大约是同等收益给人带来影响的 2.5 倍。

这些情感因素对人们投资决策的影响使投资者的实际投资决策偏离了理性经济人框架，从而能够对一些金融学之迷做出合理的解释。比如，在投资中存在着所谓的过度交易现象，即投资者频繁交易，而其收益却不足以低偿交易成本。Barber 与 Odeon 的研究显示，样本中交易次数最多的投资者的平均收益也最低。显然，理性经济人是不应该进行过度交易的。然而，由于人们有过度自信的倾向，他们愿意相信自己的信息能使他们在交易中获利，而这些所谓的信息其实不具备投资获利的意义，从而导致了过度交易的存在。

投资者的模糊厌恶和损失厌恶可以用来解释股权溢价之谜。由于投资者不能确切地知道股票收益率的分布，当面对不确定性的时候，他们宁可选择自己心中最坏的估计。如果投资者担心他们所依据的股票收益估计模型是错误的，他们将要求更高的股票溢价作为他们对概率分布认知模糊的补偿。Barberries，Huang 和 Santos 的模型论证了损失厌恶程度的变化可以产生股票价格的过度波动，而损失厌恶本身使投资者不愿意看到股票市场存在频繁的下跌过程，因此投资者将对持有风险证券要求更多的溢价。

二、认知心理学与行为金融学

投资者的决策过程也就是投资者的选择偏好过程，这一过程与人们的认知心理密切相关。行为金融学利用心理学关于人们的认知方式、认知偏差和认知目标的研究成果，对金融学中的相关问题进行了解释，并建立了相应的理论模型。

理性经济人假设在认知方式上人们可以获得完全信息并对其进行分析，进而做出自己的决策。实际上，投资者无法获得所有的信息，也不可能对所有的信息进行分析，而且无法处理复杂的判断。心理学研究表明，人们的决策过程往往是采用一种启发式的推理方法，即利用非常简单的方法简化复杂的问题，形成一种单一的决策过程，其中主要有代表性法则，可利用性法则和锚定与调整法则等。

代表性法则指人们在不确定性的情形下，会抓住问题的某个特征直接推断结果，而不考虑这种特征出现的真实概率以及与特征有关的其他原因。在很多情况下，代表性法则是一种非常有效的方法，能帮助人们迅速地抓住问题的本质推断出结果，但有时也会造成严重的偏差，特别是会忽视事件的基本要素，即无条件概率和样本大小。Rabin 称这种用小样本特征反映母体特征的信念为“小数定理”。

可利用性法则指在很多时候，人们只是简单根据他们对事件已有的信息，包括记忆的难易程度或记忆中的多寡，来确定该事件发生的可能性，而不是寻找去其他相关的信息。根据想起（或联想）一个例子的速度来评价某个事件发生的可能性问题，发现这种方法存在严重的回忆偏向和搜索偏向，因为人们在记忆中搜寻相关的信息时，并不是所有的相关信息都能无偏差的被搜索到。

锚定与调整法则指在没有把握的情况下，人们通常利用某个参照点和锚来降低模糊性，然后再通过一定的调整来得出最后的结论。经济学家指出无论初始值是问题中暗示的还是粗略计算出来的，后面的调整通常都是不足的，不同的初始值将产生不同的结果。人们过多地受到并没有什么意义的初始值的约束与左右。

投资者的代表性认知特征可以用来解释股票价格的过度波动。代表性认知使投资者相信平均现金股利增长率的波动比实际更大，在看到现金股利增长（下降）后，他们很快会相信平均现金股利增长率提高（降低）了，相应的买入（卖出）行为将股票价格推高（压低）到与现金股利不相适应的水平。

心理学研究发现人们存在着确认偏差，即一旦人们形成先验信念，他们就会有意识地寻找有利于证实先验信念的各种证据。事后诸葛亮就是力图寻找各种非真实的证据来证明他们的信念是正确的。这种确认偏差会使得投资者坚持错误的交易策略，导致金融产品定价偏差的持续存在，直至非常强而有力的证据出现才能迫使其改变原有的信念。

心理学研究还发现人们存在着阿Q精神，即人们的信念会由于行动的成功与否而改变。如果行动失败，人们将向下修正自己的信念，人为地降低由于后悔带来的损失，也就是一种自我安慰的表现；如果行动成功，人们则向上修正自己的信念，显示自己做决策的英明。这种认知的偏差解释了投资中的沉没成本效应。心理学在认知方面对行为金融学的第三个影响是在认知的目标方面，在此基础上产生的前景理论是应用于行为金融学中最重要的理论之一。

三、社会心理学与行为金融学

作为群体中的一员，人们容易受到群体情感的感染，倾向于采取与群体行为相近的行为，甚至在一定程度上放弃自己的偏好与习惯，并忽略自身可获得的信息，而对于个体来说这些行为往往是不可思议的。一些典型的社会心理学现象包括认知的系统偏差、信息串流和羊群效应。

认知的系统偏差指社会特有因素对人的信念与决策产生重要的影响。不同背景的人们由于文化差异、收入差异、地域差异等，可能会形成若干个具有不同信念的群体，群体内部无明显差异，但不同群体之间存在着系统差异。也就是说，人们的认知受到整个系统因素的影响，也受到自身所在群体的因素的影响。

信息串流指人们在决策时都会参考其他人的选择，而忽略自己已有的信息或可获得的信息。信息串流理论刻画了大量信息在传播与评估中的丢失现象。人们通过心理学实验证实人们在相互交流时，交流最多的是共同知识，私有信息得不到交换，即认知过载。由于人们注意力的限制，只能关注那些热点信息，并形成相似的信念，而人们的交流以及媒体的宣传使得这些信念得到进一步加强。

经典现代金融学提出了一系列重要的金融理论，为现代金融学的发展奠定了坚实的理论基础。从金融研究的角度来看，行为金融学同样是提出假设，建立模型，分析和解释结果，其研究方法和手段与经典现代金融学是相同的。与经典金融学不同的是，行为金融学不是从抽象的理性经济人假设出发，而是从人们实际决策行为出发研究和解释金融市场的运行和金融产品的定价问题，因此，行为金融学对心理学研究的依赖大大超出了经典金融学。本质上行为金融学与现代金融学并没有很大的差异，他们的主要目的都是要在一个统一的框架下，利用尽可能少的工具构建统一的理论，解决金融市场中的所有问题。唯一的差别就是行为金融学利用的工具主要包括与投资者行为有关的心理学理论。因此，心理学的研究成果就成为行为金融学研究必不可少的基础。目前，行为金融学所依据的心理学成果主要还是一般地行为研究成果，专门针对投资决策的研究不足。今后需要更多地专门从投资行为的角度出发，切实研究投资者在投资状态下的决策心理，为行为金融学的研究提供更直接的心理学研究成果，而这一点，需要金融学者与心理学者的密切合作。

补充阅读：

索罗斯的反射理论

反射理论，又称反射性理论或反身理论，最早由乔治·索罗斯提出。其基本含义：均衡状态是事物发展的状态之一，但因为在影响因素的相互作用之下，多数情况下事物发展呈现不均衡的状态。如果相互作用是良性的也就是可逆的，事物发展会在发生偏离的短时间内回到均衡状态，但如果相互作用是不可逆的，那么事物发展就会出现历史性的突破。

简单说是指投资者与市场之间的一个互动影响。理论依据是人正确认识世界是不可能的，投资者都是持“偏见”进入市场的，而“偏见”正是了解金融市场动力的关键所在。当“流行偏见”只属于小众时，影响力尚小，但不同投资者的偏见在互动中产生群体影响力，将会演变成具主导地位的观念。就是“羊群效应”。

可以用一种比喻来理解：甲和乙并肩往目的地行走，突然甲发现乙不见了，回头一看，原来乙掉队了。那么就有，乙为什么掉队。这就是我们要研究的了，如果乙是因为和熟人搭话，那么不久，乙就会自己追上来并肩行走，若乙是发生了状况，比如昏阙之类，那么甲就必须回头，送乙上医院之类的，就不能到达目的地了。我们假设，并肩行走时一种均衡状态，乙掉队则破坏了这种状态。若搭话后追上来，则回复了均衡的状态。若昏阙，则甲必须送他往医院，则这破坏时不可恢复的，则不能到达了目的地。就是所说的市场反转。

索罗斯认为：在社会科学范畴事件中，事物发展是与思维互动的过程。思维与现实过度偏离后，事物发展就会出现不可逆的历史性突破。涉及一个古老的哲学问题：现实与思维。这种哲学观点被金融大鳄索罗斯成功应用于金融投资领域而倍受瞩目。

索罗斯认为，经典经济学理论对市场运行的解释存在着根本性的错误，起码在金融市场上，经济理论分析所给出的结果是大错特错的。

金融市场与其他市场不同之处在于，市场参与者要对付的不是给定数量，他们要把未来进行贴现，而未来则依赖于市场现在如何贴现它。这就使得供给和需求条件不仅是未知的，而且是不可知的。参与者只能根据预判或者偏见做出决策，而这决策反过来又使得与决策有关的主要内容变得更加的不确定。因此，不借助于反射性的概念，金融市场就很难被正确的理解。但是，很多经济学家却总是想方设法回避这个问题，理性预期却为他们提供了方便。

金融工具的价格被反映如下“基本面”：股票市场的未来收益，债券市场的未来利息支付，期货市场的未来供给和预期需求。重要的是，一个有效率的市场总能够反映出所有这些“基本面”的已知信息，并且市场参与者要认识到这一事实，才能算得上理性的。因此在缺乏内部消息的情况下，投资者假设他们的业绩能够超过市场则是不理性的。所以，市场总是处于均衡状态，任何暂时的偏离只是随机漫步性的。上述观点，就是理性预期理论。索罗斯并不接受它。

索罗斯认为，金融市场的参与者非但是不理性的，而且还是不可避免的在他们的决策中不可避免的引入某种偏见。对于有偏见的判断来说，一个重要的特征就是他们不纯粹是被动的：他们可以影响事态的进程，而事态的进程恰恰是有偏见的判断所要反映的事情，因此他们具有反射性。其要表达的意思是，重视基本面而不重视参与者的偏见是错误的。同时，忽视基本面而重视参与者的偏见同样是错误的。

第二节 行为金融理论对个别股票“异常”现象的解释

一、规模效应

传统理论认为，在股票市场上，股票的市值有大有小，市值水平与公司资产或资本的规模是成正比的。一般来说，市值越小的股票，资产或资本规模越小，该上市公司在行业中的地位也就越小，竞争力也就越弱。因此我们按这种理论可以认为：小市值的股票与大市值的股票相比，前者的投资回报应该低于后者，但是从实证研究的结果发现，小盘股往往比大盘股有更高的投资回报，这种“异常”的现象被称为“规模效应”，也叫做“小公司效应”。针对“规模效应”或“小公司效应”，行为金融学家们认为：投资者通常将股票的折现率看作该公司过去业绩的函数，如果上市公司的业绩较好，投资者会认为该公司股票的风险较低，因此他会用较低的折现率去对该股票进行折现，在这种情况下，这一较低的折现率会导致股票价格的提高，引起下一期收益率的降低。所以，对于小公司的股票，由于小公司的业绩在过去较差，投资者认为小公司具有较高的风险，因此他就会提高对小公司股票进行折现的折现率，这会降低小公司股票的价格，提高其下一期的收益率。

行为金融学家们主要采用应用心理账户和规避损失的概念去解释小公司股票表现异常的现象（Barberis and Huang，2001）。心理账户是指投资者进行个别股票的投资决策时会考虑前一次投资绩效的影响，而对投资组合来讲称为投资组合的心理账户，同时投资者都具有规避损失的偏好。他们认为，由于小公司股票在过去的业绩表现较差，因此在损失规避的情况下，他们就会对这些高风险的股票要求较高的报酬率。

还有一种解释叫做“忽略效应”，也就是说机构投资者通常只关心大公司的情况，很少关心小公司的情况，因此市场参与者对于小公司的管理、生产、财务等信息存在一定程度的不对称，如果不对称程度越高，小公司的风险就越大，所以投资小公司的投资者就会要求较高的超额收益。

二、季节效应

季节效应包括一月效应、周末效应和月末效应。

（一）一月效应

一月效应就是指股票通常在每年的一月份取得较高的投资收益率。从传统的理论上讲，当投资者都获得“一月份就会取得较高收益率”的信息时，他们就会对此信息进行反应，由此消除这一异常现象。但从近20年的实证分析中可以发现，一月效应并没有消失的趋势。同时许多其他的异常现象也都发生在一月份，导致一月已经成为了最佳的投资月份。

（二）周末效应

所谓的周末效应，是指股票在每周一有较差的表现，但在周五的表现就会转好，并且两者之间还有非常显著的统计关系。French（1980）发现了周末效应，他的研究显示股票在每周一的收益率明显为负值，而在每周五的收益则明显高于其他交易日。Elroy（1988）发现一周内各个交易日股票收益率的差异，并发现了在美国的股票市场中，周一的平均收益率为负，而周五为正，同时两者之间还存在显著的统计特征，这一现象在许多股票市场上也得到了证实。

（三）月末效应

月末效应通常体现在股票在每个月的最后一个交易日到下月初最初几个交易日的收益率通常要高于其他交易日。

对此，行为金融学家的解释是：如果人们把月末作为结算时间，而把新的月份作为新的开始，他们倾向于在月度之交的时候改变自己的行为模型。对于周末效应，行为金融学家认为人们通常在星期五以及双休日之前情绪都比较高，而星期一的情绪则比较低落，这在一定程度上解释了周末效应，当然这一论述也有助于解释一月效应。另外 Thaler（1987）认为人们的心理交替会导致他们在岁月交换之际改变行为，这一观点解释了上述所有的季节效应。

三、价值溢价之谜

价值溢价之谜就是指投资于相对于股利、盈利、现金流量、账面价值以及其他度量股票基本价值的指标来说，价格比较低的股票能获得较高的收益，也就是说具有较高股利收益率、账面市值比、现金流量与市值比以及市盈率的股票具有较高的收益率。

对于“价值溢价之谜”，行为金融学家们做出了以下的解释：Daniel et al.（2001）构造了一个静态的定价模型，这个模型类似于资本资产定价模型。该模型假设了两类交易者：风险厌恶的理性套利者和过度自信的投资者，他们的研究结论认为资产的均衡价格不仅与风险因子有关，而且和所谓定价偏差的代理变量也相关。这一代理变量可以是股票市值规模，也可以使各种价值型变量，比如账面市值比、盈利市值比。从直观上来讲，当存在利好消息推动股票价格上涨时，这些价值型变量会下降，由于过度自信的投资者会对事件作出过度反应，此时的股票价格是被高估的，但是高估的价格最终要回归到股票的真实价值，从而低的价值型变量预示着未来的收益率就会降低；反之，当利空消息推动股票价格下跌，价值型变量会上升，由于过度自信的投资者会对事件作出过度反应，此时的股票价格是被低估的，但是低估的价格最终要回归到股票的真实价值，从而高的价值型变量预示着未来的收益率会升高。这一静态模型很好的解释了“价值溢价之谜”现象。

还有学者认为，投资者通常将股票的折现率看作该公司过去业绩的函数，如果上市公司的业绩较好，投资者会认为该公司股票的风险较低，因此他会用较低的折现率去对该股票进行折现，较低的折现率就会导致股票价格的提高，引起下一期的收益率降低。同时投资者认为大公司和成长型的股票过去的业绩较好，因此他们认为这些股票的风险较小从而要求较低的收益率，而价值型股票和小公司股票在过去通常有较差的表现，投资者认为它们是高风险的，因此会要求较高的收益率，这就解释了“价值溢价之谜”现象。

四、证券市场上的“分散不足”现象

传统的证券投资理论认为，理性的投资者会充分分散自己的投资组合，由此最大限度的降低投资组合的风险。但实证研究表明，投资者在选择投资组合时，其组合的分散度大大低于传统的证券投资理论多要求的分散程度，这就是“分散不足”的现象。French and Poterba（1991）、Huberman（1999）以及 Grinblatt and Keloharju（1999）均对这一现象进行了研究，结果表明：（1）美国、日本以及英国等发达国家的投资者均将其投资额的 80% 以上的资金投资于国内市场；（2）大部分投资者都愿意投资当地公司的股票；（3）投资者倾向于把自己的养老基金投资于他们自己所属的公司。因此投资者在进行资产组合的选择时更倾向于投资家乡的证券，也就是所谓的“家乡偏差”。

对此，行为金融学家们结合其研究成果，通过投资者的“模糊厌恶”行为对“分散不足”现象进行了解释。他们认为，在市场情况不确定和模糊的情况下，人们对某些投资结果没有足够的信心，因此他们总是试图回避模糊。从另一个角度来讲，人们更喜欢自己熟悉和确定的地方，对他们来讲地域上靠近他们的公司比那些远离他们的公司更让他们熟悉和自信，因此他们就会投资熟悉的股票，而少投资或不投资那些不太了解的股票。由于这种”家乡偏差的出现，导致了证券投资“分散不足”现象的出现。

五、动量效应

动量效应认为，过去业绩好的股票在将来的时间内继续表现良好，过去业绩差的股票在将来的时间内继续表现较差。Titman and Jegadeesh(1993)实证分析了 1963 - 1989 年股票市场的收益状况，他们把在纽约证券交易所中进行交易的股票按照前六个月的收益状况进行分组排列，并计算出分组后每组股票组合在后六个月的收益状况，发现每组股票收益率之间呈现出高度的相关性，也就是说在相对较短的时间内，股票的价格表现出与以前价格相同的变化趋势，这就是所谓的动量效应。

对此，Grinblatt and Han(2001)用处置效应解释了动量效应。他们认为公司有利好消息的时候，股票的价格会随之上涨，这会使投资获利的人数增加，在处置效应的趋势下，投资者会选择卖出股票，这样就延缓了股票价格上涨的趋势，导致股价对信息的反映不足，但是这种反映不足又会引起新的投资者买入股票，引起股票价格再次上涨；反之，在公司有利空消息的时候，股票价格就会下跌，这会使投资亏损的人数增加，在处置效应的趋势下，投资者会持有股票，这样就延缓了股票价格下降的趋势，导致股价对信息的反映不足，但是这种反映不足又会引起新的投资者卖空股票，导致股票价格继续下跌。同时 HS 模型也认为，动量交易者往往在股票价格的变化趋势上作同向的交易，也就是说在股票价格上涨的时候买进，这将推动股票价格的进一步上涨，导致股价在短期内表现出一定的惯性。

六、股票市场中的长期逆转趋势

Thaler and Bondt(1989)发现了股票市场上的长期逆转效应。他们把 1926 - 1982 年间纽约证券交易所中进行交易的股票按照前三年累计收益的不同分为两个组合：由过去业绩不好的35 只股票组成的“输家组合”和过去业绩最好的35 只股票组成的“赢家组合”，通过考察这两组组合在三年内的平均收益发现，“赢家组合”的超额收益率为 - 10%，而“输家组合”的超额收益率是30%，另外，从平均收益率的角度来看，“输家组合”的年度收益比“赢家组合”要高出 8%，这种长期的收益逆转现象不能用资本资产定价模型中的风险调整收益理论进行解释。此外，Chopra、Lakonishok and Ritter(1992) 和 Zarowin(1989)通过实证分析也得到了类似的现象。

行为金融学家对这些“长期逆转趋势”进行了解释。Barberis、Shleifer and Vishny(1998)提出的 BSV 模型解释了“长期逆转趋势”。该模型认为由于投资者的保守主义，他们对正盈利信息反应不足，而真实的盈利情况其实是随机游走的，因此下一期的盈利公告通常会给投资者带来惊喜，由此产生公开事件的惯性效应和预测效应。在经历一系列的正盈利冲击以后，投资者不仅会调整自己的保守型性格，同时还会利用代表性法则推断盈利的增长趋势，由此不断将价格推到相对于盈利的一个非常高的水平。在真实的盈利遵循随机游走的情况下，公告的盈利会给投资者带来一定程度的“失望”，由此产生了长期的逆转现象。

Daniel、Hirshleifer and Subrahmanyam(1998)提出的DHS模型也解释了“长期逆转趋势”。该模型利用了投资者的自我归因偏差和过度自信。自我归因偏差认为在投资者获得成功的时候，把原因归因于个人的能力强，而在遭受失败的时候把原因归咎于外部因素。过度自信使投资者认为自己的能力很高。在过度自信的情况下，投资者往往对自己的判断或私人信息不断过度反应，而对公共信息反应不足，随着公共信息的不断披露，投资者会对私人信息不断修正，但是在股票价格上涨的过程中，投资者通过自我归因偏差，一方面强化了过度自信，另一方面也阻碍了投资者对私人信息的修正，导致修正成为一个长期的过程。该结果使得股票的收益率表现出短期的正相关性和长期的负相关性，由此解释了“长期逆转趋势”。

七、处置效应

处置效应描述的是投资者出售资产时的表现，即投资者倾向于过早卖掉盈利状态的股票同时推迟出售处于亏损状态的股票。Shefrin and Statman(1985)和Odean(1998)均对此现象进行了研究，他们在实证分析中发现，个人投资者更愿意出售价值相对上升的股票，而不是价值下降的股票。因此，行为金融理论对此效应的解释如下：

Tvversky and Kahmenan(1982)从厌恶后悔的角度解释了这一效应。他们认为后悔与选择的责任是相连接的，对于买卖股票这一行为，往往会产生后悔。Shefrin and Statman(1985)认为，如果投资者在股票价格下跌时卖出股票，那么他就永远失去了获利的机会，当股价上升时，如果投资者未能在股价下跌之前卖出股票，同样也会带来一定程度的后悔。因此，行为金融理论是从厌恶后悔的角度来对“处置效应”进行解释的。

八、投资者的一些“极端”行为

投资者的“极端行为”是指其倾向于购买过去业绩较好或者较差的股票。他要么购买过去业绩较好的股票，要么购买业绩较差的股票，同时这种购买行为是频繁发生的。对此，行为金融理论进行了如下解释：

Tversky and Kahneman(1973)从代表性认知的角度来对“极端”现象进行了解释。代表性认知是指投资者在不确定的状况下，会抓住问题的某个特征直接判断结果，而不考虑这种特征出现的可能性以及与该特征相关的其他因素。代表性认知会导致投资者认为那些过去表现较好的股票会有持续良好的表现，而过去表现较差的股票则被认为被低估即将反弹。Odean(1999)从投资者信念的形成方式以及“可利用法则”来考察投资者的“极端”行为。可利用法则即是指在很多时候人们只是简单的根据他们对事件的已有信息来确定该事件发生的可能性，而不是去寻找其他信息，这一法则导致投资者只会关注过去表现较差或较高的股票。Thaler and Rabin(2001)认为当投资者购买股票时，一般不会从数以万计的股票中进行分析和挑选，而是选择那些他们经常关注的股票，这些股票要么是过去表现较好的股票，投资者认为这一好的表现会持续下去，要么是过去表现差的股票，这一差的表现被低估了，今后会反转。

第三节　行为金融理论对整体股票市场"异常"现象的解释

一、股权溢价之谜

股票的收益一般会超过无风险债券的收益，这些超过的部分叫做股权溢价。传统的观点认为，股票的风险一般要高于无风险债券，因此股票的收益高于无风险债券是理所应当的，但是，一般"溢价"达到多少才是合理的呢？按照资本资产定价模型中关于系统性风险的界定，认为股权溢价的大小受到系统性风险的限制。Mehra and Prescott(1985)研究了1926年以来股票收益和政府债券收益之间的差别发现，基于资本资产定价模型计算的股权溢价大约为1.4%，而实际上美国股票市场的投资回报率高出债券市场大约7%，Mehra and Prescott(1985)将这一现象称为"股权溢价之谜"，认为该现象在标准的现代证券投资理论体系中无法得到解释。

对于"股权溢价之谜"现象，行为金融学家对此进行了如下解释。比如：Benartzi and Thaler(1995)用评估频率和损失的厌恶程度来解释和论证"股权溢价之谜"现象，他们指出，根据"心理账户"的概念，一些投资者对不同评估期限风险的评价是不相同的，投资期限越短或者评估频率越高，厌恶损失的心理会导致这类投资者越发谨慎，他们将此行为成为"短视的损失厌恶"。"短视的损失厌恶"行为会使长期具有较高平均收益但有很大标准差的投资机会失去一定的吸引力。Barberis，Huang and Santos(2001)认为，投资者的效用不仅取决于消费，而且取决于其持有的金融资产波动的状况，也就是说投资者的效用随投资组合价值的变化而变化，同时，投资者以前的投资业绩对其当期的投资偏好也会产生影响：如果以前的投资业绩好，投资者则更倾向于投资风险较大的证券，因为此时该投资者偏好风险，以前较好的业绩会给当前遭受的损失提供缓冲；而如果以前的业绩较差，投资者则会厌恶风险，他们就会倾向投资风险较小的债券。这样基于"偏好"心理变化的决策机制会产生一种类似"乘数"的效应：当股利增加时，证券的价格增长，而此时投资者由于投资收益的增加更加偏好风险，导致其风险厌恶系数下降，因此他们会更加倾向于投资这类证券，引起这类证券的价格进一步上涨。

二、股票市场上的过度反应现象

股票市场上的过度反应现象是指投资者对信息的反应超过了应有的理性水平，从而表现为股价对某一特定事件、特定消息的反应呈现出持续的上升或下降和长期的反向修正。希勒(Shiller，1981)通过比较标准普尔500指数的基本价值曲线表明：该指数的基本价值曲线呈一个平稳的变动趋势，而在实际中，标准普尔500指数则发生了剧烈波动，表明市场中存在过度波动的现象。Bondt(1986)通过构造输家组合和赢家组合，用实证检验的方法证实了美国股票市场确实存在着过度反应现象。Stein(1989)把对过度反应现象的研究扩展到了期权定价领域中，我们由布莱克－斯科尔斯公式可知，期权市场上很难发生过度反应现象，因为套利是没有任何限制的，但Stein(1989)认为过度反应体现在对长期期权隐含波动性的估计上，这种波动性的高估会导致期权价格的过度反应。Barber and Odean(2001)根据投资者性别的不同研究了三万多位投资者的交易习惯，结果发现男性经常在错误的时间卖掉股票，同时交易的数量也比女性多，该研究成果表明男性往往比女性更容易发生过度交易行为。

另外也有学者认为股票市场上会发生反应不足的现象，这是指当新的重大消息发布后，股票市场短期价格的反应都会滞后于新的信息。Shiller(1998)和 Thaler(1999)都证实了反应不足现象的存在，他们认为股票的价格波动会滞后于以下信息的发布：分析师推荐股、红利的派发或取消、普通股季节配售、股票分割或拆股、风险资本参股、盈利信息的发布、盈利预测等。

行为金融学家对过度反应或反应不足现象的解释如下：人们在进行证券交易时往往存在过度的自信倾向，而这一倾向导致投资者的意见出现分歧，由此产生过度交易。持这一观点的学者包括 Simon(1956)和 Trivers(1985，1991)。另外，行为金融学理论认为人们决策时的系统性偏差是经常存在的，该偏差是由三个方面引起的：一是直观推断，也就是说人们往往根据自己所获得的信息、推断能力以及认知能力，直接对信息进行加工处理；二是人类的大脑很难正确的接受其获得的信息；三是自我欺骗理论，该理论认为人们往往在投资决策时向好的方面去想，并且即使犯了错误，人们也很难去纠正它。而在交易过程中所产生的过度自信现象就是由于投资者过度的依赖自己的直觉或直观推断而产生的一种行为偏差，投资者的过度自信会高估自己的能力以及他们获得的信息，由此导致过度交易的出现。

三、股票市场的过度波动现象

股票市场的过度波动现象是指股票的红利、收益以及价格红利比都具有过高的波动性，而这种过高的波动性是不能被传统主流的证券投资理论所解释的。比如希勒(Shiller，1981)通过比较标准普尔500指数的基本价值曲线认为该指数的基本价值曲线应该呈一个平稳的变动趋势，而实际上，标准普尔500指数则发生了剧烈的波动，表明市场中存在过度波动的现象。Campbell and Cochrane(1999)利用1871－1993年的数据进行研究发现，标准普尔500指数的超额对数收益率的年度标准差为18%，而价格红利比的对数收益率年度标准差是27%，这两个数值都是非常之高的。

针对股票市场上的过度波动现象，行为金融学家们作出了如下的解释：

Barberis、Huang and Santos(2001)将期望理论引入到了股票价格的一般均衡定价模型当中。该模型的基本思想是：现金流的利好消息会推动股票价格的上涨，使投资者产生预期收益，此时投资者对损失的厌恶程度会变小，他们就会利用较低的折现率对未来的现金流进行折现，从而推动股票价格相对于当前的红利上升到更高的水平；相反，现金流的利空消息会导致股票价格下跌，使投资者产生预期损失，此时投资者对损失的厌恶程度会增大，他们就会利用较高的折现率对未来的现金流进行折现，从而导致股票价格相对于当前的红利水平下降到更低的水平，由此引起股票价格红利比的大幅度波动。Barberis and Huang(2001)还将个别股票的折现率看作是该股票过去业绩的函数，如果该股票过去的业绩好，投资者会认为该股票的风险较低，从而利用较小的折现率对未来的现金流进行折现，在这种情况下，该股票的价格红利比就会上升，由此导致股票收益率波动的幅度加大。

也有学者认为投资者对私有信息的过度自信也可以解释股票市场的过度波动现象。如果一个投资者对自己搜集的私有信息过度自信，那么他会高估这一私有信息的准确度，如果该私有信息是正面的，投资者会把股价推到与当前红利相比高得多的价格，从而引起价格红利比的过度波动。

此外，投资者对未来红利增长信念的形成方式也可以用来解释股票市场的过度波动现象，原因是投资者的代表性认知，特别是所谓的“小数定律”的推理原则，使其相信平均红利增长率的波动要比其实际增长率的波动大得多。在看到红利的增长以后，投资者会很快的相信平均红利增长率提高了，因此其相应的买入行为会将股票的价格推高到与红利水平不相适应的地方；如果红利下降，投资者会很快的相信平均红利增长率会降低，因此其相应的卖出行为会导致股票的价格下降到与红利水平不相适应的地方，由此导致股票价格的过度波动。

四、封闭式基金折价之谜

Pratt（1966）第一次提出封闭式基金折价之谜，即是指封闭式基金的单位价格低于单位资产净值的现象。Zweig（1973）也谈到了封闭式基金折价之谜，他认为“封闭式基金折价之谜”是指每份封闭式基金转让的价格并不等于其单位资产净值，尽管有时封闭式基金的转让价格会高于单位资产净值，但通过对国内外基金市场的研究中发现，它们通常以低于单位资产净值10% –20%的比例折价转让，即使开始时有溢价存在，但在封闭式基金开始交易100多天后，该基金的交易价格逐渐向超过10%的折价靠拢。

行为金融理论从“噪声交易”和“投资情绪假说”的角度来对“封闭式基金折价之谜”进行解释：噪声交易者是Black（1986）提出的，噪声是和信息相对的概念。我们知道，信息是投资者用来正确预测证券资产基础价值变动的正确信息，而噪声与基础价值无关，但它可能是影响证券价格变动的错误信息，Black（1986）因此界定，把一些噪声误认为信息的证券交易者就是噪声交易者，同时这种交易也叫做噪声交易。

随后，Delong、Shleifer、Summers and Waldmann（1990）建立了一个噪声交易模型，该模型认为证券市场中存在两类投资者，一类是理性投资者；另一类是非理性投资者。理性投资者是指能够正确的处理信息，并根据基础因素变动买卖证券的投资者，而非理性投资者在交易行为上往往会出现非理性和判断偏差，他们会把错误的信息纳入自己的判断中，因此这类交易者也称为噪声交易者，正是由于噪声交易者的存在才导致证券价格的不断波动，使证券价格不断偏离基本价值，同时也增大了理性投资者面临的风险。

Delong、Shleifer、Summers and Waldmann（1990）认为，理性的投资者持有封闭式基金的风险可以分解为两个部分：一是持有基金基础资产的风险；二是噪声交易者的风险。正是由于噪声交易的存在，投资者持有封闭式基金的风险会增大，因此会要求较高的投资收益率，从而导致价格的下降。

Shleifer and Thaler（1991）以Delong、Shleifer、Summers and Waldmann（1990）的噪声交易模型为基础，提出了另一种对封闭式基金折价之谜的解释——投资者情绪假说。他们认为封闭式基金的折价是由于投资者情绪的波动引起的。该假说认为由于封闭式基金的投资者受到情绪波动的影响有可能会承受更大的风险，这些风险既包括基金基础资产的风险，也包括其他非理性投资者交易的风险，因此为了弥补风险，他们就会要求更高的投资收益率，导致基金价格降低。

五、红利之谜

Miller and Modigliani（1958）提出了著名的“MM定理”，该定理认为在一个理想的资本市场中，股利政策与企业的整体价值（企业的股票价值）无关。但在美国的税收体制下，股利支付的所得税要高于资本利得，在这种税收环境下，公司对股票进行回购或者不进行股利发放更好，然而为什么公司还要向股东支付股利？为什么在派发股利的时候股票的价格会上涨？

这被称为“股利之谜”，也叫做“红利之谜”，因为该现象无法用传统的证券投资理论给予解释。但行为金融理论对“红利之谜”进行了解释，其解释如下：行为金融学家们用“红利迎合理论”对“红利之谜”现象进行解释(Baker and Wurgler，2002)，他们认为，投资者根据发放股利与否一般将公司分为两类，一类是发放股利的公司；一类是不发放股利的公司。对于发放股利的公司来言，如果投资者预期该公司发放股利，该公司的股票价格就会上涨，因此该公司的整体价值也会上涨，所以公司会迎合投资者的偏好发放股利。

【要点小结】

本章主要介绍了行为金融学的心理学基础，包括情感心理学和认知心理学与行为金融学的关系。另外重点阐述了诸多证券市场的异象，包括日历效应、小公司效应、羊群效应、处置效应、封闭式基金折价之谜、股权溢价之谜、动量和反转效应等。并对上述市场异象给出行为金融学的解释和实证证据。行为金融学是建立在非理性经济人假设的基础上来研究不确定环境下投资者决策行为的学科，解释了为什么个人在某些情况下是风险偏好者，在某些情况下又是风险规避者。

【思考与练习】

一、名词解释

季节效应 处置效应 锚定 羊群效应

二、简答题

1. 行为金融学的心理学基础有哪些？
2. 什么是中期动量和长期反转效应？
3. 什么是股权溢价之谜？
4 封闭式基金折价的行为金融学解释有哪些？

思考题答案

第一章　思考题答案

一、名词解释

1. 投资

是指投资者以获得未来收益为目的，预先垫付一定的资金并获得金融资产。

2. 实物投资

投资者将资金用于建造购置固定资产和流动资产，直接用于生产经营，并以此获得未来收益的投资行为。

3. 投机

把握时机赚取利润。在证券投资学中，在信息不充分的条件下做出投资决策，试图在证券市场的价格涨落中获利。

二、简答题

1. 证券投资的含义与特征

答：证券投资是一种特殊的投资活动，与一般意义上的投资相比，具有高收益性、高风险性、期限性和变现性等特点。风险与收益是投资的两大重要特征。投资收益往往与投资风险联系在一起。一般情况下，风险和收益之间总体上呈现正相关关系。也就是说，高风险投资一般会给投资者提供较高的潜在回报。

2. 证券投资与投机有什么区别？

答：证券投资与投机的区别主要表现为对预测收益的估计不同。普通投资者进行证券投资时，较为重视基础价值分析，以此作为投资决策的依据；证券投机者不排斥这些方法，但更重视技术、图像和心理分析。

3. 证券投资的本质是什么？

答：投资本质是风险控制的，亦有从投资结果推导投资本质是使投入资本来寻找进行概率不能事先确定的升值机会的，还有描述投资本质为是用你的生命去换取一种回报的。如果需要综合呈现，投资的本质是秉持一种哲学思想，坚持一种系统性策略的分析、操作方法，在开放市场中获得做正确事的激励后完成从理念到现实完整生命体验的一种循环。

4. 证券投资学的研究内容有哪些？

答：证券投资的研究内容是由其研究对象所决定的，它包括：证券投资的基本概念和范畴。证券投资的要素。从事证券投资活动的空间。证券投资的规则和程序。证券投资的原则和内在要求。证券投资的分析方法。证券投资的操作方法。证券投资中的风险与收益。

第二章　思考题答案

一、名词解释

1. 风险

即损失的不确定性。若风险表现为不确定性，说明风险产生的结果可能带来损失、获利或是无损失也无获利。

2. 股票

是股份公司在筹集资本时向出资人公开或私下发行的、用以证明出资人的股本身份和权利，并根据持有人所持有的股份数享有权益和承担义务的凭证。

3. 普通股

普通股股票是指每一股份对公司财产都拥有平等权益，即对股东享有的平等权利不加以特别限制，并能随股份有限公司利润的大小而分取相应股息的股票。

4. 优先股

优先股股票是指由股份有限公司发行的在分配公司收益和剩余资产方面比普通股股票具有优先权的股票。优先股股票是相对于普通股股票而言的。

5. 债券

是政府、金融机构、工商企业等直接向社会借债筹措资金时，向投资者发行，承诺按一定利率支付利息并按约定条件偿还本金的债权债务凭证。

6. 基金

基金是指为了某种目的而设立的具有一定数量的资金。例如，信托投资基金、公积金、保险基金、退休基金，各种基金会的基金。

7. 证券投资基金

是指一种利益共享、风险共担的集合证券方式。即通过发行基金证券，集中投资者的资金，交由专家管理，以资产的保值增值等为根本目的，从事股票、债券等金融工具投资，投资者按投资比例分享其收益并承担风险的一种制度。

8. 契约型基金

又称为单位信托基金，是指把投资者、管理人、托管人三者作为基金的当事人，通过签订基金契约的形式，发行受益凭证而设立的一种基金。

9. 公司型基金

是按照公司法以公司形态组成的，该基金公司以发行股份的方式募集资金，一般投资者则为认购基金而购买该公司的股份，也就成为该公司的股东，凭其持有的股份依法享有投资收益。这种基金要设立董事会，重大事项由董事会讨论决定。

10. 封闭型基金

是指基金的发起人在设立基金时，限定了基金单位的发行总额，筹集到这个总额后，基金即宣告成立，并进行封闭，在一定时期内不再接受新的投资。又称为固定型投资基金。

11. 开放型基金

是指基金管理公司在设立基金时，发行基金单位的总份额不固定，可视投资者的需求追加发行。投资者也可根据市场状况和各自的投资决策，或者要求发行机构按现期净资产值扣除手续费后赎回股份或受益凭证，或者再买入股份或受益凭证，增持基金单位份额。

12. 基金管理人

是指凭借专门的知识和机构，运用所管理基金的资产，根据法律、法规及基金章程或基金契约的规定，按照科学的投资组合原理进行投资决策，谋求所管理基金资产不断增值，并使基金持有人获取尽可能多收益的机构。

13. 基金托管人

基金托管人是投资者权益的代表，是基金资产的名义持有人或管理机构。

14. 金融衍生工具

又称“金融衍生产品”，是与基础金融产品相对应的一个概念，指建立在基础产品或基础变量之上，其价格随基础金融产品的价格(或数值)变动的派生金融产品。这里所说的基础产品是一个相对的概念，不仅包括现货金融产品(如债券、股票、银行定期存款单等等)，也包括金融衍生工具。作为金融衍生工具基础的变量则包括利率、汇率、各类价格指数甚至天气(温度)指数等。

15. 期货

金融期货是指规定交易双方在未来某一期间按约定价格交割特定商品或金融工具的标准化合约，目前主要有利率期货、外汇期货、债券期货、股票价格指数期货等。

16. 期权

金融期权是指规定期权的买方有权在约定的时期内，按照约定价格买进或卖出一定数量的某种相关资产或金融工具的权利，也可以根据需要放弃行使这一权利的合约，目前主要有外汇期权、外汇期货期权、利率期权、利率期货期权、债券期权、股票期权、股票价格指数期权等。

二、简答题

1. 普通股股东和优先股股东的权利区别

答:(1)普通股股东享有公司的经营参与权，而优先股股东一般不享有公司的经营参与权。

(2)普通股股东的收益要视公司的赢利状况而定，而优先股的收益是固定的。

(3)普通股股东不能退股，只能在二级市场上变现，而优先股股东可依照优先股股票上所附的赎回条款要求公司将股票赎回。

(4)优先股票是特殊股票中最主要的一种，在公司赢利和剩余财产的分配上享有优先权。

2. 证券投资基金与股票、债券有哪些异同

答:(1)投资者地位不同。股票持有人是公司的股东，有权对公司的重大决策发表自己的意见;债券的持有人是债券发行人的债权人，享有到期收回本息的权利;基金单位的持有人是基金的受益人，体现的是信托关系。

(2)风险程度不同。一般情况下，股票的风险大于基金。对中小投资者而言，由于受可支配资产总量的限制，只能直接投资于少数几只股票、这就犯了“把所有鸡蛋放在一个篮子里”的投资禁忌，当其所投资的股票因股市下跌或企业财务状况恶化时，资本金有可能化为乌有;而基金的基本原则是组合投资，分散风险，把资金按不同的比例分别投于不同期限、不同种类的有价证券，把风险降至最低程度。债券在一般情况下，本金得到保证，收益相对固定，风险比基金要小。

(3)收益情况不同。基金和股票的收益是不确定的，而债券的收益是确定的。一般情况下，基金收益比债券高。

(4)投资方式不同。证券投资基金是一种间接的证券投资方式，基金的投资者不再直接参与有价证券的买卖活动，不再直接承担投资风险，而是由专家具体负责投资方向的确定、投资对象的选择。

(5)价格取向不同。在宏观政治、经济环境一致的情况下，基金的价格主要决定于资产净值;而影响债券价格的主要因素是利率;股票的价格则受供求关系的影响巨大。

(6)投资回收方式不同。债券投资是有一定期限的，期满后收回本金;股票投资是无限期的，除非公司破产、进入清算，投资者不得从公司收回投资，如要收回，只能在证券交易市场上按市场价格变现;投资基金则要视所持有的基金形态不同而有区别:封闭型基金有一定的期限，期满后，投资者可按持有的份额分得相应的剩余资产。在封闭期内还可以在交易市场上变现;开放型基金一般没有期限，但投资者可随时向基金管理人要求赎回。

虽然几种投资工具有以上的不同。但彼此间也存在不少联系:

基金、股票、债券都是有价证券，对它们的投资均为证券投资。基金份额的划分类似于股票:股票是按“股”划分，计算其总资产;基金资产则划分为若干个“基金单位”，投资者按持有基金单位的份额分享基金的增值收益。契约型封闭基金与债券情况相似，在契约期满后一次收回投资。另外，股票、债券是证券投资基金的投资对象，在国外有专门以股票、债券为投资对象的股票基金和债券基金。

3. 金融衍生工具可分为哪些种类

答:金融衍生工具可以从不同的角度进行分类，但按照交易方式和特点进行分类是金融衍生工具最基本和普遍的分类方式。

(1)金融远期

金融远期，是指规定合约双方同意在指定的未来日期按约定的价格买卖约定数量的相关资产或金融工具的合约，目前主要有远期外汇合同、远期利率协议等。

(2)金融期货

所谓金融期货是指规定交易双方在未来某一期间按约定价格交割特定商品或金融工具的标准化合约，目前主要有利率期货、外汇期货、债券期货、股票价格指数期货等。

(3)金融期权

所谓金融期权是指规定期权的买方有权在约定的时间或约定的时期内，按照约定价格买进或卖出一定数量的某种相关资产或金融工具的权利，也可以根据需要放弃行使这一权利的合约，目前主要有外汇期权、外汇期货期权、利率期权、利率期货期权、债券期权、股票期权、股票价格指数期权等。

(4)金融互换

金融互换也译作“金融掉期”，是指交易双方约定在合约有效期内，以事先确定的名义本金额为依据，按约定的支付率(利率、股票指数收益率等)相互交换支付的合约，目前主要有外汇互换、利率互换、货币互换、债券互换、抵押贷款互换等。

第三章　思考题答案

一、名词解释

1. 证券市场

是有价证券发行与流通以及与此相适应的组织与管理方式的总称。证券市场是资本市场的基础和主体，它包括证券发行市场和证券流通市场，在现代发达的市场经济中，证券市场是完整的市场体系的重要组成部分。

2. 一级市场

证券发行市场又称为“一级市场”或“初级市场”，是发行人以筹集资金为目的，按照一定的法律规定和发行程序，向投资者出售新证券所形成的市场。

3. 二级市场

证券交易市场又称为“二级市场”或“次级市场”，是已发行证券通过买卖交易实现流通转让的市场。

4. 私募发行

是指证券发行者直接向少数特定的投资者发售证券的发行方式。私募发行的对象包括：机构投资者，与发行者有密切业务往来关系的公司和个人投资者（主要是内部职工）。

5. 公募发行

指证券发行者委托金融中介机构作为承销商，面向社会广泛的不特定的投资者公开出售有价证券。

6. 股票价格指数

简称股价指数，是对股票市场上的股票价格进行评均计算和动态对比后得出的数值，可以反映股票总体价格水平。由证券交易所或金融服务机构编制的表明股票总体价格水平的综合指数。

7. 上证综合指数

是上海证券交易所在吸取美国、日本、香港、台湾等国家和地区股价指数编制的同时，对静安股价指数作了充分分析，经过比较，采用市场价总额加权计算法，依据当时在交易所上市的所有股票为样本，以正式开业日 1990 年 12 月 19 日为基期，以股票发行量为权数进行编制的。

8. 沪深 300 指数

是首次编制的综合反映中国证券市场的全面运行状况的股票指数，为指数化投资和金融衍生产品的创新发展提供了重要基础。其基期选择为 2004 年 12 月 31 日，基日基点确定为 1000 点。股票样本总数共 300 支，分别在沪、深两市选择。样本股选择的基本期标准是规模大、流动性好和运行平稳的优良股票，另附加一些诸如上市时间、运行状态、波动特征等具体方面的要求标准。

9. 道·琼斯股价指数

是道·琼斯公司的创始人查理斯·道于1884年6月3日开始编制并发表在《每日通讯》上，当时有股票11种，后于1938年定为65种股票至今。该指数以1928年10月1日为基期，基期值设为1000点。

10.《金融时报》股价指数

伦敦证券交易所公布的金融时报股票价格指数，是英国金融界著名报纸《金融时报》编制的。包括三个股票指数：30种股票的指数；100种股票的指数；500种股票的指数。

11. 日经股价指数

日本东京证券交易所另一个股票价格指数是"东京证券交易所股票价格指数"，1969年开始编制，包括250种较活跃的上市股票，采用加权平均法，以1968年1月4日为基期，基期指数定为100。

12. 恒生股价指数

恒生股票指数是香港恒生银行1969年11月24日开始发表的。这个指数以选定的33种股票为计算对象，包括四个行业，即金融业4种股票，公用事业6种股票，房地产9种股票，其他工业及运输业14种股票。

13. 监管模式

监管模式是指一国关于金融监管机构和金融监管法规的体制安排。金融监管有四种主要模式：即美国模式、香港模式、澳洲模式和英国模式。

14. 监管手段

金融监管手段是指金融监管部门所采取的途径和办法，包括货币手段，法律手段，行政手段。

二、简答题

1. 试述证券市场的结构和功能？

答：结构：

证券市场的结构是指证券市场的构成及其各部分之间的量比关系。证券市场的结构可以有许多种，但较为重要的结构有：

(1) 层次结构。这是一种按证券进入市场的顺序而形成的结构关系。按这种顺序关系划分，证券市场的构成可分为发行市场和交易市场。证券发行市场又称"一级市场"或"初级市场"，是发行人以筹集资金为目的，按照一定的法律规定和发行程序，向投资者出售新证券所形成的市场。证券交易市场又称"二级市场"或"次级市场"，是已发行的证券通过买卖交易实现流通转让的市场。

(2) 品种结构。这是依有价证券的品种而形成的结构关系。这种结构关系的构成主要有股票市场、债券市场、基金市场、衍生品市场等。

(3) 交易场所结构。按交易活动是否在固定场所进行，证券市场可分为有形市场和无形市场。通常人们也把有形市场称作"场内市场"，是指有固定场所的证券交易所市场。该市场是有组织、制度化了的市场。一般而言，证券必须达到证券交易所规定的上市标准才能够在场内交易。有时人们也把无形市场称作为"场外市场"、是指没有固定交易场所酌市场。随着现代通讯技术的发展和电子计算机网络的广泛应用、交易技术和交易组织形式的演进，已有越来越多的证券交易不在有形的场内市场进行，而是通过经纪人或交易商的电传、电报、电话、网络等洽谈成交。

功能：

(1)筹资—投资功能。证券市场的筹资－投资功能是指证券市场一方面为资金需求者提供了通过发行证券筹集资金的机会，另一方面为资金供给者提供了投资对象。在证券市场上交易的任何证券，既是筹资的工具，也是投资的工具。在经济运行过程中，既有资金盈余者，又有资金短缺者。资金盈余者为使自己的资金价值增值，必须寻找投资对象；而资金短缺者为了发展自己的业务，就要向社会寻找资金。为了筹集资金，资金短缺者可以通过发行各种证券来达到筹资的目的，资金盈余者则可以通过买入证券而实现投资。筹资和投资是证券市场基本功能不可分割的两个方面，忽视其中任何一个方面都会导致市场的严重缺陷。

(2)定价功能。证券市场的第二个基本功能就是为资本决定价格。证券是资本的表现形式，所以证券的价格实际上是证券所代表的资本的价格。证券的价格是证券市场上证券供求双方共同作用的结果。证券市场的运行形成了证券需求者和证券供给者的竞争关系，这种竞争的结果是：能产生高投资回报的资本，市场的需求就大，相应的证券价格就高；反之，证券的价格就低。因此，证券市场提供了资本的合理定价机制。

(3)资本配置功能。证券市场的资本配置功能是指通过证券价格引导资本的流动从而实现资本的合理配置的功能。在证券市场上，证券价格的高低是由该证券所能提供的预期报酬率的高低来决定的。证券价格的高低实际上是该证券筹资能力的反映。能提供高报酬率的证券一般来自那些经营好、发展潜力巨大的企业，或者是来自新兴行业的企业。由于这些证券的预期报酬率高，其市场价格相应就高，从而筹资能力就强。这样，证券市场就引导资本流向能产生高报酬的企业或行业，从而使资本产生尽可能高的效率，进而实现资本的合理配置。

2. 试述首次发行股票和增发新股应具备的条件？

答：(1)初次发行条件

初次发行包括以募集方式新建股份有限公司时公开发行股票和原有企业改组为股份有限公司首次公开发行股票两种情况。初次发行应当向中国证监会递交募股申请，经批准后方可发行。

(2)增资发行条件

是指具备健全且运行良好的组织机构；具有持续盈利能力，财务状况良好；最近三年财务会计文件无虚假记载，无其他重大违法行为；经国务院批准的国务院证券监督管理机构规定的其他条件。

上市公司非公开发行新股，应当符合经国务院批准的国务院证券监督管理机构规定的条件，并报国务院证券监督管理机构核准。

3. 债券发行的条件包括哪些主要内容？

答：公开发行公司债券，应当符合下列条件：

股份有限公司的净资产不低于人民币三千万元，有限责任公司的净资产不低于人民币六千万元；累计债券余额不超过公司净资产的百分之四十；最近三年平均可分配利润足以支付公司债券一年的利息；筹集的资金投向符合国家产业政策；债券的利率不超过国务院限定的利率水平；国务院规定的其他条件。

有下列情形之一的，不得再次公开发行公司债券：

前一次公开发行的公司债券尚未募足；对已公开发行的公司债券或者其他债务有违约或者延迟支付本息的事实，仍处于继续状态；违反本法规定，改变公开发行公司债券所募资金的用途。

第四章　思考题答案

一、名词解释

1. 先行指标

先行指标又称作预兆性指标，是指预示未来月份经济状况和可能出现的变化，并为投资者提供预示性信息的市场指标。

2. 经济周期

经济周期也称商业周期，它是指经济运行中周期性出现的经济扩张与经济紧缩交替更迭的一种现象。

3. 产业生命周期

行业与世间万物一样，都要经历有诞生到成长最后走向衰亡的一个发展演变过程，这个过程就被称作行业的生命周期。

4. 资产负债率

资产负债率是指公司负债总额同资产总额的比率。

5. 流动比率

流动比率是企业流动资产与流动负债的比率。

6. 速动比率

速动比率是从流动资产中扣除存货部分与流动负债的比率。

7. 杜邦分解法

杜邦财务分析方法是利用几种主要的财务比率之间的关系来综合地分析企业的财务状况。

8. 相对估值法

相对估值法把对比作为确定价值的基础。通常使用市盈率、市净率、市销率等价格指标与其它多只股票进行对比，如果低于对比系的相应的指标值的平均值，股票价格被低估，股价将很有希望上涨。

9. 绝对估值法

绝对估值法的理论基础是现值理论，也就是任何资产的内在价值等于其预测未来全部现金流的现值总和。绝对估值法对于未来现金流所理解的视角不同，因此产生了多种绝对估值模型，包括股利贴现模型、现金流贴现模型、期权定价法等。

10. 市盈率

市盈率是指股票理论价值和每股收益的比例，反映投资者为每一元利润所要支付的价格，可以看做是股票的相对价格。

11. 市净率

市净率指的是每股股价与每股净资产的比率。

二、简答题

1. 试述财政政策和货币政策的种类及对证券市场的影响?

答:财政政策是指政府变动财政收入和支出，通过影响总需求的办法来影响就业和国民收入的系列政策。财政政策的主要政策工具包括:政府购买、政府转移支付、税收和国债等。扩张性财政政策如降低税率、提高政府投资，提高政府转移支付水平会推动证券价格的上涨，反之，紧缩性财政政策会导致证券价格的下跌;货币政策是指中央银行负责控制经济中的货币供给，并通过控制货币供给来调节利率进而影响整个经济社会的总产量。主要运用法定存款准备金率、再贴现率和公开市场业务三种政策工具控制货币供给量。扩张性货币政策如提高法定存款准备金率、在市场上购买政府债券会推动价格的上涨，反之，紧缩性货币政策会导致证券价格的下跌。

2. 产业生命周期各阶段的特征主要有哪些?

答:产业的生命周期分为初创期、成长期、成熟期和衰退期四个阶段。在不同阶段，行业呈现出不同的特征。初创期又称为幼稚期，是一个行业的起步阶段，具有明显的幼稚性，大部分企业盈利微薄，若投资大于销售额，甚至出现亏损的情况。成长期是一个行业的黄金发展时期，行业利润增加迅猛。处于成长期的行业虽然利润增长很快，但因为行业内各企业间所面临的竞争压力也非常大，破产率和合并率相当高。成熟期是行业发展的巅峰时期，也是一个相对较长的时期。在这阶段企业间的竞争已经从降低产品销售价格的手段转向非价格竞争，如提高产品性能、加大市场宣传、加强售后服务等。衰退期是行业生命周期的最后阶段，是行业经济新陈代谢的表现，也是客观的必然。一些企业开始将资金从原行业转移到其他有利可图的行业中，因此原行业中的企业开始减少，市场规模不断萎缩，利润下降的萧条景象。当企业资金周转不灵、正常利润无法维持时，整个行业便逐渐解体。

3. 简述杜邦分解法的含义及其对企业经营的意义?

答:财务分析方法是利用几种主要的财务比率之间的关系来综合地分析企业的财务状况。其实质上是一种将财务指标进行分解的方法、基本思想是从评价企业绩效最具代表性的指标—净资产收益率出发，逐级分解为多项财务比率乘积，这样有助于深入分析比较企业经营业绩。杜邦分析法有助于企业管理层更加清晰地看到权益基本收益率的决定因素，以及销售净利润与总资产周转率、债务比率之间的相互关联关系，给管理层提供了一张明晰的考察公司资产管理效率和是否最大化股东投资回报的路线图。

4. 比较相对估值法和绝对估值法的差异?

答:(1)相对估值法把对比作为确定价值的基础。通常使用市盈率、市净率、市销率等价格指标与其它多只股票进行对比，如果低于对比系的相应的指标值的平均值，股票价格被低估，股价将很有希望上涨。其特点是:预测方法的计算相对较简单，基准杠杆确定也相对简单。同时在证券或市场波动性较大的时候，可以较敏感地调整估值水平。相对估值法因其简单易懂，便于计算而被广泛使用。

(2)绝对估值法对于未来现金流所理解的视角不同，因此产生了多种绝对估值模型，包括股利贴现模型、现金流贴现模型、期权定价法等。绝对估值法在理论及逻辑推理上是最为完备、最为严密的体系，在实际中被广为采纳。

三、计算题

1. 某投资者 A 君在研究其投资的辰州矿业股票时，收集了如下信息：某公司 2012 年部分资产负债表和损益表的数据。

辰州矿业 2012 年部分资产负债表和损益表数据

利润表项目(万元)	
一、营业收入	472909.34
减:营业成本	413068.57
营业税费、营业税金及附加	2615.90
管理费用	61068.99
财务费用	4313.54
投资收益	3358.47
二、营业利润	63688.54
营业外收支净额	-743.96
三、利润总额	62944.59
四、净利润	53686.21
所有者权益	291847.95
总资产	436733.90

请根据 A 君收集的数据，从财务比率和杜邦分解法的角度对辰州矿业 2012 年的经营状况做出分析?

2. A 君在跟踪研究时，收集了 2012 年部分资产负债表和损益表的数据，见下表:

辰州矿业 2011 年部分资产负债表和损益表数据

利润表项目(万元)	
一、营业收入	408142.19
减:营业成本	337074.16
营业税费、营业税金及附加	2683.22
管理费用	46814.99
财务费用	4387.46
投资收益	-416.89
二、营业利润	70485.54
营业外收支净额	-2875.41
三、利润总额	67610.14
四、净利润	54052.45
所有者权益	245799.08
总资产	367385.31

结合上一题的数据和分析，从财务比率和杜邦分解法的角度对辰州矿业 2011 年的经营状况做出分析，并对这两年的经营变化情况做出讨论。

答:(1)通过杜邦分解表达式以及上述数据，计算杜邦分解各项:

总资产周转率 = 销售收入/总资产 = 1.082831

销售净利率 = 净利润/销售收入 = 0.113522

财务杠杆 = 总资产/净资产 = 1.496443

总资产收益率 = 净利润/总资产 = 0.122926

净资产收益率 = 净利润/净资产 = 0.183952

分析可以看到辰州矿业净资产收益率的主要驱动因素为净利润率和财务杠杆。由于辰州矿业总资产周转率接近1，所以其净资产收益率几乎等于净利润率和财务杠杆的乘积。

(2) 通过杜邦分解表达式以及上述数据，计算杜邦分解各项：

总资产周转率 = 销售收入/总资产 = 1.110937

销售净利率 = 净利润/销售收入 = 0.132435

财务杠杆 = 总资产/净资产 = 1.494656

总资产收益率 = 净利润/总资产 = 0.147127

净资产收益率 = 净利润/净资产 = 0.219905

将两年对比可知：

①辰州矿业2011年和2012年总资产周转率基本保持不变，所以该项不是导致辰州矿业净资产收益率下降的主要原因。

②辰州矿业2012年和2011年的净利润率下降了3%，说明辰州矿业的盈利能力出现了下降，具体原因要继续阅读年报中的其他数据。

③辰州矿业2012年和2011年的财务杠杆没有发生大的变化，说明提高净利润率是提高净资产收益的根本办法。

④辰州矿业2012年的资产收益率下降，意味着单位资产产生的利润下降，或者说利润增长的速度无法弥补资产增长所导致的摊薄效应。

⑤综上所述股东获得的净资产收益率降低是企业投资价值下降的一种表现，股东需要对这一表现引起重视。如长时间无法改善，则意味着企业经营能力出现了严重缺陷。

第五章　思考题答案

一、名词解释

1. 技术分析

技术分析是通过对市场过去和现在的行为，运用一系列方法进行归纳和总结，概括出一些典型的行为，并据此预测证券市场的未来变化趋势的研究活动。特征表现为：运用历史资料进行分析；大量采用统计指标和图形方法；许多技术分析方法包含着对人们心理活动的定量分析。

2. 市场行为

是指证券的市场价格和成交量的变化，完成这些变化所需要的时间是市场行为最基本的表现形式。即价、量、时、空四要素。

3. 三大假设

三大假设是技术分析的理论基础，是指市场行为涵盖一切信息；证券价格沿趋势移动并保持趋势；历史会重演 。

4. 多头

多头是指投资者看好后市走势是上涨，于是先买入股票然后再卖出的行为，以便从中赚取差价和利润的操作行为。

5. 空头

空头是指投资者或者投机者，看到后市走向要下降，先卖出手中股票，等股票价格跌下来之后再伺机买入的一种操作行为。

6. 价升量增

是指股票交易过程中，价格和成交量之间的关系，随着价格的上升，成交量随之增加的一种形态。这种形态反映股票市场处于正态分布，市场将会继续上升。

7. 价跌量缩

是指股票交易过程中，价格和成交量之间的关系，随着价格的下跌，成交量随之萎缩的一种形态。这种形态反映股票市场处于正态分布，市场将会继续下降。

8. 阳线

开盘价低于收盘价的形态，反映股价开盘后价格一路上扬至高价处收盘，表示市场买方踊跃，涨势未尽。

9. 阴线

开盘价低于收盘价的 K 线形态。反映股价开盘后价格一路下滑至开盘价后甚至最低价后收盘，表示市场强烈跌势，特别是出现在高价区域，更加危险。

10. 支撑线

支撑线又称为抵抗线。是指当股价跌到某个价位附近时，股价停止下跌，甚至有可能回升，这是因为多方在此买入造成的。支撑线起阻止股价继续下跌的作用。这个起着支撑或暂时支撑股价继续下跌的价值就是压力线所在的位置。

11. 压力线

压力线又称为阻力线。是指当股价上涨到某价位附近时，股价会停止上涨，甚至回落，这是因为空方在此抛出造成的。压力线起阻止股价继续上升的作用。这个起着阻止或暂时阻止股价继续上升的价值就是压力线所在的位置。

12. 黄金分割线

黄金分割线是利用黄金分割比率进行的切线画法，在行情发生转势后，无论是止跌转升或止升转跌，以近期走势中重要的高点和低点之间的涨跌额作为计量的基数，将原涨跌幅按 0.236、0.382、0.5、0.618、0.809 分割为 5 个黄金点，股价在反转后的走势将可能在这些黄金分割点上遇到暂时的阻力或支撑。

13. 百分比线

百分比线是利用百分比率的原理进行的分析，可使股价前一次的涨跌过程更加直观。它是将上一次行情中重要的高点和低点之间的涨跌幅按 1/8、2/8、1/3、3/8、4/8、5/8、2/3、6/8、7/8、8/8 的比率生成百分比线。在各比率中，4/8 最为重要，1/3、3/8 及 5/8、2/3 四条距离较近的比率也十分重要，往往起到重要的支撑与压力位作用。

14. 扇形线

扇形线与趋势线有很紧密的联系，它是在趋势线的基础上又增加了两条线，从而丰富了趋势线的内容，明确给出了趋势反转（不是局部短暂的反弹和回档）的信号。

15. 持续整理形态

持续整理形态是指经过一段时间的快速变动之后，股价就不再前进，而在一定区域内上下窄幅度变动，等时机成熟后再继续以往的走势。同反转突破形成相比，持续整理形态通常较为短暂，一般属于短暂形态或中等形态的类别。

二、简答题

1. 道氏理论对后人的贡献有哪些？

答：道氏理论是技术分析的基础。该理论的创始人是美国人查尔斯·亨利·道。道氏理论对后人的贡献主要有四点：

（1）市场价格指数可以解释和反映市场的大部分行为。这是道氏理论对证券市场的重大贡献。

（2）市场波动有三种趋势。即，主要趋势、次要趋势和短暂趋势。三种趋势的划分为其后出现的波浪理论打下了基础。

（3）交易量在确定趋势中的作用。趋势的反转点是确定投资的关键。交易量提供的信息有助于我们解决一些令人困惑的市场行为。

（4）收盘价是最重要的价格。道氏理论认为所有价格中，收盘价最重要，甚至认为只需用收盘价，不用别的价格。

2. 量和价之间的正态关系是怎样体现的？

答：有两种情况属于正态分布：

（1）量增价涨主要是指个股（或大盘）在成交量增加的同时，个股股价也同步上涨的一种量价配合现象。量增价涨只出现在上升行情中，而且大部分出现在上升行情初期，也有小部分是出现在上升行情的中途。随着成交量的放大和股价的同步上升，买股短期就可获收益。

（2）量缩价跌主要是指个股（或大盘）在成交量减少的同时，个股股价也同步下跌的一种量价配合现象。量缩价跌现象既可能出现在下跌行情的中期，也可能出现在上升行情的中期。下跌行情中的量缩价跌表明投资者在出货后不再做“空头回补”，股价还将维持下跌，投资者应以持币观望为主

3. 技术分析方法主要有几类？各自的特点是什么

答：（1）分类

包括：K线类、切线类、形态类、波浪类、指标类和循环周期类

（2）特点

①K线的特点是用简单的图形完整地记录每日的股市行情和股市买卖双方的战斗情况，并把它们逐日按时间顺序把包括开盘、收盘、最高及最低价位在内的日K线图展现在价格和时间为轴的二维平面图上，使人们能清楚地看到过去几日、一周、一个月、一年和数年的股价历

史走势，提供给人们一种判断股市未来走势的一种统计数据的图形表示方法。

②切线主要是帮助投资者了解趋势发展方向和寻找支撑和压力位置的方法。它是按照一定的规则在K线图上画上一些直线，这些直线的延伸方向描绘了市场的发展方向，同时支撑和压力所在位置正是投资者买入卖出的关键点位。

③形态理论主要是通过K线运行的轨迹所构筑的不同形状，来发现股价运行的规律。从而总结了股价运行规律包括的两大类图形，即反转突破形态和持续整理形态。

④波浪理论根据自然界波动规律，把股票价格的涨跌波动看成是波浪的起伏，这样股价的波动也是可以遵循波浪起伏的规律。并且在此基础上总结出了上升5浪下降3浪的8浪理论，最主要的是他提出的股票行情的大小不影响8浪，不完成8个波行情没有走完的论断。

⑤指标类是按照市场行为要素需要建立数学模型，给出数学上的计算公式，然后得到一个体现股票市场某个方面的内在实质数字，这个数字就叫指标值。他所反映的东西大多是从行情报表中不能直接反映得到的实质。对我们的投资操作提供有益的建议

⑥循环周期法认为价格的高点和低点的出现，在时间上存在一定的规律。犹如事物的发展都有其自身的兴衰周期一样，股票价格的上升或者下降也有自己的周期特征。如果我们掌握了价格高低在时间上出现的规律性，并对其进行买卖时机的掌握是非常有帮助的。

4. 如何了解三大假设的合理性?

答:(1)假设1的合理性，因为任何因素对证券市场的影响都必然体现在证券价格的变动上,所以它是技术分析的基础。

(2)假设2的合理性,因为“供求关系决定价格”在市场经济中是普遍存在的,供求关系决定了证券价格的运动方向,供求关系一旦确定,证券价格的变化趋势就会一直持续下去,只要该供求关系不发生根本的改变,证券价格的走势就不会发生反转。只有承认证券价格遵循一定的规律变动,运用各种方法发现揭示这些规律并对证券投资活动进行指导的技术分析法才有存在的价值。

(3)假设3是从人们心里角度研究，在人们对过去的历史经验和教训的总结下,会对未来出现的类似情景作出相应的反应,历史会重演或历史会以螺旋方式前进,因为投资者的心理因素会影响其投资行为,进而影响证券价格。

5. K线的阴阳是如何区分的?上下影线的长度是否影响多空双方的力量对比?

答:(1)K线的阴线和阳线是根据实体确定的。如果收盘价高于开盘价时，实体就会显示为红色的阳线，相反如果收盘价低于开盘价则显示的K线形态就是黑色或者是蓝色的实体。

(2)上下影线的长度反映多空双方力量对比的强度,上影线长表示空方打压力量强，下影线长表示多方支撑力量强。

6. 为什么K线只能作为战术手段不能作为战略手段?

答:因为K线反映的是价格的波动情况，而价格总是波动的，即使是把多日K线组合在一起，所能反映的时间也是有限的，所以它只能解决短线操作的问题，而不能解决长期投资的问题。

7. K线分析方法存在哪些不足之处?

答:不足之处有三点:

(1)K线的出错率很高;

(2)只能作为战术手段不能作为战略手段；

(3)K线的标准组合形态出现的频率并不高，应用时必须结合市场行情加以修正。

8. 趋势线、轨道线的画法？各自的作用？

答：(1)趋势线和轨道线的画法

在上升趋势中，将两个上升的低点连成一条直线，就得到上升趋势线。在下降趋势中，将两个下降的高点连成一条直线，就得到下降趋势线。

在已经画出的趋势线后，当股价出现第一个转折时，在这个转折点画上一条与趋势线平行的直线，这条平行线就叫轨道线。上升趋势的轨道线在股价上方，而下降趋势的轨道线在股价下方。

(2)作用

①趋势线和轨道线都对价格今后的变动起约束作用，使价格总保持在这条趋势线的上方(上升趋势线)或下方(下降趋势线)。实际上是对价格起支撑或者压力作用。

②趋势线突破后，说明价格下一步走势将要向相反的方向运行。越重要、越有效的趋势线的被突破，其趋势的反转信号就越强烈。被突破的趋势线原来所起的支撑和压力作用，现在的角色将要发生互换，即原来是支撑线的，现在将起压力作用；原来是压力线的，现在将起支撑作用。

③轨道线的突破和对趋势线的突破不同，轨道线突破一方面告诉我们是原有趋势的加速，另一方面可以起到警示作用。

9. 黄金分割线重要的点位都有哪些？实践中如何应用？

答：黄金分割线主要包括如下这些数字0.191　0.382　0.618　0.809　1.191　1.382　1.618　1.809　2.00　2.382　2.618　4.236，其中这里最主要的数字是0.382　0.618　1.382　1.618几个位置。

实战中这些点位要和最低价或者最高价分别相乘后得出股价下一步要达到的支撑或者压力位。投资者在这些位置达到之前及早判断，然后参照这些位置进行股价的买卖。

10. 支撑线和压力线都起什么作用？如何判断支撑和压力之间的转化？

答：(1)作用

①暂时阻止股价向一个方向继续运动。

②彻底阻止股价按原方向变动的可能。当一个趋势终结了，它就不可能创出新的低价和新的高价，这样支撑线和压力线就显得异常重要。

(2)转化

支撑线如果被跌破，那么这条支撑线将成为压力线；同理，一条压力线被突破，这一压力线将成为支撑线。这说明支撑线和压力线的地位不是一成不变的，而是可以改变的，改变的条件是它被有效的足够强大的股价变动突破。支撑和压力的相互转化的重要依据是被突破。突破原则要掌握四个标准：

①距离标准

是指穿过支撑和压力线越远，突破的结论越正确，越值得相信。经验数是5%左右和一些整数的价位。跌破这些数字，往往应是改变看法的开始。

②收盘价标准

是指股价运行到与支撑线和压力线并与之相交时，当天股价无论怎样波动都不重要，重要的是看征战一天最后收盘价在什么位置，如果收盘在支撑或压力线另一方，则符合了这一条件。

③成交量标准

指在突破压力线时是否有大的成交量伴随。如果有大的成交量伴随，这种突破可靠性高，反之、可靠性有限。但这里指的成交量仅指向上突破压力线，通常突破支撑线时可以忽略成交量的条件。

④时间标准

指突破支撑或压力后，在支撑或压力线另一方停留的时间条件，通常对于个股要求必须停留时间至少两天，如果是大盘至少是三天或者三天以上可靠性才更高。

11. 圆弧形的形成过程？该图形的特征表现在哪些方面？

答：(1)形成过程

圆弧形的各种顶或底没有明显的主次区分。这种局面的形成在很大程度上是一些机构大户炒作股市的产物。

由于这些人手里有足够的股票，如果一下抛出太多，股价下落太快，手里的货可能不能全出手，只能一点一点地来回拉锯，往上接近圆弧边缘时，才会用少量的资金一举往上提拉到一个很高的高度。因为这时股票大部分在机构大户手中，别人无法打压股价。

(2)特征

无论是圆弧顶还是圆弧底，在它们的形成过程中，成交量的表现都是两头多，中间少。越靠近顶或底成交量越少，到达顶或底时成交量达到最少(圆弧底在达到底部时，成交量可能突然大一下，之后恢复正常)。在突破后的一段，都有相当大的成交量。

12. 形态学派判断某种形态是否成立的关键是看什么？

答：形态学派判断某种形态是否成立的关键是看一些重要的支撑线和压力线是否有效突破。有效突破的标准就是一看收盘价是否收在支撑或者压力的另一方；幅度是否达到了一定标准；时间是否个股在两天以上，大盘必须在3天以上；如果是向上突破还要有成交量的有效放大。

13. 喇叭形和菱形有何异同？

答：(1)喇叭形是多空双方分歧加大的表现，所以会高点越来越高，低点会越来越低；而菱形是一开始多空双方分歧加大高点不断提高低点不断降低，之后多空双方则征战力量减弱，所以高点越来越低而低点也越来越高，呈现出一种收敛三角形形态。

(2)菱形有时也作为持续形态，不出现在顶部，而出现在下降趋势的中途，这时它还是要保持原来的趋势方向，而喇叭形不会出现在下跌趋势的中途。

14. 旗形和楔形的重要区别在哪里？

答：(1)旗形的旗面是两条规则的四边形，而楔形是两条不规则的倾斜三角形；

(2)旗形整理时间比较短，最多不会超过三周，而楔形的时间要长一些；

(3)旗形的旗面幅度比较大易于辨认，而楔形的楔面波动幅度小不易辨认。

15. 三角形和矩形在实践操作过程中各自都应该如何运用？

答：(1)三角形在实战中是不宜做短线买卖操作的图形，必须在确定突破有效后才能行动。突破是否有效取决于两个方面：

其一是向上突破必须有成交量的配合，向下突破不一定要有量的配合；

其二是三角形突破只有在从起点至终点(末端)的大约三分之二处发生突破，才会有效或具有相当的突破力度，股价若运行至末端才出现突破，其突破往往不会有效或缺乏力度。

(2)矩形在实践操作过程中提供了一些短线操作的机会。如果在矩形形成的早期能够预计到股价将进行矩形调整，那么，就可以在矩形的下界线附近买入，在矩形的上界线附近抛出，来回作几次短线的进出。

(3)矩形在实际股票行情中要注意和三重顶和三重底，双重顶和双重底区别开。最关键的要看突破的位置不要判断失误造成损失。

三、论述题

1. 试述应用技术分析进行投资时应该注意的问题？（这里只能答点）

答：(1)技术分析与基本分析结合使用；

(2)多个技术分析方法同时使用；

(3)结论要不断进行修正后再使用；

(4)不要超过技术分析力所能及的范围；

(5)技术分析依赖于使用人的选择。

2. 结合股票市场行情，选择3到5只股票进行模拟操作？然后写出买卖操作总结一篇。

答：本人经过一段时间的股票买卖，买入的股票有浦发银行、海通证券和江苏吴中三只股票。总结经验有如下几点：

(1)买入一只股票时，一定要仔细研究基本面，有大问题的股票不买，如果选股没头绪，可以利用软件选小盘绩优股在相对低位时介入，一定要善于等待好时机。猎豹捕猎时，观察猎物的时间永远要比捕猎的时间长。

(2)永远不要追高，坚持不熟不买，深度熟悉2、3个股票就够了。

(3)介入一只股票时，它的均线一定是多头趋势，股票一定要站上30日均线，并且30日均线向上运行。

(4)交易要坚持原则，买涨，不买跌，跌的时候不知道永远底在哪里。以K线2天以上站上10日均线当天或回调时买进，买入交易要参照60分钟走势，KDJ、MACD，60分钟线上穿8日均线为短线强势(2-3)天)。

(5)强势中(大盘普涨、成交量巨大)，以技术指标CCI(向上达到或接近100)配合5日均线买入，可有效捕捉黑马。

(6)技术上要做到研究精一种分析方法将可以应对操作。

四、案例题

按照形态理论，指出下图中被方框包围的部分属于何种形态，指出最佳卖出位置并测算出理论上下跌幅度？

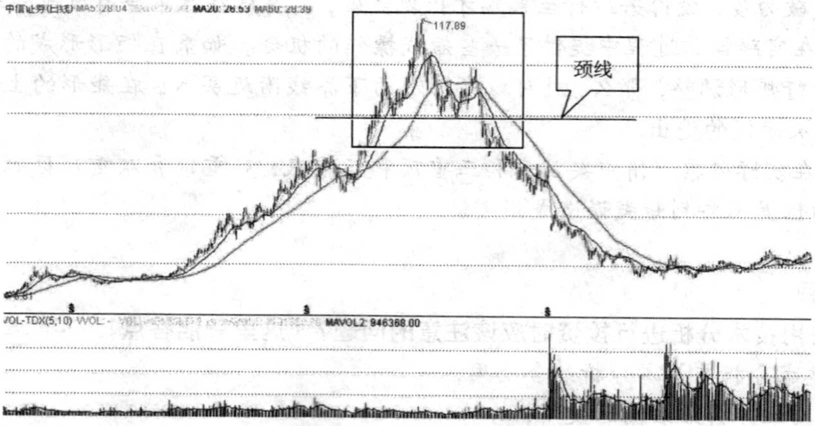

答:(1)该图画框处是反转突破形态中的头肩顶形态。

(2)所画横线为头肩顶的颈线。按照颈线到头部的最大垂直距离测算。下一步理论跌幅应该是117－80＝37元。即80－37＝43元，股价下跌到达位置时在43元附近。

(3)最佳卖出价格应该在97元附近，次佳位置75元附近。

第六章　思考题答案

一、名词解释

1. 技术指标

指标指标是通过建立一个数学模型，给出数学上的计算公式，对原始数据进行处理，得到一个体现市场某个方面的关系数字，即指标值。根据指标值的具体数值和相互关系汇成图表，从定量的角度对股市进行分析预测，判断股价趋势的方法。技术指标反映市场某一方面深层次的内涵。

2. 移动平均线

移动平均线是指一定交易时间内(日、周、月)的算术平均线，是用连续若干天的收盘价的算术平均值计算出来的，天数就是移动平均线的参数。

3. 参数

参数就是移动平均线的天数。假如选择的是5天为计算单位，参数就是5。

4. 指标盲点

指标的盲点是指指标在某种场景下没有信号的时候。此时应该选择其他技术指标方法而回避本指标分析方法。

5. 乖离率

乖离率是表示计算期的股价指数或个股的收盘价与移动平均线之间的差距的技术指标。它是对移动平均线理论的重要补充。它的功能在于测算股价在变动过程中与移动平均线的偏离程度，从而得出股价在剧烈变动时，因偏离移动趋势过远而可能造成的回档和反弹。

二、简答题

1. 移动平均线的特征是什么？

答：(1)追踪趋势

MA 能够表示股价的趋势方向，并追踪这个趋势。如果能从股价的图表中找出上升或下降趋势，那么，MA 将与趋势方向保持一致。原始数据的股价图表不具备这个追踪趋势的特性。

(2)滞后性

在股价原有趋势发生反转时，由于 MA 追踪趋势的特征，使其行动往往过于迟缓，调头速度落后于大趋势。这是 MA 一个极大的弱点。

(3)稳定性

根据移动平均线的计算方法，要想较大地改变移动平均的数值，当天的股价必须有很大的变化，因为 MA 是股价几天变动的平均值。

(4)助涨助跌性

当股价突破移动平均线时，无论是向上还是向下突破，股价都有继续向突破方向发展的愿望。

(5)支撑线和压力线的特性

移动平均线是市场的平均成本，平均线的被突破实际上对支撑和压力的突破。

2. 技术指标中的参数对不同对指标结论是否有影响？

答：移动平均线的参数作用就是加强移动平均线上述几个方面的特性。选择的参数越大，上述的特性就越大。如突破 5 日线和突破 10 日线的力度是不一样。

3. 什么是技术指标与价格的背离？实际操作中应该怎样使用？

答：(1)指标的背离是指指标的走向与股价走向不一致的时候。

(2)实际操作中，如果股票价格上涨到高位时，出现一个峰比一个峰高，而技术指标却已经出现一个峰比一个峰低的形态时，叫做顶背离形态。顶背离应该考虑卖出股票。相反、如果股价下跌到低点，出现一个谷比一个谷低，而结果指标却出现一个谷比一个谷高的形态，这是底背离形态，底背离应考虑及时买入股票。

4. 谈谈 BIAS 指标的构造原理和不同时间参数的应用？

答：(1)原理

BIAS 是表示计算期的股价指数或个股的收盘价与移动平均线之间的差距的指标。它是对移动平均线理论的重要补充。它的功能在于测算股价在变动过程中与移动平均线的偏离程度，从而得出股价在剧烈变动时，因偏离移动趋势过远而可能造成的回挡和反弹。

乖离率指标认为如果股价离移动平均线太远，不管是股价在移动平均线之上，还是在移动平均线之下，都不会保持太长的时间，而且随时会有反转现象发生，使股价再次趋向移动平均线。

(2)应用

参数大小的选择首先影响 MA，其次影响 BIAS。一般来说，参数选的越大，则允许证券价格远离 MA 的程度就越大。也就是说，证券价格远离 MA 到了一定程度，我们就可以认为该回头了，而这个远离的程度是随着参数的变大而变大。例如，参数为 5 时，我们可能认为 BIAS 到了 4%，证券价格就该回头了；而参数为 10 时，我们则必须等到 BIAS 超过 7% 才认为证券价格该回头。

5. RSI 指标和 KDJ 指标的最有效的市场环境是什么？如何计算？

答：(1) RSI 指标的最有效的市场环境

RSI 指标最有效的市场环境是在市场进入无趋势阶段时，能紧密跟踪价格的变化，从而给短线投资者在市场无趋势环境操作中提供较有价值的分析方法。

RSI 指标的计算公式：$RSI = \frac{A}{A+B}$

(2) KDJ 指标的最有效市场环境

当市场进入无趋势阶段(横向延伸状态)时，大多数跟随趋势系统都不能正常工作，而 KDJ 指标却能提供较好的帮助。依据 KDJ 指标发出的买入、卖出信号，可以帮助短线投资者在无趋势市场环境中获得短差。

在趋势阶段，把 KDJ 指标与价格图表参照使用，当市场即将出现短暂的极端状态时，KDJ 指标能提醒投资者。同时，当趋势渐趋成熟，KDJ 指标可以在价格明显显露之前，给投资者提供预警信号。

KDJ 指标的计算公式：

$RSV(n) = \frac{Cn - Ln}{Hn - Ln} \times 100$

今日 K 值 = 2/3 × 前一日 K 值 + 1/3 × 今日 RSV

今日 D 值 = 2/3 × 前一日 D 值 + 1/3 × 今日 K 值

6. 根据 MACD 指标原理，指出下图画圈处指标发出的信号为买入还是卖出信号？为什么？

答：(1) 画圈处指标状况应该卖出。

(2) DIF 已经从上下穿 DEA，告诉投资者此时已是多头市场的回调，发出的是死亡交叉。

第七章　思考题答案

1. 对于信息分类的依据是什么?

答:股票市场的信息分类的依据是预期，即消息触发的预期，因为一支股票的市场价格是由市场对其未来业绩的预期所决定，积极的投资者基于对未来基本面的预期进行交易，这个预期包括公司未来的盈利、风险状况以及宏观经济和市场的综合风险和收益情况等等。

2. 索罗斯的反身理论了解吗?

答:索罗斯认为每个人的世界观都是有缺陷的和扭曲的，因此我们对现实的理解是不完全的，我们的不完全的认识是影响事件的一个因素，而被扭曲认识影响的事件又反过来影响着我们的认识。这个过程就是一种反身性过程。在我们金融市场中，一个推断:当股价上涨，投资者们感到自己更富裕了，于是会花更多的钱，结果企业的销售额和利润都上升了。而这时候，股评家们，或是分析家们会指出这些“经改善的基本面”，鼓励投资者们买入。这会让股价进一步上涨，让投资者感到自己更富有，于是他们的支出又会增加。这个过程会持续进行下去。这个过程就是索罗斯所说的“反身性过程”——一个反馈环:股价的变化带来企业基本面的变化，继而带动股价的进一步变化。如此循环往复。反过来，股价下跌推进过程亦是如此。反身性过程就是一个反馈环:认识改变现实，而现实又改变认识。

3. 行情图中的量能指标有哪些?

答:一般的行情图中都包涵以下几个量能指标

(1)外盘和内盘:他们反映的是主动性的买盘多还是主动性的抛盘多，并在很多时候可以发现庄家动向，是一个较有效的短线指标;

(2)量比:是一个衡量相对成交量的指标，它是开市后每分钟的平均成交量与过去5个交易日每分钟平均成交量之比;

(3)现手:最近一笔成交的成交量，一手为100股，反映市场中多空博弈的实时状态。

4. 看盘的要素中对于判断行情上涨及持续性的重要指标是什么?

答:能量，也就是成交量。因为对股票市场而言，价格变化决定于参与资金及后续资金的大小，而所有的参与资金都必须通过场内交易才能体现其价值，于是就与成交量联系到一起。成交量越大，说明参与资金越多，为市场或个股输入的能量也越大;成交量不断放大，说明参与的后续资金也越多，使系统能量的不断持续增加得到了保障。

5. 分时图中出现较多的形态有哪几种?

答:分时图中出现较多的形态有矩形，上升三角形，下降三角形，W底形与M头形等几种形态，当分时出现类似形态的时候，选择突破方向的时候就是非常好的买点或卖点。具体可以借助于形态技术和切线技术;同样K线形态分析中的形态颈线图形，以及波浪角度动量等分析的方法原则，也同样适合即时动态分时走势图分析。

6. 利用盘面的哪些信息能够判断当日大盘走势的强弱?

答:可以从以下四方面的信息入手:

(1)从行情图的即时波动态势观察:行情图中大盘及个股运行的重心变化情况及股价与

其均价之间的位置关系；

(2)从盘面表现观察：涨停板的家数及涨幅榜首页中涨幅的分布情况；

(3)个股涨跌家数对比：可以反映大盘涨跌的真实情况；

(4)其他方面：市场中量价的配合情况及市场间、板块间和个股间的关联呼应关系。

第八章 思考题答案

一、名词解释

1. T+0

T+0，是一种证券交易制度。凡在证券成交当天办理好证券和价款清算交割手续的交易制度，就称为T+0交易。通俗说，就是当天买入的证券在当天就可以卖出。T+0交易曾在中国证券市场实行过，因为它的投机性太大，为了保证证券市场的稳定，现我国上海证券交易所和深圳证券交易所对股票和基金交易实行"T+1"的交易方式。

2. 熊市

所谓"熊市"，也称空头市场，指行情普遍看淡，延续时间相对较长的大跌市。

3. 换股

换股是一种解套方法。一般是将手中基本面趋弱或无资金关照的卖出，买入基本面优良有资金关照的股票。操作原则：一是换低不换高，二是换优不换劣，三是换强不换弱。

4. 反向操作

这种方法是根据过去一段时间的股票收益率情况排序，买入过去表现较差的股票而卖出过去表现较好的股票，据此构成的零投资组合在未来一段时间内将获得较高收益的投资策略。

二、简答题

1. 牛市初期基本面选股应注意哪些方面?

答：应该注意基本面分析选择成长股，这样的公司未来发展有潜力和股价上涨有趋势，即便其价值暂时被低估，但一旦启动，往往是一轮行情的大牛股。

(1)市盈率选股

通常市盈率较低的股票成长性好，正常情况下该指标不要超过40倍市盈率水平。当然，市盈率越低越好。

(2)市净率选股

低市净率股票，未来上涨空间大。

(3)选择流通股本总额不太大的适中盘子进行投资。以目前我国股票市场的状况，一般可流通股不要超过2.5亿。

(4)选择有高公积金尚未送配，业绩优良的股票。

2. 牛市中后期技术面选股应注意哪些方面?

答：股票市场强者恒强，牛市之初的强势品种，有时候是一轮上涨行情的领头羊，对待这类股票不能被动地等待回挡再介入，而是顺应时势，该追涨时，则动若脱兔；该观望时，则静若处子。

3. 熊市初期应该怎样从基本面选择股票投资?

答:(1)符合国家经济政策的指引方向

炒股要跟党走,对受益于经济政策的行业龙头个股,要紧盯不放,这类个股极有可能在熊市中成为牛股。

(2)选择业绩稳定且持续性良好的公司

对以往熊市中的牛股进行剖析可以发现,主业明确、竞争力突出、业绩增长稳定且持续性良好的公司,在熊市中容易为市场资金所青睐,从而成为牛股。

(3)有资产重组股应给予重视

个股想象空间巨大,则股价才会有足够的表现余地。虽处熊市中,也很难阻挡市场资金对乌鸡变凤凰的追逐热情。

(4)选择题材股

在熊市中遭到资金阶段性狂拉,而其并没有突出的基本面特点。总结其共同点大多具有流通盘小、机构参与度小。分析原因,大多为游资或其他隐性资金所为。

4. 什么叫顺势投资法?这种方法的操作原则是依据三大假设的那一条理论?

答:(1)顺势投资法是指,当证券市场的某种趋势一旦确立,便会发展成为一个相当长时间的走势,直到出现某种信号表示趋势已经改变,才改变投资策略的一种方法。这种投资方法关心的是市场的长期趋势,而对短期波动获利行为不感兴趣。这种法则要求证券投资者采取"顺势而为"的投资策略,也就是顺应股价的趋势作出投资决策。当股市大势向上时,宜买进股票;而当股市大势向下时,则应抛出手中股票,然后等待合适的机会入市。

(2)依据

依据是三大假设的第二条理论,即市场沿趋势移动并保持趋势。

5. "摊平成本法"有几种操作方式?都在什么市场环境下运用?

答:摊平操作法是指在投资者买进股票后,由于股价下跌,手中持有股票形成亏损状态,当股价再跌一段以后。投资者再低价买进一些冲抵成本的操作方法。摊平操作法主要有逐次等数买进摊平法、倍数买进摊平法和倍数卖出摊平法。

此种方法一般在股票下跌过程中事宜采取。

第九章　思考题答案

一、名词解释

1. 证券投资风险

受不确定因素的影响,证券投资的未来收益可能偏离其预期,这种偏离将导致投资者可能面临得不到预期的收益甚至亏损的危险,这种危险就是证券投资风险。

2. 系统性风险

又称不可分散风险,是指由于某种因素引起证券市场上所有的证券都出现价格变动的现象，给一切投资证券者都带来损失的可能性。

3. 有效市场假说

如果证券的价格能够充分的反映出市场上可获得的信息，该市场就是一个有效的市场。而根据“可获得”信息的难易程度，有效市场又分为：弱式有效、半强式有效和强式有效三种。

二、简答题

1. 证券投资风险的含义与分类?

答：证券投资风险主要有两种：一种是投资者的收益和本金的可能性损失，另一种是投资者的收益和本金的购买力的可能性损失。第一种风险，在多种情况下都有可能产生。第二种风险主要来自于通货膨胀。证券投资风险就其是否可分散可分为系统性风险和非系统性风险。

2. 证券投资风险如何度量?

答：用价差率来衡量风险。用价差率来衡量证券的波动幅度和风险，计算简单方便，意义清晰直观；价差率越大，意味着股票的风险越大，反之，则股票的风险越小。运用灵敏度来衡量，灵敏度是收益的方差与产生这一方差的某一随机变量（如利率、汇率等）的方差之比，它是两个方差的比值。β 系数法是通过寻找单个证券或证券组合收益率与整个市场组合收益率之间的关系或通过单个证券（或证券组合）风险在整个市场组合风险中的份额来测量单个证券（或证券组合）的风险的。方差或标准差法亦称波动分析法。这种方法是运用概率论中的方差或标准差来测量和比较不同证券资产的风险，

3. 投资组合理论的基本思想是什么?

答：现代资产组合理论是研究在各种不确定的情况下，如何将可供投资的资金分配于更多的资产上，以寻求不同类型投资者所能接受的收益和风险水平相匹配的最适当、最满意的资产组合的系统方法。马克维茨将其资产组合理论抽象化为一个精确的经济模型（即均值—方差模型），该模型不仅将资产及其组合的收益和风险用精确的数学模型表示出来，而且还解决了资产组合的最优化问题，帮助投资者确定有效的资产组合使其在既定的风险条件下获得最大的收益，或在既定的收益水平上承担最低的风险，

4. 资本资产定价理论包括哪些内容?

答：资本资产定价模型通过严密的数学逻辑论证，认为对资产定价起决定性作用的就是其系统性风险 β，非系统性风险对资产的定价没有任何作用。CAPM 的 β 定价分析法为资本市场均衡定价理论的发展打下了坚实的基础，它以马克维茨的现代资产组合理论为基础，从纷繁复杂的资本市场中抽象出系统性风险作为衡量风险的一种方法，将马克维茨资产组合理论中有关风险的分析逻辑从总风险转向系统性风险，并认为系统性风险是市场中客观存在的，不可能通过多样化的投资组合进行分散，而非系统性风险可以通过多样化的投资组合进行分散，因此该模型得出结论：投资者所要求的风险补偿是针对不可分散的系统性风险，任何理性的投资者都不会为了承担额外的收益而去承担可以分散的非系统性风险。此外，资本资产定价模型还归纳出了资产或资产组合的风险溢价与其系统性风险 β 的线性关系，为资产收益和风险之间提供了严密、简洁的数学关系。

5. 有效市场的含义和形式?

答：有效市场就是信息有效流动和反映价格的市场，只要信息能够完全充分的反映在价

格上，该市场就是有效的市场，而不管该市场是否达到资源配置有效或市场运作有效。而根据“可获得”信息的难易程度，有效市场又分为：弱式有效、半强式有效和强式有效三种。

第十章　思考题答案

一、名词解释

1. 季节效应

季节效应包括一月效应、周末效应和月末效应。一月效应就是指股票通常在每年的一月份取得较高的投资收益率。周末效应，是指股票在每周一有较差的表现，但在周五的表现就会转好，并且两者之间还有非常显著的统计关系。月末效应通常体现在股票在每个月的最后一个交易日到下月初最初几个交易日的收益率通常要高于其他交易日。

2. 处置效应

处置效应描述的是投资者出售资产时的表现，即投资者倾向于过早卖掉盈利状态的股票同时推迟出售处于亏损状态的股票。

3. 锚定

锚定与调整法则指在没有把握的情况下，人们通常利用某个参照点和锚（Anchor）来降低模糊性，然后再通过一定的调整来得出最后的结论。

4. 羊群效应

羊群效应是指人们经常受到多数人影响，而跟从大众的思想或行为，也被称为“从众效应”。人们会追随大众所同意的，自己并不会思考事件的意义。羊群效应是诉诸群众谬误的基础。经济学里经常用“羊群效应”来描述经济个体的从众跟风心理。

二、简答题

1. 行为金融学的心理学基础有哪些？

答：行为经济学的主要发展表现在金融学领域，行为金融学的心理学基础包括情感心理学、认知心理学和社会心理学。情感心理学研究表明，人们存在着过度自信、保守主义、厌恶后悔和损失等心理特征，而这些特征又直接影响着人们的投资行为。行为金融学利用心理学关于人们的认知方式、认知偏差和认知目标的研究成果，对金融学中的相关问题进行了解释，并建立了相应的理论模型。作为群体中的一员，人们容易受到群体情感的感染，倾向于采取与群体行为相近的行为，甚至在一定程度上放弃自己的偏好与习惯，并忽略自身可获得的信息，而对于个体来说这些行为往往是不可思议的。

2. 什么是中期动量和长期反转效应？

答；动量效应认为，过去业绩好的股票在将来的时间内继续表现良好，过去业绩差的股票在将来的时间内继续表现较差。反转效应是指在一段较长的时间内，表现差的股票在其后的一段时间内有强烈的趋势经历相当大的逆转，要回复到正常水平，而在给定的一段时间内，最佳股票则倾向于在其后的时间内出现差的表现。

3. 什么是股权溢价之谜?

答;股权溢价之谜最早由梅赫拉与普雷斯科特于1985年提出，他们通过对美国过去一个多世纪的相关历史数据分析发现，股票的收益率为7.9%，而相对应的无风险证券的收益率仅为1%，其中溢价为6.9%，股票收益率远远超过了国库券的收益率。进一步，又对其他发达国家1947－1998年的数据分析发现同样存在不同程度的溢价。

4. 封闭式基金折价的行为金融学解释有哪些?

答:行为金融理论从“噪声交易”和“投资情绪假说”的角度来对“封闭式基金折价之谜”进行解释。“噪声交易”模型认为证券市场中存在两类投资者，一类是理性投资者;另一类是非理性投资者。理性投资者是指能够正确的处理信息，并根据基础因素变动买卖证券的投资者，而非理性投资者在交易行为上往往会出现非理性和判断偏差，他们会把错误的信息纳入自己的判断中，因此这类交易者也称为噪声交易者，正是由于噪声交易者的存在才导致证券价格的不断波动，使证券价格不断偏离基本价值，同时也增大了理性投资者面临的风险。

投资者情绪假说认为封闭式基金的折价是由于投资者情绪的波动引起的。该假说认为由于封闭式基金的投资者受到情绪波动的影响有可能会承受更大的风险，这些风险既包括基金基础资产的风险，也包括其他非理性投资者交易的风险，因此为了弥补风险，他们就会要求更高的投资收益率，导致基金价格降低。